高等教育"十四五"规划教材
21世纪应用型人才培养示范教材

建筑工程
法规知识与实训指导

主　编　余述银　王敏洁　刘　辉
副主编　周盾白　何　鹰　李红欣
　　　　王见红　甘新辉　钟　娟
　　　　张海峰　廖　炜

燕山大学出版社
·秦皇岛·

图书在版编目(CIP)数据

建筑工程法规知识与实训指导 / 余述银,王敏洁,刘辉主编. -- 秦皇岛：燕山大学出版社,2024.7.
ISBN 978-7-5761-0707-4

Ⅰ. D922.297

中国国家版本馆CIP数据核字第2024WZ0206号

建筑工程法规知识与实训指导
JIANZHU GONGCHENG FAGUI ZHISHI YU SHIXUN ZHIDAO

余述银　王敏洁　刘辉　主编

出 版 人：陈　玉	
责任编辑：朱红波	策划编辑：朱红波
责任印制：吴　波	封面设计：沐图品牌策划设计
出版发行：燕山大学出版社	电　　话：0335-8387555
地　　址：河北省秦皇岛市河北大街西段438号	邮政编码：066004
印　　刷：涿州汇美亿浓印刷有限公司	经　　销：全国新华书店
开　　本：787mm×1092mm　1/16	印　　张：19.75
版　　次：2024年7月第1版	印　　次：2024年7月第1次印刷
书　　号：ISBN 978-7-5761-0707-4	字　　数：532千字
定　　价：49.90元	

版权所有　侵权必究
如发生印刷、装订质量问题,读者可与出版社联系调换
联系电话：0335-8387718

前言
PREFACE

随着我国建筑行业的快速发展，各种工程实践对精通行业应用法规的技术人员的需求越来越高，高职院校建筑及相关专业均有开设此课程，来培养具有建筑工程法规操作实务的技能型人才。

本教材围绕高职高专人才培养目标，根据行业市场实际需要及其发展趋势构筑知识结构、技能体系，按照理论适用、够用，技能实用的要求，探索一种"教育、娱乐、知识讲授、技能培养"一体化的新型活页式教材模式，力求做到讲理论深入浅出，讲实训操作可行。本教材在正文中穿插了大量的实际案例，以加强学生对内容的理解。

本教材以《中华人民共和国民法典》《中华人民共和国建筑法》《中华人民共和国招标投标法》《中华人民共和国城乡规划法》《中华人民共和国土地管理法》《建设工程质量管理条例》《建设工程安全生产管理条例》等为主要法规体系，并结合其他相关的法律法规和司法解释，详细阐述了"建筑法规概论""建筑工程许可法规""建筑工程发包与承包法规""建筑工程合同法规""建筑工程勘察设计法规""建筑工程监理法规""建筑工程安全生产管理法规""建筑工程质量管理法规""建筑工程其他法规""建筑工程纠纷及法律责任"10个项目。本教材从高职学生的特点出发，"基于工作过程"采用项目驱动、任务教学法，结合高职教育工学结合的要求，每一章以岗位知识、岗位工作任务、工作笔记、实践练习的思路进行编写。

1. 情境化背景。本书为满足工作任务的需要，设计了案例导入、知识链接、岗位工作任务、工作笔记、实践练习的结构模式，最大限度地再现工作的真实情境。

2. 内容布局贴近实际工程的工作过程。基本按照工程建设活动的工作过程安排内容，既遵循工程建设活动的一般规律，又便于读者理解和学习。

3. 与执业资格考证相衔接。为满足高等职业院校学生双证书培养目标的要求，本教材内容的编写结合了注册建造师、注册监理工程师、注册造价工程师及建筑五大员考试的大纲要求。

本书为高职高专院校建筑及相关专业课程的教材，也可用作应用型本科院校、成人教育、自学考试、开放大学、建筑及相关管理人员培训用书。

本书由广东科学技术职业学院余述银、福州黎明职业技术学院王敏洁、广州科技职业技术大学刘辉担任主编，由广东科学技术职业学院周盾白、何鹰，河北石油职业技术大学李红欣，皖西学院王见红，江西应用工程职业学院甘新辉、钟娟，陕西工业职业技术学院张海峰、江西环境

建筑工程法规知识与实训指导

工程职业学院廖炜担任副主编。在编写过程中,教学企业中建三局南方公司夏小林总工提出了许多好的建议,得到了燕山大学出版社的大力支持和帮助,参考了大量国内外已出版的相关书刊资料,并收集了典型案例,在此一并向他们表示诚挚的谢意!

由于编者学识有限,书中难免存在疏漏和不足,恳请专家和读者给予批评指正。

编 者

2024 年 5 月

目录 CONTENTS

项目一 建筑法规概论 ··· 1

- 1 岗位知识 ··· 1
  - 1.1 案例导入 ··· 1
  - 1.2 知识链接 ··· 2
    - 1.2.1 建筑法规概述 ··· 2
    - 1.2.2 建筑法律关系 ··· 6
    - 1.2.3 建筑法规的实施 ··· 9
- 2 岗位工作任务 ··· 11
  - 2.1 岗位工作任务名称及要求 ··· 11
  - 2.2 岗位工作任务结果 ··· 13
  - 2.3 岗位工作任务评价标准 ··· 14
- 3 工作笔记 ··· 15
  - 3.1 学习（工作）过程中的重点、难点 ··· 15
  - 3.2 学习（工作）过程中的体会、收获 ··· 15
  - 3.3 学习（工作）过程中的改进措施、建议 ··· 15
- 4 实践练习 ··· 15

项目二 建筑工程许可法规 ··· 18

- 1 岗位知识 ··· 18
  - 1.1 案例导入 ··· 18
  - 1.2 知识链接 ··· 19
    - 1.2.1 建筑许可概述 ··· 19
    - 1.2.2 建筑施工许可制度 ··· 20
    - 1.2.3 建筑企业资质等级许可 ··· 25
    - 1.2.4 建筑从业人员执业资格等级许可 ··· 39
- 2 岗位工作任务 ··· 48
  - 2.1 岗位工作任务名称及要求 ··· 48
  - 2.2 岗位工作任务结果 ··· 50

建筑工程法规知识与实训指导

  2.3 岗位工作任务评价标准 …………………………………………… 51
 3 工作笔记 ……………………………………………………………………… 52
  3.1 学习(工作)过程中的重点、难点 ……………………………………… 52
  3.2 学习(工作)过程中的体会、收获 ……………………………………… 52
  3.3 学习(工作)过程中的改进措施、建议 ………………………………… 52
 4 实践练习 ……………………………………………………………………… 52

项目三 建筑工程发包与承包法规 54

 1 岗位知识 ……………………………………………………………………… 54
  1.1 案例导入 ……………………………………………………………… 54
  1.2 知识链接 ……………………………………………………………… 55
   1.2.1 建筑工程发包与承包概述 ……………………………………… 55
   1.2.2 建筑工程招标制度 ……………………………………………… 60
   1.2.3 建筑工程投标制度 ……………………………………………… 68
   1.2.4 建筑工程开标、评标和中标制度 ……………………………… 72
 2 岗位工作任务 ………………………………………………………………… 77
  2.1 岗位工作任务名称及要求 …………………………………………… 77
  2.2 岗位工作任务结果 …………………………………………………… 79
  2.3 岗位工作任务评价标准 ……………………………………………… 80
 3 工作笔记 ……………………………………………………………………… 81
  3.1 学习(工作)过程中的重点、难点 ……………………………………… 81
  3.2 学习(工作)过程中的体会、收获 ……………………………………… 81
  3.3 学习(工作)过程中的改进措施、建议 ………………………………… 81
 4 实践练习 ……………………………………………………………………… 81

项目四 建筑工程合同法规 86

 1 岗位知识 ……………………………………………………………………… 86
  1.1 案例导入 ……………………………………………………………… 86
  1.2 知识链接 ……………………………………………………………… 87
   1.2.1 建筑工程合同概述 ……………………………………………… 87
   1.2.2 建筑工程合同的订立 …………………………………………… 90
   1.2.3 建筑工程合同的效力 …………………………………………… 95
   1.2.4 建筑工程合同的履行 …………………………………………… 101
   1.2.5 建筑工程合同的变更、转让与权利义务终止 ………………… 106
   1.2.6 建筑工程合同的违约责任 ……………………………………… 110
   1.2.7 建筑工程合同的担保 …………………………………………… 114

2 岗位工作任务 ... 119
2.1 岗位工作任务名称及要求 ... 119
2.2 岗位工作任务结果 ... 121
2.3 岗位工作任务评价标准 ... 123
3 工作笔记 ... 124
3.1 学习(工作)过程中的重点、难点 ... 124
3.2 学习(工作)过程中的体会、收获 ... 124
3.3 学习(工作)过程中的改进措施、建议 ... 124
4 实践练习 ... 124

项目五 建筑工程勘察设计法规 ... 129
1 岗位知识 ... 129
1.1 案例导入 ... 129
1.2 知识链接 ... 130
1.2.1 建筑工程勘察设计概述 ... 130
1.2.2 建筑工程勘察设计资格资质管理 ... 131
1.2.3 工程勘察设计市场经营管理 ... 139
2 岗位工作任务 ... 140
2.1 岗位工作任务名称及要求 ... 140
2.2 岗位工作任务结果 ... 142
2.3 岗位工作任务评价标准 ... 143
3 工作笔记 ... 144
3.1 学习(工作)过程中的重点、难点 ... 144
3.2 学习(工作)过程中的体会、收获 ... 144
3.3 学习(工作)过程中的改进措施、建议 ... 144
4 实践练习 ... 144

项目六 建筑工程监理法规 ... 147
1 岗位知识 ... 147
1.1 案例导入 ... 147
1.2 知识链接 ... 147
1.2.1 建筑工程监理概述 ... 147
1.2.2 建筑工程监理实施 ... 150
1.2.3 项目监理机构 ... 159
1.2.4 工程监理企业资质管理 ... 162
1.2.5 工程监理人员从业资格制度 ... 163

　　　　1.2.6　建筑工程监理法律责任 ································· 166
　2　岗位工作任务 ··· 169
　　2.1　岗位工作任务名称及要求 ······································ 169
　　2.2　岗位工作任务结果 ·· 171
　　2.3　岗位工作任务评价标准 ·· 172
　3　工作笔记 ··· 173
　　3.1　学习（工作）过程中的重点、难点 ······························ 173
　　3.2　学习（工作）过程中的体会、收获 ······························ 173
　　3.3　学习（工作）过程中的改进措施、建议 ·························· 173
　4　实践练习 ··· 173

项目七　建筑工程安全生产管理法规 ···································· 176

　1　岗位知识 ··· 176
　　1.1　案例导入 ·· 176
　　1.2　知识链接 ·· 178
　　　　1.2.1　建筑工程安全生产管理概述 ······························· 178
　　　　1.2.2　建筑工程安全生产管理活动主体的安全生产责任 ············· 189
　　　　1.2.3　建筑工程安全生产许可 ··································· 200
　　　　1.2.4　建筑工程事故处理 ······································· 202
　2　岗位工作任务 ··· 209
　　2.1　岗位工作任务名称及要求 ······································ 209
　　2.2　岗位工作任务结果 ·· 211
　　2.3　岗位工作任务评价标准 ·· 212
　3　工作笔记 ··· 213
　　3.1　学习（工作）过程中的重点、难点 ······························ 213
　　3.2　学习（工作）过程中的体会、收获 ······························ 213
　　3.3　学习（工作）过程中的改进措施、建议 ·························· 213
　4　实践练习 ··· 213

项目八　建筑工程质量管理法规 ·· 218

　1　岗位知识 ··· 218
　　1.1　案例导入 ·· 218
　　1.2　知识链接 ·· 221
　　　　1.2.1　建筑工程质量管理概述 ··································· 221
　　　　1.2.2　建筑工程质量管理活动主体的质量责任和义务 ··············· 225
　　　　1.2.3　建筑工程质量的标准化管理制度 ··························· 236

|　　　1.2.4　建筑工程的竣工验收和质量保修制度 …………………………… 241
| 2　岗位工作任务 ………………………………………………………………… 248
|　　2.1　岗位工作任务名称及要求 …………………………………………… 248
|　　2.2　岗位工作任务结果 …………………………………………………… 250
|　　2.3　岗位工作任务评价标准 ……………………………………………… 251
| 3　工作笔记 ……………………………………………………………………… 252
|　　3.1　学习(工作)过程中的重点、难点 …………………………………… 252
|　　3.2　学习(工作)过程中的体会、收获 …………………………………… 252
|　　3.3　学习(工作)过程中的改进措施、建议 ……………………………… 252
| 4　实践练习 ……………………………………………………………………… 252

项目九　建筑工程其他法规 ……………………………………………………… 256

| 1　岗位知识 ……………………………………………………………………… 256
|　　1.1　案例导入 ……………………………………………………………… 256
|　　1.2　知识链接 ……………………………………………………………… 257
|　　　1.2.1　建设项目环境保护法规 …………………………………………… 257
|　　　1.2.2　建筑工程相关法规 ………………………………………………… 260
| 2　岗位工作任务 ………………………………………………………………… 264
|　　2.1　岗位工作任务名称及要求 …………………………………………… 264
|　　2.2　岗位工作任务结果 …………………………………………………… 265
|　　2.3　岗位工作任务评价标准 ……………………………………………… 266
| 3　工作笔记 ……………………………………………………………………… 267
|　　3.1　学习(工作)过程中的重点、难点 …………………………………… 267
|　　3.2　学习(工作)过程中的体会、收获 …………………………………… 267
|　　3.3　学习(工作)过程中的改进措施、建议 ……………………………… 267
| 4　实践练习 ……………………………………………………………………… 267

项目十　建筑工程纠纷及法律责任 ……………………………………………… 269

| 1　岗位知识 ……………………………………………………………………… 269
|　　1.1　案例导入 ……………………………………………………………… 269
|　　1.2　知识链接 ……………………………………………………………… 269
|　　　1.2.1　建筑工程纠纷概述 ………………………………………………… 269
|　　　1.2.2　和解 ………………………………………………………………… 271
|　　　1.2.3　调解 ………………………………………………………………… 271
|　　　1.2.4　民事诉讼 …………………………………………………………… 272
|　　　1.2.5　仲裁 ………………………………………………………………… 281

1.2.5　行政复议和行政诉讼 …………………………………………………… 286
　　　1.2.6　法律责任制度 ………………………………………………………… 292
2　岗位工作任务 …………………………………………………………………………… 296
　2.1　岗位工作任务名称及要求 …………………………………………………… 296
　2.2　岗位工作任务结果 …………………………………………………………… 298
　2.3　岗位工作任务评价标准 ……………………………………………………… 299
3　工作笔记 ………………………………………………………………………………… 300
　3.1　学习(工作)过程中的重点、难点 …………………………………………… 300
　3.2　学习(工作)过程中的体会、收获 …………………………………………… 300
　3.3　学习(工作)过程中的改进措施、建议 ……………………………………… 300
4　实践练习 ………………………………………………………………………………… 300

参考文献 ………………………………………………………………………………… 304

项目一
建筑法规概论

1 岗位知识

1.1 案例导入

案情简介1

2005年,某建筑公司承接了一项建筑工程,"包工头"张某通过熟人介绍,在交了工程质量保证金后,从该公司分包了其中的几幢住宅楼工程。工程竣工后顺利交付。随后,张某从该公司支取了工程款并缴纳了税费。后因工程拖欠材料款和农民工工资,相继有债权人以建筑公司或张某为被告诉至法院。在这些案件中,法院根据个案情况的不同,分别判决建筑公司或张某承担经济责任。

张某认为自己是被建筑公司聘请作为项目负责人参加建设,与建筑公司形成了劳动关系,按照《劳动法》规定,建筑公司应当支付农民工工资和奖金,随即向当地劳动争议仲裁机构申请仲裁。

请分析"包工头"与建筑公司属于何种法律关系。

案情简介2

2006年4月,黄某欲建造朝东向房屋两间共25平方米,便与蔡某商谈建房事宜,后蔡某作为乙方(民建队),黄某作为甲方,签订了《农民自用房施工合同》。合同中载明:乙方须持有营业执照和"启东市民房建筑许可证"。2006年6月,蔡某安排施某等人随其去黄某家施工。7月1日上午,施某站在北墙头与人搭档上桁料,不料木头的绳结松动后脱落,致使施某从墙上跌下受伤。事发时,黄某在外买材料,不在现场,蔡某在用搅拌机搅拌混凝土。经鉴定,施某构成十级伤残。

另查明,蔡某从事民房建造,雇员相对稳定。施某一直随蔡某做工。黄某家建房时,蔡某安排施某等人一同前去做工,并指派雇员陈某记录工人的考勤。2006年7月24日,黄某预付给蔡某工资2000元,后又支付900元,工资已由蔡某发放给工人。施某诉至法院,要求黄某和蔡某赔偿其损失。庭审中,黄某辩称其与蔡某之间是承揽关系,施某不是自己的雇工。蔡某辩称,自己与其他工人同工同酬,并非承包人,且上桁料属木工活,而自己从事的是泥工活。

请分析谁是民房建造合同中的责任主体。

1.2 知识链接

1.2.1 建筑法规概述

一、建筑法规的含义

（一）建筑法规的概念

建筑法规是指有立法权的国家机关或其授权的行政机关制定的，由国家强制力保证实施的，旨在调整国家及其有关机构、企事业单位、社会团体、其他经济组织及公民个人之间在建设活动中或建设行政管理活动中发生的各种社会关系的法律规范的统称。

建筑活动是指土木建筑工程和线路管道、设备安装工程（以下统称建设工程）的新建、扩建、改建活动及建筑装修装饰活动。

作为一个工程项目的建筑过程，建筑活动的内容包括立项、资金筹措、建筑实施、竣工验收及评估等一系列活动。

建筑行政管理活动是指国家建设行政主管部门依据法律、行政法规以及规定的职权代表国家对建设活动进行的监督和管理行为。

（二）建筑法规的适用范围及其调整对象

1. 建筑法规的适用范围

《中华人民共和国建筑法》（以下简称《建筑法》）第二条规定，在中华人民共和国境内从事建筑活动，实施对建筑活动的监督管理，应当遵守本法。本法所称建筑活动，是指各类房屋建筑及其附属设施的建造和与其配套的线路、管道、设备的安装活动。

法律的适用范围，也称法律的效力范围，包括法律的时间效力，即法律从什么时候开始发生效力和什么时候失效；法律的空间效力，即法律适用的地域范围；以及法律对人的效力，即法律对什么人（指具有法律关系主体资格的自然人、法人和其他组织）适用。关于《建筑法》的时间效力问题，第八十五条作了规定，第二条则是对本法适用的地域范围和对主体行为的适用范围的规定。

（1）《建筑法》适用的地域范围（或称空间效力范围），是中华人民共和国境内，即中华人民共和国主权所及的全部领域内。法律空间效力范围的普遍原则，是适用于制定它的机关所管辖的全部领域。《建筑法》作为我国最高权力机关的常设机构全国人大常委会制定的法律，其效力自然及于中华人民共和国的全部领域。当然，按照我国香港、澳门两个特别行政区基本法的规定，只有列入这两个基本法附件三的全国性法律，才能在这两个特别行政区适用。《建筑法》没有列入两个基本法的附件三中，因此，《建筑法》不适用于我国已恢复行使主权的香港特别行政区和澳门特别行政区。香港和澳门的建筑立法，应由这两个特别行政区的立法机关自行制定。

（2）《建筑法》适用的主体范围（对人的效力问题）包括，一切从事建筑活动的主体和各级依法负有对建筑活动实施监督管理的政府机关。

①一切从事本法所称的建筑活动的主体，包括从事建筑工程的勘察、设计、施工、监理等活

动的国有企业事业单位、集体所有制的企业事业单位、中外合资经营企业、中外合作经营企业、外资企业、合伙企业、私营企业以及依法可以从事建筑活动的个人,不论其经济性质如何、规模大小,只要从事本法规定的建筑活动,都应遵守本法的各项规定,违反本法规定的行为将受到法律的追究。

②行政机关依法行政,是社会主义法治建设的基本要求。党的十五大报告明确提出,"一切政府机关都必须依法行政"。各级依法负有对建筑活动实施监督管理的政府机关,包括建设行政主管部门和其他有关主管部门,都应当依照本法的规定,对建筑活动实施监督管理。包括依照本法的规定,对从事建筑活动的施工企业、勘察单位、设计单位和工程监理单位进行资质审查,依法颁发资质等级证书;对建筑工程的招标投标活动是否符合公开、公正、公平的原则及是否遵守法定程序进行监督,但不应代替建设单位组织招标;对建筑工程的质量和建筑安全生产依法进行监督管理;以及对违反本法的行为实施行政处罚;等等。对建筑活动负有监督管理职责的机关及其工作人员不依法履行职责、玩忽职守或者滥用职权的,将受到法律的追究。

2. 建筑法规的调整对象

(1)《建筑法》第二条第二款对建筑活动以下定义的形式,对适用本法规定的建筑活动的范围作了限定,即适用本法的建筑活动的范围是各类房屋建筑及其附属设施的建造和与其配套的线路、管道、设备的安装活动。

广义的建筑活动,包括各种土木工程的建造活动及有关设施、设备的安装活动,既包括各类房屋建筑的建造活动,也包括铁路、公路、机场、港口、矿井、水库、通信线路等专业建筑工程的建造及其设备安装活动。

(2)《建筑法》第二条所称的各类"房屋建筑",是指具有顶盖、梁柱和墙壁,供人们生产、生活等使用的建筑物,包括民用住宅、厂房、仓库、办公楼、影剧院、体育馆、学校校舍等各类房屋。本条所说的"附属设施",是指与房屋建筑配套建造的围墙、水塔等附属的建筑设施。本条所说的"配套的线路、管道、设备的安装活动",是指与建筑配套的电气、通信、煤气、给水、排水、空气调节、电梯、消防等线路、管道和设备的安装活动。

(3)建筑装修活动,如果是建筑过程中的装修,则属于建造活动的组成部分,适用本法规定,不必单独列出。对已建成的建筑进行装修,如果涉及建筑物的主体或承重结构变动的,则应按照本法第四十九条的规定执行;不涉及主体或承重结构变动的装修,不属于本法调整范围。此外,对不包括建筑装修内容的建筑装饰活动,因其不涉及建筑物的安全性和基本使用功能,完全可以因使用者的爱好和审美情趣的不同而各有不同,不需要以法律强制规范,因此本法的调整范围不包括建筑装饰活动。

二、建筑法规的渊源和作用

(一)建筑法规的渊源

建筑法规的渊源主要为以宪法为核心的各种制定法,包括宪法、法律、行政法规、地方性法规、经济特区的规范性文件、特别行政区的法律法规、规章、技术法规、国际条约、国际惯例等。这是由我国国家和法的本质所决定的。

1. 宪法

宪法是每一民主国家最根本的法的渊源,其法律地位和效力是最高的。它是国家最高权力的象征或标志,宪法的权威直接来源于人民。

我国宪法规定了当代中国的根本的社会、经济和政治制度,各种基本原则、方针、政策,公民的基本权利和义务,各主要国家机关的组成和职权、职责等,涉及社会生活各个领域的最根本、最重要的方面。宪法是由我国最高权力机关——全国人民代表大会制定和修改的,宪法的地位决定了其制定和修改的程序极其严格。宪法具有最高的法的效力,一切法律、行政法规和地方性法规都不得同宪法相抵触。在我国,全国人大监督宪法的实施,全国人大常委会解释并监督宪法的实施,对违反宪法的行为予以追究。

2. 法律

法律有广义、狭义两种理解。广义上讲,法律泛指一切规范性文件;狭义上讲,仅指全国人大及其常委会制定的规范性文件。我们这里仅用狭义的法律。在当代中国法的渊源中,法律的地位和效力仅次于宪法。

法律由于制定机关的不同可分为两大类:一类为基本法律,即由全国人大制定和修改的刑事、民事、国家机构和其他方面的规范性文件,如《中华人民共和国刑法》(以下简称《刑法》)、《中华人民共和国刑事诉讼法》(以下简称《刑事诉讼法》)等;另一类为基本法律以外的其他法律,即由全国人大常委会制定和修改的规范性文件,如《中华人民共和国文物保护法》(以下简称《文物保护法》)、《中华人民共和国商标法》(以下简称《商标法》)等。在全国人大闭会期间,全国人大常委会也有权对全国人大制定的法律在不同该法律基本原则相抵触的条件下进行部分补充和修改。

3. 行政法规

行政法规是指国家最高行政机关即国务院所制定的规范性文件,其法律地位和效力仅次于宪法和法律。国务院所发布的决定和命令,凡属于规范性的,也属于法的渊源之列。目前我国行政法规的数量远远超过全国人大和全国人大常委会制定的法律的数量。

国务院制定的行政法规,不得与宪法和法律相抵触。因此,全国人大常委会有权撤销国务院制定的同宪法、法律相抵触的行政法规、决定和命令。

行政法规调整的范围包括为了执行法律而进行的国家行政管理活动中涉及的各种事项和《中华人民共和国宪法》(以下简称《宪法》)第八十九条规定的国务院行政管理职权的事项,如关于国家行政机关在行政管理活动中的职权、职责,国家行政机关在行政管理活动中同其他国家机关、社会组织、企业事业单位和公民之间的关系等,内容较为广泛。

我国行政法规的名称,按照《行政法规制定程序条例》(2011年11月16日中华人民共和国国务院令第321号公布,根据2017年12月22日《国务院关于修改〈行政法规制定程序条例〉的规定》修订)第五条规定为"条例""规定""办法"等。

4. 地方性法规、民族自治法规、经济特区的规范性文件

地方性法规、民族自治法规、经济特区的规范性文件都是由地方国家机关制定的规范性文件。

地方性法规是法定的地方国家权力机关,根据本行政区域的具体情况和实际需要,依法制定的在本行政区域内具有法的效力的规范性文件。根据宪法和1986年修改后的地方各级人民代表大会和地方各级人民政府组织法、立法法的规定,省、自治区、直辖市以及省级人民政府所在地的市和经国务院批准的较大的市的人民代表大会及其常委会有权制定地方性法规。此外,地方各级国家权力机关及其常设机关、执行机关所制定的决定、命令、决议,凡属规范性者,在其

行政区域内,也都属于法的渊源之列。地方性法规及其他规范性文件,在不同宪法、法律、行政法规相抵触的前提下才有效。

地方性法规可以就下列事项作出规定:为执行法律、行政法规的规定,需要根据本行政区域的实际情况作具体规定的事项;属于地方性事务需要制定地方性法规的事项。

我国的地方性法规,一般采用"条例""规则""规定""办法"等名称。

民族区域自治是我国的一项基本政治制度。根据宪法和民族区域自治法,民族自治地方的自治机关除行使《宪法》第三章第五节规定的地方国家机关的职权外,同时依照宪法和有关法律行使自治权。民族自治地方的人民代表大会有权依照当地民族的政治、经济和文化的特点,制定自治条例和单行条例,但应报全国或省级人民代表大会常委会批准之后才生效。自治条例是一种综合性法规,内容比较广泛。单行条例是有关某一方面事务的规范性文件,一般采用"条例""规定""变通规定""变通办法"等名称。民族自治法规只在本自治区域内有效。

经济特区是指我国在改革开放中为发展对外经济贸易,特别是利用外资、引进先进技术而实行某些特殊政策的地区。1981年全国人大常委会授权广东省、福建省人大及其常委会制定所属经济特区的各项单行经济法规。1988年全国人大授权海南省人大及其常委会制定在海南经济特区实施的法规。1992年全国人大授权深圳市人大和深圳市政府分别制定法规和规章,在深圳经济特区实施。经济特区的这些规范性文件,是由全国人大及其常委会授权制定的,其法律地位和效力不同于一般的法规、规章。从理论上说,假如经济特区制定并适用的规范性文件与上一位阶的规范性文件有不同规定的,并不一定因此而被宣布无效或撤销。

5. 特别行政区的法律

宪法规定,国家在必要时得设立特别行政区,在特别行政区内实行的制度按照具体情况由全国人民代表大会以法律规定。这是"一个国家、两种制度"的构想在宪法上的体现。特别行政区实行不同于全国其他地区的经济、政治、法律制度,即在若干年内保持原有的资本主义制度和生活方式,因而在立法权限和法律形式上也有特殊性,特别行政区的法律、法规在当代中国法的渊源中成为单独的一类。全国人民代表大会已于1990年4月和1993年3月先后通过了《中华人民共和国香港特别行政区基本法》和《中华人民共和国澳门特别行政区基本法》。

6. 规章

规章是行政性法律规范文件,从其制定机关而言可分为两种:一种是由国务院组成部门及直属机构在它们的职权范围内制定的规范性文件,部门规章规定的事项应当属于执行法律或者国务院的行政法规、决定、命令的事项。另一种是省、自治区、直辖市人民政府以及省、自治区人民政府所在地的市和经国务院批准的较大的市和人民政府依照法定程序制定的规范性文件,地方政府规章可以就下列事项作出规定:为执行法律、行政法规、地方性法规的规定,需要制定的事项;属于本行政区域的具体行政管理事项。规章在各自的权限范围内施行。

7. 技术法规

技术法规是国家制定或认可的,在全国范围内有效的技术规程、规范、标准、定额、方法等技术文件。它们是建筑业工程技术人员从事经济技术作业、建筑管理检测的依据,如预算定额、设计规范、手工规范、验收规范等。

8. 国际条约、国际惯例

国际条约是指我国作为国际法主体同外国缔结的双边、多边协议和其他具有条约、协定性质的文件。条约生效后,根据"条约必须遵守"的国际惯例,对缔约国的国家机关、团体和公民就具有法律上的约束力,因而国际条约也是当代中国法的渊源之一。

（二）建筑法规的作用

建筑法规是国家组织和管理建筑活动、规范建筑活动行为、加强建筑市场管理、保障城乡建筑事业健康发展的重要工具。其作用主要体现在三个方面。

1. 规范、指导建筑行为

建筑行为只有在建筑法规许可的范围内进行,才能得到承认并受到法律的保护。规范、指导建筑行为包括建筑活动组织管理、建筑活动市场管理、建筑活动的技术标准等。建筑实体法规规范了设立企业的程序和资质等级标准；建筑市场法规规范了勘察设计、施工、建设监理、房地产开发等市场行为；建筑技术法规规范了勘察设计、施工、验收、维修等技术标准。

2. 保护合法建筑行为

建筑法规对符合法规的建筑行为予以确认和保护。建筑程序法规对建筑活动必须遵守的行为作了详细具体的规定；建筑技术法规中的强制性标准是建筑活动中必须严格执行的技术规范。认真贯彻执行工程建筑法规是建筑活动主体的责任和基本义务,国家鼓励和保护合法建筑行为,在建筑法规规范性文件中有许多保护和鼓励合法建筑行为的内容。

3. 处罚违法建筑行为

要实现建筑法规对建筑行为的规范、指导和制约作用,必须对违法建筑行为给予及时应有的处罚。建筑法规规范性文件中对违法建筑行为制定了具体的处罚条款。处罚违法建筑行为是一种强制性手段。通过对违法建筑行为的处罚,客观上起到保护和鼓励合法建筑行为的积极性作用。处罚违法建筑行为的手段包括建筑行政处罚和司法处罚。

1.2.2 建筑法律关系

一、建筑法律关系的概念

法律关系是法律在调整人们行为的过程中形成的特殊的权利和义务关系。法律关系是以法律为前提而产生的社会关系,没有法律的规定,就不可能形成相应的法律关系。法律关系是以国家强制力作为保障的社会关系,当法律关系受到破坏时,国家会动用强制力进行矫正或恢复。

建筑法律关系是由建筑法规所确认和调整的,在建筑业管理和建筑活动过程中所产生的具有权利、义务内容的社会关系。它是建筑法规与建筑领域中各种活动发生联系的途径,建筑法规通过建筑法律关系来实现其调整相关社会关系的目的。

二、建筑法律关系的构成要素

建筑法律关系同其他法律关系一样,也是由主体、客体和内容三种要素构成的。

1. 建筑法律关系的主体

建筑法律关系的主体是指参加建筑业活动,受建筑法律规范调整,在法律上享有权利和承担义务的自然人、法人或其他组织。建筑法律关系的主体可以是国家机关、社会组织或自然人。国家机关包括国家权力机关、行政机关(国家计划机关、建设行政主管机关、建设行政监督机关及国家建设专门业务主管机关)和司法机关。

社会组织包括企业、事业单位和社会团体等,可进一步分为法人组织与非法人组织,具体包括建设单位、勘察设计单位、监理单位、施工单位、工程造价咨询单位及中介机构等。

自然人在建筑活动中也可以成为建筑法律关系的主体。如建筑企业工作人员(建筑工人、专业技术人员、注册执业人员等)同企业单位签订劳动合同时,即成为建筑法律关系的主体。

2.建筑法律关系的客体

建筑法律关系客体是指建筑法律关系的主体享有权利和承担义务所共同指向的对象。一般客体分为财、物、行为和非物质财富。

(1)表现为财的客体。财一般指资金及各种有价证券。在建筑法律关系中表现为财的客体主要是建设资金,如基本建设贷款合同的标的,即一定数量的货币。

(2)表现为物的客体。法律意义上的物是指可为人们控制并具有经济价值的生产资料和消费资料。在建筑法律关系中表现为物的客体主要是建筑材料,如钢材、木材、水泥等,以及由其构成的建筑物。另外还有建筑机械等设备。某个具体基本建设项目即是建筑法律关系中的客体。

(3)表现为行为的客体。法律意义上的行为是指人的有意识的活动。在建筑法律关系中,行为多表现为完成一定的工作,如勘察设计、施工安装、检查验收等活动。

(4)表现为非物质财富的客体。法律意义上的非物质财富是指人们脑力劳动的成果或智力方面的创作,也称智力成果。在建筑法律关系中,如设计单位提供的具有创造性的设计图纸,该设计单位依法享有专有权,使用单位未经允许不能无偿使用。

3.建筑法律关系的内容

建筑法律关系的内容即是建筑法律关系的主体对他方的权利和负有的义务,这种内容要由相关的法律或合同来确定,它是联结主体的纽带。如开发权、所有权、经营权以及保证工程质量的经济义务和法律责任都是建筑法律关系的内容。

根据建筑法律关系主体地位的不同,其权利义务关系再现为两种不同情况:一是基于主体双方地位平等基础上的对等的权利和义务关系;二是在主体双方地位不平等基础上产生的不对等的权利和义务关系,如政府有关部门对建设单位和施工企业依法进行的监督和管理活动所形成的法律关系。

我国建筑法规中大部分的规定都是建筑法律关系的内容。

三、建筑法律关系的产生、变更和解除

(一)建筑法律关系的产生

建筑法律关系的产生是指建筑法律关系的主体之间形成了一定的权利和义务关系。某建设单位与施工单位签订了建筑工程承包合同,主体双方产生了相应的权利和义务。此时,受建筑法规调整的建筑法律关系即告产生。

(二)建筑法律关系的变更

建筑法律关系的变更是指建筑法律关系的三个要素发生变化。

(1)主体变更。主体变更是指建筑法律关系主体数目增多或减少,也可以是主体改变。在建筑合同中,客体不变,相应权利义务也不变,此时主体改变也称为合同转让。

(2) 客体变更。客体变更是指建筑法律关系中权利义务所指向的事物发生变化。客体变更可以是其范围变更，也可以是其性质变更。

(3) 内容变更。建筑法律关系主体与客体的变更，必然导致相应的权利和义务的变更，即内容的变更。

(三) 建筑法律关系的解除

建筑法律关系的解除是指建筑法律关系主体之间的权利义务不复存在，彼此丧失了约束力。

(1) 自然解除。建筑法律关系自然解除是指某类建筑法律关系所规范的权利义务顺利得到履行，取得了各自的利益，从而使该法律关系达到完结。

(2) 协议解除。建筑法律关系协议解除是指建筑法律关系主体之间协商解除某类建筑法律关系规范的权利和义务，致使该法律关系归于消灭。

(3) 违约解除。建筑法律关系违约解除是指建筑法律关系主体一方违约，或发生不可抗力，致使某类建筑法律关系规范的权利不能实现。

(四) 建筑法律关系产生、变更和解除的原因

建筑法律关系并不是由建筑法律规范本身直接产生的，它只有在一定的情况下才能产生，而这种法律关系的变更和解除也是由一定的情况决定的。这种引起建筑法律关系产生、变更和解除的情况，即是人们通常所说的建筑法律事实。建筑法律事实是建筑法律关系产生、变更和解除的原因。

1. 建筑法律事实的概念

建筑法律事实是建筑法律规范所确定的，能够引起建筑法律关系产生、变更或解除的客观现象和客观事实。建筑法律关系不会自然而然地产生，也不能仅凭建筑法律规范的规定，就可在当事人之间发生的建筑法律关系。只有通过一定的建筑法律事实，才能在当事人之间产生一定的建筑法律关系，或者使原来的建筑法律关系变更或解除。不是任何事实都可成为建筑法律事实，只有当建筑法规把某种客观情况同一定的法律后果联系起来时，这种事实才被认为是建筑法律事实，成为产生建筑法律关系的原因，从而和法律后果形成因果关系。

2. 建筑法律事实的类型

建筑法律事实按是否包含当事人的意志分为两类。

(1) 事件。事件是指法律规范所规定的不以当事人的意志为转移的法律事实。当建筑法律规范规定把某种自然现象和建筑权利义务关系联系在一起的时候，这种现象就成为法律事实的一种，即事件。这是建筑法律关系的产生、变更或消灭的原因之一。如洪水灾害导致工程施工延期，致使建筑安装合同不能履行等。事件可分为：①自然事件，如出生或死亡，地震、海啸、台风等；②社会事件，如战争、政府禁令、暴乱等；③意外事件，如爆炸事故、触礁、失火等。

(2) 行为。行为是指能够引起权利义务关系产生、变更或解除的，以人的意志为转移的法律事实。它包含两层意思：一是法律行为必须是有行为能力的人实施的行为，只有法律特别规定时，才能产生法律后果。二是法律行为必须是有意识的行为，但在许多时候，法律也要求"无意识的行为"承担责任，此时称之为无过错责任。对无过错责任，必须要有法律的规定，否则当事人不承担责任。

行为依照行为方式的不同分为积极行为和不积极行为。积极行为是指当事人积极实施了某种行为,称之为作为;消极行为是指当事人消极地不去实施某种行为,称之为不作为。不论是作为还是不作为都具有法律行为的性质,都可以产生、变更或解除法律关系。

在建筑活动中,行为通常表现为以下几种:

(1) 合法行为。合法行为是指实施了建筑法规所要求或允许做的行为,或者没有实施建筑法规所禁止做的行为。合法行为要受到法律的肯定和保护,产生积极的法律后果。如根据批准的可行性研究报告进行的初步设计的行为、依法签订建筑工程承包合同的行为等。

(2) 违法行为。违法行为是指法律禁止的侵犯其他主体的建设权利和建设义务的行为。违法行为要受到法律的矫正和制裁,产生消极的法律后果。如违反法律规定或因过错不履行建设工程合同,没有国家批准的建设计划而擅自动工建设等行为。

(3) 行政行为。行政行为是指国家授权机关依法行使对建筑业管理权而发生法律后果的行为。如国家建设管理机关下达基本建设计划,监督执行工程项目建设程序的行为。

(4) 立法行为。立法行为是指国家机关在法定权限内通过规定的程序,制定、修改、废止建筑法规规范性文件的活动。如国家制定、颁布建筑法律、法规、条例、标准定额等行为。

(5) 司法行为。司法行为是指国家司法机关的法定职能活动。它包括各级检察机构所实施的法律监督,各级审判机构的审判、调解活动等。如人民法院对建筑工程纠纷案件做出判决的行为。

1.2.3 建筑法规的实施

一、法的实施

法的实施,也叫法律的实施,是指法在社会生活中被人们实际施行,即法在社会生活中的具体适用和实现。法的实施包括法的遵守、法的适用和法的执行三个方面。

1. 法的遵守

法的遵守可以有广义与狭义两种含义。广义的法的遵守,就是法的实施。狭义的法的遵守,也叫守法,专指公民、社会组织和国家机关以法律为自己的行为准则,依照法律行使权利、权力,履行义务的活动。

法的遵守的意义:

(1) 认真遵守法律是广大人民群众实现自己根本利益的必然要求;

(2) 认真遵守法律是建设社会主义法治国家的必要条件。

2. 法的适用

法的适用,通常是指国家司法机关根据法定职权和法定程序,具体应用法律处理案件的专门活动。由于这种活动是以国家名义来行使,因此也称为"司法",法的适用是实施法律的一种方式。

法的适用的基本要求通常有三个,即合法、准确、及时。

法的适用的特点:

(1) 法的适用是由特定的国家机关及其公职人员,按照法定职权实施法律的专门活动,具有国家权威性；

(2) 法的适用是司法机关以国家强制力为后盾实施法律的活动,具有国家强制性；

(3) 法的适用是司法机关依照法定程序、运用法律处理案件的活动,具有严格的程序性及合法性；

(4) 法的适用必须有表明法的适用结果的法律文书,如判决书、裁定书和决定书等。

法的适用的原则有：

(1) 公民在法面前一律平等；

(2) 司法机关依法独立行使职权；

(3) 以事实为根据,以法为准绳。

3. 法的执行

法的执行,简称执法,是指掌管法律,手持法律做事,传播、实现法律。广义的执法,或法的执行,是指所有国家行政机关、司法机关及其公职人员依照法定职权和程序实施法律的活动。狭义的执法,或法的执行,则专指国家行政机关及其公职人员依法行使管理职权、履行职责、实施法律的活动。人们把行政机关称为执法机关,就是在狭义上适用执法的。

法的执行的特点：

(1) 法的执行是以国家的名义对社会进行全面管理,具有国家权威性；

(2) 法的执行的主体是国家行政机关及其公职人员；

(3) 法的执行具有国家强制性,行政机关执行法律的过程同时是行使执法权的过程；

(4) 法的执行具有主动性和单方面性。

法的执行的主要原则：

(1) 依法行政的原则,是指行政机关必须根据法定权限、法定程序和法治精神进行管理,越权无效。

(2) 讲求效能的原则,是指行政机关应当在依法行政的前提下,讲究效率,主动有效地行使其权能,以取得最大的行政执法效益。

二、建筑法的实施

建筑法规的实施,是指国家机关及其公务员、社会团体、公民实践建筑法律规范的活动,包括建筑法规的执行、司法和守法三个方面。建筑法规的司法又包括行政司法和专门机关司法两个方面。

1. 建设行政执法

建设行政执法,是指建设行政主管部门和被授权或被委托的单位,依法对各项建设活动和建设行为进行检查监督,并对违法行为执行行政处罚的行为。具体包括以下内容。

(1) 建设行政决定,是指执行者依法对相对人的权利和义务作出单方面的处理。包括行政许可、行政命令和行政奖励。

(2) 建设行政检查,是指建设行政执行者依法对相对人是否守法的事实进行单方面的强制性了解。主要包括实地检查和书面检查两种。

(3) 建设行政处罚,是指建设行政主管部门或其他权力机关对相对人实行惩戒或制裁的行为。主要包括财产处罚、行为处罚和告诫处罚三种。

> **职业训练 1—1**

施工单位违法施工,造成建筑事故,受到行政处罚

2004年8月12日,重庆市某县一小学教学楼发生坍塌事故,造成3人死亡,5人重伤。事故发生的原因是该小学违规加层,且没有施工许可证而擅自施工,施工单位在施工过程中违反安全规程违法施工。事故发生后,有关部门对事故责任单位和事故责任者依法进行处理。对施工单位责令停业整顿半年,包工头移交司法机关追究刑事责任,对主管副市长、教育局局长、建设局局长和该校校长分别给予警告、记过和撤职处分。

评析:

本案中,有关部门对施工单位给予责令停业整顿半年,即属于行政处罚范畴。对有关责任人员给予警告、记过、撤职等处分,属于行政处分。

(4) 建设行政强制执行,是指在相对人不履行行政机关所规定的义务时,特定的行政机关依法对其采取强制手段,迫使其履行义务。

2. 建设行政司法

建设行政司法,是指建设行政机关依据法定的权限和法定的程序进行行政调解、行政复议和行政仲裁,以解决相应争议的行政行为。

(1) 行政调解,是指在行政机关的主持下,以法律为依据,以自愿为原则,通过说服、教育等方法,促使双方当事人通过协商互谅达成协议。

(2) 行政复议,是指在相对人不服行政执法决定时,依法向指定的部门提出重新处理申请。

(3) 行政仲裁,是指国家行政机关以第三者身份对特定的民事、经济的劳动争议进行调解并作出判断和裁决。

3. 专门机关司法

专门机关司法,是指国家司法机关,主要指人民法院依照诉讼程序对建设活动中的争议与违法建设行为作出的审理判决活动。

4. 建设法规的遵守

建设法规的遵守,是指从事建设活动的所有单位和个人,必须按照建设法规的要求实施建设行为,不得违反。

2 岗位工作任务

2.1 岗位工作任务名称及要求

> **背景资料1**

某建筑公司与某学校签订一教学楼施工合同,明确施工单位要保质保量保工期完成学校的

建筑工程法规知识与实训指导

教学楼施工任务。工程竣工后,承包方向学校提交了竣工报告。学校为了不影响学生上课,还没组织验收就直接投入了使用。使用过程中,校方发现教学楼存在质量问题,要求施工单位修理。施工单位认为工程未经验收,学校提前使用出现质量问题,施工单位不应再承担责任。

一、岗位任务的名称

1. 确定法律关系的三要素。
2. 确定工程质量问题的承担。

二、岗位工作任务的总体要求

阅读岗位知识并查阅相关资料,列出建筑法律关系三要素概念的表述,能够运用建筑法律关系的相关知识对背景材料进行归纳、分析。

三、岗位工作任务的具体要求

1. 前期准备。参加任务的同学,课前阅读岗位知识,并做好学习(工作)笔记,找出学习(工作)过程中的重点、难点,有条件的同学可以就该任务深入企业进行访问调查。
2. 过程中。参加任务的同学,以岗位任务为基点,运用岗位知识进行分析、归纳和要点提炼,完成岗位学习(工作)任务。
3. 任务后。参加任务的同学,记录学习(工作)过程中的体会、收获及改进措施、建议。
4. 认真填写岗位工作任务报告并存档保存,作为对该任务完成情况或学习成绩的评价依据。

背景资料2

甲电信公司因建办公楼与乙建筑承包公司签订了工程总承包合同。其后,经甲同意,乙分别与丙建筑设计院和丁建筑工程公司签订了工程勘察设计合同和工程施工合同。勘察设计合同约定:由丙对甲的办公楼及其附属工程提供设计服务,并按勘察设计合同的约定交付有关的设计文件和资料。施工合同约定:由丁根据丙提供的设计图纸进行施工,工程竣工时依据国家有关验收规定及设计图纸进行质量验收。合同签订后,丙按时将设计文件和有关资料交付给丁,丁依据设计图纸进行施工。工程竣工后,甲会同有关质量监督部门对工程进行验收,发现工程存在严重质量问题,是由于设计不符合规范所致。原来丙未对现场进行仔细勘察即自行进行设计,导致设计不合理,给甲带来了重大损失。丙以与甲没有合同关系为由拒绝承担责任,乙又以自己不是设计人为由推卸责任,甲遂以丙为被告向法院起诉。

一、岗位工作任务的名称

1. 确认法律主体及相互关系。
2. 对于质量问题,法律主体如何承担责任。

二、岗位工作任务的总体要求

阅读岗位知识并查阅相关资料,列出建筑法律主体、法律关系的表述,能够运用建筑法律关系的相关知识对背景材料进行归纳、分析。

三、岗位工作任务的具体要求

1. 前期准备。参加任务的同学,课前阅读岗位知识,并做好学习(工作)笔记,找出学习(工作)过程中的重点、难点,有条件的同学可以就该任务深入企业进行访问调查。

2. 过程中。参加任务的同学,以岗位任务为基点,运用岗位知识进行分析、归纳和要点提炼,完成岗位学习(工作)任务。

3. 任务后。参加任务的同学,记录学习(工作)过程中的体会、收获及改进措施、建议。

4. 认真填写岗位工作任务报告并存档保存,作为对该任务完成情况或学习成绩的评价依据。

2.2 岗位工作任务结果

岗位工作任务完成后,参加任务的每位同学必须认真填写岗位工作任务报告并存档保存,作为该工作任务的结果。任务报告要求语言流畅,文字简练,条理清晰,原则上要求学生当场完成,教师酌情进行点评。具体见表1-1。

表1-1 岗位工作任务报告

姓名:	专业:	班级:	日期: 年 月 日
任务名称		任务目的	
任务内容		任务资料	
任务过程		任务结果或结论	
收获与体会		改进建议	
评价建议			年 月 日

2.3 岗位工作任务评价标准

任务完成后,均需要按岗位工作任务评价标准进行工作考核评价,作为学习(工作)的成绩评定依据。具体见表1-2。

表1-2 岗位工作任务评价标准表

类别	内容及标准	分值	自评（40%）	教师评（60%）	权重	小计	备注
出勤	态度端正,主动积极,无迟到早退	15			15%		有迟到或早退现象,每次扣1分,直至扣完本项分为止
准备阶段	1. 按规定时间接受线上发布的任务并反馈	5			30%		未接受发布的任务、未完成知识的预习及未完成知识预习的练习,每次扣1分;未列出岗位知识中的重点、难点,并记录在笔记中,每次扣2分;直至扣完本项分为止
	2. 按规定时间完成岗位知识的预习	10					
	3. 能够列出岗位知识中的重点、难点,并记录在笔记中	10					
	4. 及时完成岗位知识预习的练习	5					
实施阶段	1. 能针对岗位知识进行分析、归纳和要点提炼	10			35%		能对知识进行要点提炼、积极参与讨论分享、能给出明确的观点或结论,每次加1分,最多加10分
	2. 课堂积极参与讨论、模拟、汇报及分享	15					
	3. 对任务能给出最终的观点或结论	10					
总结评价阶段	1. 能总结任务完成过程的体会、收获	5			20%		有体会及收获、改进措施及建议,每次加1分,最多加5分。没有任务报告的,每次扣2分,直至扣完本项分为止
	2. 能针对任务提出改进措施、建议	5					
	3. 能高质量完成工作任务报告并提交	10					
总合计		自评人签名		教师签名			

3 工作笔记

3.1 学习(工作)过程中的重点、难点

重点：_____
_____
_____
_____。

难点：_____
_____
_____
_____。

3.2 学习(工作)过程中的体会、收获

体会、收获：_____
_____
_____
_____。

3.3 学习(工作)过程中的改进措施、建议

改进措施、建议：_____
_____
_____
_____。

4 实践练习

一、单选题

1. 法律关系三要素是主体、客体和内容,如果三要素发生变化则说明(　　)。
   A. 法律关系终止　　　　　　　　　B. 法律关系变更
   C. 法律关系解除　　　　　　　　　D. 法律关系不变
2. 不以人的意志为转移而产生的自然现象是一种(　　)。

A. 事件　　　　　B. 事故　　　　　C. 不可抗力　　　D. 行为
3. 下列社会现象中,不属于法律关系变更的是(　　)。
   A. 买卖关系中,卖方收款后将标的物交付给买方
   B. 买卖关系中,买卖双方改换了标的物
   C. 买卖关系中,买方发生变更
   D. 买卖关系中,买方根据卖方请求延缓了其交货期限
4. 法律关系内容的变更,是法律关系(　　)变更的结果。
   A. 主体　　　　　　　　　　　　　B. 客体
   C. 主体或客体　　　　　　　　　　D. 主体与客体
5. 能够引起法律关系产生、变更和消灭的情况称为(　　)。
   A. 事件　　　　　B. 行为　　　　　C. 法律事实　　　D. 事实

二、多选题
1. 工程建设法律关系的构成要素包括(　　)。
   A. 主体　　　B. 客体　　　C. 内容　　　D. 事件　　　E. 行为
2. 建设法律关系主体,主要是指参加或管理、监督建设活动,受建设工程法律规范调整,在法律上享有权利、承担义务的(　　)。
   A. 自然人　　B. 法人　　　C. 协会　　　D. 政党　　　E. 其他组织
3. 法律关系的客体包括(　　)。
   A. 人　　　　B. 财　　　　C. 物　　　　D. 行为　　　E. 非物质财富
4. 法律关系的变更,是指法律关系的(　　)发生变化。
   A. 主体　　　B. 内容　　　C. 客体　　　D. 事件　　　E. 行为
5. 法律关系的终止,分为(　　)。
   A. 权利终止　B. 自然终止　C. 义务终止　D. 违约终止　E. 协议终止
6. 法律事实按是否包含当事人的意志分为事件和行为两类。其中,行为通常表现为(　　)。
   A. 民事法律行为　　　　　　　　　B. 行政行为
   C. 违法行为　　　　　　　　　　　D. 自然行为
   E. 司法行为
7. 法律行为的成立要件有(　　)。
   A. 法律行为主体具有相应的民事权利能力和行为能力
   B. 经过登记或备案等程序
   C. 行为人意思表示真实
   D. 行为内容合法
   E. 行为形式合法
8. 某施工单位项目负责人张经理,违反法律法规,降低工程质量标准,造成重大安全事故,导致工人李某死亡,施工单位被降低资质等级,并且给建设单位造成50万元的财产损失。则张经理的行为侵害的客体是(　　)。
   A. 李某的生命权　　　　　　　　　B. 施工单位的行为能力
   C. 公共安全　　　　　　　　　　　D. 建设单位的财产权
   E. 有关工程建设管理的法律制度

三、名词解释
1. 法律关系
2. 法的实施

四、简答题
1. 简述法律事实。
2. 简述法律关系的客体。

五、案例分析

  2002年12月,××电器有限责任公司筹建15层职工宿舍楼,通过履行正常的招投标程序,将该工程委托××市建筑工程第六公司承建。双方合同约定:××市建筑工程第六公司以包工包料方式承建××电器有限责任公司位于××市建国区滨江路170号的15层职工宿舍楼;工程总造价人民币970万元;××市建筑工程第六公司应于2003年2月1日开工,并于2004年2月1日完工,工期一年;××市建筑工程第六公司应保证工程质量,如验收不合格,应承担违约责任;××电器有限责任公司应于2003年1月15日前向××市建筑工程第六公司支付前期工程款500万元,剩余工程款自工程验收合格之日起15天内支付。

  请分析本案中建筑工程法律关系的三个构成要素。

项目二
建筑工程许可法规

1 岗位知识

1.1 案例导入

案情简介1

2001年5月9日,烟台市A有限公司与山东B建工集团有限公司签订了建筑安装工程承包合同,合同约定由B公司负责承建A公司的2号车间、3号车间、车库等5个单位工程以及水、电、暖的安装工程,建筑面积为4629平方米,承包工程总造价2336249元,施工期为2001年5月10日至同年10月30日竣工。

B公司在施工期间,A公司陆续付给B公司工程款,截止到2002年2月5日,A公司共付给B公司工程款共计1951090.00元,余下工程款一直未付,为此B公司向山东省蓬莱市人民法院起诉,要求判定A公司立即付清拖欠的工程款615916.52元。

据法院查明,A公司在对外发包工程时以及工程施工后,未办理施工许可证。

法院认为:《建筑法》规定,签订合同时发包方必须具有施工许可证或开工报告,承包方必须具备法人资格和资质证书。B公司虽然具备法人资格和资质证书,但A公司自发包时至今未办理施工许可证,故A公司和B公司双方签订的建筑安装工程承包合同属无效合同。根据山东省高级人民法院关于无效建筑工程承包合同的处理,对建筑工程已完工且质量合格,建筑单位应当按照已完工的实际造价支付给施工企业相应价款的规定,故支持B公司要求A公司按实际造价支付余额的请求。

2004年12月30日,山东省蓬莱市人民法院以(200×)××民初字第××号民事判决书判决:A公司付给B公司工程款1548195.75元。

判决后,A公司不服,提起上诉。2005年6月18日,山东省烟台市中级人民法院以(200×)烟民一终字第×××号民事判决书判决驳回上诉,维持原判。

2005年5月30日,山东省烟台市中级人民法院以(200×)烟审民监字第×号驳回申诉通知书驳回A公司的申诉请求。

2007年1月24日,山东省高级人民法院以(200×)鲁民监字第××号驳回申诉通知书驳回A公司的申诉请求。

请分析不具备施工许可证的建筑工程合同效力问题的处理。

项目二 建筑工程许可法规

📖 案情简介2

江苏省某市一家三级资质等级的施工企业,为提高企业效益,以工程造价3%~6%的价格,向多家无资质或只有低等级资质的施工队出租其资质等级证书和营业执照或者允许这些施工队以自己的名义承揽工程,从中收取管理费。当地建设行政主管部门依法对其进行处罚,罚款4万元,将其资质等级由三级降为四级。

请分析出租企业资质证书和营业执照是否应受处罚。

1.2 知识链接

1.2.1 建筑许可概述

一、建筑许可的概念

建筑许可,是我国《建筑法》中重要的法律规定,是建设行政主管部门或其他行政主管部门准许、变更或中止公民、法人和其他组织从事建筑活动的具体行政行为。

根据《建筑法》的规定,建筑许可包括3种法律制度:施工许可证制度,从事建筑活动单位资质制度,个人资格制度。

建筑许可是国家对建设工程行为予以认可的法律规定,也是世界各国普遍采用的法律制度。在我国建筑许可的实施具有重要意义:

(1)国家对基本建设的宏观调控,对从事建筑活动的单位和人员的总量控制;
(2)规范建筑市场,保证建筑工程质量和建筑安全生产;
(3)保护建设单位、从事建设活动的单位和个人的合法权益。

二、建筑许可的特点

1. 建筑许可的行政性

建筑许可是一种行政行为,也即行政许可。这是由建筑许可的性质所决定的,建筑许可是国家对建筑工程实施的一种行政管理手段。有权行使建筑行政行为的机关,只能是建设行政主管部门。建设行政主管部门代表国家,对从事工程建筑活动且需要获得行政许可的公民、法人和其他组织,实施建筑行政许可管理等有关事宜。

2. 建筑许可的目的性

政府实施建筑许可制度的目的在于,通过对建筑工程的开工,以及对从事建筑活动的单位和个人的资格实行行政管理,实现政府对建筑市场的宏观管理和指导,从而使建筑市场能够健康、有序地发展,使建筑行业真正成为带动社会经济发展的龙头行业。

3. 建筑许可的强制性

建筑许可对于建筑活动的从业者来讲,是一种资格的准许和获得,对获准者来讲意味着准入;反之,对一般人来说,建筑许可是一种禁止。未获准建筑许可资格的,依法严格禁止进行与建筑许可有关的建筑活动。对建筑工程开工和从事建筑活动,只有在符合特定条件的情况下才可进行;否则,就有可能受到相关法律法规规定的惩罚和制裁。所以说,建筑许可具有强制性。

19

4. 建筑许可的被动性

建筑许可是依据建设单位或从事建筑活动的单位或个人的申请而作出的行政行为，它的实施以申请者的申请为前提，不是政府积极的、主动的行为，而是被动的行为。所以，建筑许可的实施具有被动性而不具有主动性。

5. 建筑许可的事前控制性

建筑许可的实施，可通过对建筑工程施工应具备的基本条件的事前审查，以确实保证建筑工程开工后的顺利进行，以避免不具备条件的建筑工程的盲目开工给相关当事人带来损失，以及可能造成社会财富浪费的现象发生。所以，建筑许可是一种事前控制。

三、建筑许可的作用

实行建筑工程许可是国际上有效保证建筑工程质量和安全的通行做法，《建筑法》对建筑许可也作了相应的规定。实践证明，建筑工程许可的实行在工程建设过程中起到了积极的作用，主要表现在以下几个方面：

（1）建筑工程许可的实施，可以监督建设单位尽快实施和建成拟建项目，防止土地闲置，实现土地的有效集约利用，避免拟建工程可能出现的延期影响公众利益；

（2）建筑工程许可的实施，可以保证建筑工程项目开工后的顺利进行，避免由于不具备施工条件而盲目上马，给参与工程建筑的单位造成不必要的损失；

（3）建筑工程许可的实施，有助于建设行政主管部门对在建项目实施有效的监督管理，避免国家对建设工程管理的失控。

1.2.2 建筑施工许可制度

一、建筑施工许可的内涵

1. 工程报建登记

在建设工程立项批准后、工程发包（包括勘察、设计、施工的发包，监理委托）前，建设单位必须向建设行政主管部门或其授权的部门办理工程报建登记手续（未办理报建登记手续的工程，不得发包，不得签订工程合同）。这一环节标志着建设工程正式开始。

在办理工程报建登记手续时，一般要求建设单位提供以下资料：包括工程建设项目立项的批准文件、银行出具的该建设工程项目资信证明、经批准的建设用地证明和规划审批文件以及施工图设计审查批准书等。

工程报建登记的内容一般包括建设工程内容、建设地点、投资规模、资金来源、当年度投资额度、工程规模、开工与竣工日期、发包方式和工程筹建情况等。

2. 建筑工程施工许可证

建筑工程施工许可证，是指建筑工程开始施工前建设单位向建设行政主管部门申请的允许可以施工的证明。

一般情况下，新建、扩建、改建的建设工程，建设单位必须在开工前向建设行政主管部门或其授权的部门申请领取建设工程施工许可证。未领取施工许可证的，不得开工。《建筑法》第七条规定："建筑工程开工前，建设单位应当按照国家有关规定向工程所在地县级以上人民政府建设行政主管部门申请领取施工许可证；但是，国务院建设行政主管部门确定的限额以下的小型工程除外。按照国务院规定的权限和程序批准开工报告的建筑工程，不再领取施工许可证。"

建筑工程施工许可证制度是行政许可证制度的一种。行政许可证制度涉及两方面的主体，一方是行政机关，另一方则是申请人。就建筑工程许可证制度而言，这两方面主体分别是建设行政主管部门或有关专业部门和建设单位。

实行建筑工程施工许可证制度，是我国政府对建设工程质量实行监督管理两个主要手段之一（施工许可制度和竣工验收备案制度）。

二、施工许可证的申请

（一）施工许可证的申请时间和范围

1. 施工许可证的申请时间

施工许可证的申领时间是指申请人应当在什么时候申请领取施工许可证。根据《建筑法》第七条规定，施工许可证应在建筑工程开工日期前申请领取。

开工日期是指建设项目或单项工程设计文件中规定的永久性工程计划开始施工的时间，以永久性工程正式破土开槽开始施工的时间为准。在此之前的准备工作，如地质勘查、平整场地、拆除旧有建筑物、临时建筑、施工用临时道路、水、电等工程都不算正式开工。建设单位未依法在开工前申请领取施工许可证便开工建设的，属违法行为，应当按照《建筑法》第六十四条的规定追究其行政法律责任。

2. 施工许可证的申请范围

申领施工许可证的范围，是指什么规模的建筑工程需要领取施工许可证。根据住房和城乡建设部2021年通过修订的《建筑工程施工许可管理办法》规定，凡在中华人民共和国境内从事各类房屋建筑及其附属设施的建造、装修装饰和与其配套的线路、管道、设备的安装，以及城镇市政基础设施工程的施工，建设单位在开工前应当依照本办法的规定，向工程所在地县级以上地方人民政府住房城乡建设主管部门申请领取施工许可证。

根据我国工程建设的实际，为提高行政办事效率，避免重复审批，《建筑法》规定，在我国并不是所有的工程在开工前都需要办理施工许可证，有以下六类工程不需要办理。

（1）国务院建设行政主管部门确定的限额以下的小型工程

根据2021年3月30日住房和城乡建设部发布的《建筑工程施工许可管理办法》规定，所谓的限额以下的小型工程指的是：工程投资额在30万元以下或者建筑面积在300平方米以下的建筑工程。同时，该办法也进一步作出了说明，省、自治区、直辖市人民政府住房城乡建设主管部门可以根据当地的实际情况，对限额进行调整，并报国务院住房城乡建设主管部门备案。

（2）作为文物保护的建筑工程

《建筑法》第八十三条规定："依法核定作为文物保护的纪念建筑物和古建筑等的修缮，依照文物保护的有关法律规定执行。"

（3）抢险救灾工程

由于此类工程的特殊性，《建筑法》明确规定此类工程在开工前不需要申请施工许可证。

(4) 临时性建筑

工程建设中经常会出现临时性建筑,例如工人的宿舍、食堂等。这些临时性建筑由于其生命周期短,《建筑法》也明确规定此类工程在开工前不需要申请施工许可证。

(5) 军用房屋建筑

由于此类工程涉及军事秘密,不宜过多公开信息,《建筑法》第八十四条规定:"军用房屋建筑工程建筑活动的具体管理办法,由国务院、中央军事委员会依据本法制定。"

(6) 按照国务院规定的权限和程序批准开工报告的建筑工程

此类工程开工的前提是已经有经批准的开工报告,而不是施工许可证,因此,此类工程自然是不需要申请施工许可证的。

(二) 施工许可证的申请条件

确定申请领取施工许可证的条件,是为了保证建筑工程开工后组织施工能够顺利进行。《建筑法》第八条规定,申请领取施工许可证,应当具备下列条件。

(1) 已经办理该建筑工程用地批准手续

根据《中华人民共和国城市房地产管理法》《中华人民共和国土地管理法》的规定,建设单位取得建筑工程用地的土地使用权,可以通过出让和划拨两种方式。

建设单位依法以出让或划拨方式取得土地使用权,应当向县级以上地方人民政府土地管理部门申请登记,经县级以上地方人民政府土地管理部门核实,由同级人民政府颁发土地使用权证书。建设单位取得土地使用权证书表明已经办理了该建筑工程用地批准手续。

(2) 在城市规划区的建筑工程,已经取得规划许可证

《中华人民共和国城乡规划法》对于建设用地规划许可证作出了规定。

① 以划拨方式提供国有土地使用权的建设项目用地规划许可证

在城市、镇规划区内以划拨方式提供国有土地使用权的建设项目,经有关部门批准、核准、备案后,建设单位应当向城市、县人民政府城乡规划主管部门提出建设用地规划许可申请,由城市、县人民政府城乡规划主管部门依据控制性详细规划核定建设用地的位置、面积、允许建设的范围,核发建设用地规划许可证。建设单位在取得建设用地规划许可证后,方可向县级以上地方人民政府土地主管部门申请用地,经县级以上人民政府审批后,由土地主管部门划拨土地。

② 以出让方式提供国有土地使用权的建设项目用地规划许可证

在城市、镇规划区内以出让方式提供国有土地使用权的,在国有土地使用权出让前,城市、县人民政府城乡规划主管部门应当依据控制性详细规划,提出出让地块的位置、使用性质、开发强度等规划条件,作为国有土地使用权出让合同的组成部分。未确定规划条件的地块,不得出让国有土地使用权。以出让方式取得国有土地使用权的建设项目,在签订国有土地使用权出让合同后,建设单位应当持建设项目的批准、核准、备案文件和国有土地使用权出让合同,向城市、县人民政府城乡规划主管部门领取建设用地规划许可证。

如果没有取得规划许可证,意味着拟建的工程属于违章建筑。这种情况下,自然不能颁发施工许可证。

(3) 需要拆迁的,其拆迁进度符合施工要求

很多工程都涉及拆迁,如果拆迁工作进展不顺利,就意味着后续工作无法进行。因此,开始修建工程之前,必须首先解决拆迁的问题。但是,解决拆迁的问题并不意味着必须拆迁完毕才

能施工,只要拆迁的进度能够满足后续施工的要求就可以了。这样可以形成拆迁与施工的流水作业,缩短总工期。

(4) 已经确定建筑施工企业

只有确定了建筑施工企业,才具有了开工的可能。如果建筑施工企业尚未确定,显然就是没有满足开工的条件,自然不能颁发给施工许可证。

(5) 有满足施工需要的施工图纸及技术资料

施工单位的责任是按图施工,如果没有满足施工需要的施工图纸和技术资料,施工单位显然是无法施工的。

《建筑工程施工许可管理办法》第四条进一步规定,建设单位在申请领取施工许可证时,除了应当"有满足施工需要的施工图纸及技术资料",还应满足"施工图设计文件已按规定审查合格"。

(6) 有保证工程质量和安全的具体措施

《建设工程安全生产管理条例》第十条第一款规定:"建设单位在申请领取施工许可证时,应当提供建设工程有关安全施工措施的资料。"第四十二条第一款规定:"建设行政主管部门在审核发放施工许可证时,应当对建设工程是否有安全施工措施进行审查,对没有安全施工措施的,不得颁发施工许可证。"

(7) 建设资金已经落实

建筑活动需要较多的资金投入,建设单位在建筑工程施工过程中必须拥有足够的建设资金。这是预防拖欠工程款,保证施工顺利进行的基本经济保障。对此,《建筑工程施工许可管理办法》第四条进一步具体规定,建设单位应当提供建设资金已经落实承诺书。

(8) 法律、行政法规规定的其他条件

建设单位申请领取施工许可证,除了应当具备以上七项条件外,还应当具备其他法律、行政法规规定的有关建筑工程开工的条件。这样规定的目的是同其他法律、行政法规的规定相衔接。例如,根据《中华人民共和国消防法》(以下简称《消防法》),对于按规定需要进行消防设计的建筑工程,建设单位应当将其消防设计图纸及技术资料报送住房和城乡建设主管部门审核;未经审核或者经审核不合格的,有关部门不得发给施工许可证,建设单位不得施工。

(三) 施工许可证的申请程序

根据《建筑法》和《建筑工程施工许可管理办法》的规定,建设单位在提出申请办理施工许可证时,应当按照下列程序进行:

(1) 建设单位向发证机关领取建筑工程施工许可证申请表。

(2) 建设单位持加盖单位及法定代表人印鉴的建筑工程施工许可证申请表,并附规定的证明文件,向发证机关提出申请。

(3) 发证机关在收到建设单位报送的建筑工程施工许可证申请表和所附证明文件后,对于符合条件的,应当自收到申请之日起七日内颁发施工许可证;对于证明文件不齐全或者失效的,应当当场或者五日内一次告知建设单位需要补正的全部内容,审批时间可以自证明文件补正齐全后作相应顺延;对于不符合条件的,应当自收到申请之日起七日内书面通知建设单位,并说明理由。

建筑工程在施工过程中,建设单位或者施工单位发生变更的,应当重新申请领取施工许可证。

三、未取得施工许可证或者开工报告未经批准擅自开工的后果

《建筑法》第六十四条　违反本法规定，未取得施工许可证或者开工报告未经批准擅自施工的，责令改正，对不符合开工条件的责令停止施工，可以处以罚款。

《建筑工程施工许可管理办法》第十二条　对于未取得施工许可证或者为规避办理施工许可证将工程项目分解后擅自施工的，由有管辖权的发证机关责令停止施工，限期改正，对建设单位处工程合同价款 1% 以上 2% 以下罚款；对施工单位处 3 万元以下罚款。

《建筑工程施工许可管理办法》第十三条　建设单位采用欺骗、贿赂等不正当手段取得施工许可证的，由原发证机关撤销施工许可证，责令停止施工，并处 1 万元以上 3 万元以下罚款；构成犯罪的，依法追究刑事责任。

《建设工程质量管理条例》第五十六条　违反本条例规定，建设单位有下列行为之一的，责令改正，处 20 万元以上 50 万元以下的罚款：

(1) 迫使承包方以低于成本的价格竞标的；
(2) 任意压缩合理工期的；
(3) 明示或者暗示设计单位或者施工单位违反工程建设强制性标准，降低工程质量的；
(4) 施工图设计文件未经审查或者审查不合格，擅自施工的；
(5) 建设项目必须实行工程监理而未实行工程监理的；
(6) 未按照国家规定办理工程质量监督手续的；
(7) 明示或者暗示施工单位使用不合格的建筑材料、建筑构配件和设备的；
(8) 未按照国家规定将竣工验收报告、有关认可文件或者准许使用文件报送备案的。

《建设工程质量管理条例》第五十七条　违反本条例规定，建设单位未取得施工许可证或者开工报告未经批准，擅自施工的，责令停止施工，限期改正，处工程合同价款百分之一以上百分之二以下的罚款。

建筑工程未经许可擅自施工的，实际中有两种情况：一是该项工程已经具备了本法规定的开工条件，但未依照本法的规定履行开工审批手续；二是工程既不具备本法规定的开工条件，又不履行开工审批手续。依照本条规定，对违反建筑工程施工许可的规定擅自施工的行为，应根据不同情况分别作出相应的处理：

首先，凡是违反本法规定，未取得施工许可证或者开工报告未经批准擅自施工的，有关行政主管部门都应依照本条规定责令其改正，即要求建设单位立即补办取得施工许可证或开工报告的有关批准手续。

其次，责令改正，即要求其依法补办施工许可证或者开工报告审批手续的同时，根据该工程项目在违法开工时是否具备法定开工条件，作出不同的处理：对经审查，确属符合法定开工条件的，在补办手续后准予其继续施工；对不符合开工条件的，则应责令建设单位停止施工，并可以处以罚款。所谓"可以处以罚款"，是指可以罚款，也可以不罚款，是否处以罚款由本法规定的行政执法部门根据违法行为的情节、影响大小等具体情况决定。

四、施工许可证的管理

(一) 施工许可证废止的条件

建设单位应当自领取施工许可证之日起 3 个月内开工。因故不能按期开工的，应当向发证

机关申请延期；延期以两次为限，每次不超过 3 个月。既不开工又不申请延期或者超过延期期限的，施工许可证自行废止。

（二）重新核验施工许可证的条件

在建的建筑工程因故中止施工的，建设单位应当自中止之日起一个月内，向发证机关报告，并按照规定做好建筑工程的维护管理工作。

建筑工程恢复施工时，应当向发证机关报告；中止施工满一年的工程恢复施工前，建设单位应当报告发证机关核验施工许可证。

（三）重新办理开工报告的条件

按照国务院规定办理开工报告的工程是施工许可制度的特殊情况。对于这类工程的管理，《建筑法》第十一条规定："按照国务院有关规定批准开工报告的建筑工程，因故不能按期开工或者中止施工的，应当及时向批准机关报告情况。因故不能按期开工超过六个月的，应当重新办理开工报告的批准手续。"

1.2.3 建筑企业资质等级许可

从业单位资格许可包括从业单位的条件和从业单位的资质。《建筑法》第十二条、十三条规定了从事建筑活动的建筑施工企业、勘察单位、设计单位和工程监理单位进入建筑市场应当具备的条件和资质审查制度。

一、从事建筑活动单位的条件

我国《建筑法》第十二条规定，从事建筑活动的建筑施工企业、勘察单位、设计单位和工程监理单位，应当具备下列条件。

1. 有符合国家规定的注册资本

有符合国家规定的注册资本是指建筑施工企业、勘察单位、设计单位和工程监理单位在申请设立注册登记时，应当达到国家规定的注册资本的数量标准。关于上述单位应当具有的最低注册资本的具体数额，应当按照其他有关法律、行政法规的规定执行。根据《建筑业企业资质管理规定》的有关规定，建筑业企业资质等级标准由国务院住房城乡建设主管部门会同国务院有关部门制定。此外，需要注意的是，设立从事建筑活动的有限责任公司或股份公司时，其注册资本必须符合《中华人民共和国公司法》(以下简称《公司法》)的有关规定。

2. 有与其从事的建筑活动相适应的具有法定执业资格的专业技术人员

建筑施工企业、勘察单位、设计单位和工程监理单位必须有与其从事建筑活动相适应的专业技术人员，如注册建筑师、注册结构师和注册监理师等，而且这些专业技术人员必须具有法定的职业资格，即经过国家统一考试合格并依法批准注册。

3. 有从事相关建筑活动所应有的技术装备

具有与其建筑活动相关的技术装备是建筑施工企业、勘察单位、设计单位和工程监理单位进行正常施工、勘察设计和监理工作的重要的物质保障。没有相应技术装备的单位，不得从事建筑活动。

4. 法律、行政法规规定的其他条件

建筑施工企业、勘察单位、设计单位和工程监理单位除了应具备上述三项条件外，还应当具有从事经营活动所应具备的其他条件。如按照《中华人民共和国民法典》（以下简称《民法典》）的规定，法人应当有自己的名称、组织机构和场所。按照《公司法》规定，设立从事建筑活动的有限责任公司和股份有限公司，股东或发起人必须符合法定人数；股东或发起人共同制定公司章程；有公司名称，建立符合要求的组织机构；有固定的生产经营场所和必要的生产条件等。

二、从事建筑活动单位的资质

我国《建筑法》第十三条规定："从事建筑活动的建筑施工企业、勘察单位、设计单位和工程监理单位，按照其拥有的注册资本、专业技术人员、技术装备和已完成的建筑工程业绩等资质条件，划分为不同的资质等级，经资质审查合格，取得相应等级的资质证书后，方可在其资质等级许可的范围内从事建筑活动。"这从法律上确定了从业资格许可制度。

（一）建筑施工企业资质许可

住房和城乡建设部发布的《建筑业企业资质管理规定》和《施工总承包企业资质等级标准》对建筑施工企业的资质等级与标准、申请与审批、监督与管理、业务范围等作了明确规定。

1. 资质等级与标准

建筑业企业资质分为施工总承包、专业承包和施工劳务三个序列。施工总承包资质、专业承包资质按照工程性质和技术特点分别划分为若干资质类别，各资质类别按照规定的条件划分为若干资质等级。施工劳务资质不分类别与等级。

建筑工程施工总承包企业资质分为特级、一级、二级和三级。其各级资质标准如下：

（1）特级资质标准

①企业注册资本金 3 亿元以上；

②企业净资产 3.6 亿元以上；

③企业近 3 年年平均工程结算收入 15 亿元以上；

④企业其他条件均达到一级资质标准。

（2）一级资质标准

①企业资产

净资产 1 亿元以上。

②企业主要人员

A. 建筑工程、机电工程专业一级注册建造师合计不少于 12 人，其中建筑工程专业一级注册建造师不少于 9 人。

B. 技术负责人具有 10 年以上从事工程施工技术管理工作经历，且具有结构专业高级职称；建筑工程相关专业中级以上职称人员不少于 30 人，且结构、给排水、暖通、电气等专业齐全。

C. 持有岗位证书的施工现场管理人员不少于 50 人，且施工员、质量员、安全员、机械员、造价员、劳务员等人员齐全。

D. 经考核或培训合格的中级工以上技术工人不少于 150 人。

③企业工程业绩

企业近 5 年承担过下列 4 类中的 2 类工程的施工总承包或主体工程承包，工程质量合格。

A. 地上 25 层以上的民用建筑工程 1 项或地上 18~24 层的民用建筑工程 2 项；

B. 高度 100 米以上的构筑物工程 1 项或高度 80~100 米（不含）的构筑物工程 2 项；

C. 建筑面积 12 万平方米以上的建筑工程 1 项或建筑面积 10 万平方米以上的建筑工程 2 项；

D. 钢筋混凝土结构单跨 30 米以上(或钢结构单跨 36 米以上)的建筑工程 1 项或钢筋混凝土结构单跨 27~30 米(不含)(或钢结构单跨 30~36 米(不含))的建筑工程 2 项。

(3) 二级资质标准

①企业资产

净资产 4000 万元以上。

②企业主要人员

A. 建筑工程、机电工程专业注册建造师合计不少于 12 人，其中建筑工程专业注册建造师不少于 9 人。

B. 技术负责人具有 8 年以上从事工程施工技术管理工作经历，且具有结构专业高级职称或建筑工程专业一级注册建造师执业资格；建筑工程相关专业中级以上职称人员不少于 15 人，且结构、给排水、暖通、电气等专业齐全。

C. 持有岗位证书的施工现场管理人员不少于 30 人，且施工员、质量员、安全员、机械员、造价员、劳务员等人员齐全。

D. 经考核或培训合格的中级工以上技术工人不少于 75 人。

③企业工程业绩

企业近 5 年承担过下列 4 类中的 2 类工程的施工总承包或主体工程承包，工程质量合格。

A. 地上 12 层以上的民用建筑工程 1 项或地上 8~11 层的民用建筑工程 2 项；

B. 高度 50 米以上的构筑物工程 1 项或高度 35~50 米(不含)的构筑物工程 2 项；

C. 建筑面积 6 万平方米以上的建筑工程 1 项或建筑面积 5 万平方米以上的建筑工程 2 项；

D. 钢筋混凝土结构单跨 21 米以上(或钢结构单跨 24 米以上)的建筑工程 1 项或钢筋混凝土结构单跨 18~21 米(不含)(或钢结构单跨 21~24 米(不含))的建筑工程 2 项。

(4) 三级资质标准

①企业资产

净资产 800 万元以上。

②企业主要人员

A. 建筑工程、机电工程专业注册建造师合计不少于 5 人，其中建筑工程专业注册建造师不少于 4 人。

B. 技术负责人具有 5 年以上从事工程施工技术管理工作经历，且具有结构专业中级以上职称或建筑工程专业注册建造师执业资格；建筑工程相关专业中级以上职称人员不少于 6 人，且结构、给排水、电气等专业齐全。

C. 持有岗位证书的施工现场管理人员不少于 15 人，且施工员、质量员、安全员、机械员、造价员、劳务员等人员齐全。

D. 经考核或培训合格的中级工以上技术工人不少于 30 人。

E. 技术负责人(或注册建造师)主持完成过本类别资质二级以上标准要求的工程业绩不少于 2 项。

2. 资质申请与许可

企业可以申请一项或多项建筑业企业资质。企业首次申请或增项申请资质，应当申请最低等级资质。

(1)下列建筑业企业资质,由国务院住房城乡建设主管部门许可:

①施工总承包资质序列特级资质、一级资质及铁路工程施工总承包二级资质。

②专业承包资质序列公路、水运、水利、铁路、民航方面的专业承包一级资质及铁路、民航方面的专业承包二级资质;涉及多个专业的专业承包一级资质。

申请前款所列资质的,可以向企业工商注册所在地省、自治区、直辖市人民政府住房城乡建设主管部门提交申请材料。省、自治区、直辖市人民政府住房城乡建设主管部门收到申请材料后,应当在5日内将全部申请材料报审批部门。国务院住房城乡建设主管部门在收到申请材料后,应当依法作出是否受理的决定,并出具凭证;申请材料不齐全或者不符合法定形式的,应当在5日内一次性告知申请人需要补正的全部内容。逾期不告知的,自收到申请材料之日起即为受理。国务院住房城乡建设主管部门应当自受理之日起20个工作日内完成审查。自作出决定之日起10日内公告审批结果。其中,涉及公路、水运、水利、通信、铁路、民航等方面资质的,由国务院住房城乡建设主管部门会同国务院有关部门审查。需要组织专家评审的,所需时间不计算在许可时限内,但应当明确告知申请人。

(2)下列建筑业企业资质,由企业工商注册所在地省、自治区、直辖市人民政府住房城乡建设主管部门许可:

①施工总承包资质序列二级资质及铁路、通信工程施工总承包三级资质;

②专业承包资质序列一级资质(不含公路、水运、水利、铁路、民航方面的专业承包一级资质及涉及多个专业的专业承包一级资质);

③专业承包资质序列二级资质(不含铁路、民航方面的专业承包二级资质),铁路方面专业承包三级资质,特种工程专业承包资质。

前款规定的资质许可程序由省、自治区、直辖市人民政府住房城乡建设主管部门依法确定,并向社会公布。

(3)下列建筑业企业资质,由企业工商注册所在地设区的市人民政府住房城乡建设主管部门许可:

①施工总承包资质序列三级资质(不含铁路、通信工程施工总承包三级资质);

②专业承包资质序列三级资质(不含铁路方面专业承包资质)及预拌混凝土、模板脚手架专业承包资质;

③施工劳务资质;

④燃气燃烧器具安装、维修企业资质。

前款规定的资质许可程序由设区的市级人民政府住房城乡建设主管部门依法确定,并向社会公布。

企业申请建筑业企业资质升级、资质增项,在申请之日起前一年至资质许可决定作出前,有下列情形之一的,资质许可机关不予批准其建筑业企业资质升级申请和增项申请:

①超越本企业资质等级或以其他企业的名义承揽工程,或允许其他企业或个人以本企业的名义承揽工程的;

②与建设单位或企业之间相互串通投标,或以行贿等不正当手段谋取中标的;

③未取得施工许可证擅自施工的;

④将承包的工程转包或违法分包的;

⑤违反国家工程建设强制性标准施工的;

⑥恶意拖欠分包企业工程款或者劳务人员工资的；
⑦隐瞒或谎报、拖延报告工程质量安全事故,破坏事故现场、阻碍对事故调查的；
⑧按照国家法律、法规和标准规定需要持证上岗的现场管理人员和技术工种作业人员未取得证书上岗的；
⑨未依法履行工程质量保修义务或拖延履行保修义务的；
⑩伪造、变造、倒卖、出租、出借或者以其他形式非法转让建筑业企业资质证书的；
⑪发生过较大以上质量安全事故或者发生过两起以上一般质量安全事故的；
⑫其他违反法律、法规的行为。

建筑业企业资质条件符合资质等级标准,建设行政主管部门颁发相应资质等级的建筑业企业资质证书。建筑业企业资质证书分为正本和副本,由国务院建设行政主管部门统一印制,正、副本具有同等法律效力。资质证书有效期为5年。

任何单位和个人不得涂改、伪造、出借、转让建筑业企业资质证书；不得非法扣压、没收建筑业企业资质证书。

3. 承包工程范围

建筑施工总承包企业的承包工程范围划分如下：

(1)特级资质企业

可承担各类建筑工程的施工。

(2)一级资质企业

可承担单项合同额3000万元以上的下列建筑工程的施工：

①高度200米以下的工业、民用建筑工程；

②高度240米以下的构筑物工程。

(3)二级资质企业

可承担下列建筑工程的施工：

①高度100米以下的工业、民用建筑工程；

②高度120米以下的构筑物工程；

③建筑面积15万平方米以下的建筑工程；

④单跨跨度39米以下的建筑工程。

(4)三级资质企业

可承担下列建筑工程的施工：

①高度50米以下的工业、民用建筑工程；

②高度70米以下的构筑物工程；

③建筑面积8万平方米以下的建筑工程；

④单跨跨度27米以下的建筑工程。

注：(1)建筑工程是指各类结构形式的民用建筑工程、工业建筑工程、构筑物工程以及相配套的道路、通信、管网管线等设施工程,工程内容包括地基与基础、主体结构、建筑屋面、装修装饰、建筑幕墙、附建人防工程以及给水排水及供暖、通风与空调、电气、消防、智能化防雷等配套工程。(2)建筑工程相关专业职称包括结构、给排水、暖通、电气等专业职称。(3)单项合同额3000万元以下且超出建筑工程施工总承包二级资质承包工程范围的建筑工程的施工,应由建筑工程施工总承包一级资质企业承担。

4. 监督管理

国务院住房城乡建设主管部门负责全国建筑业企业资质的统一监督管理。国务院交通运输、水利、工业信息化等有关部门配合国务院住房城乡建设主管部门实施相关资质类别建筑业企业资质的管理工作。

省、自治区、直辖市人民政府住房城乡建设主管部门负责本行政区域内建筑业企业资质的统一监督管理。省、自治区、直辖市人民政府交通运输、水利、通信等有关部门配合同级住房城乡建设主管部门实施本行政区域内相关资质类别建筑业企业资质的管理工作。

县级以上人民政府住房城乡建设主管部门和其他有关部门应当依照有关法律、法规和本规定，加强对企业取得建筑业企业资质后是否满足资质标准和市场行为的监督管理。上级住房城乡建设主管部门应当加强对下级住房城乡建设主管部门资质管理工作的监督检查，及时纠正建筑业企业资质管理中的违法行为。

（二）工程勘察、设计企业资质许可

建设工程勘察是指根据建设工程的要求，查明、分析、评价建设场地的地质地理环境特征和岩土工程条件，编制建设工程勘察文件的活动。建设工程勘察包括建设工程项目的岩土工程、水文地质、工程测量、海洋工程勘察等。

建设工程设计是指根据建设工程的要求，对建设工程所需的技术、经济、资源、环境等条件进行综合分析、论证，编制建设工程设计文件的活动。包括：

（1）建设工程项目的主体工程和配套工程（含厂（矿）区内的自备电站、道路、专用铁路、通信、各种管网管线和配套的建筑物等全部配套工程）以及与主体工程、配套工程相关的工艺、土木、建筑、环境保护、水土保持、消防、安全、卫生、节能、防雷、抗震、照明工程等的设计。

（2）建筑工程建设用地规划许可证范围内的室外工程设计、建筑物构筑物设计、民用建筑修建的地下工程设计及住宅小区、工厂厂前区、工厂生活区、小区规划设计及单体设计等，以及上述建筑工程所包含的相关专业的设计内容（包括总平面布置、竖向设计、各类管网管线设计、景观设计、室内外环境设计及建筑装饰、道路、消防、安保、通信、防雷、人防、供配电、照明、废水治理、空调设施、抗震加固等）。

从事建设工程勘察、工程设计活动的企业，应当按照其拥有的注册资本、专业技术人员、技术装备和勘察设计业绩等条件申请资质，经审查合格，取得建设工程勘察、工程设计资质证书后，方可在资质许可的范围内从事建设工程勘察、工程设计活动。取得工程勘察、工程设计资质证书的企业，可以从事资质证书许可范围内相应的建设工程总承包业务，可以从事工程项目管理和相关的技术与管理服务。

2018年12月22日，住房和城乡建设部通过的《建设工程勘察设计资质管理规定》，对勘察设计单位的资质分类和分级、资质申请和审批、监督与管理、业务范围等作了明确的规定。

1. 资质分类和分级

建设工程勘察、工程设计资质分为工程勘察资质、工程设计资质。

工程勘察资质分为工程勘察综合资质、工程勘察专业资质、工程勘察劳务资质。

工程勘察综合资质只设甲级；工程勘察专业资质设甲级、乙级，根据工程性质和技术特点，部分专业可以设丙级；工程勘察劳务资质不分等级。

取得工程勘察综合资质的企业，可以承接各专业（海洋工程勘察除外）、各等级工程勘察业务;取得工程勘察专业资质的企业,可以承接相应等级相应专业的工程勘察业务;取得工程勘察劳务资质的企业,可以承接岩土工程治理、工程钻探、凿井等工程勘察劳务业务。

工程设计资质分为工程设计综合资质、工程设计行业资质、工程设计专业资质和工程设计专项资质。

工程设计综合资质只设甲级;工程设计行业资质、工程设计专业资质、工程设计专项资质设甲级、乙级。

根据工程性质和技术特点,个别行业、专业、专项资质可以设丙级,建筑工程专业资质可以设丁级。

取得工程设计综合资质的企业,可以承接各行业、各等级的建设工程设计业务;取得工程设计行业资质的企业,可以承接相应行业相应等级的工程设计业务及本行业范围内同级别的相应专业、专项(设计施工一体化资质除外)工程设计业务;取得工程设计专业资质的企业,可以承接本专业相应等级的专业工程设计业务及同级别的相应专项工程设计业务(设计施工一体化资质除外);取得工程设计专项资质的企业,可以承接本专项相应等级的专项工程设计业务。

建设工程勘察、工程设计资质标准和各资质类别、级别企业承担工程的具体范围由国务院住房城乡建设主管部门商国务院有关部门制定。

2. 资质申请和审批

建设工程勘察、设计资质的申请由住房城乡建设主管部门定期受理。

申请工程勘察甲级资质、工程设计甲级资质,以及涉及铁路、交通、水利、信息产业、民航等方面的工程设计乙级资质的,应当向企业工商注册所在地的省、自治区、直辖市人民政府住房城乡建设主管部门提出申请。其中,国务院国资委管理的企业应当向国务院住房城乡建设主管部门提出申请;国务院国资委管理的企业下属一层级的企业申请资质,应当由国务院国资委管理的企业向国务院住房城乡建设主管部门提出申请。

省、自治区、直辖市人民政府住房城乡建设主管部门收到申请材料后,应当在5日内将全部申请材料报审批部门。

国务院住房城乡建设主管部门在收到申请材料后,应当依法作出是否受理的决定,并出具凭证;申请材料不齐全或者不符合法定形式的,应当在5日内一次性告知申请人需要补正的全部内容。逾期不告知的,自收到申请之日起即为受理。国务院住房城乡建设主管部门应当自受理之日起20日内完成审查。自作出决定之日起10日内公告审批结果。其中,涉及铁路、交通、水利、信息产业、民航等方面的工程设计资质,由国务院住房城乡建设主管部门送国务院有关部门审核,国务院有关部门应当在15日内审核完毕,并将审核意见送国务院住房城乡建设主管部门。

工程勘察乙级及以下资质、劳务资质、工程设计乙级(涉及铁路、交通、水利、信息产业、民航等方面的工程设计乙级资质除外)及以下资质许可由省、自治区、直辖市人民政府住房城乡建设主管部门实施。具体实施程序由省、自治区、直辖市人民政府住房城乡建设主管部门依法确定。

省、自治区、直辖市人民政府住房城乡建设主管部门应当自作出决定之日起30日内,将准予资质许可的决定报国务院住房城乡建设主管部门备案。

由于企业改制或者企业分立、合并后组的建设工程勘察、设计企业,其资质等级根据实际达到的资质条件按照规定审批程序核定。

从事建设工程勘察、设计活动的企业,申请资质升级、资质增项,在申请之日起前一年内有下列情形之一的,资质许可机关不予批准企业的资质升级申请和增项申请:

（1）企业相互串通投标或者与招标人串通投标承揽工程勘察、工程设计业务的；

（2）将承揽的工程勘察、工程设计业务转包或违法分包的；

（3）注册执业人员未按照规定在勘察设计文件上签字的；

（4）违反国家工程建设强制性标准的；

（5）因勘察设计原因造成过重大生产安全事故的；

（6）设计单位未根据勘察成果文件进行工程设计的；

（7）设计单位违反规定指定建筑材料、建筑构配件的生产厂、供应商的；

（8）无工程勘察、工程设计资质或者超越资质等级范围承揽工程勘察、工程设计业务的；

（9）涂改、倒卖、出租、出借或者以其他形式非法转让资质证书的；

（10）允许其他单位、个人以本单位名义承揽建设工程勘察、设计业务的；

（11）其他违反法律、法规行为的。

工程勘察、工程设计资质证书分为正本和副本，正本一份，副本六份，由国务院住房城乡建设主管部门统一印制，正、副本具备同等法律效力。资质证书有效期为5年。

3. 监督与管理

国务院住房城乡建设主管部门对全国的建设工程勘察、设计资质实施统一的监督管理。国务院铁路、交通、水利、信息产业、民航等有关部门配合国务院住房城乡建设主管部门对相应的行业资质进行监督管理。

县级以上地方人民政府住房城乡建设主管部门负责对本行政区域内的建设工程勘察、设计资质实施监督管理。县级以上人民政府交通、水利、信息产业等有关部门配合同级住房城乡建设主管部门对相应的行业资质进行监督管理。

上级住房城乡建设主管部门应当加强对下级住房城乡建设主管部门资质管理工作的监督检查，及时纠正资质管理中的违法行为。

住房城乡建设主管部门、有关部门依法对企业从事行政许可事项的活动进行监督检查时，应当将监督检查情况和处理结果予以记录，由监督检查人员签字后归档。

住房城乡建设主管部门、有关部门在实施监督检查时，应当有两名以上监督检查人员参加，并出示执法证件，不得妨碍企业正常的生产经营活动，不得索取或者收受企业的财物，不得谋取其他利益。

有关单位和个人对依法进行的监督检查应当协助与配合，不得拒绝或者阻挠。

监督检查机关应当将监督检查的处理结果向社会公布。

有下列情形之一的，资质许可机关或者其上级机关，根据利害关系人的请求或者依据职权，可以撤销工程勘察、工程设计资质：

（1）资质许可机关工作人员滥用职权、玩忽职守作出准予工程勘察、工程设计资质许可的；

（2）超越法定职权作出准予工程勘察、工程设计资质许可的；

（3）违反资质审批程序作出准予工程勘察、工程设计资质许可的；

（4）对不符合许可条件的申请人作出工程勘察、工程设计资质许可的；

（5）依法可以撤销资质证书的其他情形。

以欺骗、贿赂等不正当手段取得工程勘察、工程设计资质证书的，应当予以撤销。

有下列情形之一的，企业应当及时向资质许可机关提出注销资质的申请，交回资质证书，资质许可机关应当办理注销手续，公告其资质证书作废：

(1)资质证书有效期届满未依法申请延续的;
(2)企业依法终止的;
(3)资质证书依法被撤销、撤回,或者吊销的;
(4)法律、法规规定的应当注销资质的其他情形。

有关部门应当将监督检查情况和处理意见及时告知住房城乡建设主管部门。资质许可机关应当将涉及铁路、交通、水利、信息产业、民航等方面的资质被撤回、撤销和注销的情况及时告知有关部门。

企业应当按照有关规定,向资质许可机关提供真实、准确、完整的企业信用档案信息。

企业的信用档案应当包括企业基本情况、业绩、工程质量和安全、合同违约等情况。被投诉举报和处理、行政处罚等情况应当作为不良行为记入其信用档案。企业的信用档案信息按照有关规定向社会公示。

(三)工程监理企业资质许可

从事建设工程监理活动的企业,应当按照《工程监理企业资质管理规定》取得工程监理企业资质,并在工程监理企业资质证书(以下简称资质证书)许可的范围内从事工程监理活动。

2018年12月22日通过的《工程监理企业资质管理规定》,对工程监理企业的资质等级和业务范围、资质申请和审批、监督管理等作了明确的规定。

1. 资质等级

工程监理企业资质分为综合资质、专业资质和事务所资质。其中,专业资质按照工程性质和技术特点划分为若干工程类别。

综合资质、事务所资质不分级别。专业资质分为甲级、乙级;其中,房屋建筑、水利水电、公路和市政公用专业资质可设立丙级。

工程监理企业的资质等级标准如下:

(1)综合资质标准

①具有独立法人资格且具有符合国家有关规定的资产;

②企业技术负责人应为注册监理工程师,并具有15年以上从事工程建设工作的经历或者具有工程类高级职称;

③具有5个以上工程类别的专业甲级工程监理资质;

④注册监理工程师不少于60人,注册造价工程师不少于5人,一级注册建造师、一级注册建筑师、一级注册结构工程师或者其他勘察设计注册工程师合计不少于15人次;

⑤企业具有完善的组织结构和质量管理体系,有健全的技术、档案等管理制度;

⑥企业具有必要的工程试验检测设备;

⑦申请工程监理资质之日前一年内没有本规定第十六条禁止的行为;

⑧申请工程监理资质之日前一年内没有因本企业监理责任造成重大质量事故;

⑨申请工程监理资质之日前一年内没有因本企业监理责任发生三级以上工程建设重大安全事故或者发生两起以上四级工程建设安全事故。

(2)专业资质标准

①甲级

A. 具有独立法人资格且具有符合国家有关规定的资产。

B. 企业技术负责人应为注册监理工程师,并具有15年以上从事工程建设工作的经历或者具有工程类高级职称。

C. 注册监理工程师、注册造价工程师、一级注册建造师、一级注册建筑师、一级注册结构工程师或者其他勘察设计注册工程师合计不少于25人次;其中,相应专业注册监理工程师不少于专业资质注册监理工程师人数配备表中要求配备的人数,注册造价工程师不少于2人。

D. 企业近2年内独立监理过3个以上相应专业的二级工程项目,但是,具有甲级设计资质或一级及以上施工总承包资质的企业申请本专业工程类别甲级资质的除外。

E. 企业具有完善的组织结构和质量管理体系,有健全的技术、档案等管理制度。

F. 企业具有必要的工程试验检测设备。

G. 申请工程监理资质之日前一年内没有本规定第十六条禁止的行为。

H. 申请工程监理资质之日前一年内没有因本企业监理责任造成重大质量事故。

I. 申请工程监理资质之日前一年内没有因本企业监理责任发生三级以上工程建设重大安全事故或者发生两起以上四级工程建设安全事故。

②乙级

A. 具有独立法人资格且具有符合国家有关规定的资产。

B. 企业技术负责人应为注册监理工程师,并具有10年以上从事工程建设工作的经历。

C. 注册监理工程师、注册造价工程师、一级注册建造师、一级注册建筑师、一级注册结构工程师或者其他勘察设计注册工程师合计不少于15人次;其中,相应专业注册监理工程师不少于专业资质注册监理工程师人数配备表中要求配备的人数,注册造价工程师不少于1人。

D. 有较完善的组织结构和质量管理体系,有技术、档案等管理制度。

E. 有必要的工程试验检测设备。

F. 申请工程监理资质之日前一年内没有本规定第十六条禁止的行为。

G. 申请工程监理资质之日前一年内没有因本企业监理责任造成重大质量事故。

H. 申请工程监理资质之日前一年内没有因本企业监理责任发生三级以上工程建设重大安全事故或者发生两起以上四级工程建设安全事故。

③丙级

A. 具有独立法人资格且具有符合国家有关规定的资产;

B. 企业技术负责人应为注册监理工程师,并具有8年以上从事工程建设工作的经历;

C. 相应专业的注册监理工程师不少于专业资质注册监理工程师人数配备表中要求配备的人数;

D. 有必要的质量管理体系和规章制度;

E. 有必要的工程试验检测设备。

(3) 事务所资质标准

①取得合伙企业营业执照,具有书面合作协议书;

②合伙人中有3名以上注册监理工程师,合伙人均有5年以上从事建设工程监理的工作经历;

③有固定的工作场所;

④有必要的质量管理体系和规章制度;

⑤有必要的工程试验检测设备。

2. 业务范围

工程监理企业可以开展相应类别建设工程的项目管理、技术咨询等业务。

(1) 综合资质

可以承担所有专业工程类别建设工程项目的工程监理业务。

(2) 专业资质

①专业甲级资质

可承担相应专业工程类别建设工程项目的工程监理业务。

②专业乙级资质

可承担相应专业工程类别二级以下(含二级)建设工程项目的工程监理业务。

③专业丙级资质

可承担相应专业工程类别三级建设工程项目的工程监理业务。

(3) 事务所资质

可承担三级建设工程项目的工程监理业务，但是，国家规定必须实行强制监理的工程除外。

3. 资质申请和审批

申请综合资质、专业甲级资质的，可以向企业工商注册所在地的省、自治区、直辖市人民政府住房城乡建设主管部门提交申请材料。省、自治区、直辖市人民政府住房城乡建设主管部门收到申请材料后，应当在 5 日内将全部申请材料报审批部门。国务院住房城乡建设主管部门在收到申请材料后，应当依法作出是否受理的决定，并出具凭证；申请材料不齐全或者不符合法定形式的，应当在 5 日内一次性告知申请人需要补正的全部内容。逾期不告知的，自收到申请材料之日起即为受理。国务院住房城乡建设主管部门应当自受理之日起 20 日内作出审批决定。自作出决定之日起 10 日内公告审批结果。其中，涉及铁路、交通、水利、通信、民航等专业工程监理资质的，由国务院住房城乡建设主管部门送国务院有关部门审核。国务院有关部门应当在 15 日内审核完毕，并将审核意见报国务院住房城乡建设主管部门。组织专家评审所需时间不计算在上述时限内，但应当明确告知申请人。

专业乙级、丙级资质和事务所资质由企业所在地省、自治区、直辖市人民政府住房城乡建设主管部门审批。专业乙级、丙级资质和事务所资质许可。延续的实施程序由省、自治区、直辖市人民政府住房城乡建设主管部门依法确定。省、自治区、直辖市人民政府住房城乡建设主管部门应当自作出决定之日起 10 日内，将准予资质许可的决定报国务院住房城乡建设主管部门备案。

工程监理企业资质证书分为正本和副本，每套资质证书包括一本正本，四本副本。正、副本具有同等法律效力。工程监理企业资质证书的有效期为 5 年。工程监理企业资质证书由国务院住房城乡建设主管部门统一印制并发放。

企业申请工程监理企业资质，在资质许可机关的网站或审批平台提出申请事项，提交专业技术人员、技术装备和已完成业绩等电子材料。

资质有效期届满，工程监理企业需要继续从事工程监理活动的，应当在资质证书有效期届满 60 日前，向原资质许可机关申请办理延续手续。对在资质有效期内遵守有关法律、法规、规章、技术标准，信用档案中无不良记录，且专业技术人员满足资质标准要求的企业，经资质许可机关同意，有效期延续 5 年。

工程监理企业在资质证书有效期内名称、地址、注册资本、法定代表人等发生变更的，应当在工商行政管理部门办理变更手续后30日内办理资质证书变更手续。涉及综合资质、专业甲级资质证书中企业名称变更的,由国务院住房城乡建设主管部门负责办理,并自受理申请之日起3日内办理变更手续。前款规定以外的资质证书变更手续,由省、自治区、直辖市人民政府住房城乡建设主管部门负责办理。省、自治区、直辖市人民政府住房城乡建设主管部门应当自受理申请之日起3日内办理变更手续,并在办理资质证书变更手续后15日内将变更结果报国务院住房城乡建设主管部门备案。

4. 监督管理

国务院住房城乡建设主管部门负责全国工程监理企业资质的统一监督管理工作。国务院铁路、交通、水利、信息产业、民航等有关部门配合国务院住房城乡建设主管部门实施相关资质类别工程监理企业资质的监督管理工作。

省、自治区、直辖市人民政府住房城乡建设主管部门负责本行政区域内工程监理企业资质的统一监督管理工作。省、自治区、直辖市人民政府交通、水利、信息产业等有关部门配合同级住房城乡建设主管部门实施相关资质类别工程监理企业资质的监督管理工作

县级以上人民政府住房城乡建设主管部门和其他有关部门应当依照有关法律、法规和本规定,加强对工程监理企业资质的监督管理。

有下列情形之一的,资质许可机关或者其上级机关,根据利害关系人的请求或者依据职权,可以撤销工程监理企业资质:

(1)资质许可机关工作人员滥用职权、玩忽职守作出准予工程监理企业资质许可的;

(2)超越法定职权作出准予工程监理企业资质许可的;

(3)违反资质审批程序作出准予工程监理企业资质许可的;

(4)对不符合许可条件的申请人作出准予工程监理企业资质许可的;

(5)依法可以撤销资质证书的其他情形。

以欺骗、贿赂等不正当手段取得工程监理企业资质证书的,应当予以撤销。

(四)工程造价咨询企业资质许可

工程造价咨询企业,是指接受委托,对建设项目投资、工程造价的确定与控制提供专业咨询服务的企业。

工程造价咨询企业应当依法取得工程造价咨询企业资质,并在其资质等级许可的范围内从事工程造价咨询活动。

2020年2月19日通过的《工程造价咨询企业管理办法》,对工程造价咨询企业的资质等级与标准、资质许可、业务范围、监督管理等作了明确的规定。

1. 资质等级与标准

工程造价咨询企业资质等级分为甲级、乙级。

甲级工程造价咨询企业资质标准如下:

(1)已取得乙级工程造价咨询企业资质证书满3年;

(2)技术负责人已取得一级造价工程师注册证书,并具有工程或工程经济类高级专业技术职称,且从事工程造价专业工作15年以上;

(3)专职从事工程造价专业工作的人员(以下简称专职专业人员)不少于12人,其中,具有工程(或工程经济类)中级以上专业技术职称或者取得二级造价工程师注册证书的人员合计不

少于 10 人，取得一级造价工程师注册证书的人员不少于 6 人，其他人员具有从事工程造价专业工作的经历；

（4）企业与专职专业人员签订劳动合同，且专职专业人员符合国家规定的职业年龄（出资人除外）；

（5）企业近 3 年工程造价咨询营业收入累计不低于人民币 500 万元；

（6）企业为本单位专职专业人员办理的社会基本养老保险手续齐全；

（7）在申请核定资质等级之日前 3 年内无本办法第二十五条禁止的行为。

乙级工程造价咨询企业资质标准如下：

（1）技术负责人已取得一级造价工程师注册证书，并具有工程或工程经济类高级专业技术职称，且从事工程造价专业工作 10 年以上；

（2）专职专业人员不少于 6 人，其中，具有工程（或工程经济类）中级以上专业技术职称或者取得二级造价工程师注册证书的人员合计不少于 4 人，取得一级造价工程师注册证书的人员不少于 3 人，其他人员具有从事工程造价专业工作的经历；

（3）企业与专职专业人员签订劳动合同，且专职专业人员符合国家规定的职业年龄（出资人除外）；

（4）企业为本单位专职专业人员办理的社会基本养老保险手续齐全；

（5）暂定期内工程造价咨询营业收入累计不低于人民币 50 万元；

（6）申请核定资质等级之日前无本办法第二十五条禁止的行为。

2. 资质许可

甲级工程造价咨询企业资质，由国务院住房城乡建设主管部门审批。申请甲级工程造价咨询企业资质的，可以向申请人工商注册所在地省、自治区、直辖市人民政府住房城乡建设主管部门或者国务院有关专业部门提交申请材料。省、自治区、直辖市人民政府住房城乡建设主管部门或者国务院有关专业部门收到申请材料后，应当在 5 日内将全部申请材料报国务院住房城乡建设主管部门，国务院住房城乡建设主管部门应当自受理之日起 20 日内作出决定。组织专家评审所需时间不计算在上述时限内，但应当明确告知申请人。

申请乙级工程造价咨询企业资质的，由省、自治区、直辖市人民政府住房城乡建设主管部门审查决定。其中，申请有关专业乙级工程造价咨询企业资质的，由省、自治区、直辖市人民政府住房城乡建设主管部门商同级有关专业部门审查决定。乙级工程造价咨询企业资质许可的实施程序由省、自治区、直辖市人民政府住房城乡建设主管部门依法确定。省、自治区、直辖市人民政府住房城乡建设主管部门应当自作出决定之日起 30 日内，将准予资质许可的决定报国务院住房城乡建设主管部门备案。

企业在申请工程造价咨询甲级（或乙级）资质，以及在资质延续、变更时，应当提交下列申报材料：

（1）工程造价咨询企业资质申请书（含企业法定代表人承诺书）；

（2）专职专业人员（含技术负责人）的中级以上专业技术职称证书和身份证；

（3）企业开具的工程造价咨询营业收入发票和对应的工程造价咨询合同（如发票能体现工程造价咨询业务的，可不提供对应的工程造价咨询合同；新申请工程造价咨询企业资质的，不需提供）；

（4）工程造价咨询企业资质证书（新申请工程造价咨询企业资质的，不需提供）；

(5) 企业营业执照。

企业在申请工程造价咨询甲级(或乙级)资质,以及在资质延续、变更时,企业法定代表人应当对下列事项进行承诺,并由资质许可机关调查核实:

(1) 企业与专职专业人员签订劳动合同;

(2) 企业缴纳营业收入的增值税;

(3) 企业为专职专业人员(含技术负责人)缴纳本年度社会基本养老保险费用。

新申请工程造价咨询企业资质的,其资质等级按照本办法第十条第(一)项至第(四)项所列资质标准核定为乙级,设暂定期一年。暂定期届满需继续从事工程造价咨询活动的,应当在暂定期届满30日前,向资质许可机关申请换发资质证书。符合乙级资质条件的,由资质许可机关换发资质证书。

准予资质许可的,资质许可机关应当向申请人颁发工程造价咨询企业资质证书。工程造价咨询企业资质证书由国务院住房城乡建设主管部门统一印制,分正本和副本。正本和副本具有同等法律效力。工程造价咨询企业遗失资质证书的,应当向资质许可机关申请补办,由资质许可机关在官网发布信息。

工程造价咨询企业资质有效期为3年。资质有效期届满,需要继续从事工程造价咨询活动的,应当在资质有效期届满30日前向资质许可机关提出资质延续申请。资质许可机关应当根据申请作出是否准予延续的决定。准予延续的,资质有效期延续3年。

工程造价咨询企业的名称、住所、组织形式、法定代表人、技术负责人、注册资本等事项发生变更的,应当自变更确立之日起30日内,到资质许可机关办理资质证书变更手续。

工程造价咨询企业合并的,合并后存续或者新设立的工程造价咨询企业可以承继合并前各方中较高的资质等级,但应当符合相应的资质等级条件。工程造价咨询企业分立的,只能由分立后的一方承继原工程造价咨询企业资质,但应当符合原工程造价咨询企业资质等级条件。

3. 业务范围

工程造价咨询企业依法从事工程造价咨询活动,不受行政区域限制。但在跨省、自治区、直辖市承接工程造价咨询业务的,应当自承接业务之日起30日内到建设工程所在地省、自治区、直辖市人民政府住房城乡建设主管部门备案。

甲级工程造价咨询企业可以从事各类建设项目的工程造价咨询业务。

乙级工程造价咨询企业可以从事工程造价2亿元人民币以下的各类建设项目的工程造价咨询业务。

工程造价咨询业务范围包括:

(1) 建设项目建议书及可行性研究投资估算、项目经济评价报告的编制和审核;

(2) 建设项目概预算的编制与审核,并配合设计方案比选、优化设计、限额设计等工作进行工程造价分析与控制;

(3) 建设项目合同价款的确定(包括招标工程工程量清单和标底、投标报价的编制和审核),合同价款的签订与调整(包括工程变更、工程洽商和索赔费用的计算)及工程款支付,工程结算及竣工结(决)算报告的编制与审核等;

(4) 工程造价经济纠纷的鉴定和仲裁的咨询;

(5) 提供工程造价信息服务等。

工程造价咨询企业可以对建设项目的组织实施进行全过程或者若干阶段的管理和服务。

工程造价咨询企业在承接各类建设项目的工程造价咨询业务时,应当与委托人订立书面工程造价咨询合同。订立合同可以参照《建设工程造价咨询合同》(示范文本)。

4. 监督管理

国务院住房城乡建设主管部门负责全国工程造价咨询企业的统一监督管理工作。

省、自治区、直辖市人民政府住房城乡建设主管部门负责本行政区域内工程造价咨询企业的监督管理工作。有关专业部门负责对本专业工程造价咨询企业实施监督管理。工程造价咨询行业组织应当加强行业自律管理。

县级以上地方人民政府住房城乡建设主管部门、有关专业部门应当依照有关法律、法规和本办法的规定,对工程造价咨询企业从事工程造价咨询业务的活动实施监督检查。

有下列情形之一的,资质许可机关或者其上级机关,根据利害关系人的请求或者依据职权,可以撤销工程造价咨询企业资质:

(1)资质许可机关工作人员滥用职权、玩忽职守作出准予工程造价咨询企业资质许可的;

(2)超越法定职权作出准予工程造价咨询企业资质许可的;

(3)违反法定程序作出准予工程造价咨询企业资质许可的;

(4)对不具备行政许可条件的申请人作出准予工程造价咨询企业资质许可的;

(5)依法可以撤销工程造价咨询企业资质的其他情形。

工程造价咨询企业以欺骗、贿赂等不正当手段取得工程造价咨询企业资质的,应当予以撤销。工程造价咨询企业取得工程造价咨询企业资质后,不再符合相应资质条件的,资质许可机关根据利害关系人的请求或者依据职权,可以责令其限期改正;逾期不改的,可以撤回其资质。

有下列情形之一的,资质许可机关应当依法注销工程造价咨询企业资质:

(1)工程造价咨询企业资质有效期满,未申请延续的;

(2)工程造价咨询企业资质被撤销、撤回的;

(3)工程造价咨询企业依法终止的;

(4)法律、法规规定的应当注销工程造价咨询企业资质的其他情形。

1.2.4 建筑从业人员执业资格等级许可

一、执业资格许可制度的含义

建筑专业人员执业资格制度,是指具备一定专业学历、资历的从事建筑活动的专业技术人员,通过国家相关考试和注册确定其执业的技术资格,获得相应的建筑工程文件签字权的一种制度。《建筑法》第十四条规定:"从事建筑活动的专业技术人员,应当依法取得相应的执业资格证书,并在执业资格证书许可的范围内从事建筑活动。"

目前,我国有多种建筑专业执业资格,其中主要有七种执业资格制度,即注册建筑师、注册结构工程师、注册造价工程师、注册土木工程师、注册房地产估价师、注册监理工程师和注册建造师的执业资格制度。

二、注册建造师执业资格制度

注册建造师,是指经考试取得中华人民共和国建造师资格证书(以下简称资格证书),并按照《建造师执业资格制度暂行规定》注册,取得中华人民共和国注册建造师注册执业证书(以下简称注册证书)和执业印章,从事建设工程项目总承包及施工管理的专业技术人员。

2002年12月25日人事部、建设部联合印发了《建造师执业资格制度暂行规定》(人发〔2002〕111号),对注册建造师的执业资格作出了具体规定,正式建立了建造师执业资格制度。

(一)注册建造师的考试

1. 考试级别、组织管理、时间和方式

建造师分为一级建造师和二级建造师。

一级建造师执业资格实行统一大纲、统一命题、统一组织的考试制度,由人力资源和社会保障部、住房和城乡建设部共同组织实施,原则上每年举行一次考试。考试时间定于每年的第三季度。

住房和城乡建设部负责编制一级建造师执业资格考试大纲和组织命题工作,统一规划建造师执业资格的培训等有关工作。培训工作按照培训与考试分开、自愿参加的原则进行。

人力资源和社会保障部负责审定一级建造师执业资格考试科目、考试大纲和考试试题,组织实施考务工作;会同住房和城乡建设部对考试考务工作进行检查、监督、指导和确定合格标准。

一级建造师执业资格考试设《建设工程经济》《建设工程法规及相关知识》《建设工程项目管理》《专业工程管理与实务》4个科目。

一级建造师执业资格考试分4个半天,以纸笔作答方式进行。《建设工程经济》科目的考试时间为2小时,《建设工程法规及相关知识》和《建设工程项目管理》科目的考试时间均为3小时,《专业工程管理与实务》科目的考试时间为4小时。

参加一级建造师执业资格考试合格,由各省、自治区、直辖市人力资源和社会保障部门颁发人力资源和社会保障部统一印制,人力资源和社会保障部、住房和城乡建设部用印的中华人民共和国一级建造师执业资格证书。该证书在全国范围内有效。

二级建造师执业资格实行全国统一大纲,各省、自治区、直辖市命题并组织考试的制度。

住房和城乡建设部负责拟定二级建造师执业资格考试大纲,人力资源和社会保障部负责审定考试大纲。各省、自治区、直辖市人力资源和社会保障厅(局),住房和城乡建设厅(委)按照国家确定的考试大纲和有关规定,在本地区组织实施二级建造师执业资格考试。

二级建造师执业资格考试设《建设工程施工管理》《建设工程法规及相关知识》《专业工程管理与实务》3个科目。

二级建造师执业资格考试合格者,由省、自治区、直辖市人力资源和社会保障部门颁发由人力资源和社会保障部、住房和城乡建设部统一用印的中华人民共和国二级建造师执业资格证书。该证书在所在行政区域内有效。

考试成绩实行2年为一个周期的滚动管理办法,参加全部4个科目考试的人员必须在连续的两个考试年度内通过全部科目;免试部分科目的人员必须在一个考试年度内通过应试科目。

2. 考试报名条件

凡遵守国家法律、法规,具备下列条件之一者,可以申请参加一级建造师执业资格考试:

(1)取得工程类或工程经济类专业大学专科学历,从事建设工程项目施工管理工作满4年;

（2）取得工学门类、管理科学与工程类专业大学本科学历，从事建设工程项目施工管理工作满3年；

（3）取得工学门类、管理科学与工程类专业硕士学位，从事建设工程项目施工管理工作满2年；

（4）取得工学门类、管理科学与工程类专业博士学位，从事建设工程项目施工管理工作满1年。

凡遵纪守法并具备工程类或工程经济类中等专科以上学历并从事建设工程项目施工管理工作满2年，可报名参加二级建造师执业资格考试。

（二）注册建造师的注册

取得建造师执业资格证书的人员，必须经过注册登记，方可以建造师名义执业。

1. 注册申请与审批

住房和城乡建设部或其授权的机构为一级建造师执业资格的注册管理机构。省、自治区、直辖市住房和城乡建设行政主管部门或其授权的机构为二级建造师执业资格的注册管理机构。

一级建造师执业资格注册，由本人提出申请，由各省、自治区、直辖市住房和城乡建设行政主管部门或其授权的机构初审合格后，报住房和城乡建设部或其授权的机构注册。准予注册的申请人，由住房和城乡建设部或其授权的注册管理机构发放由住房和城乡建设部统一印制的中华人民共和国一级建造师注册证。

二级建造师执业资格的注册办法，由省、自治区、直辖市住房和城乡建设行政主管部门制定，颁发辖区内有效的中华人民共和国二级建造师注册证，并报住房和城乡建设部或其授权的注册管理机构备案。

建造师执业资格注册有效期一般为3年，有效期满前3个月，持证者应到原注册管理机构办理再次注册手续。在注册有效期内，变更执业单位者，应当及时办理变更手续。再次注册者，除应符合《建造师执业资格制度暂行规定》第十八条规定外，还须提供接受继续教育的证明。

2. 申请注册的条件

申请注册的人员必须同时具备以下条件：

（1）取得建造师执业资格证书；

（2）无犯罪记录；

（3）身体健康，能坚持在建造师岗位上工作；

（4）经所在单位考核合格。

3. 注册的注销

经注册的建造师有下列情况之一的，由原注册管理机构注销注册：

（1）不具有完全民事行为能力的；

（2）受刑事处罚的；

（3）因过错发生工程建设重大质量安全事故或有建筑市场违法违规行为的；

（4）脱离建设工程施工管理及其相关工作岗位连续2年（含2年）以上的；

（5）同时在2个及以上建筑业企业执业的；

（6）严重违反职业道德的。

住房和城乡建设部和省、自治区、直辖市住房和城乡建设行政主管部门应当定期公布建造师执业资格的注册和注销情况。

（三）注册建造师的执业

建造师经注册后，有权以建造师名义担任建设工程项目施工的项目经理及从事其他施工活动的管理。

1. 建造师的执业范围

建造师经注册后，有权以建造师名义担任下列建设活动：

(1) 担任建设工程项目施工的项目经理；

(2) 从事其他施工活动的管理工作；

(3) 法律、行政法规或国务院建设行政主管部门规定的其他业务。

按照住房和城乡建设部颁布的《建筑业企业资质标准》，一级建造师可以担任特级、一级建筑业企业资质的建设工程项目施工的项目经理；二级建造师可以担任二级及以下建筑业企业资质的建设工程项目施工的项目经理。

2. 注册建造师的执业技术能力

(1) 一级建造师的执业技术能力

①具有一定的工程技术、工程管理理论和相关经济理论水平，并具有丰富的施工管理专业知识；

②能够熟练掌握和运用与施工管理业务相关的法律、法规、工程建设强制性标准和行业管理的各项规定；

③具有丰富的施工管理实践经验和资历，有较强的施工组织能力，能保证工程质量和安全生产；

④有一定的外语水平。

(2) 二级建造师的执业技术能力

①了解工程建设的法律、法规、工程建设强制性标准及有关行业管理的规定；

②具有一定的施工管理专业知识；

③具有一定的施工管理实践经验和资历，有一定的施工组织能力，能保证工程质量和安全生产。

三、注册造价工程师执业资格制度

注册造价工程师，是指通过土木建筑工程或者安装工程专业造价工程师职业资格考试取得造价工程师职业资格证书或者通过资格认定、资格互认，并按照本办法注册后，从事工程造价活动的专业人员。

2020年12月19日住房和城乡建设部通过的《注册造价工程师管理办法》，对注册造价工程师执业资格作出了具体规定。

（一）注册造价工程师的考试

1. 考试时间和科目

全国造价工程师执业资格考试由住房和城乡建设部与人力资源和社会保障部共同组织，考试每年举行一次，造价工程师执业资格考试实行全国统一大纲、统一命题、统一组织的办法。一级造价工程师考试时间一般在10月进行，二级造价工程师考试时间一般在5月进行。

一级造价工程师职业资格考试设《建设工程造价管理》《建设工程计价》《建设工程技术与计量》《建设工程造价案例分析》4个科目。其中,《建设工程造价管理》和《建设工程计价》为基础科目,《建设工程技术与计量》和《建设工程造价案例分析》为专业科目。专业科目分为土木建筑工程、安装工程、交通运输工程、水利工程4个专业类别,考生在报名时可根据实际工作需要选择其一。

造价工程师执业资格考试合格者,由各省、自治区、直辖市人力资源和社会保障(职改)部门颁发人力资源和社会保障部统一印制的、人力资源和社会保障部与住房和城乡建设部用印的造价工程师执业资格证书。该证书在全国范围内有效。

2. 考试报名条件

按照《住房城乡建设部 交通运输部 水利部 人力资源社会保障部关于印发〈造价工程师职业资格制度规定〉〈造价工程师职业资格考试实施办法〉的通知》(建人〔2018〕67号)、《住房城乡建设部关于造价工程师职业资格考试有关工作的说明》和《人力资源社会保障部关于降低或取消部分准入类职业资格考试工作年限要求有关事项的通知》(人社部发〔2022〕8号)有关规定执行。

凡遵守中华人民共和国宪法、法律、法规,具有良好的业务素质和道德品行,具备下列条件之一者,可以申请参加一级造价工程师职业资格考试:

(1)具有工程造价专业大学专科(或高等职业教育)学历,从事工程造价、工程管理业务工作满4年;具有土木建筑、水利、装备制造、交通运输、电子信息、财经商贸大类大学专科(或高等职业教育)学历,从事工程造价、工程管理业务工作满5年。

(2)具有工程造价、通过工程教育专业评估(认证)的工程管理专业大学本科学历或学位,从事工程造价、工程管理业务工作满3年;具有工学、管理学、经济学门类大学本科学历或学位,从事工程造价、工程管理业务工作满4年。

(3)具有工学、管理学、经济学门类硕士学位或者第二学士学位,从事工程造价、工程管理业务工作满2年。

(4)具有工学、管理学、经济学门类博士学位。

(5)具有其他专业相应学历或者学位的人员,从事工程造价、工程管理业务工作年限相应增加1年。

具备下列条件之一者,可申请参加二级造价工程师职业资格考试:

(1)具有工程造价专业大学专科(或高等职业教育)学历,从事工程造价、工程管理业务工作满1年;具有土木建筑、水利、装备制造、交通运输、电子信息、财经商贸大类大学专科(或高等职业教育)学历,从事工程造价、工程管理业务工作满2年。

(2)具有工程造价专业大学本科及以上学历或学位;具有工学、管理学、经济学门类大学本科及以上学历或学位,从事工程造价、工程管理业务工作满1年。

(3)具有其他专业相应学历或学位的人员,从事工程造价、工程管理业务工作年限相应增加1年。

(二)注册造价工程师的注册

注册造价工程师实行注册执业管理制度。取得职业资格的人员,经过注册方能以注册造价工程师的名义执业。

注册造价工程师的注册条件为：

(1)取得职业资格；

(2)受聘于一个工程造价咨询企业或者工程建设领域的建设、勘察设计、施工、招标代理、工程监理、工程造价管理等单位；

(3)无《注册造价工程师管理办法》第十三条不予注册的情形。

符合注册条件的人员申请注册的，可以向聘用单位工商注册所在地的省、自治区、直辖市人民政府住房城乡建设主管部门或者国务院有关专业部门提交申请材料。

申请一级注册造价工程师初始注册，省、自治区、直辖市人民政府住房城乡建设主管部门或者国务院有关专业部门收到申请材料后，应当在5日内将申请材料报国务院住房城乡建设主管部门。国务院住房城乡建设主管部门在收到申请材料后，应当依法作出是否受理的决定，并出具凭证；申请材料不齐全或者不符合法定形式的，应当在5日内一次性告知申请人需要补正的全部内容。逾期不告知的，自收到申请材料之日起即为受理。国务院住房城乡建设主管部门应当自受理之日起20日内作出决定。

申请二级注册造价工程师初始注册，省、自治区、直辖市人民政府住房城乡建设主管部门收到申请材料后，应当依法作出是否受理的决定，并出具凭证；申请材料不齐全或者不符合法定形式的，应当在5日内一次性告知申请人需要补正的全部内容。逾期不告知的，自收到申请材料之日起即为受理。省、自治区、直辖市人民政府住房城乡建设主管部门应当自受理之日起20日内作出决定。

准予注册的，由国务院住房城乡建设主管部门或者省、自治区、直辖市人民政府住房城乡建设主管部门（以下简称注册机关）核发注册造价工程师注册证书，注册造价工程师按照规定自行制作执业印章。

注册证书和执业印章是注册造价工程师的执业凭证，由注册造价工程师本人保管、使用。注册证书、执业印章的样式以及编码规则由国务院住房城乡建设主管部门统一制定。

一级注册造价工程师注册证书由国务院住房城乡建设主管部门印制；二级注册造价工程师注册证书由省、自治区、直辖市人民政府住房城乡建设主管部门按照规定分别印制。

取得职业资格证书的人员，可自职业资格证书签发之日起1年内申请初始注册。逾期未申请者，须符合继续教育的要求后方可申请初始注册。初始注册的有效期为4年。

（三）注册造价工程师的执业

未取得注册证书和执业印章的人员，不得以注册造价工程师的名义从事工程造价活动。

一级注册造价工程师执业范围包括建设项目全过程的工程造价管理与工程造价咨询等，具体工作内容：

(1)项目建议书、可行性研究投资估算与审核,项目评价造价分析；

(2)建设工程设计概算、施工预算编制和审核；

(3)建设工程招标投标文件工程量和造价的编制与审核；

(4)建设工程合同价款、结算价款、竣工决算价款的编制与管理；

(5)建设工程审计、仲裁、诉讼、保险中的造价鉴定,工程造价纠纷调解；

(6)建设工程计价依据、造价指标的编制与管理；

(7)与工程造价管理有关的其他事项。

二级注册造价工程师协助一级注册造价工程师开展相关工作,并可以独立开展以下工作:

(1)建设工程工料分析、计划、组织与成本管理,施工图预算、设计概算编制;

(2)建设工程量清单、最高投标限价、投标报价编制;

(3)建设工程合同价款、结算价款和竣工决算价款的编制。

注册造价工程师应当根据执业范围,在本人形成的工程造价成果文件上签字并加盖执业印章,并承担相应的法律责任。最终出具的工程造价成果文件应当由一级注册造价工程师审核并签字盖章。

修改经注册造价工程师签字盖章的工程造价成果文件,应当由签字盖章的注册造价工程师本人进行;注册造价工程师本人因特殊情况不能进行修改的,应当由其他注册造价工程师修改,并签字盖章;修改工程造价成果文件的注册造价工程师对修改部分承担相应的法律责任。

注册造价工程师不得有下列行为:

(1)不履行注册造价工程师义务;

(2)在执业过程中,索贿、受贿或者谋取合同约定费用外的其他利益;

(3)在执业过程中实施商业贿赂;

(4)签署有虚假记载、误导性陈述的工程造价成果文件;

(5)以个人名义承接工程造价业务;

(6)允许他人以自己名义从事工程造价业务;

(7)同时在两个或者两个以上单位执业;

(8)涂改、倒卖、出租、出借或者以其他形式非法转让注册证书或者执业印章;

(9)超出执业范围、注册专业范围执业;

(10)法律、法规、规章禁止的其他行为。

在注册有效期内,注册造价工程师因特殊原因需要暂停执业的,应当到注册机关办理暂停执业手续,并交回注册证书和执业印章。

注册造价工程师应当适应岗位需要和职业发展的要求,按照国家专业技术人员继续教育的有关规定接受继续教育,更新专业知识,提高专业水平。

四、注册监理工程师执业资格制度

注册监理工程师,是指经考试取得中华人民共和国监理工程师资格证书(以下简称资格证书),并按照《注册监理工程师管理规定》注册,取得中华人民共和国注册监理工程师注册执业证书(以下简称注册证书)和执业印章,从事工程监理及相关业务活动的专业技术人员。

2016年9月13日住房和城乡建设部通过的《注册监理工程师管理规定》,对注册监理工程师执业资格作出了具体规定。

(一)注册监理工程师的考试

1. 考试时间和科目

监理工程师职业资格考试全国统一大纲、统一命题、统一组织。监理工程师职业资格考试设置基础科目和专业科目。住房和城乡建设部牵头组织,交通运输部、水利部参与,拟定监理工程师职业资格考试基础科目的考试大纲,组织监理工程师基础科目命审题工作。住房和城乡建设部、交通运输部、水利部按照职责分工分别负责拟定监理工程师职业资格考试专业科目的考试大纲,组织监理工程师专业科目命审题工作。人力资源社会保障部负责审定监理工程师职业资格考试科目和考试大纲,负责监理工程师职业资格考试考务工作。考试每年举行一次,考试时间一般安排在5月进行。

监理工程师职业资格考试设《建设工程监理基本理论和相关法规》《建设工程合同管理》《建设工程目标控制》《建设工程监理案例分析》4个科目。其中《建设工程监理基本理论和相关法规》《建设工程合同管理》为基础科目,《建设工程目标控制》《建设工程监理案例分析》为专业科目。监理工程师职业资格考试专业科目分为土木建筑工程、交通运输工程、水利工程3个专业类别,考生在报名时可根据实际工作需要选择其一。

监理工程师职业资格考试成绩实行4年为一个周期的滚动管理办法,在连续的4个考试年度内通过全部考试科目,方可取得监理工程师职业资格证书。

监理工程师职业资格考试合格者,由各省、自治区、直辖市人力资源和社会保障部门颁发中华人民共和国监理工程师职业资格证书(或电子证书)。该证书由人力资源和社会保障部统一印制,住房和城乡建设部、交通运输部、水利部按专业类别分别与人力资源和社会保障部用印,在全国范围内有效。

2. 考试报名条件

按照《住房和城乡建设部 交通运输部 水利部 人力资源社会保障部关于印发〈监理工程师职业资格制度规定〉〈监理工程师职业资格考试实施办法〉的通知》(建人规〔2020〕3号)和《人力资源社会保障部关于降低或取消部分准入类职业资格考试工作年限要求有关事项的通知》(人社部发〔2022〕8号)有关规定执行。

凡遵守中华人民共和国宪法、法律、法规,具有良好的业务素质和道德品行,具备下列条件之一者,可以申请参加监理工程师职业资格考试:

(1)具有各工程大类专业大学专科学历(或高等职业教育),从事工程施工、监理、设计等业务工作满4年;

(2)具有工学、管理科学与工程类专业大学本科学历或学位,从事工程施工、监理、设计等业务工作满3年;

(3)具有工学、管理科学与工程一级学科硕士学位或专业学位,从事工程施工、监理、设计等业务工作满2年;

(4)具有工学、管理科学与工程一级学科博士学位。

(二)注册监理工程师的注册

1. 注册申请与审批

注册监理工程师实行注册执业管理制度。取得资格证书的人员,经过注册方能以注册监理工程师的名义执业。

注册监理工程师依据其所学专业、工作经历、工程业绩,按照《工程监理企业资质管理规定》划分的工程类别,按专业注册。每人最多可以申请两个专业注册。

取得资格证书的人员申请注册,由国务院住房城乡建设主管部门审批。取得资格证书并受聘于一个建设工程勘察、设计、施工、监理、招标代理、造价咨询等单位的人员,应当通过聘用单位提出注册申请,并可以向单位工商注册所在地的省、自治区、直辖市人民政府住房城乡建设主管部门提交申请材料;省、自治区、直辖市人民政府住房城乡建设主管部门收到申请材料后,应当在5日内将全部申请材料报审批部门。

国务院住房城乡建设主管部门在收到申请材料后,应当依法作出是否受理的决定,并出具凭证;申请材料不齐全或者不符合法定形式的,应当在5日内一次性告知申请人需要补正的全部内容。逾期不告知的,自收到申请材料之日起即为受理。对申请初始注册的,国务院住房城乡建设主管部门应当自受理申请之日起20日内审批完毕并作出书面决定。自作出决定之日起10日内公告审批结果。对申请变更注册、延续注册的,国务院住房城乡建设主管部门应当自受理申请之日起10日内审批完毕并作出书面决定。符合条件的,由国务院住房城乡建设主管部门核发注册证书,并核定执业印章编号。对不予批准的,应当说明理由,并告知申请人享有依法申请行政复议或者提起行政诉讼的权利。

注册证书和执业印章是注册监理工程师的执业凭证,由注册监理工程师本人保管、使用。注册证书和执业印章的有效期为3年。

2. 申请注册的条件

初始注册者,可自资格证书签发之日起3年内提出申请。逾期未申请者,须符合继续教育的要求后方可申请初始注册。

申请初始注册,应当具备以下条件:
(1)经全国注册监理工程师执业资格统一考试合格,取得资格证书;
(2)受聘于一个相关单位;
(3)达到继续教育要求;
(4)没有《注册监理工程师管理规定》第十三条所列情形。

注册监理工程师每一注册有效期为3年,注册有效期满需继续执业的,应当在注册有效期满30日前,按照《注册监理工程师管理规定》第七条规定的程序申请延续注册。延续注册有效期3年。

3. 不予注册的情形及相关规定

申请人有下列情形之一的,不予初始注册、延续注册或者变更注册:
(1)不具有完全民事行为能力的;
(2)刑事处罚尚未执行完毕或者因从事工程监理或者相关业务受到刑事处罚,自刑事处罚执行完毕之日起至申请注册之日止不满2年的;
(3)未达到监理工程师继续教育要求的;
(4)在两个或者两个以上单位申请注册的;
(5)以虚假的职称证书参加考试并取得资格证书的;
(6)年龄超过65周岁的;
(7)法律、法规规定不予注册的其他情形。

注册监理工程师有下列情形之一的,其注册证书和执业印章失效:
(1)聘用单位破产的;
(2)聘用单位被吊销营业执照的;
(3)聘用单位被吊销相应资质证书的;
(4)已与聘用单位解除劳动关系的;
(5)注册有效期满且未延续注册的;
(6)年龄超过65周岁的;

(7) 死亡或者丧失行为能力的；

(8) 其他导致注册失效的情形。

注册监理工程师有下列情形之一的，负责审批的部门应当办理注销手续，收回注册证书和执业印章或者公告其注册证书和执业印章作废：

(1) 不具有完全民事行为能力的；

(2) 申请注销注册的；

(3) 有《注册监理工程师管理规定》第十四条所列情形发生的；

(4) 依法被撤销注册的；

(5) 依法被吊销注册证书的；

(6) 受到刑事处罚的；

(7) 法律、法规规定应当注销注册的其他情形。

(三) 注册监理工程师的执业

取得资格证书的人员，应当受聘于一个具有建设工程勘察、设计、施工、监理、招标代理、造价咨询等一项或者多项资质的单位，经注册后方可从事相应的执业活动。从事工程监理执业活动的，应当受聘并注册于一个具有工程监理资质的单位。

注册监理工程师可以从事工程监理、工程经济与技术咨询、工程招标与采购咨询、工程项目管理服务以及国务院有关部门规定的其他业务。

工程监理活动中形成的监理文件由注册监理工程师按照规定签字盖章后方可生效。

修改经注册监理工程师签字盖章的工程监理文件，应当由该注册监理工程师进行；因特殊情况，该注册监理工程师不能进行修改的，应当由其他注册监理工程师修改，并签字、加盖执业印章，对修改部分承担责任。

注册监理工程师从事执业活动，由所在单位接受委托并统一收费。

因工程监理事故及相关业务造成的经济损失，聘用单位应当承担赔偿责任；聘用单位承担赔偿责任后，可依法向负有过错的注册监理工程师追偿。

2 岗位工作任务

2.1 岗位工作任务名称及要求

背景资料1

2015 年，某市一服装厂为扩大生产规模需要建设一栋综合大楼，16 层框架剪力墙结构，建设面积 30000 平方米。服装厂于 2015 年 8 月 16 日与本市一家三级资质建设公司签订了建设工程施工合同，合同价款 9200 万元。合同签订后，建设公司进入现场施工。2015 年 9 月 15 日，在施工过程中，经当地建设行政主管部门监督检查时，发现该服装厂的综合楼工程存在如下问题：

1. 无规划许可证和开工审批手续；

2. 施工企业的资质与本工程不符;
3. 实际担任项目经理的人员无建造师执业资格和注册证书。

一、岗位任务的名称

1. 建筑施工许可及相关法律责任。
2. 建筑施工企业资质及其业务范围和相关法律责任。

二、岗位工作任务的总体要求

查阅相关资料,能够掌握建筑施工许可及相关法律责任、建筑施工企业资质及其业务范围,运用建筑许可的相关知识对背景材料进行归纳、分析。

三、岗位工作任务的具体要求

1. 前期准备。参加任务的同学,课前阅读岗位知识,并做好学习(工作)笔记,找出学习(工作)过程中的重点、难点,有条件的同学可以就该任务深入企业进行访问调查。
2. 过程中。参加任务的同学,以岗位任务为基点,运用岗位知识进行分析、归纳和要点提炼,完成岗位学习(工作)任务。
3. 任务后。参加任务的同学,记录学习(工作)过程中的体会、收获及改进措施、建议。
4. 认真填写岗位工作任务报告并存档保存,作为对该任务完成情况或学习成绩的评价依据。

背景资料2

张某、王某、李某三被告系个体建筑工匠,无建筑工程施工资质证书。2006年7月11日,三被告与原告丁某口头协商,由原告提供图纸和原材料,被告承建原告的五层临街住宅楼房,工程造价45万元。双方协商一致后,被告按期施工。在施工过程中,被告在一层前墙一承重垛上掏脚手架孔时,致使该承重垛受到强烈震动倒塌,造成整座房屋上层严重前倾下沉变形,殃及一层前墙另外两个承重垛,造成砌体严重破裂,丧失承载能力,该房屋成为全危房。通过司法技术鉴定得出如下结论:被告在操作时违规用干砖砌筑,降低了砌体强度标号,造成事故隐患。被告在承重垛上横向施力打孔是造成事故发生的主要诱因,该行为振动砌体,减小了砌体断面面积,降低了其承载能力,造成前墙承重垛超过承载极限而受到破坏,致整房塌陷变形而成为全危房,造成直接经济损失30万元。原告诉至法院,要求被告赔偿直接经济损失30万元。

法院经审理认定,本案中的三被告均无建筑工程施工资质证书。根据《建筑法》有关规定,建筑工程施工资质是建筑施工企业承包工程的必备要件,为法律强制性规定。因此,法律不允许没有建筑工程施工资质证书者从事建筑工程建设。而三个被告在没有建筑工程施工资质证书的情况下,从事建筑活动,并与他人订立合同,构成《合同法》(2021年1月1日起,《民法典》施行,《合同法》同时废止)规定的"违反法律、行政法规的强制性规定"行为,因此,该合同无效。法院最终判定,三被告赔偿原告的损失30万元,且三人承担连带责任。

一、岗位任务的名称

建筑从业人员资质及其业务许可范围。

二、岗位工作任务的总体要求

查阅相关资料,能够掌握建筑从业人员资质及其业务许可范围,运用建筑从业许可的相关知识对背景材料进行归纳、分析。

三、岗位工作任务的具体要求

1. 前期准备。参加任务的同学,课前阅读岗位知识,并做好学习(工作)笔记,找出学习(工作)过程中的重点、难点,有条件的同学可以就该任务深入企业进行访问调查。

2. 过程中。参加任务的同学,以岗位任务为基点,运用岗位知识进行分析、归纳和要点提炼,完成岗位学习(工作)任务。

3. 任务后。参加任务的同学,记录学习(工作)过程中的体会、收获及改进措施、建议。

4. 认真填写岗位工作任务报告并存档保存,作为对该任务完成情况或学习成绩的评价依据。

2.2 岗位工作任务结果

岗位工作任务完成后,参加任务的每位同学必须认真填写岗位工作任务报告并存档保存,作为该工作任务的结果。任务报告要求语言流畅,文字简练,条理清晰,原则上要求学生当场完成,教师酌情进行点评。具体见表1-1。

表1-1 岗位工作任务报告

姓名:　　　　专业:　　　　班级:　　　　日期:　　年　　月　　日

任务名称		任务目的	
任务内容		任务资料	
任务过程		任务结果或结论	
收获与体会		改进建议	
评价建议			

年　　月　　日

2.3 岗位工作任务评价标准

任务完成后,均需要按岗位工作任务评价标准进行工作考核评价,作为学习(工作)的成绩评定依据。具体见表1-2。

表1-2 岗位工作任务评价标准表

类别	内容及标准	分值	自评（40%）	教师评（60%）	权重	小计	备注
出勤	态度端正,主动积极,无迟到早退	15			15%		有迟到或早退现象,每次扣1分,直至扣完本项分为止
准备阶段	1.按规定时间接受线上发布的任务并反馈	5			30%		未接受发布的任务、未完成知识的预习及未完成知识预习的练习,每次扣1分;未列出岗位知识中的重点、难点,并记录在笔记中,每次扣2分;直至扣完本项分为止
	2.按规定时间完成岗位知识的预习	10					
	3.能够列出岗位知识中的重点、难点,并记录在笔记中	10					
	4.及时完成岗位知识预习的练习	5					
实施阶段	1.能针对岗位知识进行分析、归纳和要点提炼	10			35%		能对知识进行要点提炼、积极参与讨论分享、能给出明确的观点或结论,每次加1分,最多加10分
	2.课堂积极参与讨论、模拟、汇报及分享	15					
	3.对任务能给出最终的观点或结论	10					
总结评价阶段	1.能总结任务完成过程的体会、收获	5			20%		有体会及收获、改进措施及建议,每次加1分,最多加5分。没有任务报告的,每次扣2分,直至扣完本项分为止
	2.能针对任务提出改进措施、建议	5					
	3.能高质量完成工作任务报告并提交	10					
总合计		自评人签名			教师签名		

3　工作笔记

3.1　学习(工作)过程中的重点、难点

重点：_____
_____
_____
_____。

难点：_____
_____
_____
_____。

3.2　学习(工作)过程中的体会、收获

体会、收获：_____
_____
_____
_____。

3.3　学习(工作)过程中的改进措施、建议

改进措施、建议：_____
_____
_____
_____。

4　实践练习

一、单选题

1. 《建筑法》规定,按照国务院有关规定批准开工报告的建筑工程,因故不能按期开工或者中止施工的,应当及时向批准机关报告情况。因故不能按期开工超过(　　)个月的,应当重新办理开工报告的批准手续。

　　A. 1　　　　　　　B. 3　　　　　　　C. 6　　　　　　　D. 12

2. 建设单位领取了施工许可证,但因故不能按期开工,应当向发证机关申请延期,延期(　　)。
   A. 以两次为限,每次不超过 3 个月　　　　B. 以一次为限,最长不超过 3 个月
   C. 以两次为限,每次不超过 1 个月　　　　D. 以一次为限,最长不超过 1 个月
3. 因故中止施工的建筑工程恢复施工时,应当向发证机关报告,中止施工满 1 年的工程恢复施工前,建设单位应当(　　)。
   A. 重新申请领取施工许可证　　　　　　　B. 向发证机关申请延期施工许可证
   C. 报发证机关核验施工许可证　　　　　　D. 重新办理开工报告的批准手续
4. 《建筑法》规定,建设单位应当自领取施工许可证之日起 3 个月内开工,因故不能按期开工的,应当向发证机关申请延期,且延期以(　　)为限,每次不超过 3 个月。
   A. 1 次　　　　　B. 2 次　　　　　C. 3 次　　　　　D. 4 次

二、多选题

1. 建筑许可具有以下(　　)特点。
   A. 建筑许可的行政性　　　　　　　　　　B. 建筑许可的目的性
   C. 建筑许可的强制性　　　　　　　　　　D. 建筑许可的被动性
2. 实行建筑工程施工许可证制度,是我国政府对建设工程质量实行监督管理的主要手段,包括(　　)。
   A. 施工许可制度　　　　　　　　　　　　B. 竣工验收备案制度
   C. 安全生产许可制度　　　　　　　　　　D. 建立制度
3. 未取得施工许可证或者开工报告未经批准擅自开工的后果(　　)。
   A. 责令改正　　　　　　　　　　　　　　B. 罚款
   C. 责令停止施工　　　　　　　　　　　　D. 撤销企业资质
4. 申请注册建筑师初始注册,应当具备以下(　　)条件。
   A. 依法取得执业资格证书或者互认资格证书
   B. 只受聘于中华人民共和国境内的一个建设工程勘察、设计、施工、监理、招标代理、造价咨询、施工图审查、城乡规划编制等单位
   C. 近三年内在中华人民共和国境内从事建筑设计及相关业务一年以上
   D. 达到继续教育要求
5. 目前我国主要的建筑业专业技术人员执业资格种类包括(　　)。
   A. 注册土木(岩土)工程师　　　　　　　　B. 注册房地产估价师
   C. 注册土地估价师　　　　　　　　　　　D. 注册资产评估师

三、简答题

1. 简述工程造价咨询业务的范围。
2. 简述施工许可证的申请。

四、案例分析

2005 年 3 月,四川省成都市某房地产开发公司欲修建一住宅小区,委托 A 建筑设计事务所(行业资质乙级)和 B 建筑设计事务所(行业资质丙级)共同负责工程设计。2005 年 9 月,当该房地产开发公司将设计图文报到有关部门审查时,有关部门经审查认定该项工程为中型以上建设项目,该设计为超越资质等级的违法设计,责令该房地产开发公司重新委托设计。

请分析乙级和丙级设计单位联合承包乙级建设工程设计,工程设计是否有效?为什么?

项目三
建筑工程发包与承包法规

1　岗位知识

1.1　案例导入

案情简介1

2005年6月10日,上海某房地产开发有限公司(以下简称"A公司")与浙江某建筑工程公司(以下简称为"B公司")签订建设工程施工合同,合同中约定:由B公司作为施工总承包单位承建由A公司投资开发的某宾馆工程项目,承包范围是地下2层、地上24层的土建、采暖、给排水等工程项目,其中,玻璃幕墙专业工程由A公司直接发包,工期自2005年6月26日至2006年12月30日,工程款按工程进度支付。同时约定,由B公司履行对玻璃幕墙专业工程项目的施工配合义务,由A公司按玻璃幕墙专业工程项目竣工结算价款的3%向B公司支付总包管理费。

玻璃幕墙工程由江苏某一玻璃幕墙专业施工单位(以下简称"C公司")施工。施工过程中,在总包工程已完工的情况下,由于C公司自身原因,导致玻璃幕墙工程不仅迟迟不能完工,且已完工工程也存在较多的质量问题。

A公司在多次催促B公司履行总包管理义务和C公司履行专业施工合同所约定的要求未果的情况下,以B公司为第一被告、C公司为第二被告向法院提起诉讼,诉讼请求有三项:

(1)请求判令第一被告与第二被告共同连带向原告承担由于工期延误所造成实际损失和预期利润;

(2)请求判令第一被告与第二被告共同连带承担质量的返修义务;

(3)请求判令两被告承担案件的诉讼费和财产保全费用。

请分析建设工程承发包模式。

案情简介2

某建设单位准备建一座酒店式公寓,依照有关招标投标程序进行公开招标,规定参加投标的单位资质等级不低于二级资质。拟参加此次投标的5家单位中,A、B、D单位为二级资质,C单位为三级资质,E单位为一级资质。为了承包工程,C单位的法定代表人私下活动,最终说服A单位与C单位组成联合体参加投标。最终A与C联合投标获得成功,与建设单位签订了合同。

请分析 A 与 C 组成联合投标是否有效,为什么?

1.2 知识链接

1.2.1 建筑工程发包与承包概述

一、建筑工程发包与承包的概念

建筑工程发包与承包是指建设单位(或总承包单位)委托具有从事建筑活动的法定从业资格的单位为其完成某一建筑工程任务的全部或部分的交易行为。建筑工程发包,是相对于建筑工程承包而言的,是指建设单位(或总承包单位)将建筑工程任务(勘察、设计、施工等)的全部或一部分通过招标或其他方式,交付给具有从事建筑活动的法定从业资格的单位完成,并按约定支付报酬的行为。建筑工程承包,是相对于建筑工程发包而言的,是指具有从事建筑活动的法定从业资格的单位,通过投标或其他方式,承揽建筑工程任务,并按约定取得报酬的行为。

二、建筑工程发包制度

1. 建筑工程发包与承包的主体

(1)建筑工程的发包主体,通常为建筑工程的建设单位,即投资建设该项建筑工程的单位(即"业主")。国有单位投资建设的非经营性的房屋建筑工程,应当由建设单位作为发包方负责工程的发包。此外,建筑工程实行总承包的,总承包单位经建设单位同意,在法律规定的范围内对部分工程项目进行分包的,工程的总承包单位即成为分包工程的发包单位。

(2)建筑工程的承包主体,即建筑工程的承包单位,即承揽建筑工程的勘察、设计、施工等业务的单位,包括对建筑工程实行总承包的单位和承包分包工程的单位。由于建筑工程一般具有造价高、技术复杂,其质量问题往往涉及公共安全等特点,因此国家对建筑工程承包方的从业资格有特别要求。按照《建筑法》的有关规定,从事建筑活动的建筑施工企业、勘察单位、设计单位和工程监理单位,应当具备法律规定的条件,并按其拥有的注册资本、专业技术人员、技术装备和已完成的建筑工程业绩等资质条件分为不同的资质等级,经资质等级审查合格,取得相应的等级证书后,方可在其资质等级许可的范围内从事建筑活动。

2. 建筑工程发包的方式

建筑工程发包方式主要有两种:招标发包和直接发包。《建筑法》第十九条规定:"建筑工程依法实行招标发包,对不适于招标发包的可以直接发包。"

建筑工程实行公开招标的,发包单位应当依照法定程序和方式,在具备相应资质条件的投标者中,择优选定中标者。建筑工程实行招标发包的,发包单位应当将建筑工程发包给依法中标的承包单位。建筑工程实行直接发包的,发包单位应当将建筑工程发包给具有相应资质条件的承包单位。

我国提倡对建筑工程实行总承包。《建筑法》第二十四条第二款规定:"建筑工程的发包单位可以将建筑工程的勘察、设计、施工、设备采购一并发包给一个工程总承包单位,也可以将建筑工程勘察、设计、施工、设备采购的一项或者多项发包给一个工程总承包单位。"

3. 禁止将建设工程肢解发包和违法采购

（1）禁止发包单位将建设工程肢解发包

肢解发包是指建设单位将应当由一个承包单位完成的建设工程分解成若干部分发包给不同的承包单位的行为。

肢解发包的弊端在于：

①肢解发包可能会导致化整为零，化大为小，变相规避招标

发包人可能会将大的工程项目肢解成若干小的工程项目，使得每一个小的工程项目都不能满足关于招标规模和标准的规定，从而达到了变相规避招标的效果。

②肢解发包会不利于投资和进度目标的控制

肢解发包意味着本来应该由一家承包商完成的项目，现在由两家或者两家以上的承包商完成了。这就会使得一些岗位出现重复设置的人员，也不利于各工序的协调，难以形成流水作业。这些弊端的结果就是不利于投资和进度目标的控制。

③肢解发包会增加发包的成本

肢解发包必然会使得发包的次数增加，这就必然会导致发包的费用增加。

④肢解发包增加了发包人管理的成本

肢解发包会导致合同数增加，这就必然会导致发包人在管理上增加难度，进一步导致发包人在合同管理上增加成本。

由于肢解发包存在上述弊端，所以《建筑法》第二十四条规定，禁止将建筑工程肢解发包，不得将应当由一个承包单位完成的建筑工程肢解成若干部分发包给几个承包单位。

（2）禁止违法采购

《建筑法》第二十五条规定："按照合同约定，建筑材料、建筑构配件和设备由工程承包单位采购的，发包单位不得指定承包单位购入用于工程的建筑材料、建筑构配件和设备或者指定生产厂、供应商。"

建筑材料与建筑构配件和设备的采购途径主要有三种形式：①由建设单位负责采购；②由承包商负责采购；③由双方约定的供应商供应。

三、建筑工程承包制度

（一）资质管理

1. 承包单位资质管理规定

承包建筑工程的单位应当持有依法取得的资质证书，并在其资质等级许可的业务范围内承揽工程。

承包单位在承揽工程活动中禁止下列行为：

（1）禁止建筑施工企业超越本企业资质等级许可的业务范围承揽工程；

（2）禁止以任何形式用其他建筑施工企业的名义承揽工程；

（3）禁止建筑施工企业以任何形式允许其他单位或者个人使用本企业的资质证书、营业执照，以本企业的名义承揽工程。

2. 关于资质管理纠纷的处理

2021年1月1日施行的《最高人民法院关于审理建设工程施工合同纠纷案件适用法律问

题的解释(一)》第一条规定,建设工程施工合同具有下列情形之一的,应当依据《民法典》第一百五十三条第一款的规定,认定无效:

(1)承包人未取得建筑业企业资质或者超越资质等级的;

(2)没有资质的实际施工人借用有资质的建筑施工企业名义的;

(3)建设工程必须进行招标而未招标或者中标无效的。

上面的三种情形违反了《建筑法》关于发承包的规定,依据《民法典》第一百五十三条属于无效的合同。对该合同按照以下办法处理:

(1)建设工程施工合同无效,但建设工程经竣工验收合格,承包人请求参照合同约定支付工程价款的,应予支持。

(2)建设工程施工合同无效,且建设工程经竣工验收不合格的,按照以下情形分别处理:

①修复后的建设工程经竣工验收合格,发包人请求承包人承担修复费用的,应予支持;

②修复后的建设工程经竣工验收不合格,承包人请求支付工程价款的,不予支持。

因建设工程不合格造成的损失,发包人有过错的,也应承担相应的民事责任。

(3)承包人超越资质等级许可的业务范围签订建设工程施工合同,在建设工程竣工前取得相应资质等级,当事人请求按照无效合同处理的,不予支持。

职业训练 3-1

出租企业资质证书和营业执照应受处罚

江苏省某市一家三级资质等级的施工企业,为提高企业效益,以工程造价3%~6%的价格,向多家无资质或只有低等级资质的施工队出租其资质等级证书和营业执照或者允许这些施工队以自己的名义承揽工程,从中收取管理费。当地建设行政主管部门依法对其进行处罚,罚款4万元,将其资质等级由三级降为四级。

评析:

本案是典型的违反资质管理制度的违法案件。我国当前建筑市场混乱的突出表现形式,便是一些无资质或者低资质等级的企业、包工队以"挂靠"有较高资质等级的施工企业或者采取与资质等级较高的施工企业搞假"联营"等形式,以资质等级较高的施工企业的名义承揽工程;而有些施工企业见利忘义,为谋取不正当利益,采取收取挂靠管理费、以资质证书和营业执照的有偿使用方式,允许其他单位甚至个人使用本企业的名义承揽工程。这种现象的存在,对建立正常的建筑市场秩序、保证工程质量危害极大,必须予以禁止。

(二)联合承包

《建筑法》第二十七条规定,大型建筑工程或结构复杂的建筑工程,可以由两个以上的承包单位联合共同承包。两个以上不同资质等级的单位实行联合共同承包的,应当按照资质等级低的单位的业务许可范围承揽工程。

1.联合体中各成员单位的责任承担

(1)内部责任

组成联合体的成员单位投标之前必须签订共同投标协议,明确约定各方拟承担的工作和责任,并将共同投标协议连同投标文件一并提交招标人。依据《工程建设项目施工招投标办法》,

联合体投标未附联合体各方共同投标协议的，由评标委员会初审后按废标处理。

(2) 外部责任

《建筑法》第二十七条同时规定："共同承包的各方对承包合同的履行承担连带责任。"

负有连带义务的每个债务人，都负有清偿全部债务的义务，履行了义务的人，有权要求其他负有连带义务的人偿付他应当承担的份额。

职业训练 3-2

联合体共同承包的各方对承包合同的履行承担连带责任

四海建筑公司与强大建筑公司组成了一个联合体去投标，他们在共同投标协议中约定，如果在施工的过程中出现质量问题而遭遇建设单位的索赔，各自承担索赔额的50%。后来在施工的过程中果然由于四海建筑公司的施工技术问题出现了质量问题并因此遭到了建设单位的索赔，索赔额是10万元。但是，建设单位却仅仅要求强大建筑公司赔付此赔款。强大建筑公司拒绝了建设单位的请求，理由有两点：

(1) 质量事故的出现是四海建筑公司的技术原因，应由四海建筑公司承担责任。

(2) 共同投标协议中约定了各自50%的责任，即使不由四海建筑公司独自承担，起码四海建筑公司也应该承担50%的比例，不应该只由自己出这笔钱。

你认为强大建筑公司的理由成立吗？

评析：

理由不成立。依据《建筑法》，联合体共同承包的各方对承包合同的履行承担连带责任。也就是说，建设单位可以要求四海建筑公司承担赔偿责任，也可以要求强大建筑公司承担赔偿责任。已经承担责任的一方，可以就超出自己应该承担的部分向对方追偿，但是却不可以拒绝先行赔付。

2. 联合体资质的认定

联合体作为投标人也要符合资质管理的规定。因此，也必须要对联合体确定资质等级。

《建筑法》对如何认定联合体资质作出了原则性规定：两个以上不同资质等级的单位实行联合共同承包的，应当按照资质等级较低的单位的业务许可范围承揽工程。

《中华人民共和国招标投标法》（以下简称《招标投标法》）及其相关规定对"联合体投标"问题作出了更具体规定。

职业训练 3-3

乙级和丙级设计单位联合承包乙级建设工程设计，工程设计无效

2005年3月，四川省成都市某房地产开发公司欲修建一住宅小区，委托A建筑设计事务所（行业资质乙级）和B建筑设计事务所（行业资质丙级）共同负责工程设计。2005年9月，当该房地产开发公司将设计图文报到有关部门审查时，有关部门经审查认定该项工程为中型以上建设项目，该设计为超越资质等级的违法设计，责令该房地产开发公司重新委托设计。

评析：

根据《建筑法》规定，两个以上不同资质等级的单位实行联合共同承包的，应当按照资质等级较低的单位的业务许可范围承揽工程。本案中，建设单位的建设工程为中型以上，按规定，只有具备乙级以上的工程设计行业资质的设计单位，才有资格设计。而本案联合体承包设计单位之一的B建筑设计事务所仅为丙级行业资质，该联合体只能按丙级资质业务许可范围承揽工程。本案有关部门的审查意见是完全正确的。

（三）转包

转包指的是承包单位承包建设工程后，不履行合同约定的责任和义务，将其承包的全部建设工程转给他人或者将其承包的全部建设工程肢解以后以分包的名义分别转给其他单位承包的行为。

禁止承包单位将其承包的全部建筑工程转包给他人，禁止承包单位将其承包的全部建筑工程肢解以后以分包的名义分别转包给他人。

《最高人民法院关于审理建设工程施工合同纠纷案件适用法律问题的解释（一）》第一条规定，承包人因转包、违法分包建设工程或者没有资质的实际施工人借用有资质的建筑施工企业名义与他人签订建设工程施工合同的行为无效。

四、建筑工程分包制度

（一）分包的含义

分包，是指总承包单位将其所承包工程中的专业工程或劳务作业发包给其他承包单位完成的活动。

分包分为专业工程分包和劳务作业分包。

专业工程分包，是指总承包单位将其所承包工程中的专业工程发包给具有相应资质的其他承包单位完成的活动。

劳务作业分包，是指施工总承包企业或专业承包企业将其承包工程中的劳务作业发包给劳务分包企业完成的活动。

（二）分包的资质管理

《建筑法》第二十九条规定："建筑工程总承包单位可以将承包工程中的部分工程发包给具有相应资质条件的分包单位。"例如，对于建筑业企业依据下列原则承揽工程。

1. 施工总承包企业

获得施工总承包资质的企业，可以对工程实行施工总承包或者对主体工程实行施工承包。承担施工总承包的企业可以对所承接的工程全部自行施工，也可以将非主体工程或者劳务作业分包给具有相应专业承包资质或者劳务分包资质的其他建筑业企业。

2. 专业承包企业

获得专业承包资质的企业，可以承接施工总承包企业分包的专业工程或建设单位按照规定发包的专业工程。专业承包企业可以对所承接的工程全部自行施工，也可以将劳务作业分包给具有相应劳务分包资质的劳务分包企业。

3. 劳务分包企业

获得劳务分包资质的企业，可以承接施工总承包企业或者专业承包企业分包的劳务作业。

(三)对分包单位的认可

《建筑法》第二十九条进一步规定:"除总承包合同中约定的分包外,必须经建设单位认可。"

这条规定实际上赋予了建设单位对分包商的否决权,即没有经过建设单位认可的分包商是违法的分包商。尽管《建筑法》将认可的范围局限于"总承包合同中约定的分包单位"以外的分包商,但是由于总承包合同中的分包单位已经在合同中得到了建设单位的认可,所以实质上需要建设单位认可的分包单位的范围包含了所有的分包单位。

然而,认可分包单位与指定分包单位是不同的。认可是在总承包单位已经作出选择的基础上进行确认,而指定则是首先由建设单位作出选择。在国外,可以存在指定分包商,例如《FIDIC施工合同条件》中就有指定分包商。但是,指定分包商在国内是违法的。《工程建设项目施工招标投标办法》第六十六条也规定:"招标人不得直接指定分包人。"

(四)违法分包

《建筑法》禁止总承包单位将工程分包给不具备相应资质条件的单位,也禁止分包单位将其承包的工程再分包。

依据《建筑法》,《建设工程质量管理条例》更进一步将违法分包的情形界定为:

(1)总承包单位将建设工程分包给不具备相应资质条件的单位的;

(2)建设工程总承包合同中未有约定,又未经建设单位认可,承包单位将其承包的部分建设工程交由其他单位完成的;

(3)施工总承包单位将建设工程主体结构的施工分包给其他单位的;

(4)分包单位将其承包的建设工程再分包的。

(五)总承包单位与分包单位的连带责任

《建筑法》第二十九条第二款规定:"建筑工程总承包单位按照总承包合同的约定对建设单位负责;分包单位按照分包合同的约定对总承包单位负责。总承包单位和分包单位就分包工程对建设单位承担连带责任。"

连带责任既可以依合同约定产生,也可以依法律规定产生。建设单位虽然和分包单位之间没有合同关系,但是当承包工程发生质量、安全、进度等方面问题给建设单位造成损失时,建设单位既可以根据总承包合同向总承包单位追究违约责任,也可以根据法律规定直接要求分包单位承担损害赔偿责任,分包单位不得拒绝。总承包单位和分包单位之间的责任划分,应当根据双方的合同约定或者各自过错大小确定;一方向建设单位承担的责任超过其应承担份额的,有权向另一方追偿。

1.2.2 建筑工程招标制度

建筑工程招标是指建设单位对拟建的工程发布公告,通过法定的程序和方式吸引建设项目的承包单位竞争并从中选择条件优越者来完成工程建设任务的法律行为。

我国法学界一般认为,建设工程招标是要约邀请,而投标是要约,中标通知书是承诺。我国《民法典》也明确规定,招标公告是要约邀请。也就是说,招标实际上是邀请投标人对其提出要约(即报价),属于要约邀请。投标则是一种要约,它符合要约的所有条件,如具有缔结合同的主观目的;一旦中标,投标人将受投标书的约束;投标书的内容具有足以使合同成立的主要条件等。招标人向中标的投标人发出的中标通知书,则是招标人同意接受中标的投标人的投标条件,即同意接受该投标人的要约的意思表示,应属于承诺。

一、招标投标活动原则及适用范围

(一)招标投标所应遵循的基本原则

《招标投标法》第五条规定:"招标投标活动应当遵循公开、公平、公正和诚实信用的原则。"

1. 公开原则

招标投标活动应当遵循公开原则,这是为了保证招标活动的广泛性、竞争性和透明性。公开原则,首先要求招标信息公开。其次,公开原则还要求招标投标过程公开。

2. 公平原则

公平原则,要求给予所有投标人平等的机会,使其享有同等的权利,履行同等的义务,招标人不得以任何理由排斥或者歧视任何投标人。

3. 公正原则

公正原则,要求招标人在招标投标活动中应当按照统一的标准衡量每一个投标人的优劣。

4. 诚实信用原则

诚实信用原则,是我国民事活动所应当遵循的一项重要基本原则。招标投标活动作为订立合同的一种特殊方式,同样应当遵循诚实信用原则。

(二)必须招标的项目范围和规模标准

1. 必须招标的工程建设项目范围

根据《招标投标法》第三条规定,在中华人民共和国境内进行下列工程建设项目包括项目的勘察、设计、施工、监理以及与工程建设有关的重要设备、材料等的采购,必须进行招标:

(1)大型基础设施、公用事业等关系社会公共利益、公众安全的项目;

(2)全部或者部分使用国有资金投资或者国家融资的项目;

(3)使用国际组织或者外国政府贷款、援助资金的项目。

根据《工程建设项目招标范围和规模标准规定》的规定,必须招标的项目具体范围如下:

关系社会公共利益、公众安全的基础设施项目的范围包括:

(1)煤炭、石油、天然气、电力、新能源等能源项目;

(2)铁路、公路、管道、水运、航空以及其他交通运输业等交通运输项目;

(3)邮政、电信枢纽、通信、信息网络等邮电通信项目;

(4)防洪、灌溉、排涝、引(供)水、滩涂治理、水土保持、水利枢纽等水利项目;

(5)道路、桥梁、地铁和轻轨交通、污水排放及处理、垃圾处理、地下管道、公共停车场等城市设施项目;

(6)生态环境保护项目;

(7)其他基础设施项目。

关系社会公共利益、公众安全的公用事业项目的范围包括:

(1)供水、供电、供气、供热等市政工程项目;

(2)科技、教育、文化等项目;

(3) 体育、旅游等项目；
(4) 卫生、社会福利等项目；
(5) 商品住宅，包括经济适用住房；
(6) 其他公用事业项目。

使用国有资金投资项目的范围包括：
(1) 使用各级财政预算资金的项目；
(2) 使用纳入财政管理的各种政府性专项建设基金的项目；
(3) 使用国有企业事业单位自有资金，并且国有资产投资者实际拥有控制权的项目。

国家融资项目的范围包括：
(1) 使用国家发行债券所筹资金的项目；
(2) 使用国家对外借款或者担保所筹资金的项目；
(3) 使用国家政策性贷款的项目；
(4) 国家授权投资主体融资的项目；
(5) 国家特许的融资项目。

使用国际组织或者外国政府资金的项目的范围包括：
(1) 使用世界银行、亚洲开发银行等国际组织贷款资金的项目；
(2) 使用外国政府及其机构贷款资金的项目；
(3) 使用国际组织或者外国政府援助资金的项目。

2. 必须招标项目的规模标准

《工程建设项目招标范围和规模标准规定》规定的上述各类工程建设项目，包括项目的勘察、设计、施工、监理以及与工程建设有关的重要设备、材料等的采购，达到下列标准之一的，必须进行招标：

(1) 施工单项合同估算价在 200 万元人民币以上的；
(2) 重要设备、材料等货物的采购，单项合同估算价在 100 万元人民币以上的；
(3) 勘察、设计、监理等服务的采购，单项合同估算价在 50 万元人民币以上的；
(4) 单项合同估算价低于第(1)、(2)、(3)项规定的标准，但项目总投资额在 3000 万元人民币以上的。

职业训练 3-4

施工单项合同估算价格超 200 万元，必须进行招标

2005 年 4 月，某市一中学兴建一教学楼群，共 6 栋教学楼，总造价 1600 万元，第一期工程预算总投资约 600 万元，其中建筑施工费约 520 万元。该校在研究建设工程发包时，打算直接将工程施工发包给该市信誉良好、技术力量雄厚的某建筑公司。市建设局得知这一情况后，当即通知该中学，该建筑工程必须进行招标，否则发包无效。该中学接到通知后，及时纠正了错误决定，通过公开招标方式发包。

评析：

本案例施工单项合同价达 520 万元，依《工程建筑项目招标范围和规模标准规定》的规定，必须进行招标。我国建筑法律法规之所以对投资较大的建筑工程规定必须经过招标的形式发包,主要是为了通过公开、公平的竞争方式,选出技术力量雄厚、资信良好的承包单位,以保障建筑工程的质量,防止和避免直接发包中可能出现的一些弊端。本案中,市建设局的行政行为是完全正确的。

(三)可以不进行招标的工程建设项目

如果建设项目不属于招标的项目则可以招标也可以不招标。但是,即使符合必须招标项目的条件但是属于某些特殊情形的,也是可以不招标的。

1. 可以不进行招标的施工项目

依据《招标投标法》第六十六条和2013年3月11日国家发展改革委、工业和信息化部等九部门修订发布的《工程建设项目施工招标投标办法》第十二条的规定,依法必须进行施工招标的工程建设项目,有下列情形之一的,可以不进行施工招标:

(1)涉及国家安全、国家秘密、抢险救灾或者属于利用扶贫资金实行以工代赈需要使用农民工等特殊情况,不适宜进行招标;

(2)施工主要技术采用不可替代的专利或者专有技术;

(3)已通过招标方式选定的特许经营项目投资人依法能够自行建设;

(4)采购人依法能够自行建设;

(5)在建工程追加的附属小型工程或者主体加层工程,原中标人仍具备承包能力,并且其他人承担将影响施工或者功能配套要求;

(6)国家规定的其他情形。

2. 可以不进行招标的勘察、设计项目

依据《建设工程勘察设计管理条例》,下列建设工程的勘察、设计,经有关主管部门批准,可以直接发包:

(1)采用特定的专利或者专有技术的;

(2)建筑艺术造型有特殊要求的;

(3)国务院规定的其他建设工程的勘察、设计。

二、招标程序

(一)招标应具备的条件

依法必须招标的工程建设项目,应当具备下列条件才能进行施工招标:

(1)招标人已经依法成立;

(2)初步设计及概算应当履行审批手续的,已经批准;

(3)招标范围、招标方式和招标组织形式等应当履行核准手续的,已经核准;

(4)有相应资金或资金来源已经落实;

(5)有招标所需的设计图纸及技术资料。

(二)招标的方式

工程施工招标分为公开招标和邀请招标。

公开招标,是招标人在指定的报刊、电子网络或其他媒体上发布招标公告,吸引众多的投标人参加投标竞争,招标人从中择优选择中标单位的招标方式。

邀请招标,也称选择性招标,由招标人根据供应商或承包商的资信和业绩,选择一定数目的法人或其他组织(不能少于3家),向其发出投标邀请书,邀请他们参加投标竞争。

这两种方式的区别主要在于:

(1)发布信息的方式不同。公开招标采用公告的形式发布,邀请招标采用投标邀请书的形式发布。

(2)选择的范围不同。公开招标因使用招标公告的形式,针对的是一切潜在的对招标项目感兴趣的法人或其他组织,招标人事先不知道投标人的数量;邀请招标针对已经了解的法人或其他组织,而且事先已经知道投标人的数量。

(3)竞争的范围不同。由于公开招标使所有符合条件的法人或其他组织都有机会参加投标,竞争的范围较广,竞争性体现得也比较充分,招标人拥有绝对的选择余地,容易获得最佳招标效果;邀请招标中投标人的数目有限,竞争的范围有限,招标人拥有的选择余地相对较小,有可能提高中标的合同价,也有可能将某些在技术上或报价上更有竞争力的供应商或承包商遗漏。

(4)公开的程度不同。公开招标中,所有的活动都必须严格按照预先指定并为大家所知的程序和标准公开进行,大大减少了作弊的可能;相比而言,邀请招标的公开程度逊色一些,产生不法行为的机会也就多一些。

(5)时间和费用不同。由于邀请招标不发公告,招标文件只送几家,使整个招投标的时间大大缩短,招标费用也相应减少。公开招标的程序比较复杂,从发布公告、投标人作出反应、评标到签订合同,有许多时间上的要求,要准备许多文件,因而耗时较长,费用也比较高。

国务院发展计划部门确定的国家重点建设项目和各省、自治区、直辖市人民政府确定的地方重点建设项目,以及全部使用国有资金投资或者国有资金投资占控股或者主导地位的工程建设项目,应当公开招标;有下列情形之一的,经批准可以进行邀请招标:

(1)项目技术复杂或有特殊要求,只有少量几家潜在投标人可供选择的;

(2)受自然地域环境限制的;

(3)涉及国家安全、国家秘密或者抢险救灾,适宜招标但不宜公开招标的;

(4)拟公开招标的费用与项目的价值相比,不值得的;

(5)法律、法规规定不宜公开招标的。

(三)资格审查

根据《工程建设项目施工招标投标办法》的有关规定,资格审查分为资格预审和资格后审。

1. 资格预审

资格预审,是指在投标前对潜在投标人进行的资格审查。

采取资格预审的,招标人可以发布资格预审公告。资格预审公告适用《工程建设项目施工招标投标办法》第十三条、第十四条有关招标公告的规定。招标人应当在资格预审文件中载明资格预审的条件、标准和方法。招标人不得改变载明的资格条件或者以没有载明的资格条件对潜在投标人或者投标人进行资格审查。

经资格预审后,招标人应当向资格预审合格的潜在投标人发出资格预审合格通知书,告知获取招标文件的时间、地点和方法,并同时向资格预审不合格的潜在投标人告知资格预审结果。资格预审不合格的潜在投标人不得参加投标。

2. 资格后审

资格后审,是指在开标后对投标人进行的资格审查。进行资格预审的,一般不再进行资格后审,但招标文件另有规定的除外。

采取资格后审的,招标人应当在招标文件中载明对投标人资格要求的条件、标准和方法。招标人不得改变载明的资格条件或者以没有载明的资格条件对投标人进行资格后审。经资格后审不合格的投标人的投标应作废标处理。

资格审查主要审查潜在投标人或者投标人是否符合下列条件:

(1)具有独立订立合同的权利;

(2)具有履行合同的能力,包括专业、技术资格和能力,资金、设备和其他物质设施状况,管理能力,经验、信誉和相应的从业人员;

(3)没有处于被责令停业,投标资格被取消,财产被接管、冻结,破产状态;

(4)在最近三年内没有骗取中标和严重违约及重大工程质量问题;

(5)国家规定的其他资格条件。

资格审查时,招标人不得以不合理的条件限制、排斥潜在投标人或者投标人,不得对潜在投标人或者投标人实行歧视待遇。任何单位和个人不得以行政手段或者其他不合理方式限制投标人的数量。

(四)招标组织形式和招标代理

1. 招标组织形式

招标组织形式包括自行招标和委托招标。

招标人自身具有编制招标文件和组织评标能力的,可以自行办理招标事宜。任何单位和个人不得强制其委托招标代理机构办理招标事宜。

具有编制招标文件和组织评标的能力,具体包括:

(1)具有项目法人资格(或者法人资格);

(2)具有与招标项目规模和复杂程度相适应的工程技术、概预算、财务和工程管理等方面专业技术力量;

(3)有从事同类工程建设项目招标的经验;

(4)设有专门的招标机构或者拥有3名以上专职招标业务人员;

(5)熟悉和掌握《招标投标法》及有关法规规章。

招标人有权自行选择招标代理机构,委托其办理招标事宜。任何单位和个人不得强制其委托招标代理机构办理招标事宜。

依法必须进行的招标项目,招标人自行办理招标事宜的,应当向有关行政监督部门备案。

2. 招标代理机构

招标代理机构是依法设立、从事招标代理业务并提供相关服务的社会中介组织。招标代理机构与行政机关和其他国家机关不得存在隶属关系或者其他利益关系。

招标代理机构应当具备下列条件:

(1)有从事招标代理业务的营业场所和相应资金;

(2)有能够编制招标文件和组织评标的相应专业力量;

(3)有符合法律规定、可以作为评标委员会成员人选的技术、经济、法律、商务等方面的专家库。

招标代理机构应当在招标人委托的范围内承担招标事宜。招标代理机构可以在其资格等级范围内承担下列招标事宜：

(1)拟订招标方案,编制和出售招标文件、资格预审文件；

(2)审查投标人资格；

(3)编制标底；

(4)组织投标人踏勘现场；

(5)组织开标、评标,协助招标人定标；

(6)草拟合同；

(7)招标人委托的其他事项。

招标代理机构不得无权代理、越权代理,不得明知委托事项违法而进行代理。

招标代理机构不得在所代理的招标项目中投标或代理投标,也不得为所代理的招标项目的投标人提供咨询；未经招标人同意,不得转让招标代理业务。

工程招标代理机构与招标人应当签订书面委托合同,并按双方约定的标准收取代理费；国家对收费标准有规定的,依照其规定。

(五)招标文件

1. 招标文件的出售

《工程建设项目施工招标投标办法》第十五条规定,招标人应当按招标公告或者投标邀请书规定的时间、地点出售招标文件或资格预审文件。自招标文件或者资格预审文件出售之日起至停止出售之日止,最短不得少于五日。

对招标文件或者资格预审文件的收费应当限于补偿印刷、邮寄的成本支出,不得以营利为目的。对于所附的设计文件,招标人可以向投标人酌收押金；对于开标后投标人退还设计文件的,招标人应当向投标人退还押金。

招标文件或者资格预审文件售出后,不予退还。除不可抗力原因外,招标人在发布招标公告、发出投标邀请书后或者售出招标文件或资格预审文件后不得擅自终止招标。

2. 招标文件的内容

《招标投标法》第十九条规定,招标人应当根据招标项目的特点和需要编制招标文件。招标文件应当包括招标项目的技术要求、对投标人资格审查的标准、投标报价要求和评标标准等所有实质性要求和条件以及拟签订合同的主要条款。

3. 招标文件的要求

为了规范招标人的行为,保证招标文件的公正合理,我国《招标投标法》及其相关规定还要求招标人编制招标文件,应当遵循以下规定：

(1)原则性要求

《招标投标法》第十九条规定："招标人应当根据招标项目的特点和需要编制招标文件。招标文件应当包括招标项目的技术要求、对投标人资格审查的标准、投标报价要求和评标标准等所有实质性要求和条件以及拟签订合同的主要条款。国家对招标项目的技术、标准有规定的,招标人应当按照其规定在招标文件中提出相应要求。招标项目需要划分标段、确定工期的,招标人应当合理划分标段、确定工期,并在招标文件中载明。"

《招标投标法》第二十条规定:"招标文件不得要求或者标明特定的生产供应者以及含有倾向或者排斥潜在投标人的其他内容。"

(2)技术的要求

①技术标准应符合国家强制性标准

《工程建设项目施工招标投标办法》第二十六条规定:"招标文件规定的各项技术标准应符合国家强制性标准。招标文件中规定的各项技术标准均不得要求或标明某一特定的专利、商标、名称、设计、原产地或生产供应者,不得含有倾向或者排斥潜在投标人的其他内容。如果必须引用某一生产供应者的技术标准才能准确或清楚地说明拟招标项目的技术标准时,则应当在参照后面加上'或相当于'的字样。"

②合理划分标段、确定工期

《工程建设项目施工招标投标办法》第二十七条规定:"施工招标项目需要划分标段、确定工期的,招标人应当合理划分标段、确定工期,并在招标文件中载明。对工程技术上紧密相连、不可分割的单位工程不得分割标段。招标人不得以不合理的标段或工期限制或者排斥潜在投标人或者投标人。"

《工程建设项目施工招标投标办法》第三十条规定:"施工招标项目工期较长的,招标文件中可以规定工程造价指数体系、价格调整因素和调整方法。"

③科学编制标底

依据《工程建设项目施工招标投标办法》第三十四条规定,招标人可根据项目特点决定是否编制标底。编制标底的,标底编制过程和标底在开标前必须保密。

招标项目编制标底的,应根据批准的初步设计、投资概算,依据有关计价办法,参照有关工程定额,结合市场供求状况,综合考虑投资、工期和质量等方面的因素合理确定。

标底由招标人自行编制或委托中介机构编制。一个工程只能编制一个标底。

任何单位和个人不得强制招标人编制或报审标底,或干预其确定标底。

招标项目可以不设标底,进行无标底招标。

(3)时间的要求

①可以澄清、修改招标文件的时间

《招标投标法》第二十三条规定:"招标人对已发出的招标文件进行必要的澄清或者修改的,应当在招标文件要求提交投标文件截止时间至少十五日前,以书面形式通知所有招标文件收受人。该澄清或者修改的内容为招标文件的组成部分。"

②确定编制投标文件的时间

《招标投标法》第二十四条规定:"招标人应当确定投标人编制投标文件所需要的合理时间;但是,依法必须进行招标的项目,自招标文件开始发出之日起至投标人提交投标文件截止之日止,最短不得少于二十日。"

③确定投标有效期

投标有效期,是招标文件中规定的投标文件有效期。《工程建设项目施工招标投标办法》第二十九条规定:"招标文件应当规定一个适当的投标有效期,以保证招标人有足够的时间完成评标和与中标人签订合同。投标有效期从投标人提交投标文件截止之日起计算。在原投标有效期结束前,出现特殊情况的,招标人可以书面形式要求所有投标人延长投标有效期。投标人同意延长的,不得要求或被允许修改其投标文件的实质性内容,但应当相应延长其投标保证金的有效期；投标人拒绝延长的，其投标失效，但投标人有权收回其投标保证金。因延长投标有效期造成投标人损失的，招标人应当给予补偿，但因不可抗力需要延长投标有效期的除外。"

1.2.3 建筑工程投标制度

我国《招标投标法》规定，投标人是响应招标、参加投标竞争的法人或者其他组织。招标人的任何不具独立法人资格的附属机构（单位），或者为招标项目的前期准备或者监理工作提供设计、咨询服务的任何法人及其任何附属机构（单位），都无资格参加该招标项目的投标。投标人应当具备承担招标项目的能力。

一、投标的要求

（一）投标人的资格要求

1. 投标人应当具备承担招标项目的能力

投标人应当具备与投标项目相适应的技术力量、机械设备、人员、资金等方面的能力，具有承担该招标项目的能力。参加投标项目是投标人的营业执照中的经营范围所允许的，并且投标人要具备相应的资质等级。因为国家有关规定要求，承包建设项目的单位应当持有依法取得的资质证书，并在其资质等级许可的范围内承揽工程，禁止超越本企业资质等级许可的业务范围或者以其他企业的名义承揽建设项目。

2. 投标人应当符合招标文件规定的资格条件

招标人可以在招标文件中对投标人的资格条件作出规定，投标人应当符合招标文件规定的资格条件，如果国家对投标人的资格条件有规定的，则依照其规定。对于参加建设项目设计、建筑安装以及主要设备、材料供应等投标的单位，必须具备下列条件：

（1）具有招标条件要求的资质证书，并为独立的法人实体；

（2）承担过类似建设项目的相关工作，并有良好的工作业绩和履约记录；

（3）财产状况良好，没有处于财产被接管、破产或其他关、停、并、转状态；

（4）在最近3年没有骗取合同以及其他经济方面的严重违法行为；

（5）近几年有较好的安全纪录，投标当年内没有发生重大质量和特大安全事故。

（二）投标文件的要求

1. 投标文件的编制

投标人应当按照招标文件的要求编制投标文件。投标文件应当对招标文件提出的实质性要求和条件作出响应。招标项目属于建设施工的，投标文件的内容应当包括拟派出的项目负责人与主要技术人员的简历、业绩和拟用于完成招标项目的机械设备等。投标人根据招标文件载明的项目实际情况，拟在中标后将中标项目的部分非主体、非关键性工作进行分包的，应当在投标文件中载明。

招标人可以在招标文件中要求投标人提交投标保证金。投标保证金除现金外，可以是银行出具的银行保函、保兑支票、银行汇票或现金支票。投标保证金不得超过投标总价的2%，但最高不得超过80万元。投标保证金有效期应当与投标有效期一致。投标人应当按照招标文件要求的方式和金额，将投标保证金随投标文件提交给招标人或其委托的招标代理机构。投标人不按招标文件要求提交投标保证金的,该投标文件将被拒绝,作废标处理。

职业训练3-5

不按要求交齐投标保证金,丧失中标机会

2001年,昆明铁路局欲对沾昆铁路进行增建二线工程建设。同年7月,昆明铁路局在主要新闻媒体上发布了招标公告,就该工程向社会分段招标。某一标段,预算投资1.2亿元,要求潜在投标人在投标过程中必须提交80万元作为投标保证金。在投标人中,有甲、乙、丙三家入围,甲、乙均按要求提交了投标保证金,丙只开具了20万元的银行保函。但是三家投标文件比较中,丙无论施工力量还是标底的制作均基本符合招标人的预期目标,只是因为提交的投标保证金不符合文件的要求,昆明铁路局便在甲、乙之间选择了中标单位。

评析:

要求交纳投标保证金的,投标人应按要求交纳投标保证金。本案中,投标人没有及时交纳保证金,开具的银行保函与要求不符,错过了中标机会。

2. 投标文件的提交

投标人应当在招标文件要求提交投标文件的截止时间前,将投标文件密封送达投标地点。招标人收到投标文件后,应当向投标人出具标明签收人和签收时间的凭证,在开标前任何单位和个人不得开启投标文件。

在招标文件要求提交投标文件的截止时间后送达的投标文件,招标人应当拒收。

依法必须进行施工招标的项目提交投标文件的投标人少于3个的,招标人在分析招标失败的原因并采取相应措施后,应当依法重新招标。重新招标后投标人仍少于3个的,属于必须审批、核准的工程建设项目,报经原审批、核准部门批准后可以不再进行招标;其他工程建设项目,招标人可自行决定不再进行招标。

3. 投标文件的补充、修改、替代或撤回

投标人在招标文件要求投标文件的截止时间前,可以补充、修改或者撤回已提交的投标文件,并书面通知招标人。补充、修改的内容为投标文件的组成部分。

在提交投标文件截止时间后到招标文件规定的投标有效期终止之前,投标人不得撤销其投标文件,否则招标人可以不退还其投标保证金。

二、联合体投标

联合体投标指的是某承包单位为了承揽不适于自己单独承包的工程项目而与其他单位联合,以一个投标人的身份去投标的建设行为。

《招标投标法》第三十一条规定:"两个以上法人或者其他组织可以组成一个联合体,以一个投标人的身份共同投标。"

1. 联合体各方资质条件

根据《招标投标法》第三十一条规定,联合体各方资质条件如下:联合体各方均应当具备承担招标项目的相应能力;国家有关规定或者招标文件对投标人资格条件有规定的,联合体各方均应当具备规定的相应资格条件。由同一专业的单位组成的联合体,按照资质等级较低的单位

确定资质等级。

2. 共同投标协议

联合体各方应当签订共同投标协议，明确约定各方拟承担的工作和责任，并将共同投标协议连同投标文件一并提交招标人。

共同投标协议约定了组成联合体各成员单位在联合体中所承担的各自的工作范围，这个范围的确定也为建设单位判断该成员是否具备"相应的资格条件"提供了依据。共同投标协议也约定了组成联合体各成员单位在联合体中所承担的各自的责任，这也将未来可能引发的纠纷的解决提供了必要的依据。

3. 联合体各方的责任

（1）履行共同投标协议中约定的责任

共同投标协议约定了组成联合体各成员单位在联合体中所承担的各自的责任，各成员单位必须要按照该协议的约定认真履行自己的义务，否则将对对方承担违约责任。

同时，共同投标协议中约定的责任承担也是各成员单位最终的责任承担方式。

（2）就中标项目承担连带责任

联合体中标的，联合体各方应当共同与招标人签订合同，就中标项目向招标人承担连带责任。

如果联合体中的一个成员单位没能按照合同约定履行义务，招标人可以要求联合体中任何一个成员单位承担不超过总债务的任何比例的债务，而该单位不得拒绝。该成员单位承担了被要求的责任后，有权向其他成员单位追偿其按照共同投标协议不应当承担的债务。

（3）不得重复投标

联合体各方签订共同投标协议后，不得再以自己名义单独投标，也不得组成新的联合体或参加其他联合体在同一项目中投标。

（4）不得随意改变联合体的构成

联合体参加资格预审并获通过的，其组成的任何变化都必须在提交投标文件截止之日前征得招标人的同意。如果变化后的联合体削弱了竞争，含有事先未经过资格预审或者资格预审不合格的法人或者其他组织，或者是联合体的资质降到资格预审文件中规定的最低标准以下，招标人有权拒绝。

（5）必须有代表联合体的牵头人

联合体各方必须指定牵头人，授权其代表所有联合体成员负责投标和合同实施阶段的主办、协调工作，并应当向招标人提交由所有联合体成员法定代表人签署的授权书。

联合体投标额，应当以联合体各方或者联合体中牵头人的名义提交投标保证金。以联合体中牵头人名义提交的投标保证金，对联合体各成员具有约束力。

三、投标人的不正当竞争行为

投标人不得实施以下不正当竞争行为。

1. 投标人相互串通投标

《工程建设项目施工招标投标办法》第四十六条规定，下列行为均属投标人串通投标报价：

（1）投标人之间相互约定抬高或压低投标报价；

（2）投标人之间相互约定，在招标项目中分别以高、中、低价位报价；

(3)投标人之间先进行内部竞价,内定中标人,然后再参加投标;
(4)投标人之间其他串通投标报价的行为。

《中华人民共和国招标投标法实施条例》(以下简称《招标投标法实施条例》)第三十九条规定,有下列情形之一的,属于投标人相互串通投标:
(1)投标人之间协商投标报价等投标文件的实质性内容;
(2)投标人之间约定中标人;
(3)投标人之间约定部分投标人放弃投标或者中标;
(4)属于同一集团、协会、商会等组织成员的投标人按照该组织要求协同投标;
(5)投标人之间为谋取中标或者排斥特定投标人而采取的其他联合行动。

《招标投标法实施条例》第四十条规定,有下列情形之一的,视为投标人相互串通投标:
(1)不同投标人的投标文件由同一单位或者个人编制;
(2)不同投标人委托同一单位或者个人办理投标事宜;
(3)不同投标人的投标文件载明的项目管理成员为同一人;
(4)不同投标人的投标文件异常一致或者投标报价呈规律性差异;
(5)不同投标人的投标文件相互混装;
(6)不同投标人的投标保证金从同一单位或者个人的账户转出。

2. 招标人与投标人串通投标

《工程建设项目施工招标投标办法》第四十七条规定,下列行为均属招标人与投标人串通投标:
(1)招标人在开标前开启投标文件并将有关信息泄露给其他投标人,或者授意投标人撤换、修改投标文件;
(2)招标人向投标人泄露标底、评标委员会成员等信息;
(3)招标人明示或者暗示投标人压低或抬高投标报价;
(4)招标人明示或者暗示投标人为特定投标人中标提供方便;
(5)招标人与投标人为谋求特定中标人中标而采取的其他串通行为。

《招标投标法实施条例》第四十一条规定,有下列情形之一的,属于招标人与投标人串通投标:
(1)招标人在开标前开启投标文件并将有关信息泄露给其他投标人;
(2)招标人直接或者间接向投标人泄露标底、评标委员会成员等信息;
(3)招标人明示或者暗示投标人压低或者抬高投标报价;
(4)招标人授意投标人撤换、修改投标文件;
(5)招标人明示或者暗示投标人为特定投标人中标提供方便;
(6)招标人与投标人为谋求特定投标人中标而采取的其他串通行为。

3. 以行贿的手段谋取中标

《招标投标法》第三十二条第三款规定,禁止投标人以向招标人或者评标委员会成员行贿的手段谋取中标。

投标人以行贿的手段谋取中标是严重违背《招标投标法》基本原则的违法行为,对其他投标人是不公平的。投标人以行贿手段谋取中标的法律后果是中标无效,有关责任单位应当承担相应的行政责任或刑事责任,给他人造成损失的,还应当承担民事赔偿责任。

4. 以低于成本的报价竞标

《招标投标法》第三十三条规定，投标人不得以低于成本的报价竞标。这里所讲的"成本"，应指投标人的个别成本，该成本是根据投标人的企业定额测定的成本。如果投标人以低于成本的报价竞标时，将很难保证建设工程的安全和质量。

5. 以他人名义投标或者以其他方式弄虚作假，骗取中标

《招标投标法》第三十三条规定，"不得以他人名义投标或者以其他方式弄虚作假，骗取中标。"以他人名义投标，指投标人挂靠其他施工单位，或从其他单位通过转让或租借的方式获取资格或资质证书，或者由其他单位及其法定代表人在自己编制的投标文件上加盖印章和签字等行为。使用通过受让或者租借等方式获取的资格、资质证书投标的，属于《招标投标法》第三十三条规定的以他人名义投标。

投标人有下列情形之一的，属于《招标投标法》第三十三条规定的以其他方式弄虚作假的行为：

（1）使用伪造、变造的许可证件；
（2）提供虚假的财务状况或者业绩；
（3）提供虚假的项目负责人或者主要技术人员简历、劳动关系证明；
（4）提供虚假的信用状况；
（5）其他弄虚作假的行为。

1.2.4 建筑工程开标、评标和中标制度

建筑工程决标是指招标单位确定中标企业的法律行为。它通常包括开标、评标和中标三个过程。开标、评标和中标活动，在招标投标办事机构的监督下由招标单位主持进行。

一、开标

（一）开标概念

所谓开标，是指招标人按照招标公告或者投标邀请函规定的时间、地点，当众开启所有投标人的投标文件，宣读投标人名称、投标价格和投标文件的其他主要内容的过程。

（二）开标程序

根据《招标投标法》及相关规定，开标应遵循以下程序：

(1) 开标应当在招标文件确定的提交投标文件截止时间的同一时间公开进行。
(2) 开标地点应当为招标文件中预先确定的地点。
(3) 开标由招标人主持，邀请所有投标人参加。
(4) 检查投标文件的密封情况。开标时，由投标人或其推选的代表检查投标文件的密封情况，也可以由招标人委托的公证机构检查并公证。
(5) 拆封、宣读投标文件并记录备查。由工作人员当众拆封，宣读投标人名称、投标价格和投标的其他主要内容。开标过程应当记录，并存档备查。

投标文件有下列情形之一的，招标人不予受理：
(1) 逾期送达的文件或者未送达指定地点的；

(2)未按招标文件要求密封的。

二、评标

(一)评标委员会

1. 评标委员会的组成

根据《招标投标法》第三十七条规定,评标由招标人依法组建的评标委员会负责。依法必须进行招标的项目,其评标委员会由招标人的代表和有关技术、经济等方面的专家组成,成员人数为五人以上单数,其中技术、经济等方面的专家不得少于成员总数的三分之二。

评标委员会成员的名单在中标结果确定前应当保密。

2. 评标专家的选取

根据《招标投标法》和《评标委员会和评标暂行规定》的有关规定,技术、经济等方面的专家应当从事相关领域工作满八年并具有高级职称或者具有同等专业水平,由招标人从国务院有关部门或省、自治区、直辖市人民政府有关部门提供的专家名册或者招标代理机构的专家库内的相关专业的专家名单中确定;一般招标项目可以采取随机抽取方式,特殊招标项目可以由招标人直接确定。

3. 对评标委员会成员的职业道德要求和保密义务

根据《招标投标法》和《评标委员会和评标暂行规定》的有关规定,评标委员会成员应当客观、公正地履行职务,遵守职业道德,对所提出的评审意见承担个人责任。

评标委员会成员不得与任何投标人或者与招标结果有利害关系的人进行私下接触,不得收受投标人、中介人、其他利害关系人的财物或者其他好处。

评标委员会成员和参与评标的有关工作人员不得透露对投标文件的评审和比较、中标候选人的推荐情况以及与评标有关的其他情况。与投标人有利害关系的人不得进入相关项目的评标委员会;已经进入的应当更换。

(二)评标

1. 评标的标准和方法

招标人应当采取必要的措施,保证评标在严格保密的情况下进行。任何单位和个人不得非法干预、影响评标的过程和结果。评标委员会应当按照招标文件确定的评标标准和方法,对投标文件进行评审和比较;设有标底的,应当参考标底。

2. 拒收投标文件、否决投标的情形

《工程建设项目施工招标投标办法》第五十条规定,投标文件有下列情形之一的,招标人应当拒收:

(1)逾期送达;

(2)未按招标文件要求密封。

有下列情形之一的,评标委员会应当否决其投标:

(1)投标文件未经投标单位盖章和单位负责人签字;

(2)投标联合体没有提交共同投标协议;

(3)投标人不符合国家或者招标文件规定的资格条件;

(4)同一投标人提交两个以上不同的投标文件或者投标报价,但招标文件要求提交备选投标的除外；

（5）投标报价低于成本或者高于招标文件设定的最高投标限价；

（6）投标文件没有对招标文件的实质性要求和条件作出响应；

（7）投标人有串通投标、弄虚作假、行贿等违法行为。

《招标投标法》第四十二条规定，评标委员会经评审，认为所有投标都不符合招标文件要求的，可以否决所有投标。依法必须进行招标的项目的所有投标被否决的，招标人应当依法重新招标。

职业训练 3-6

串通投标的标书视为废标

2001 年 12 月，宝兰铁路二线某一标段就其路基工程中的土石方工程进行招标。在招标公告发布后，就土石方工程召开了一次有关项目招标的咨询会议，只有 6 家工程施工公司到会。会后，符合投标资格的 6 家工程施工公司的负责人一起到附近的一家茶馆喝茶，商谈如何进行投标。在商谈过程中，路桥公司的负责人王某提出，路桥公司将付给其他 5 家公司好处费，每家 2 万元，条件是 5 家公司的报价要比路桥公司要高，大家均无疑议。王某便当场付给每家 2 万元现金。在后来的评标过程中，评标委员会一成员偶然听说了此事，经查证属实，评标委员会遂宣布这 6 家公司的标书为废标。

评析：

本案中，投标人通过给付好处费而串通投标的行为，违反了《招标投标法》和《工程建设施工招标投标管理办法》的强制性规定，从而使其标书成为废标而无效。其行为同时也损害了他人利益和招投标秩序，其好处费应收缴归国家所有。

3. 投标文件的澄清、说明和修正

评标委员会可以要求投标人对投标文件中含义不明确的内容作必要的澄清或者说明，但是澄清或者说明不得超出投标文件的范围或者改变投标文件的实质性内容。评标委员会不得向投标人提出带有暗示性或诱导性的问题，或向其明确投标文件中的遗漏和错误。不得接受投标人主动提出的澄清、说明。

评标委员会在对实质上响应招标文件要求的投标进行报价评估时，除招标文件另有约定外，应当按下述原则进行修正：

（1）用数字表示的数额与用文字表示的数额不一致时，以文字数额为准；

（2）单价与工程量的乘积与总价之间不一致时，以单价为准。若单价有明显的小数点错位，应以总价为准，并修改单价。

调整后的报价经投标人确认后产生约束力。投标文件中没有列入的价格和优惠条件在评标时不予考虑。

4. 评标报告和中标候选人

（1）评标报告

评标委员会完成评标后，应当向招标人提出书面评标报告，并抄送有关行政监督部门。

评标报告应当由评标委员会全体成员签字。对评标结果有不同意见的评标委员会成员应当以书面形式说明其不同意见和理由,评标报告应当注明该不同意见。评标委员会成员拒绝在评标报告上签字又不书面说明其不同意见和理由的,视为同意评标结果。评标委员会应当对此作出书面说明并记录在案。

(2)中标候选人

评标完成后,评标委员会应当向招标人推荐中标候选人。中标候选人应当不超过3个,并标明排序。中标人的投标应当符合下列条件之一:

①能够最大限度地满足招标文件中规定的各项综合评价标准;

②能够满足招标文件的实质性要求,并且经评审的投标价格最低,但是投标价格低于成本的除外。

评标委员会经评审,认为所有投标都不符合招标文件要求的,可以否决所有投标。依法必须进行招标的项目的所有投标被否决的,招标人应当依法重新招标。

在确定中标人前,招标人不得与投标人就投标价格、投标方案等实质性内容进行谈判。

三、中标

(一)中标人的确定

根据《招标投标法》和《工程建设项目施工招标投标办法》的有关规定,确定中标人应当遵守如下程序:

(1)评标委员会提出书面评标报告后,依法必须进行招标的项目,招标人应当自收到评标报告之日起三日内公示中标候选人,公示期不得少于三日。

(2)招标人应当接受评标委员会推荐的中标候选人,不得在评标委员会推荐的中标候选人之外确定中标人。

(3)依法必须进行招标的项目,招标人应当确定排名第一的中标候选人为中标人。排名第一的中标候选人放弃中标、因不可抗力提出不能履行合同、不按照招标文件的要求提交履约保证金,或者被查实存在影响中标结果的违法行为等情形,不符合中标条件的,招标人可以按照评标委员会提出的中标候选人名单排序依次确定其他中标候选人为中标人。依次确定其他中标候选人与招标人预期差距较大,或者对招标人明显不利的,招标人可以重新招标。

(4)招标人可以授权评标委员会直接确定中标人。

国务院对中标人的确定另有规定的,从其规定。

(二)中标通知书

根据《招标投标法》和《工程建设项目施工招标投标办法》的有关规定,招标人发出中标通知书应当遵守如下规定:

(1)中标人确定后,招标人应当向中标人发出中标通知书,并同时将中标结果通知所有未中标的投标人。

(2)招标人不得向中标人提出压低报价、增加工作量、缩短工期或其他违背中标人意愿的要求,以此作为发出中标通知书和签订合同的条件。

(3)中标通知书对招标人和中标人具有法律效力。中标通知书发出后,招标人改变中标结果的,或者中标人放弃中标项目的,应当依法承担法律责任。

职业训练 3-7

发出中标通知书后改变中标结果应承担违约责任

浙江某房地产开发公司(下称被告)于 2002 年 5 月 22 日经批准进行招标,上海某建筑安装工程公司(下称原告)及另外 3 家公司参加了投标。经评议,原告中标,该中标结果由浙江建设工程招投标管理办公室见证,由被告于 2002 年 5 月 22 日向原告发出中标通知书,并要求原告于 2002 年 6 月 3 日签订工程承包合同,2002 年 6 月 8 日开工。中标通知书中载明中标合同总造价为 8000 万元。发出中标通知书后,被告指令原告先做开工准备,再签工程合同。原告按被告要求平整了施工场地进行了打桩等开工准备,并于 8 日完成了开工仪式。工程开工后,被告借故迟迟不同意签订工程承包合同,至 2003 年 1 月 8 日,书面函告原告"将另行落实施工队伍"。双方经多次协商未果,原告遂向法院起诉,要求被告签订工程承包合同。法院认为:被告向原告发出中标通知书的行为,即发生承诺生效、合同成立的法律效力。因此,招标人改变中标结果、变更中标人,实质上是一种单方撕毁合同的行为,被告因而应承担违约责任。

评析:

在招标投标过程中,招标的法律性质属于要约邀请,投标行为是邀约,而定标后发生的中标通知书属于承诺。自中标通知书到达投标人起,合同即成立。故在本案中,被告在发出中标通知书后变更中标人的行为是违约行为,被告应对此承担违约责任。

(三)签订合同

1. 签订合同的要求

《招标投标法》第四十六条规定,招标人和中标人应当自中标通知书发出之日起三十日内,按照招标文件和中标人的投标文件订立书面合同。招标人和中标人不得再行订立背离合同实质性内容的其他协议。

如果出现了两个或两个以上内容有矛盾的合同,将来会出现履行合同时适用哪一个合同的争议。但是,有的时候,招标人为了能够获得更大的利益,会要求中标人另行签订一个背离原合同实质性内容的合同。针对这种情况可能产生的纠纷,《最高人民法院关于审理建设工程施工合同纠纷案件适用法律问题的解释(一)》第二条规定:"招标人和中标人另行签订的建设工程施工合同约定的工程范围、建设工期、工程质量、工程价款等实质性内容,与中标合同不一致,一方当事人请求按照中标合同确定权利义务的,人民法院应予支持。"

中标合同就是依据《招标投标法》第四十六条签订的书面合同。

2. 担保与垫资

(1)担保

招标人为了降低自己的风险,经常会要求投标人提交履约保证金,招标文件要求中标人提交履约保证金的,中标人应当提交。履约保证金不得超过中标合同金额的 10%。拒绝提交的,视为放弃中标项目。招标人要求中标人提供履约保证金或其他形式履约担保的,招标人应当同时向中标人提供工程款支付担保。招标人不得擅自提高履约保证金。

招标人最迟应当在与中标人签订合同后五日内,向中标人和未中标的投标人退还投标保证金及银行同期存款利息。

（2）垫资

《工程建设项目施工招标投标办法》第六十二条同时规定："招标人不得强制要求中标人垫付中标项目建设资金。"

尽管法律已经明确规定招标人不得强制要求中标人垫付中标项目建设资金，但在实践中，中标人垫付中标项目建设资金的情形还是存在的。这种垫资行为经常引发关于利息的纠纷，对此，《最高人民法院关于审理建设工程施工合同纠纷案件适用法律问题的解释（一）》第二十五条给出了处理意见：

①当事人对垫资和垫资利息有约定，承包人请求按照约定返还垫资及其利息的，人民法院应予支持，但是约定的利息计算标准高于垫资时的同类贷款利率或者同期贷款市场报价利率的部分除外。

②当事人对垫资没有约定的，按照工程欠款处理。

③当事人对垫资利息没有约定，承包人请求支付利息的，人民法院不予支持。

（四）投标情况的书面报告

根据《招标投标法》的有关规定，依法必须进行招标的项目，招标人应当自确定中标人之日起十五日内，向有关行政监督部门提交招标投标情况的书面报告。

2 岗位工作任务

2.1 岗位工作任务名称及要求

背景资料1

柴某与姜某是老乡，二人在外打拼了多年，一直想承揽一项大的建筑装饰业务。某市一商业大厦的装饰工程公开招标，当时柴某、姜某均没有符合承揽该工程的资质等级证书。为了得到该装饰工程，柴某、姜某以缴纳高额管理费和其他优厚条件，分别借用了A装饰公司、B装饰公司的资质证书并以其名义报名投标。这两家装饰公司均通过了资格预审。之后，柴某与姜某商议，由柴某负责与招标方协调，姜某负责联系另外一家入围装饰公司的法定代表人张某，与张某串通投标价格，约定事成之后利益共享，并签订利益共享协议。为了增加中标的可能性，他们故意让入围的一家资质等级较低的装饰公司在投标时报高价，而柴某借用的资质等级高的A装饰公司则报较低价格。就这样，柴某最终以借用的A装饰公司名义成功中标，拿下了该项装饰工程。

一、岗位任务的名称

1. 确定柴某与姜某有哪些违法行为。
2. 确定该违法行为应当受到何种处罚。

二、岗位工作任务的总体要求

阅读岗位知识并查阅相关资料,列出柴某与姜某的违法行为,能够运用《建筑法》《招标投标法》等的相关知识对背景材料进行归纳、分析。

三、岗位工作任务的具体要求

1. 前期准备。参加任务的同学,课前阅读岗位知识,并做好学习(工作)笔记,找出学习(工作)过程中的重点、难点。

2. 过程中。参加任务的同学,以岗位任务为基点,运用岗位知识进行分析、归纳和要点提炼,完成岗位学习(工作)任务。

3. 任务后。参加任务的同学,记录学习(工作)过程中的体会、收获及改进措施、建议。

4. 认真填写岗位工作任务报告并存档保存,作为对该任务完成情况或学习成绩的评价依据。

背景资料2

清华同方(哈尔滨)水务有限公司承建的哈尔滨市太平污水处理厂工程项目已由黑龙江省发展改革委批准。该工程建设规模为日处理能力32.5万立方米二级处理,总造价约为3.3亿元,其中土建工程约为2.0亿元。工程资金来源为:35%自有资金,65%银行贷款。

中化建国际招标有限责任公司受工程总承包单位清华同方股份有限公司委托,就该工程部分土建工程的第五标段、第六标段、第七标段、第八标段、第九标段、第十标段进行国内竞争性公开招标,选定承包人。

现邀请合格的潜在的土建工程施工投标人参加本工程的投标。要求投标申请人须具备承担招标工程项目的能力和建设行政主管部门核发的市政公用工程施工总承包一级资质,地基与基础工程专业承包三级或以上资质,并在近两年承担过2座以上(含2座)10万立方米以上污水处理厂主体施工工程。同时作为联合体的桩基施工单位应具有三级或以上桩基施工资质,近两年相关工程业绩良好。

一、岗位任务的名称

1. 建设工程招标的方式有哪几种?各有何特点?
2. 哪些工程建设项目必须通过招标进行发包?

二、岗位工作任务的总体要求

阅读岗位知识并查阅相关资料,列出必须招标的项目范围,能够运用《建筑法》《招标投标法》等的相关知识对背景材料进行归纳、分析。

三、岗位工作任务的具体要求

1. 前期准备。参加任务的同学,课前阅读岗位知识,并做好学习(工作)笔记,找出学习(工作)过程中的重点、难点。

2. 过程中。参加任务的同学,以岗位任务为基点,运用岗位知识进行分析、归纳和要点提炼，完成岗位学习(工作)任务。

3. 任务后。参加任务的同学，记录学习(工作)过程中的体会、收获及改进措施、建议。

4. 认真填写岗位工作任务报告并存档保存，作为对该任务完成情况或学习成绩的评价依据。

2.2 岗位工作任务结果

岗位工作任务完成后，参加任务的每位同学必须认真填写岗位工作任务报告并存档保存，作为该工作任务的结果。任务报告要求语言流畅，文字简练，条理清晰，原则上要求学生当场完成，教师酌情进行点评。具体见表1-1。

表1-1　岗位工作任务报告

姓名：　　　　专业：　　　　班级：　　　　日期：　年　月　日

任务名称		任务目的	
任务内容		任务资料	
任务过程		任务结果或结论	
收获与体会		改进建议	
评价建议			
			年　月　日

2.3 岗位工作任务评价标准

任务完成后，均需要按岗位工作任务评价标准进行工作考核评价，作为学习（工作）的成绩评定依据。具体见表1-2。

表1-2 岗位工作任务评价标准表

类别	内容及标准	分值	自评（40%）	教师评（60%）	权重	小计	备注
出勤	态度端正，主动积极，无迟到早退	15			15%		有迟到或早退现象，每次扣1分，直至扣完本项分为止
准备阶段	1. 按规定时间接受线上发布的任务并反馈	5			30%		未接受发布的任务、未完成知识的预习及未完成知识预习的练习，每次扣1分；未列出岗位知识中的重点、难点，并记录在笔记中，每次扣2分；直至扣完本项分为止
	2. 按规定时间完成岗位知识的预习	10					
	3. 能够列出岗位知识中的重点、难点，并记录在笔记中	10					
	4. 及时完成岗位知识预习的练习	5					
实施阶段	1. 能针对岗位知识进行分析、归纳和要点提炼	10			35%		能对知识进行要点提炼、积极参与讨论分享、能给出明确的观点或结论，每次加1分，最多加10分
	2. 课堂积极参与讨论、模拟、汇报及分享	15					
	3. 对任务能给出最终的观点或结论	10					
总结评价阶段	1. 能总结任务完成过程的体会、收获	5			20%		有体会及收获、改进措施及建议，每次加1分，最多加5分。没有任务报告的，每次扣2分，直至扣完本项分为止
	2. 能针对任务提出改进措施、建议	5					
	3. 能高质量完成工作任务报告并提交	10					
总合计			自评人签名	教师签名			

3　工作笔记

3.1　学习（工作）过程中的重点、难点

重点：_____
_____
_____。

难点：_____
_____
_____。

3.2　学习（工作）过程中的体会、收获

体会、收获：_____
_____
_____。

3.3　学习（工作）过程中的改进措施、建议

改进措施、建议：_____
_____
_____。

4　实践练习

一、单选题

场景（一）

某建设单位拟兴建一栋20层办公楼，投资总额为5600万元，由建设单位自行组织公开招标。建设单位对甲、乙、丙、丁、戊五家施工企业进行了资格预审，其中丁未达到资格预审最低条件。建设单位于投标截止日后的第二天公开开标。评标阶段丙向建设单位行贿谋取中标。评

标委员会向建设单位推荐了甲、乙施工企业为中标候选人,建设单位均未采纳,选中丙为中标人。建设单位向丙发出中标通知书,并要求降低报价才与其签订合同。

根据场景(一),回答下列问题。

1. 根据《招标投标法》和《工程建设项目招标范围和规模标准规定》,下列说法中错误的是( )。
   A. 若该项目部分使用国有资金投资,则必须招标
   B. 若投资额在3000万元人民币以上的体育场施工项目必须招标
   C. 施工单位合同估算为300万元人民币的经济适用住房施工项目可以不招标
   D. 利用扶贫资金实行以工代赈使用农民工的施工项目,由审批部门批准,可以不进行施工招标

2. 招标人应当在资格预审文件中载明的内容不包括( )。
   A. 资格条件　　　B. 最低标准要求　　　C. 审查方法　　　D. 审查目的

3. 根据《招标投标法》的规定,下列说法中正确的是( )。
   A. 甲、乙、戊施工企业具有投标资格　　　B. 丁施工企业可以参加投标
   C. 丙的行贿行为不影响中标　　　D. 戊应当成为中标人

4. 根据《招标投标法》的规定,下列关于建设单位的说法中正确的是( )。
   A. 建设单位有权要求丙降低报价
   B. 建设单位应在招标文件确定的提交投标文件截止时间的同一时间开标
   C. 建设单位可以在招标人中选择任何一个投标人中标
   D. 评标委员会成员中的2/3可以由建设单位代表担任

5. 我国建筑业企业资质分为( )三个序列。
   A. 工程总承包、施工总承包和专业承包　　　B. 工程总承包、专业分包和劳务分包
   C. 施工总承包、专业分包和劳务分包　　　D. 施工总承包、专业承包和劳务分包

6. 根据《工程建设项目施工招标投标办法》规定,在招标文件要求提交投标文件的截止时间前,投标人( )。
   A. 可以补充修改或者撤回已经提交的投标的文件,并书面通知招标人
   B. 不得补充、修改、替代或者撤回已经提交的投标文件
   C. 须经过招标人的同意才可以补充、修改、替代已经提交的投标文件
   D. 撤回已经提交的投标文件的,其投标保证金将被没收

7. 根据《招标投标法》规定,在工程建设招标投标过程中,开标的时间应在招标文件规定的( )公开进行。
   A. 任意时间　　　B. 投标有效期内
   C. 提交投标文件截止时间的同一时间　　　D. 提交投标文件截止时间之后三日内

8. 下列选项中不属于招标代理机构的工作事项的是( )。
   A. 审查投标人资格　　　B. 编制标底
   C. 组织开标　　　D. 进行评标

9. 在依法必须进行招标的工程范围内,对于委托监理合同,其单项合同估算价最低金额在( )万元人民币以上的,必须进行招标。
   A. 50　　　B. 100　　　C. 150　　　D. 200

10. 根据《招标投标法》规定,投标联合体(　　)。
    A. 可以牵头人的名义提交投标保证金　　　B. 必须由相同专业的不同单位组成
    C. 各方应在中标后签订共同投标协议　　　D. 是各方合并后组建的投标实体
11. 按照建筑法及其相关规定,投标人之间(　　)不属于串通投标的行为。
    A. 相互约定抬高或者降低投标报价
    B. 约定在招标项目中分别以高、中、低价位报价
    C. 相互探听对方投标标价
    D. 先进行内部竞价,内定中标人后再参加投标
12. 招标人以招标公告的方式邀请不特定的法人或者组织来投标,这种招标方式称为(　　)。
    A. 公开招标　　　　B. 邀请招标　　　　C. 议标　　　　D. 定向招标
13. 招标人采取招标公告的方式对某工程进行施工招标,于 2007 年 3 月 3 日开始发售招标文件,3 月 6 日停售;招标文件规定投标保证金为 100 万元;3 月 22 日招标人对已发出的招标文件作了必要的澄清和修改,投标截止日期为同年 3 月 25 日。上述事实中错误有(　　)处。
    A. 1　　　　　　　B. 2　　　　　　　C. 3　　　　　　　D. 4
14. 按照《建筑法》规定,以下正确的说法是(　　)。
    A. 建筑企业集团公司可以允许所属法人公司以其名义承揽工程
    B. 建筑企业可以在其资质等级之上承揽工程
    C. 联合体共同承包的,按照资质等级高的单位的业务许可范围承揽工程
    D. 施工企业不允许将承包的全部建筑工程转包给他人
15. 关于建筑工程的发包、承包方式,以下说法错误的是(　　)。
    A. 建筑工程的发包方式分为招标发包和直接发包
    B. 未经发包方同意且无合同约定,承包方不得对专业工程进行分包
    C. 联合体各成员对承包合同的履行承担连带责任
    D. 发包方有权将单位工程的地基与基础、主体结构、屋面等工程分别发包给符合资质的施工单位

二、多选题

1. 下列属于投标人之间串通投标行为的是(　　)。
    A. 招标人在开标前开启投标文件,并将投标情况告知其他投标人
    B. 投标人之间相互约定,在招标项目中分别以高、中、低价位报价
    C. 投标人在投标时递交虚假业绩证明
    D. 投标人与招标人商定,在投标时压低标价,中标后再给投标人额外补偿
    E. 投标人进行内部竞价,内定中标人后再参加投标
2. 总承包单位依法将建设工程分包给其他单位施工,若分包工程出现质量问题时,应当由(　　)。
    A. 总承包单位单独向建设单位承担责任
    B. 分包单位单独向建设单位承担责任
    C. 总承包单位与分包单位向建设单位承担连带责任
    D. 总承包单位与分包单位分别向建设单位承担责任

E. 分包单位向总承包单位承担责任
3. 在工程建设项目招标过程中,招标人可以在招标文件中要求投标人提交投标保证金。投标保证金可以是(   )。
   A. 银行保函
   B. 银行承兑汇票
   C. 企业连带责任保证
   D. 现金
   E. 实物
4. 按照《招标投标法》及相关规定,在建筑工程投标过程中,下列应当作为废标处理的情形是(   )。
   A. 联合体共同投标,投标文件中没有附共同投标协议
   B. 交纳投标保证金超过规定数额
   C. 投标人是响应招标、参加投标竞争的个人
   D. 投标人在开标后修改补充投标文件
   E. 投标人未对招标文件的实质内容和条件作出响应
5. 下列选项中,必须招标的工程建设项目范围有(   )。
   A. 属于利用扶贫资金实行以工代赈需要使用农民工的
   B. 大型基础设施、公用事业等关系社会公共利益、公众安全的项目
   C. 施工企业自建自用的工程,且该施工企业资质等级符合工程要求的
   D. 全部或者部分使用国有资金投资或者国家融资的项目
   E. 使用国际组织或者外国政府贷款、援助资金的项目
6. 下列选项中,属于投标人串通投标报价的是(   )。
   A. 投标人之间先进行内部竞价,内定中标人,然后再参加投标
   B. 招标人向投标人泄露标底
   C. 招标人与投标人商定,投标时压低或抬高标价,中标后再给投标人或招标人额外补偿
   D. 投标人之间相互约定,在招标项目中分别以高、中、低价位报价
   E. 投标人之间相互约定抬高或降低投标报价
7. 根据我国《招标投标法》的规定,招标方式分为(   )。
   A. 直接招标
   B. 公开招标
   C. 间接招标
   D. 混同招标
   E. 邀请招标

三、简答题
1. 请简述投标人相互串通的投标行为。
2. 请简述招标的方式。
3. 请简述招标文件编写应注意的事项。

四、案例分析题
某医院决定投资1亿余元,兴建一幢现代化的住院综合楼。其中土建工程采用公开招标的方式选定施工单位,但招标文件对省内的投标人与省外的投标人提出了不同的要求,也明确了投标保证金的数额。该院委托某建筑事务所为该项工程编制标底。2000年10月6日招标公告发出后,共有A、B、C、D、E、F等6家省内的建筑单位参加了投标。投标文件规定2000年10月30日为提交投标文件的截止时间,2000年月11月13日举行开标会。其中,E单位在2000

年10月30日提交了投标文件,但2000年11月1日才提交投标保证金。开标会由该省建委主持。结果,其所编制的标底高达6200多万元,与其中的A、B、C、D等4个投标人的投标报价均在5200万元以下,标底相差1000余万元,引起了投标人的异议。这4家投标单位向该省建委投诉,称某建筑事务所擅自更改招标文件中的有关规定,多计漏算多项材料价格。为此,该院请求省建委对原标底进行复核。2001年1月28日,被指定进行标底复核的省建设工程造价总站(以下简称总站)拿出了复核报告,证明某建筑事务所在编制标底的过程中确实存在这4家投标单位所提出的问题,复核标底额与原标底额相差近1000万元。

由于上述问题久拖不决,导致中标书在开标三个月后一直未能发出。为了能早日开工,该院在获得了省建委的同意后,更改了中标金额和工程结算方式,确定某省公司为中标单位。

(1)上述招标程序中,有哪些不妥之处?请说明理由。
(2)问题久拖不决后,某医院能否要求重新招标?为什么?

项目四
建筑工程合同法规

1 岗位知识

1.1 案例导入

📙 案情简介1

丙、丁两公司于2004年9月1日签订一份合同,约定由丙公司向丁公司提供建筑工地所用水泥10吨,交货后丁公司支付货款。在订立合同的过程中,丙公司对水泥的质量提供了虚假证明。9月15日,丙公司交付了5吨水泥,丁公司收货以后发现质量有问题而拒绝付款,并拒绝接受剩余的水泥。因没有能及时买进水泥,丁公司由于停止施工造成损失1万元,该合同没有造成影响国家和社会利益。9月30日,丁公司向法院起诉,要求废止该合同,法院于11月5日经审理废止了该合同。

请分析合同被确认无效或被撤销的法律后果。

📙 案情简介2

原告:某建筑公司

被告:某工程建设单位

一、诉辩主张和事实认定

2005年9月,双方签订的建设工程承包合同规定:承包方为发包方承担6台400立方米煤气罐检查返修的任务,工期6个月,10月开工,合计工程费42万元。临近开工时,因煤气罐仍在运行中,施工条件不具备,承包方同意发包方的提议将开工日期变更至2006年1月动工。经发包方许可,承包方着手从本公司基地调集施工机械和人员如期进入施工现场,搭设脚手架,装配排残液管线。工程进展约两个月时,发包方以竣工期无保证和工程质量差为由,同承包方先是协商提前竣工期,继而洽谈解除合同问题,承包方未同意。接着,发包方正式发文通知:"本公司决定解除合同,望予以谅解和支持。"同时,限期让承包方拆除脚手架,迫使承包方无法施工,导致原合同无法履行。为此,承包方向法院起诉,要求发包方继续赔偿实际损失25万余元。

法院审理中,发包方认为:承包方投入施工现场的人员少、素质差,不可能保证工程任务如期完成和保证工程质量,因而不得不将同一工程包给第三方。承包方认为:他们是根据工程的进展有计划地调集和加强施工力量,足以保证工程如期完成;对方在工程完工前即断言工程质量不可靠,缺乏根据。

二、处理理由和处理结果

法院收集了有关本案的证据,分析了双方的陈述,研究了与此案有关的法律的规定,认为:这份建设工程承包合同是经双方协商同意签订的有效合同,应受到法律保护,发包方未经对方同意擅自解除合同,是单方毁约行为,应负违约责任。

经法院调解,双方自愿达成协议:承包合同尚未履行部分由发包方负担终止执行的责任,由发包方赔偿承包方工程款、工程器材费和赔偿金等共16万元。

请分析发包方单方毁约应承担的违约责任。

1.2 知识链接

1.2.1 建筑工程合同概述

一、建筑工程合同的含义

(一)合同、建筑工程合同的内涵

1. 合同、建筑工程合同的概念

合同有广义和狭义之分,狭义的合同是指债权合同,即两个以上民事主体之间设立、变更、终止债权关系的协议。广义的合同是指两个以上的主体之间设立、变更、终止权利义务关系的协议;广义的合同除了民法中的债权合同之外,还包括物权合同、身份合同,以及行政法中的行政合同和劳动法中的劳动合同等。

建设工程合同也称建设工程承发包合同,是指由承包人进行工程建设、发包人支付价款的合同,通常包括建设工程勘察、设计、施工合同。

2. 合同的特征

(1)合同是双方的法律行为。即需要两个或两个以上的当事人互为意思表示(意思表示就是将能够发生民事法律效果的意思表现于外部的行为)。

(2)双方当事人意思表示须达成协议,即意思表示要一致。

(3)合同系以发生、变更、终止民事法律关系为目的。

(4)合同是当事人在符合法律规范要求条件下而达成的协议,故应为合法行为。

(二)合同、建筑工程合同的分类

1. 合同的分类

(1)双务合同和单务合同

根据当事人双方权利义务的分担方式,可把合同分为双务合同与单务合同。双务合同,是指当事人双方相互享有权利、承担义务的合同。如买卖、互易、租赁、承揽、运送、保险等合同为双务合同。单务合同,是指当事人一方只享有权利另一方只承担义务的合同。如赠与、借用合同就是单务合同。

(2)有偿合同与无偿合同

根据当事人取得权利是否以偿付为代价,可以将合同分为有偿合同与无偿合同。有偿合同,是指当事人一方只享有合同权利而不偿付任何代价的合同。有些合同只能是有偿的,如买卖、互易、租赁等合同;有些合同只能是无偿的,如赠与等合同;有些合同既可以是有偿的也可以是无偿的,由当事人协商确定,如委托、保管等合同。双务合同都是有偿合同,单务合同原则上为无偿合同,但有的单务合同也可为有偿合同,如有息贷款合同。

(3) 诺成合同与实践合同

根据合同的成立是否以交付标的物为要件,可将合同分为诺成合同与实践合同。诺成合同,又叫不要物合同,是指当事人意思表示一致即可成立的合同。实践合同,又称要物合同,是指除当事人意思表示一致外,还须交付标的物方能成立的合同。

(4) 要式合同与不要式合同

根据合同的成立是否需要特定的形式,可将合同分为要式合同与不要式合同。要式合同,是指法律要求必须具备一定的形式和手续的合同。不要式合同,是指法律不要求必须具备一定形式和手续的合同。

(5) 为订约当事人利益的合同与为第三人利益的合同

根据订立的合同是为谁的利益,可将合同分为为订约当事人利益的合同与为第三人利益的合同。为订约当事人利益的合同,是指仅订约当事人享有合同权利和直接取得利益的合同。为第三人利益的合同,是指订约的一方当事人不是为了自己,而是为第三人设定权利,使其获得利益的合同。在这种合同中,第三人既不是缔约人,也不通过代理人参加订立合同,但可以直接享有合同的某些权利,可直接基于合同取得利益。如为第三人利益订立的保险合同。

(6) 主合同与从合同

根据合同间是否有主从关系,可将合同分为主合同与从合同。主合同,是指不依赖其他合同而能够独立存在的合同。从合同,是指须以其他合同的存在为前提而存在的合同。

(7) 本合同与预约合同

根据订立合同是否有事先约定的关系,可将合同分为本合同与预约合同。预约合同,是指当事人约定将来订立一定合同的合同。本合同,就是指将来应订立的合同。

(8) 格式合同与非格式合同

根据条款是否预先拟定,可将合同分为格式合同与非格式合同。格式合同,又称定型化合同、标准合同,是指合同条款由当事人一方预先拟定,对方只能表示全部同意或者不同意的合同,亦即一方当事人要么整体上接受合同条件,要么不订立合同。

2. 建筑工程合同的分类

(1) 建设工程合同根据承包的内容不同,可分为建设工程勘察合同、建设工程设计合同与建设工程施工合同。

①建设工程勘察合同,是指勘察人(承包人)根据发包人的委托,完成对建设工程项目的勘察工作,由发包人支付报酬的合同。

②建设工程设计合同,是指设计人(承包人)根据发包人的委托,完成对建设工程项目的设计工作,由发包人支付报酬的合同。

③建设工程施工合同,是指施工人(承包人)根据发包人的委托,完成建设工程项目的施工工作,发包人接受工作成果并支付报酬的合同。

(2) 建设工程合同根据合同联系结构不同,可分为总承包合同与分别承包合同,还可分为总包合同与分包合同。

①总承包合同与分别承包合同

总承包合同，是指发包人将整个建设工程承包给一个总承包人而订立的建设工程合同。总承包人就整个工程对发包人负责。

分别承包合同，是指发包人将建设工程的勘察、设计、施工工作分别承包给勘察人、设计人、施工人而订立的勘察合同、设计合同、施工合同。勘察人、设计人、施工人作为承包人，就其各自承包的工程勘察、设计、施工部分，分别对发包人负责。

②总包合同与分包合同

总包合同，是指发包人与总承包人或者勘察人、设计人、施工人就整个建设工程或者建设工程的勘察、设计、施工工作所订立的承包合同。总包合同包括总承包合同与分别承包合同，总承包人和承包人都直接对发包人负责。

分包合同，是指总承包人或者勘察人、设计人、施工人经发包人同意，将其承包的部分工作承包给第三人所订立的合同。分包合同与总包合同是不可分离的。分包合同的发包人就是总包合同的总承包人或者承包人(勘察人、设计人、施工人)。

二、《民法典》的基本原则

1. 平等原则

《民法典》第四条规定："民事主体在民事活动中的法律地位一律平等。"平等原则是指地位平等的合同当事人，在权利义务对等的基础上，经充分协商达成一致，以实现互利互惠的经济利益目的的原则。这一原则包括三方面内容：(1)合同当事人的法律地位一律平等；(2)合同中的权利义务对等；(3)合同当事人必须就合同条款充分协商，取得一致，合同才能成立。

2. 自愿原则

《民法典》第五条规定："民事主体从事民事活动，应当遵循自愿原则，按照自己的意思设立、变更、终止民事法律关系。"自愿原则是《民法典》的重要基本原则，合同当事人通过协商，自愿决定和调整相互权利义务关系。自愿原则是贯彻合同活动的全过程的，包括：第一，订不订立合同自愿，当事人依自己意愿自主决定是否签订合同；第二，与谁订合同自愿，在签订合同时，有权选择对方当事人；第三，合同内容由当事人在不违法的情况下自愿约定；第四，在合同履行过程中，当事人可以协议补充、协议变更有关内容；第五，双方也可以协议解除合同；第六，可以约定违约责任，在发生争议时，当事人可以自愿选择解决争议的方式。

3. 公平原则

《民法典》第六条规定："民事主体从事民事活动，应当遵循公平原则，合理确定各方的权利和义务。"公平原则要求合同双方当事人之间的权利义务要公平合理，要大体上平衡，强调一方给付与对方给付之间的等值性，合同上的负担和风险的合理分配。具体包括：第一，在订立合同时，要根据公平原则确定双方的权利和义务，不得滥用权力，不得欺诈，不得假借订立合同恶意进行磋商；第二，根据公平原则确定风险的合理分配；第三，根据公平原则确定违约责任。

公平原则作为《民法典》的基本原则，其意义和作用是：公平原则是社会公德的体现，符合商业道德的要求。将公平原则作为合同当事人的行为准则，可以防止当事人滥用权利，有利于保护当事人的合法权益，维护和平衡当事人之间的利益。

4. 诚信原则

《民法典》第七条规定："民事主体从事民事活动，应当遵循诚信原则，秉持诚实，恪守承诺。"诚信原则要求当事人在订立、履行合同，以及合同终止后的全过程中，都要诚实，讲信用，相互协作。诚信原则具体包括：第一，在订立合同时，不得有欺诈或其他违背诚信的行为；第二，在履行合同义务时，当事人应当遵循诚信的原则，根据合同的性质、目的和交易习惯履行及时通知、协助、提供必要的条件、防止损失扩大、保密等义务；第三，合同终止后，当事人也应当遵循诚信的原则，根据交易习惯履行通知、协助、保密等义务，称为后契约义务。

诚信原则作为《民法典》基本原则的意义和作用，主要有以下几个方面：第一，将诚信原则作为指导合同当事人订立合同、履行合同的行为准则，有利于保护合同当事人的合法权益，更好地履行合同义务。第二，合同没有约定或约定不明确而法律又没有规定的，可以根据诚信原则进行解释。

5. 不得违反法律，不得违背公序良俗原则

《民法典》第八条规定："民事主体从事民事活动，不得违反法律，不得违背公序良俗。"遵守法律，尊重公德，不得扰乱社会经济秩序，损害社会公共利益，是《民法典》的重要基本原则。一般来讲，合同的订立和履行，属于合同当事人之间的民事权利义务关系，主要涉及当事人的利益，只要当事人的意思不与强制性规范、社会公共利益和社会公德相抵触，就承认合同的法律效力，国家及法律尽可能尊重合同当事人的意思，一般不予干预，由当事人自主约定，采取自愿的原则。但是，合同绝不仅仅是当事人之间的问题，有时可能涉及社会公共利益和社会公德，涉及维护经济秩序，合同当事人的意思应当在法律允许的范围内表示，不是想怎么样就怎么样。为了维护社会公共利益，维护正常的社会经济秩序，对于损害社会公共利益、扰乱社会经济秩序的行为，国家应当予以干预。至于哪些要干预，怎么干预，都要依法进行，由法律、行政法规作出规定。

三、《民法典》的调整范围

《民法典》的调整范围是指我国《民法典》调整的对象范围，并非所有合同都受《民法典》调整，现行《民法典》只调整一部分合同，即狭义的合同。

下列关系类型不受《民法典》调整：

(1) 有关身份关系的合同。如婚姻、收养、监护等有关身份关系的协议，适用其他法律的规定。

(2) 政府对经济的管理活动，属于行政管理关系，不适用《民法典》。例如，贷款、租赁、买卖等民事合同关系，适用《民法典》；而财政拨款、征用、征购等，是政府行使行政管理职权，属于行政关系，适用有关行政法，不适用《民法典》。

(3) 企业、单位内部的管理关系，是管理与被管理的关系，不是平等主体之间的关系，也不适用《民法典》。例如，加工承揽是民事关系，适用《民法典》；而工厂车间内的生产责任制，是企业的一种管理措施，不适用《民法典》。

1.2.2 建筑工程合同的订立

《民法典》第四百七十一条规定："当事人订立合同，可以采取要约、承诺方式或者其他方式。"即合同的订立包括要约和承诺两个阶段。

一、要约

1. 要约的概念

要约又称发价、发盘、出价、出盘或报价等,是指希望和他人订立合同的意思表示,是一方当事人向对方提出签订合同的建议和要求。发出要约的当事人称为要约人,要约所指向的相对方称为受要约人。

要约应具备下列条件:

(1)要约是特定当事人以缔结合同为目的向相对人所作的意思表示;

(2)要约内容要具体确定;

(3)要约应表明一旦经受要约人承诺,要约人受该意思表示约束。

要约邀请。要约邀请又称为"要约引诱",是指希望他人向自己发出要约的意思表示,是当事人订立合同的预备行为,只是引诱他人发出要约,不能因相对人的承诺而成立合同。如寄送的价目表、拍卖公告、招标公告、招股说明书、商业广告等为要约邀请,但商品广告的内容符合要约规定的,则视为要约。

职业训练 4-1

要约与要约邀请的区别

甲公司向包括乙公司在内的十余家公司发出关于某建设项目的招标书。乙公司在接到招标书后向甲公司发出了投标书。甲公司经过决标,确定乙公司中标,并向其发出中标通知书。

请分析甲公司发出招标书和乙公司发出投标书行为的性质。

评析:

甲公司发出招标书的行为在性质上属于要约邀请;乙公司发出投标书行为在性质上属于要约。

因为甲公司发出招标书的行为是希望收到招标书的公司能够向自己发出要约的意思表示,故属于要约邀请;而乙公司发出投标书行为是希望能够和甲公司订立合同的意思表示,故属于要约。

2. 要约生效

要约生效是指要约开始发生法律效力。自要约生效起,其一旦被有效承诺,合同即告成立。《民法典》第一百三十七条规定:"以对话方式作出的意思表示,相对人知道其内容时生效。以非对话方式作出的意思表示,到达相对人时生效。以非对话方式作出的采用数据电文形式的意思表示,相对人指定特定系统接收数据电文的,该数据电文进入该特定系统时生效;未指定特定系统的,相对人知道或者应当知道该数据电文进入其系统时生效。当事人对采用数据电文形式的意思表示的生效时间另有约定的,按照其约定。"

3. 要约的撤回和撤销与失效

要约的撤回,是指要约人在要约发出以后,生效之前,使要约不发生法律效力而取消要约的意思表示。我国《民法典》规定:要约可以撤回,撤回要约的通知应当在要约到达受要约人之前或者与要约同时到达受要约人。

要约的撤销，是指要约人在要约生效后，使要约丧失法律效力的意思表示。也就是说，要约已经到达受要约人，在受要约人承诺前，要约人可以撤销要约。

由于撤销要约可能会给受要约人带来不利影响，损害受要约人的利益，所以法律规定有下列情形之一的，要约不得撤销：

（1）要约中规定了承诺期限或者以其他形式表明要约是不可撤销的；

（2）受要约人有理由认为要约是不可撤销的，并已经为履行合同做了准备工作，则不可撤销要约。

要约的失效，是指要约丧失了法律拘束力。要约失效的原因很多，根据我国《民法典》的规定，要约失效主要有以下几种情况：

（1）要约被拒绝；

（2）要约被依法撤销；

（3）承诺期限届满，受要约人未作出承诺；

（4）受要约人对要约的内容作出实质性变更。

职业训练 4-2

要约的撤回和撤销与失效

洪达安装公司 2005 年 5 月 6 日向万宁公司发出购买安装设备的要约，称对方如果同意该要约条件，请在 10 日内予以答复，否则将另找其他公司签约。第 3 天正当万宁公司准备回函同意要约时，洪达安装公司又发一函，称前述要约作废，已与别家公司签订合同，万宁公司认为 10 日尚未届满，要约仍然有效，自己同意要约条件，要求对方遵守要约。双方发生争议，起诉至法院。

请分析洪达安装公司的要约是否生效，要约能否撤回或撤销。

评析：洪达安装公司的要约已经生效。

因为，根据《民法典》的规定，要约到达受要约人时生效，洪达安装公司发出的要约已经到达受要约人，所以该要约已经生效。

洪达安装公司的要约不能撤回也不能撤销。

根据《民法典》的规定，在要约生效前，要约可以撤回，洪达安装公司发出的要约已经生效，因此不能撤回。要约人在要约生效后，受要约人承诺前，可以撤销要约，但是《民法典》规定，要约中规定了承诺期限或者以其他形式表明要约是不可撤销的，则要约不能撤销。本案中，洪达安装公司的要约称对方如果同意该要约条件，请在 10 日内予以答复，属于要约中明确规定了承诺期限，所以不得撤销。

二、承诺

1. 承诺的概念

承诺也称接受，是指受要约人同意要约的意思表示，承诺生效时合同成立，但是法律另有规定或者当事人另有约定的除外。

承诺应当具备下列条件：

（1）承诺必须是由受要约人向要约人作出。受要约人包括其本人及其合法代理人。

（2）承诺的内容应当与要约的内容一致。

受要约人对要约的内容作出实质性变更的,为新要约。有关合同标的、数量、质量、价款或者报酬、履行期限、履行地点和方式、违约责任和解决争议方法等的变更,是对要约内容的实质性变更。承诺对要约的内容作出非实质性变更的,除要约人及时表示反对或者要约表明承诺不得对要约的内容作出任何变更的以外,该承诺有效,合同的内容以承诺的内容为准。

（3）承诺必须在规定的期限内作出。

要约以信件或者电报作出的,承诺期限自信件载明的日期或者电报交发之日开始计算。信件未载明日期的,自投寄该信件的邮戳日期开始计算。要约以电话、传真、电子邮件等快速通信方式作出的,承诺期限自要约到达受要约人时开始计算。

（4）承诺必须表明受要约人决定与要约人订立合同。

不符合上述条件的承诺,不能认为是承诺。

2. 承诺的方式、超期与延误

承诺的方式,是指受要约人将其承诺的意思表示传达给要约人所采用的方式。《民法典》第四百八十四条规定:"以通知方式作出的承诺,生效的时间适用本法第一百三十七条的规定。承诺不需要通知的,根据交易习惯或者要约的要求作出承诺的行为时生效。"

承诺超期是指受要约人主观上超过承诺期限而发出承诺导致承诺迟延到达要约人。受要约人超过承诺期限发出承诺的,除要约人及时通知受要约人该承诺有效的以外,为新要约。

承诺延误是指受要约人发出的承诺由于外界原因而延迟到达要约人。

要约人在承诺期限内发出承诺,按照通常情形能够及时到达要约人,但因其他原因承诺到达要约人时超过承诺期限的,除要约人及时通知受要约人因承诺超过期限不接受该承诺的以外,该承诺有效。

3. 承诺的生效及撤回

《民法典》规定,承诺应当在要约确定的期限内到达要约人。承诺通知到达要约人时生效。承诺不需要通知的,根据交易习惯或者要约的要求作出承诺的行为时生效。

要约没有确定承诺期限的,承诺应当依照下列规定到达:

（1）要约以对话方式作出的,应当即时作出承诺;

（2）要约以非对话方式作出的,承诺应当在合理期限内到达。

在建设工程合同订立的过程中,发包人向承包人发出的中标通知书即是一种承诺。《民法典》规定:"承诺生效时合同成立。"

承诺撤回,是指受要约人在发出承诺通知以后,在承诺正式生效之前撤回其承诺。

承诺可以撤回。撤回承诺的通知应当在承诺通知到达要约人之前或者与承诺通知同时到达要约人。

职业训练 4-3

承诺的生效

甲建筑公司向乙水泥厂发出购买水泥的要约,称如果对方同意其条件,将答复意见发至其电子邮箱中,乙水泥厂应约将承诺发至其邮箱中,即开始准备履行合同。但是甲建筑公司经办人却因为在外开会,一直未打开邮箱查看,致使甲建筑公司以为乙水泥厂未作承诺。1个月后,当乙水泥厂要求甲建筑公司履行合同义务时,甲建筑公司称双方并未签订合同,故没有履行义务。

请分析甲建筑公司与乙水泥厂之间是否存在合同关系。

评析:

甲建筑公司与乙水泥厂之间存在合同关系。

根据《民法典》的规定,承诺生效时合同成立。承诺通知到达要约人时生效。采用数据电文形式订立合同的,数据电文进入收件人指定的系统的时间视为到达时间。故乙水泥厂应约将承诺发至甲建筑公司指定的邮箱中,承诺即生效,合同就成立,甲建筑公司与乙水泥厂之间存在合同关系。

三、建设工程合同的主要条款

建设工程合同应具备一般合同的条款,如发包人、承包人的名称、住所、标的、数量、质量、价款、履行方式、地点、期限、违约责任、解决争议的方法等。由于建设工程合同的特殊性,法律对建设工程合同中的某些条款作出了明确或特殊的规定,成为建设工程合同中不可缺少的条款。

1. 勘察、设计合同的内容

《民法典》第七百九十四条规定:"勘察、设计合同的内容一般包括提交有关基础资料和概预算等文件的期限、质量要求、费用以及其他协作条件等条款。"

2. 施工合同的内容

《民法典》第七百九十五条规定:"施工合同的内容一般包括工程范围、建设工期、中间交工工程的开工和竣工时间、工程质量、工程造价、技术资料交付时间、材料和设备供应责任、拨款和结算、竣工验收、质量保修范围和质量保证期、相互协作等条款。"

四、缔约过失责任

1. 缔约过失责任的概念

缔约过失责任,是指在合同订立过程中,一方因违背其依据诚信原则所产生的义务,而致使另一方的信赖利益损失时所应承担的损害赔偿责任。

缔约过失责任发生于合同不成立或者合同无效的缔约过程。构成缔约过失责任要有三个条件:

(1)当事人有过错,主要是指一方违背其依诚信原则应负的义务;

(2)有损害后果的发生,主要是指造成他人信赖利益的损失;

(3)当事人的过错行为和造成的损失有因果关系。

2. 缔约过失责任的表现情形

根据《民法典》第五百、第五百零一条规定,缔约过失责任的表现主要有如下几种:

(1)假借订立合同,恶意进行磋商。

(2)故意隐瞒与订立合同有关的重要事实或者提供虚假情况。

(3)泄露或不正当地使用在订立过程中知悉的对方的商业秘密。

(4)其他违背诚实信用原则的行为。主要包括:要约人违反有效的要约,违反初步协议,违反附随义务,合同无效和被撤销,无权代理等。

3. 缔约过失责任的赔偿范围

缔约过失造成的是信赖利益损失。信赖利益的损失限于直接损失,即因为信赖合同的成立和生效所支出的各种费用,如电话费、交通费等。

1.2.3 建筑工程合同的效力

一、合同的生效

(一)合同的成立

1. 合同成立的概念

合同成立是指订约当事人就合同的主要条款达成合意。合同的本质是一种合意,合同成立就是各方当事人的意思表示一致,达成合意。

合同成立必须具备如下要件:

(1)存在双方或多方订约当事人

所谓订约当事人,是指实际订立合同的人,在合同成立以后,这些主体将成为合同的主体。订约当事人既可以是自然人,也可以是法人和其他组织如合伙组织等。合同必须具有双方或多方当事人,只有一方当事人是不能成立合同的。

(2)订约当事人对主要条款达成合意

合同的主要条款一般包括标的、数量、质量、价款或报酬、履行期限等。当事人即使仅就其中若干主要条款达成一致,其他条款尚未明确,一般也不影响合同的成立,当事人可以在履行合同过程中进行补正。

(3)合同成立应具备要约和承诺阶段

例如,甲向某编辑部乙去函,询问该编辑部是否出版了有关律师考试的教材和参考资料,乙立即向甲邮寄了律师考试资料5本,共120元,甲认为该书不符合其需要,拒绝接受,双方为此发生争议。从本案来看,甲向乙去函询问情况并表示愿意购买律师考试资料和书籍,属于一种要约邀请行为,而乙向甲邮寄书本行为属于现货要约行为。假如该书不符合甲的需要,甲拒绝收货实际上是未作出承诺,因此本案中合同并未成立,因为双方并未完成要约和承诺阶段。

2. 合同成立的地点

《民法典》规定,"承诺生效的地点为合同成立的地点",可见,承诺生效地就是合同成立地。由于合同的成立地有可能成为确定法院管辖权及选择法律的适用等问题的重要因素,因此明确合同成立的地点,遵守以下规则:

承诺生效的地点就是合同成立的地点,当事人采用合同书形式订立合同的,双方当事人签字或者盖章的地点为合同成立的地点。而采用数据电文形式订立合同的,收件人的主营业地为合同成立的地点;没有主营业地的,其住所地为合同成立的地点。当事人另有约定的,按照其约定。

3. 合同成立的时间

《民法典》规定:"承诺生效时合同成立。"合同成立时间关系到当事人何时受合同关系拘束。确定合同成立时间,应遵守以下规则:

《民法典》第四百九十条规定:"当事人采用合同书形式订立合同的,自当事人均签名、盖章或者按指印时合同成立。在签名、盖章或者按指印之前,当事人一方已经履行主要义务,对方接受时,该合同成立。法律、行政法规规定或者当事人约定合同应当采用书面形式订立,当事人未采用书面形式但是一方已经履行主要义务,对方接受时,该合同成立。"

《民法典》第四百九十一条规定:"当事人采用信件、数据电文等形式订立合同要求签订确认书的,签订确认书时合同成立。当事人一方通过互联网等信息网络发布的商品或者服务信息符合要约条件的,对方选择该商品或者服务并提交订单成功时合同成立,但是当事人另有约定的除外。"

举例说明:甲公司于1998年10月5日向乙公司发出要约,乙公司于10月10日向甲公司做了承诺并于当日到达,甲公司于10月15日在合同上签字后再寄给乙公司,乙公司于10月20日在合同上盖章,后甲、乙双方又于10月25日签订了合同确认书。在这个案例中,甲乙之间的合同成立时间应为1998年10月25日。

(二)合同生效

合同生效是指已经依法成立的合同在当事人之间产生一定的法律约束力,亦即法律效力。已经成立的合同,必须具备一定的生效要件,才能产生法律拘束力。

合同的生效应具备以下要件。

1. 行为人在缔约时具有相应的民事行为能力

民事行为能力是指民事主体以自己的行为设定民事权利或者义务的能力。合同作为民事法律行为,只有具备相应民事行为能力的人才有资格订立;不具有相应的民事行为能力的人所订立的合同为效力待定的合同。

2. 意思表示真实

意思表示真实是指表意人即意思表示的行为人的表示行为应当真实反映其内心的效果意思,即当事人的内在意志和外在意思一致即为真实。

意思表示不真实合同可能无效。根据法律规定,意思表示不真实的情形有:一是合同一方欺诈、胁迫对方,或乘人之危,使对方的意思表示不真实;二是合同形式上是合法的,但隐藏了非法的真实意思,订立的是以合法形式掩盖非法目的的合同,其合法形式为不真实的意思表示;三是合同一方对合同有重大误解,因而作出的表示是不真实的;四是合同一方对合同存在无经验等情形而作出的对自己显失公平的表示,违背了自己订立合同的目的,这个意思表示也不真实。这些意思表示不真实合同的法律后果,或者是导致合同无效,或者是合同被撤销或被变更,并不完全都是无效合同,其中属于可撤销的合同,享有撤销权的当事人在法定期间内未行使撤销权或放弃撤销权的,则使可撤销合同成为有效合同。

3. 不违反法律、行政法规等强制性规定,不损害社会公共利益

4. 具备法律所要求的形式

这里的形式包括订立合同的程序与合同的表现形式,这两方面都必须要符合法律的规定,否则不发生法律效力。依法成立的合同,自成立时生效。法律、行政法规规定应当办理批准、登记等手续生效的,自批准、登记时生效。双方当事人在合同中约定合同生效时间的,以约定为准。

二、无效合同

1. 无效合同的概念

无效合同是相对于有效合同而言的,是指合同虽然成立,但因其违反法律、行政法规、社会公共利益,欠缺生效要件,不受国家法律保护,被确认为无效的合同。

2. 无效合同的情形

根据《民法典》的规定,有下列情形之一的,合同无效:

(1)一方以欺诈、胁迫的手段订立合同,损害国家利益。

一方以欺诈、胁迫手段订立的合同,属于意思表示不真实的合同,一般属于可变更或撤销的合同,但是如果还损害了国家利益,则属于无效合同。

(2)恶意串通,损害国家、集体或者第三人利益。

(3)以合法形式掩盖非法目的。

(4)损害社会公共利益。

(5)违反法律、行政法规的强制性规定。

(6)合同中的下列免责条款无效:

①造成对方人身伤害的;

②因故意或者重大过失造成对方财产损失的。

(7)当事人主体不合格的合同,内容不合法的合同,无效代理订立的合同。

无效合同根据其无效的程度和范围分为全部无效合同和部分无效合同两种。有些合同只是部分条款无效,其余条款的法律效力不受影响,这些合同就属部分无效合同。

3. 免责条款

免责条款,是指合同中的双方当事人在合同中约定为免除或限制一方当事人未来责任的条款。对当事人自愿订立的免责条款,法律是不加干涉的。但如果合同中的免责条款违反法律规定、违背诚信原则,法律必须加以制止。《民法典》中的这一规定是指免责条款无效,并不影响合同其他条款的效力。

4. 无效的建设工程合同

因建设工程合同的特殊性,除《民法典》规定的情形外,有下列情形之一的,建设工程合同归于无效:

(1)不具有经营建筑活动主体资格的企业或个人订立的建设工程合同;

(2)超越资质等级订立的建设工程合同;

(3)违反有关招标投标规定订立的建设工程合同;

(4)违反有关分包规定订立的建设工程合同;

(5)发包人与承包人签订的"三无"建设工程合同;

(6)没有以书面形式订立的建设工程合同;

(7)以被挂靠企业名义签订的建设工程合同。

5. 无效建设工程合同的处理

(1)建设工程施工合同无效,但建设工程经竣工验收合格,承包人请求参照合同约定支付工程价款的,应予支持。

(2)建设工程施工合同无效,且建设工程经竣工验收不合格的,按照以下情形分别处理:

①修复后的建设工程经竣工验收合格,发包人请求承包人承担修复费用的,应予支持。

②修复后的建设工程经竣工验收不合格,承包人请求支付工程价款的,不予支持。因建设工程不合格造成的损失,发包人有过错的,也应承担相应的民事责任。

③承包人非法转包、违法分包建设工程或者没有资质的实际施工人借用有资质的建筑施工企业名义与他人签订建设工程施工合同的行为无效。人民法院可以收缴当事人已经取得的非法所得。

④承包人超越资质等级许可的业务范围签订建设工程施工合同,在建设工程竣工前取得相应资质等级,当事人请求按照无效合同处理的,不予支持。

⑤具有劳务作业法定资质的承包人与总承包人、分包人签订的劳务分包合同,当事人以转包建设工程违法为由请求确认无效的,不予支持。

职业训练 4-4

当事人恶意串通,损害国家、集体或者第三人利益的合同

张某准备将自己闲置的一套住房以 50 万元价格出售给孙某,双方在签订合同的时候,张某提出:为了规避过户时候需要缴纳的税费,应该签订一份 30 万元的合同,对外声称价格为 30 万元,实际价格为 50 万元,这样双方均可以节约一笔可观费用。孙某于是同意。

请分析双方签订的房屋买卖合同的效力。

评析:

该合同属于无效合同。

根据《民法典》的规定,当事人恶意串通,损害国家、集体或者第三人利益的合同无效。所以该合同无效。

三、可变更、可撤销的合同

1. 可变更、可撤销合同的概念

可变更、可撤销合同,是指当事人在订立合同时,因意思表示不真实,通过有撤销权的当事人行使撤销权,可使已经生效的合同效力归于消灭或是合同的内容变更的合同。

可变更、可撤销合同与无效合同存在显著的区别。无效合同自始无效,即从订立起就无效,不取决于当事人是否主张无效。可变更、可撤销合同在被撤销之前存在效力,其效力取决于撤销权人是否向法院或仲裁机构主张行使撤销权以及是否被支持。

2. 可变更、可撤销合同的情形

根据《民法典》的规定,有下列几种可变更、可撤销合同:

(1) 因重大误解订立的合同

①表意人因为误解作出了意思表示;

②表意人的误解是重大的;

③误解是由表意人自己的过失造成的;

④误解不应是表意人故意发生的。

(2)显失公平的合同
①合同在订立时就显失公平;
②合同内容在客观上利益严重失衡;
③受有过高利益的当事人在主观上具有利用对方的故意。
(3)因欺诈胁迫而订立的合同
①以欺诈、胁迫手段订立合同而损害国家利益,作无效合同对待;
②以欺诈、胁迫手段订立但未损害国家利益,作为可撤销合同处理体现了充分尊重被欺诈人、被胁迫人的意愿。
(4)乘人之危而订立的合同(不是无效合同,体现对受害人意愿的尊重)
①不法行为人乘对方危难或者急迫之际逼迫对方;
②受害人因为自身危难或者急迫而订立合同;
③不法行为人通过利用对方危难或者急迫,获取了在正常情况下不可能获得的重大利益。
3. 撤销权行使
(1)撤销权主体
撤销权通常由因意思表示不真实而受损害的一方当事人享有,如重大误解合同中的误解人、显失公平合同中的遭受重大不利的一方、被欺诈方被胁迫方、乘人之危的受害方行使。
(2)裁定合同效力的机构
当事人可以申请人民法院或者仲裁机构撤销合同,也可以申请人民法院或者仲裁机构变更合同。当事人请求变更的,人民法院或者仲裁机构不得撤销,当事人请求撤销的,人民法院或者仲裁机构可以变更。
(3)撤销权的消灭
《民法典》第一百五十二条规定,有下列情形之一的,撤销权消灭:
①当事人自知道或者应当知道撤销事由之日起一年内、重大误解的当事人自知道或者应当知道撤销事由之日起九十日内没有行使撤销权;
②当事人受胁迫,自胁迫行为终止之日起一年内没有行使撤销权;
③当事人知道撤销事由后明确表示或者以自己的行为表明放弃撤销权。
当事人自民事法律行为发生之日起五年内没有行使撤销权的,撤销权消灭。
(4)合同被撤销的后果
可变更、可撤销合同被撤销之前,该合同具有效力。在被撤销之后,该合同即不具有效力,且将溯及既往,即自合同成立之始起不具有效力,当事人不受该合同约束,不得基于该合同主张认可权利或承担任何义务。
可变更、可撤销合同被撤销后,其法律后果与无效合同后果相同。

职业训练 4-5

可变更、可撤销合同

2006年6月,某建筑施工企业从机械厂购得3台搅拌机,在现场使用后,认为性能与施工企业原先购买的2台同厂家同型号的搅拌机不同,有较大差异。施工企业质问购买搅拌机的采购员小方。小方称其购买时是根据原先施工企业购买的搅拌机铭牌上标明的型号,且后购买的

3台搅拌机上的铭牌内容与原先购买的一致。施工单位与机械厂进行协商。机械厂认定其所有产品均为合格产品，无质量问题。于是施工企业于2006年9月向法院提起上诉。经法院调查，施工企业购买的搅拌机，均为合格产品。原先购买的2台系铭牌上标明的型号弄错，属于机械厂的重大失误，而后购买的3台无任何问题。

请问法院很可能如何宣判此事件？

评析：

支持变更标的物的主张。

由于机械厂的原因，使得施工企业购买搅拌机型号的意向出现重大误解，因此，施工企业对第二次采购合同享有撤销权或者变更权，其主张变更标的物的主张很可能获得支持。

四、效力待定合同

1. 效力待定合同的概念

效力待定合同是指已经成立的合同欠缺有效条件，尚未确定能否发生当事人预期的法律效力，只有经过权利人的追认，才能发生法律效力的合同。

2. 效力待定合同的种类

《民法典》将效力待定合同分为三类：一是限制民事行为能力人订立的合同；二是无权代理人以本人名义订立的合同；三是无处分权人处分他人财产而订立的合同。

（1）限制民事行为能力人订立的依法不能独立订立的合同

限制民事行为能力人签订的合同要具有效力，一个最重要的条件就是，要经过其法定代理人的追认。这种合同一旦经过法定代理人的追认，就具有法定效力。在没有经过追认前，该合同虽然成立，但是并没有实际生效。

根据《民法典》的规定，合同的相对人可以催告限制民事行为人的法定代理人在一个月内予以追认，法定代理人未作表示的，视为拒绝追认，合同没有效力。法定代理人作出追认前，相对人有撤销的权利；撤销的意思表示时，应当用通知的方式作出，任何默示的方式都不构成对此类合同的撤销。

（2）因无权代理而订立的合同

所谓无权代理的合同，就是无代理权的人代理他人从事民事行为，而与相对人签订的合同。因无权代理而签订的合同有以下三种情形：

①根本没有代理权而签订的合同，是指签订合同的人根本没有经过被代理人的授权，就以被代理人的名义签订的合同。

②超越代理权而签订的合同，是指代理人与被代理人之间有代理关系存在，但是代理人超越了被代理人的授权，与他人签订的合同。

③代理关系终止后签订的合同，是指行为人与被代理人之前有代理关系，但是由于代理期限届满、代理事务完成或者被代理人取消委托关系等原因，被代理人与代理人之间的代理关系已不复存在，但原代理人仍以被代理人名义与他人签订的合同。

《民法典》规定："行为人没有代理权、超越代理权或者代理权中止后，仍然实施代理行为，未经被代理人追认的，对被代理人不发生效力。相对人可以催告被代理人自收到通知之日起三十日内予以追认。被代理人未作表示的，视为拒绝追认。行为人实施的行为被追认前，善意相对人有撤销的权利。撤销应当以通知的方式作出。"

(3)无处分权人处分他人财产的合同

无处分权人处分他人财产的合同,也是效力待定合同的一种。合同经权利人追认或者无处分权人订立合同后取得处分权的,该合同有效。

1.2.4 建筑工程合同的履行

一、合同履行的概念和原则

1. 合同履行的概念

合同履行,是指合同生效后,双方当事人按照合同的规定,全面适当地完成了各自的合同义务,享受了各自的合同权利,使双方当事人的合同目的得以实现的行为。

2. 履行合同应遵循的原则

(1)适当履行原则;
(2)实际履行原则;
(3)协作履行原则;
(4)经济履行原则。

二、合同履行的规则

1. 当事人就有关合同内容约定不明确时的确定规则

当事人就有关合同内容约定不明确,依照《民法典》第五百一十条规定仍不能确定的,适用下列规定:

(1)质量要求不明确的,按照强制性国家标准履行;没有强制性国家标准的,按照推荐性国家标准履行;没有推荐性国家标准的,按照行业标准履行;没有国家标准、行业标准的,按照通常标准或者符合合同目的的特定标准履行。

(2)价款或者报酬不明确的,按照订立合同时履行地的市场价格履行;依法应当执行政府定价或政府指导价的,按照规定履行。

(3)履行地点不明确,给付货币的,在接受货币一方所在地履行;交付不动产的,在不动产所在地履行;其他标的,在履行义务一方所在地履行。

(4)履行期限不明确的,债务人可以随时履行,债权人也可以随时要求履行,但应当给对方必要的准备时间。

(5)履行方式不明确的,按照有利于实现合同目的的方式履行。

(6)履行费用的负担不明确的,由履行义务一方负担;因债权人原因增加的履行费用,由债权人负担。

2. 执行政府定价的履行规则

《民法典》规定:"执行政府定价或者政府指导价的,在合同约定的交付期限内政府价格调整的,按照交付时的价格计价。逾期交付标的物的,遇价格上涨时,按照原价格执行;价格下降时,按照新价格执行。逾期提取标的物或者逾期付款的,遇价格上涨时,按照新价格执行;价格下降时,按照原价格执行。"

三、建设工程合同履行纠纷的处理

(一)解除建设工程施工合同的条件问题

1. 发包人请求解除合同的条件

承包人具有下列情形之一,发包人请求解除建设工程施工合同的,应予支持:

(1)明确表示或者以行为表明不履行合同主要义务的;
(2)合同约定的期限内没有完工,且在发包人催告的合理期限内仍未完工的;
(3)已经完成的建设工程质量不合格,并拒绝修复的;
(4)将承包的建设工程非法转包、违法分包的。

2. 承包人请求解除合同的条件

发包人具有下列情形之一,致使承包人无法施工,且在催告的合理期限内仍未履行相应义务,承包人请求解除建设工程施工合同的,应予支持:

(1)未按约定支付工程价款的;
(2)提供的主要建筑材料、建筑构配件和设备不符合强制性标准的;
(3)不履行合同约定的协助义务的。

合同解除后,发包人还要承担违约责任。

3. 合同解除后的法律后果

《民法典》第五百六十六条规定:"合同解除后,尚未履行的,终止履行;已经履行的,根据履行情况和合同性质,当事人可以请求恢复原状或者采取其他补救措施,并有权请求赔偿损失。"

《民法典》第五百六十七条规定:"合同的权利义务关系终止,不影响合同中结算和清理条款的效力。"

《民法典》第八百零六条规定,施工合同解除后,已经完成的建设工程质量合格的,发包人应当按照约定支付相应的工程价款;已经完成的建设工程质量不合格的,按下列情况处理:

(1)修复后的建设工程经验收合格的,发包人可以请求承包人承担修复费用的;
(2)修复后的建设工程经验收不合格的,承包人无权请求参照合同关于工程价款的约定折价补偿。

发包人对因建设工程不合格造成的损失有过错的,应当承担相应的责任。

(二)建设工程质量不符合约定情况下责任承担问题

1. 因承包商过错导致质量不符合约定的处理

《民法典》第八百零一条规定:"因施工人的原因致使建设工程质量不符合约定的,发包人有权请求施工人在合理期限内无偿修理或者返工、改建。经过修理或者返工、改建后,造成逾期交付的,施工人应当承担违约责任。"

《最高人民法院关于审理建设工程施工合同纠纷案件适用法律问题的解释(一)》第十二条规定:"因承包人的原因造成建设工程质量不符合约定,承包人拒绝修理、返工或者改建,发包人请求减少支付工程价款的,人民法院应予支持。"

《建筑法》第七十四条规定:"建筑施工企业在施工中偷工减料的,使用不合格的建筑材料、建筑构配件和设备的,或者有其他不按照工程设计图纸或者施工技术标准施工的行为的,责令改正,处以罚款;情节严重的,责令停业整顿,降低资质等级或者吊销资质证书;造成建筑工程质量不符合规定的质量标准的,负责返工、修理,并赔偿因此造成的损失;构成犯罪的,依法追究刑事责任。"

2. 因发包人过错导致质量不符合约定的处理

《建设工程质量管理条例》第九条规定:"建设单位必须向有关的勘察、设计、施工、工程监理等单位提供与建设工程有关的原始资料。原始资料必须真实、准确、齐全。"

《建设工程质量管理条例》第十四条规定:"按照合同约定,由建设单位采购建筑材料、建筑构配件和设备的,建设单位应当保证建筑材料、建筑构配件和设备符合设计文件和合同要求。建设单位不得明示或者暗示施工单位使用不合格的建筑材料、建筑构配件和设备。"

3. 发包人擅自使用后出现质量问题的处理

《建设工程质量管理条例》第十六条规定,建设单位收到建设工程竣工报告后,应当组织设计、施工、工程监理等有关单位进行竣工验收。

建设工程竣工验收应当具备下列条件:

(1)完成建设工程设计和合同约定的各项内容;
(2)有完整的技术档案和施工管理资料;
(3)有工程使用的主要建筑材料、建筑构配件和设备的进场试验报告;
(4)有勘察、设计、施工、工程监理等单位分别签署的质量合格文件;
(5)有施工单位签署的工程保修书。

建设工程经验收合格的,方可交付使用。

《最高人民法院关于审理建设工程施工合同纠纷案件适用法律问题的解释(一)》第三十一条规定:"当事人对部分案件事实有争议的,仅对有争议的事实进行鉴定,但争议事实范围不能确定,或者双方当事人请求对全部事实鉴定的除外。"

《最高人民法院关于审理建设工程施工合同纠纷案件适用法律问题的解释(一)》第十四条规定:"建设工程未经竣工验收,发包人擅自使用后,又以使用部分质量不符合约定为由主张权利的,人民法院不予支持;但是承包人应当在建设工程的合理使用寿命内对地基基础工程和主体结构质量承担民事责任。"

《建设工程质量管理条例》第四十条规定,基础设施工程、房屋建筑的地基基础工程和主体结构工程,其保修期限为设计文件规定的该工程的合理使用年限。

(三)对工程量的争议问题

关于确认工程量引起的纠纷:

(1)对未经签证但事实上已经完成的工程量的确认

工程量的确认应以工程师的确认为依据,只有经过工程师确认的工程量才能进行工程款的结算,否则,即使施工单位完成了相应的工程量,也由于属于单方面变更合同内容而不能得到相应的工程款。

工程师的确认以签证为依据,也就是说只要工程师对于已完成工程进行了签证,建设单位就要支付这部分工程量的工程款。但是,有的时候却存在另一种情形,工程师口头同意进行某项工程的修建,但是由于主观或客观的原因没能及时提供签证。对这部分工程量的确认就很容易引起纠纷。

《民法典》规定:"法律、行政法规规定或者当事人约定合同应当采用书面形式订立,当事人未采用书面形式但是一方已经履行主要义务,对方接受时,该合同成立。"

《最高人民法院关于审理建设工程施工合同纠纷案件适用法律问题的解释(一)》第二十条规定:"当事人对工程量有争议的,按照施工过程中形成的签证等书面文件确认。承包人能够证明发包人同意其施工,但未能提供签证文件证明工程量发生的,可以按照当事人提供的其他证据确认实际发生的工程量。"

(2)对于确认工程量的时间纠纷

如果建设单位迟迟不确认施工单位完成的工程量,就会导致施工单位不能及时得到工程款,这样就损害了施工单位的利益。为了保护合同当事人的合法权益,《最高人民法院关于审理建设工程施工合同纠纷案件适用法律问题的解释(一)》第二十一条规定:"当事人约定,发包人收到竣工结算文件后,在约定期限内不予答复,视为认可竣工结算文件的,按照约定处理。承包人请求按照竣工结算文件结算工程价款的,人民法院应予支持。"

四、合同履行中的抗辩权

抗辩权有广义和狭义之分,广义上的抗辩权是指妨碍他人行使其权利的对抗权,至于他人所行使的权利是否为请求权在所不问。而狭义的抗辩权则是指专门对抗请求权的权利,亦即权利人行使其请求权时,义务人享有的拒绝其请求的权利。抗辩权依具体情形可分为同时履行抗辩权、先履行抗辩权和不安抗辩权三种。

(一)同时履行抗辩权

1. 同时履行抗辩权的概念

同时履行抗辩权是指双务合同的当事人,履行义务没有先后顺序,一方在对方未履行前,有拒绝对方请求自己履行合同义务的权利。

2. 同时履行抗辩权的行使应具备的条件

《民法典》第五百二十五规定:"当事人互负债务,没有先后履行顺序的,应当同时履行。一方在对方履行之前有权拒绝其履行要求。一方在对方履行债务不符合约定时,有权拒绝其相应的履行要求。"同时履行抗辩权的行使应具备以下条件:

(1)当事人须因同一合同互负债务;

(2)债务须同时履行并已届清偿期;

(3)对方没有履行或履行不适当。

(二)先履行抗辩权

1. 先履行抗辩权的概念

先履行抗辩权是指双务合同中的当事人履行义务有先后顺序,先履行义务的一方当事人未履行时,后履行一方当事人有拒绝对方请求履行合同义务的权利。

2. 先履行抗辩权的成立要件

(1)双方基于同一合同且互负债务;

(2)有义务先履行的一方没有履行或履行不符合约定。

(三)不安抗辩权

1. 不安抗辩权的概念

不安抗辩权是指双务合同中的当事人履行义务有先后顺序,先履行义务的一方当事人,有证据证明后履行一方当事人财产状况明显恶化,不能或可能不能履行合同义务时,在对方当事人未恢复履行能力或提供适当担保之前,有暂时中止履行合同义务的权利。

2. 不安抗辩权的成立要件

(1)双方当事人基于同一双务合同而互负债务;

(2)债务履行有先后顺序,且由履行顺序在先的当事人行使;

(3)履行顺序在后的一方当事人履行能力明显下降,有丧失或者可能丧失履行债务能力的情形。

《民法典》第五百二十七规定,应当先履行债务的当事人,有确切证据证明对方有下列情形之一的,可以中止履行:

①经营状况严重恶化;

②转移财产、抽逃资金以逃避债务;

③丧失商业信誉;

④有丧失或者可能丧失履行债务能力的其他情形。

当事人没有确切证据中止履行的,应当承担违约责任。

(4)履行顺序在后的当事人未提供适当担保

中止履行的,应当及时通知对方。对方提供适当担保时,应当恢复履行。中止履行后,对方在合理期限内未恢复履行能力并且未提供适当担保的,中止履行的一方可以解除合同。

五、建设工程合同的保全

合同的保全,是指法律为防止因债务人的财产不当减少或不增加而给债权人的债权带来损害,允许债权人行使撤销权或代位权,以保护其债权的一种制度。

合同的保全主要包括代位权与撤销权两种形式。

(一)代位权

1. 代位权的概念

代位权是指当债务人怠于行使其到期债权,危害到债权人的债权时,债权人可以向人民法院请求以自己的名义代位行使债务人债权的权利。

《民法典》第五百三十五条规定:"因债务人怠于行使其债权或者与该债权有关的从权利,影响债权人的到期债权实现的,债权人可以向人民法院请求以自己的名义代位行使债务人对相对人的权利,但是该权利专属于债务人自身的除外。代位权的行使范围以债权人的债权为限。债权人行使代位权的必要费用,由债务人负担。"

2. 代位权的成立要件

债权人依法行使代位权应当符合下列条件:

(1)债权人对债务人的债权合法。

(2)债务人怠于行使其到期债权,对债权人造成损害。

(3)债权人对债务人的债权已到期。债权人对债务人享有的债权必须已届清偿期,债权人才能行使代位权,这一点是代位权与撤销权在构成要件上的区别所在。

(4)债务人的债权不是专属于债务人自身的债权。

基于抚养关系、扶养关系、赡养关系、继承关系产生的给付请求权和劳动报酬、退休金、养老金、抚恤金、安置费、人寿保险、人身伤害赔偿请求等权利是专属债务人自身的债权，不适用代位权。

（二）撤销权

1. 撤销权的概念

撤销权是指债权人对债务人实施的危及债权人利益的减少财产行为，可以请求人民法院予以撤销的权利。

2. 撤销权行使的主体与方式

《民法典》规定，债务人以放弃其债权、放弃债权担保、无偿转让财产等方式无偿处分财产权益，或者恶意延长其到期债权的履行期限，影响债权人的债权实现的，债权人可以请求人民法院撤销债务人的行为。债务人以明显不合理的低价转让财产、以明显不合理的高价受让他人财产或者为他人的债务提供担保，影响债权人的债权实现，债务人的相对人知道或者应当知道该情形的，债权人可以请求人民法院撤销债务人的行为。撤销权诉讼的原告只能是债权人。债权人行使撤销权必须通过法院起诉的方式进行。

3. 撤销权的行使期限

《民法典》第五百四十一规定："撤销权自债权人知道或者应当知道撤销事由之日起一年内行使。自债务人的行为发生之日起五年内没有行使撤销权的，该撤销权消灭。"

4. 撤销权的行使范围

撤销权的行使范围以债权人的债权为限。债权人行使撤销权的必要费用，由债务人负担。

职业训练 4-6

如何行使撤销权

李某欠王某 50 万元，其用以还债的主要财产是 1 辆宝马轿车，但李某却将轿车无偿赠与了其亲戚。

请分析，王某应该如何保护自己的权益。

评析：

王某可以向法院提起撤销权诉讼。

本案中，李某将轿车无偿赠与其亲戚的行为，损害了王某的利益，王某可以向法院提起撤销权诉讼，请求法院撤销李某的赠与行为。

1.2.5 建筑工程合同的变更、转让与权利义务终止

一、合同的变更

1. 合同变更的概念

合同的变更有广义、狭义之分。广义指合同主体和内容的变更，前者指合同债权或债务的转让，即由新的债权人或债务人替代原债权人或债务人，而合同内容并无变化；后者指合同当事人权利义务的变化。狭义的合同变更指合同内容的变更。从我国《民法典》的第五章的有关规

定看,合同的变更仅指合同内容的变更,合同主体的变更称为合同的转让。

2. 合同变更的要件

(1) 原已存在有效的合同关系

合同变更是在原合同的基础上,通过当事人双方的协商或者法律的规定改变原合同关系的内容。因此,无原合同关系就无变更的对象,合同的变更离不开原已存在合同关系这一前提条件。同时,原合同关系若非合法有效,如合同无效、合同被撤销或者追认权人拒绝追认效力未定的合同,合同便自始失去法律约束力,即不存在合同关系,也就谈不上合同变更。

(2) 合同变更须依当事人双方的约定或者依法律的规定并通过法院的判决或仲裁机构的裁决

发生合同变更主要是当事人双方协商一致的结果。《民法典》第五百四十三条规定:"当事人协商一致,可以变更合同。"例如,因重大误解订立的合同以及订立合同时显失公平的合同,当事人一方有权请求人民法院或者仲裁机构变更或者撤销;一方以欺诈胁迫的手段或者乘人之危,使对方在违背真实意思的情况下订立的合同,不损害国家、集体或者第三人利益的,受损害方有权请求人民法院或者仲裁机构变更或者撤销。

(3) 合同变更必须遵守法定的方式

法律、行政法规规定变更合同应当办理批准、登记等手续的,依照其规定。依此规定,如果当事人在法律、行政法规规定变更合同应当办理批准、登记手续的情况下,未遵循这些法定方式的,即便达成了变更合同的协议,也是无效的。

(4) 须有合同内容的变化

合同变更仅指合同的内容发生变化,不包括合同主体的变更,因而合同内容发生变化是合同变更不可或缺的条件。当然,合同变更必须是非实质性内容的变更,变更后的合同关系与原合同关系应当保持同一性。

3. 合同变更的效力

合同变更的实质在于使变更后的合同代替原合同。因此,合同变更后,当事人应按变更后的合同内容履行。

合同变更原则上向将来发生效力,未变更的权利义务继续有效,已经履行的债务不因合同的变更而失去合法性。

合同的变更不影响当事人要求赔偿的权利。原则上,提出变更的一方当事人对对方当事人因合同变更所受损失应负赔偿责任。

二、合同的转让

合同的转让,是指合同的当事人将其合同的权利和义务全部或部分转让给第三人。合同的转让分为债权的转让和债务的转让,当事人一方经对方同意,也可以将自己在合同中的权利和义务一并转让给第三人,即合同的概括移转。

(一) 债权的转让

1. 债权转让的概念及条件

债权转让,是指债权人将合同的权利全部或者部分转让给第三人的法律制度。其中债权人是转让人,第三人是受让人。债权人转让权利的,无须债务人同意,但应当通知债务人。未经通知,该转让对债务人不发生效力。债权人转让权利的通知不得撤销,但经受让人同意的除外。根据此条规定,债权转让不以债务人的同意为生效条件,但是要对债务人发生效力,则必须通知债务人。

2. 禁止债权转让的情形

《民法典》规定,下列情形的债权不得转让:

（1）根据债权性质不得转让,主要指基于当事人特定身份而订立的合同,如出版合同、赠与合同、委托合同、雇用合同等;

（2）按照当事人约定不得转让;

（3）依照法律规定不得转让。

3. 债权转让的效力

对债权人而言,如果在全部转让的情形,原债权人脱离债权债务关系,受让人取代债权人地位;在部分转让情形,原债权人就转让部分丧失债权。

对受让人而言,债权人转让权利的,受让人取得与债权有关的从权利,如抵押权,但该从权利专属于债权人自身的除外。

对债务人而言,债权人权利的转让,不得损害债务人的利益,不应影响债务人的权利:

（1）债务人接到债权转让通知后,债务人对让与人的抗辩,可以向受让人主张,如提出债权无效、诉讼时效已过等事由的抗辩。

（2）债务人接到债权转让通知时,债务人对让与人享有债权,并且其债权先于转让的债权到期或者同时到期的,债务人可以向受让人主张抵销。

（二）债务的转让

债务的转让即合同债务的承担,《民法典》规定,债务人将债务的全部或者部分转移给第三人的,应当经债权人同意。这是因为新债务人的资信情况和偿还能力须得到债权人的认可,以免债权人的利益受到不利影响。债务人转移债务的,新债务人可以主张原债务人对债权人的抗辩。新债务人应当承担与主债务有关的从债务,但该从债务专属于原债务人自身的除外。

债务承担除了《民法典》规定的免责的债务承担以外,还有并存的债务承担,即第三人以担保为目的加入债的关系,并与原债务人共同承担同一债务。由于并存的债务承担并不使得原债务人脱离债的关系,因此原则上不以债权人的同意为必要。

（三）合同权利义务的概括移转

合同权利义务的概括移转,是指合同一方当事人将自己在合同中的权利义务一并转让给第三方,由第三方继续这些权利义务的法律制度。

《民法典》规定,当事人一方经对方同意,可以将自己在合同中的权利义务一并转让给第三人。合同的权利和义务一并转让的,适用债权转让、债权转移的有关规定。

概括移转有意定的概括移转和法定的概括移转两种情形。意定的概括移转基于转让合同的方式进行。而法定的概括移转往往是因为某一法定事实的发生而导致。最典型的就是合同当事人发生合并或分立时,就会有法定的概括移转的发生。《民法典》规定,当事人订立合同后合并的,由合并后的法人或者其他组织行使合同权利,履行合同义务。当事人订立合同后分立的,除债权人和债务人另有约定的以外,由分立的法人或者其他组织对合同的权利和义务享有连带债权,承担连带债务。

> **职业训练 4-7**

合同债务的转移

张某为装修新房,到乙公司定做一套木制家具,后由于乙公司另外承揽了一大宗业务,无法安排制作张某的家具,便擅自转让给丙公司加工制作。交货时,张某发现家具是丙加工制作,质量不符合要求。

请分析乙公司将家具交由丙公司加工制作属于什么行为,是否有效。

评析:

公司将家具交由丙公司加工制作属于转移合同义务的行为,无效。

根据《民法典》的规定,债务人转让合同债务,应当经债权人同意,只有在取得债权人的同意后,才对债权人产生法律效力。本案中未经张某同意,所以无效。

三、合同权利义务的终止

合同权利义务的终止即合同终止,是指由于某种法律事实的发生使当事人之间的权利义务关系消灭。

1. 合同的权利义务终止情形

根据《民法典》的规定,有下列情形之一的,债权债务终止:

(1)债务已经履行。

(2)债务相互抵销。

(3)债务人依法将标的物提存。

提存是指由于债权人的原因致使债务人无法向债权人清偿债务时,债务人将合同的标的物交付给特定的提存机关,从而产生与债务清偿完全相同效果的合同消灭制度。

《民法典》第五百七十条规定,有下列情形之一,难以履行债务的,债务人可以将标的物提存:

①债权人无正当理由拒绝受领;

②债权人下落不明;

③债权人死亡未确定继承人或者丧失民事行为能力未确定监护人;

④法律规定的其他情形。

(4)债权人免除债务。

(5)债权债务同归于一人。

(6)法律规定或者当事人约定终止的其他情形。

合同解除的,该合同的权利义务关系终止。

债权债务终止后,当事人应当遵循诚信原则,根据交易习惯履行通知、协助、保密、旧物回收等义务。

2. 合同的解除

合同解除,是指合同生效后但合同义务没有履行或者没有完全履行,因发生了法定、约定情况或者当事人协商一致,而使合同关系消灭。

合同的解除分为约定解除和法定解除两种情况。

《民法典》规定,有下列情形之一的,当事人可以解除合同:

(1) 因不可抗力致使不能实现合同目的;

(2) 在履行期限届满之前,当事人一方明确表示或者以自己的行为表明不履行主要债务;

(3) 当事人一方迟延履行主要债务,经催告后在合理期限内仍未履行;

(4) 当事人一方迟延履行债务或者有其他违约行为致使不能实现合同目的;

(5) 法律规定的其他情形。

职业训练 4-8

合同的解除

李小姐于 2004 年 3 月和"学府雅苑"的开发商签订了购房合同,购买位于该小区二期的商品房一套,并先期付款 20 万元,合同约定交房时间为 2005 年 5 月 1 日。后来开发商经营不善,工程由于无后续资金投入而停止。到了 2005 年 5 月 10 日的时候,开发商经李小姐等购房者催促仍不能交房,并无继续开工的意思(无后续开发资金)。于是李小姐认为开发商违约,不能交房实现合同目的。

请分析本案应该如何解决。

评析:

李小姐可以依法通知开发商解除合同,并要求开发商返还先期付款 20 万元,并且可以同时要求赔偿损失。

因为,我国《民法典》规定,当事人一方迟延履行债务或者有其他违约行为致使不能实现合同目的的,对方可以通知解除合同;合同解除后,尚未履行的,终止履行;已经履行的,根据履行情况和合同性质,当事人可以请求恢复原状或采取其他补救措施,并有权请求赔偿损失。

1.2.6 建筑工程合同的违约责任

一、违约责任的内涵

1. 违约责任的概念

违约责任是违反合同的民事责任的简称,是指合同当事人一方不履行合同义务或履行合同义务不符合合同约定所应承担的民事责任。

2. 违约责任的构成要件

违约责任的构成要件包括主观要件和客观要件。

(1) 主观要件

主观要件,是指作为合同当事人,在履行合同中不论其主观上是否有过错,即主观上有无故意或过失,只要造成违约的事实,均应承担违约法律责任。

不论主观上是否有过错,即主观上的故意或过失,只要造成违约的事实均应承担违约的法律责任。

(2)客观要件

客观要件,是指合同依法成立、生效后,合同当事人一方或者双方未按照法定或约定全面地履行应尽的义务,也即出现了客观的违约事实,即应承担违约的法律责任。此外,《民法典》还有关于先期违约责任制度的规定,当事人一方明确表示或者以自己的行为表明不履行合同义务的,对方可以在履行期限届满之前,请求其承担违约责任。

违约责任采取严格责任原则,即无过错责任原则,只有不可抗力方可免责。

3. 违约行为

违约行为,是指当事人一方不履行合同义务或者履行合同义务不符合约定条件的行为。根据不同标准,可将违约行为作以下分类:

(1)单方违约与双方违约。双方违约,是指双方当事人分别违反了自己的合同义务。《民法典》规定,当事人双方都违反合同的,应当各自承担相应的责任。可见,在双方违约的情况下,双方的违约责任不能相互抵销。

(2)根本违约与非根本违约。以违约行为是否导致另一方订约目的不能实现为标准,违约行为可作此分类。其主要区别在于,根本违约可构成《民法典》法定解除的理由。

(3)不履行、不完全履行与迟延履行。

(4)实际违约与预期违约。

二、违约责任的基本形式

违约责任的形式,即承担违约责任的具体方式。对此,《民法典》第五百七十七条规定:"当事人一方不履行合同义务或者履行合同义务不符合约定的,应当承担继续履行、采取补救措施或者赔偿损失等违约责任。"据此,违约责任有三种基本形式,即继续履行、采取补救措施和赔偿损失。当然,除此之外,违约责任还有其他形式,如违约金和定金责任。

1. 继续履行

继续履行也称强制实际履行,是指违约方根据对方当事人的请求继续履行合同规定的义务的违约责任形式。

继续履行的适用,因债务性质的不同而不同:

金钱债务:无条件适用继续履行。金钱债务只存在迟延履行,不存在履行不能。因此,应无条件适用继续履行的责任形式。

非金钱债务:有条件适用继续履行。对非金钱债务,原则上可以请求继续履行,但下列情形除外:

(1)法律上或者事实上不能履行(履行不能);

(2)债务的标的不适用强制履行或者强制履行费用过高;

(3)债权人在合理期限内未请求履行(如季节性物品之供应)。

2. 采取补救措施

采取补救措施作为一种独立的违约责任形式,是指矫正合同不适当履行(质量不合格)、使履行缺陷得以消除的具体措施。这种责任形式,与继续履行(解决不履行问题)和赔偿损失具有互补性。

采取补救措施的具体方式,《民法典》第五百八十二条规定为:修理、重作、更换、退货、减少价款或者报酬等;《消费者权益保护法》第五十二条规定为:修理、重作、更换、退货、补足商品数量、退还货款和服务费用或者赔偿损失;《产品质量法》第四十条规定为:修理、更换、退货、赔偿损失。

在采取补救措施的适用上,应注意以下几点:

(1)采取补救措施的适用以合同对质量不合格的违约责任没有约定或者约定不明确,而依《民法典》第五百一十条仍不能确定违约责任为前提。换言之,对于不适当履行的违约责任形式,当事人有约定者应依其约定;没有约定或约定不明者,首先应按照《民法典》第五百一十条规定确定违约责任;没有约定或约定不明又不能按照《民法典》第五百一十条规定确定违约责任的,才适用这些补救措施。

(2)应以标的物的性质和损失大小为依据,确定与之相适应的补救方式。

(3)受害方对补救措施享有选择权,但选定的方式应当合理。

3. 赔偿损失

赔偿损失,是指违约方以支付金钱的方式弥补受害方因违约行为所减少的财产或者所丧失的利益的责任形式。

赔偿损失的确定方式有两种:法定损害赔偿和约定损害赔偿。

《民法典》第五百八十三条规定:"当事人一方不履行合同义务或者履行合同义务不符合约定的,在履行义务或者采取补救措施后,对方还有其他损失的,应当赔偿损失。"《民法典》第五百八十四条规定:"当事人一方不履行合同义务或者履行合同义务不符合约定,造成对方损失的,损失赔偿额应当相当于因违约所造成的损失,包括合同履行后可以获得的利益;但是,不得超过违约一方订立合同时预见到或者应当预见到的因违约可能造成的损失。"

4. 违约金

违约金是指当事人一方违反合同时应当向对方支付的一定数量的金钱或财物。违约金可分为法定违约金和约定违约金。

当事人可以约定一方违约时应当根据违约情况向对方支付一定数额的违约金,也可以约定因违约产生的损失赔偿额的计算方法。约定的违约金低于造成的损失的,当事人可以请求人民法院或者仲裁机构予以增加;约定的违约金过分高于造成的损失的,当事人可以请求人民法院或者仲裁机构予以适当减少。

当事人就迟延履行约定违约金的,违约方支付违约金后,还应当履行债务。

5. 定金

所谓定金,是指合同当事人为了确保合同的履行,根据双方约定,由一方按合同标的额的一定比例预先给付对方的金钱或其他替代物。

《民法典》规定,当事人可以约定一方向对方给付定金作为债权的担保。债务人履行债务后,定金应当抵作价款或者收回。给付定金的一方不履行债务或者履行债务不符合约定,致使不能实现合同目的的,无权请求返还定金;收受定金的一方不履行债务或者履行债务不符合约定,致使不能实现合同目的的,应当双倍返还定金。

定金应当以书面形式约定,定金的数额由当事人约定,但不得超过主合同标的额的20%。

当事人既约定违约金,又约定定金的,一方违约时,对方可以选择适用违约金或者定金条款。

> **职业训练 4-9**

定金与违约金不能同时适用

甲公司与乙公司签订了一份买卖合同,合同货物价款为 40 万元。合同约定:乙公司支付定金 4 万元;任何一方不履行合同,应该支付违约金 6 万元。现甲公司违约,乙公司向法院起诉,要求甲公司双倍返还定金,并支付违约金。

请分析法院能否支持其诉求。

评析:

乙公司只能要求双倍返还定金或者支付违约金。

根据《民法典》的规定,当事人既约定违约金,又约定定金的,一方违约时,对方只能选择适用违约金或者定金条款。所以,乙公司要求甲公司既双倍返还定金又支付违约金,法院是不会予以支持的。

三、违约责任的免除

违约责任的免除,是指没有履行或没有完全履行合同义务的当事人,可以依照法律的规定或者合同的约定不承担违约责任。

《民法典》规定了如下三种免责事由:

1. 不可抗力

所谓不可抗力,是指不能预见、不能避免且不能克服的客观情况。不可抗力主要包括:(1)自然灾害,如台风、洪水、冰雹;(2)政府行为,如征收、征用;(3)社会异常事件,如罢工、骚乱几种情形。不可抗力的要件为:

(1)不能预见,即当事人无法知道事件是否发生、何时何地发生、发生的情况如何。对此应以一般人的预见能力为标准加以判断。

(2)不能避免,即无论当事人采取什么措施,或即使尽了最大努力,也不能防止或避免事件的发生。

(3)不能克服,即以当事人自身的能力和条件无法战胜这种客观力量。

(4)客观情况,即外在于当事人的行为的客观现象(包括第三人的行为)。

《民法典》规定,当事人一方因不可抗力不能履行合同的,根据不可抗力的影响,部分或者全部免除责任,但是法律另有规定的除外。当事人迟延履行后发生不可抗力的,不免除其违约责任。

当事人一方因不可抗力不能履行合同的,应当及时通知对方,以减轻可能给对方造成的损失,并应当在合理期限内提供证明。

2. 免责条款

免责条款是指当事人在合同中约定免除将来可能发生的违约责任的条款,其所规定的免责事由即约定免责事由。对此,《民法典》未作一般性规定(仅规定格式合同的免责条款)。值得注意的是,免责条款不能排除当事人的基本义务,也不能排除故意或重大过失的责任。

3. 法律的特殊规定

在法律有特殊的免责规定时,可以依法免除违约方的违约责任。如《民法典》在典型合同中规定,承运人对运输过程中货物的毁损、灭失承担赔偿责任,但承运人证明货物的毁损、灭失是因不可抗力、货物本身的自然性质或合理损耗以及托运人、收货人的过错造成的,不承担损害赔偿责任。

职业训练 4-10

不可抗力的认定与适用

李小姐于 2004 年 3 月和"学府雅苑"的开发商签订了购房合同,购买位于该小区二期的商品房一套,合同约定交房时间为 2005 年 5 月 1 日。到期后,开发商未能如期交房。于是李小姐起诉开发商违约,要求其承担违约责任。开发商辩称有下列不可抗力情形影响了工程进度,应该免责:首先,工程在建过程中,发现了勘察时没有发现的地质软层;其次,长期阴雨天气;最后,公司采购的原材料在运输过程中遇到火灾。

请分析本案应该如何处理。

评析:

开发商应该承担违约责任。

根据《民法典》规定,能够免除违约责任的不可抗力是指不能预见、不能避免且不能克服的客观情况。而本案中开发商的辩称理由是应当预见的风险因素,不属于不能预见、不能避免且不能克服的客观情况,故不能免除违约责任。

1.2.7 建筑工程合同的担保

合同担保,是指为保障合同债权的实现,由当事人双方依照法律的规定,经过协商一致而设定的法律措施。合同的担保,一般在订立合同的同时成立,既可以是单独成立的书面合同,包括当事人之间具有担保性质的信函、传真等,也可以是主合同中的担保条款。

一、保证

1. 保证的概念

保证是指由债务人以外的第三人为债务人的债务履行作担保,当债务人不履行债务时,由第三人按照约定履行债务或者承担责任的行为。其中,为债务人的债务履行作担保的第三人称为保证人;被担保的债务人称为被保证人。

2. 保证人的资格

具有代位清偿债务能力的法人、其他组织或者公民可以作为保证人。除经国务院批准,为使用外国政府或国际经济组织贷款进行转贷担保外,国家机关不得作为保证人;学校、幼儿园、医院等以公益为目的的事业单位、社会团体不得作为保证人;企业法人的分支机构、职能部门不得作为保证人,但企业法人的分支机构有法人书面授权的,可以在授权范围内提供保证。

3. 保证的内容和方式

(1)保证的内容

保证的内容应由保证人与债权人以书面形式在保证合同中订立,保证合同应当包括以下内容：
　　①被保证的主债权种类、数额；
　　②债务人履行债务的期限；
　　③保证的方式；
　　④保证担保的范围；
　　⑤保证的期间；
　　⑥双方认为需要约定的其他事项。
　（2）保证的方式
　　保证的基本方式有两种，即一般保证和连带责任保证。当事人对保证方式没有约定或者约定不明确的，按照连带责任保证承担保证责任。
　　①一般保证。当事人在保证合同中约定，债务人不能履行债务时，由保证人承担一般保证责任的，为一般保证。
　　一般保证的保证人在主合同纠纷未经审判或者仲裁，并就债务人财产依法强制执行仍不能履行债务前，对债权人可以拒绝承担保证责任。
　　②连带责任保证。当事人在保证合同中约定保证人与债务人对债务承担连带责任的，为连带责任保证。
　　连带责任保证的债务人在主合同规定的债务履行期届满没有履行债务的，债权人可以要求债务人履行债务，也可以要求保证人在其保证范围内承担保证责任。
　4.保证期间
　　保证期间指保证人承担保证责任的时间范围。
　　一般保证的保证人与债权人未约定保证期间的，保证期间为主债务履行期届满之日起六个月。在合同约定的保证期间和前款规定的保证期间，债权人未对债务人提起诉讼或者申请仲裁的，保证人免除保证责任；债权人已提起诉讼或者申请仲裁的，保证期间适用诉讼时效中断的规定。
　　连带责任保证的保证人与债权人未约定保证期间的，债权人有权自主债务履行期届满之日起六个月内要求保证人承担保证责任。在合同约定的保证期间和前款规定的保证期间，债权人未要求保证人承担保证责任的，保证人免除保证责任。
　　保证期间的合同变更：
　（1）保证期间，债权人依法将主债权转让给第三人的，保证人在原保证担保的范围内继续承担保证责任。保证合同另有约定的，按照约定。
　（2）保证期间，债权人许可债务人转让债务的，应当取得保证人书面同意，保证人对未经其同意转让的债务，不再承担保证责任。
　（3）债权人与债务人协议变更主合同的，应当取得保证人书面同意，未经保证人书面同意的，保证人不再承担保证责任。保证合同另有约定的，按照约定。
　5.保证责任
　　保证责任即保证人在担保事项出现时应承担的法律责任，保证责任的范围包括主债权及利息、违约金、损害赔偿金和实现债权的费用。
　　有下列情形之一的，保证人不承担民事责任：
　　第一，主合同当事人双方串通、骗取保证人提供保证的；

第二,合同债权人采取欺诈、胁迫等手段,使保证人在违背真实意思的情况下提供保证的。

同一债务有两个以上保证人的,保证人应当按照保证合同约定的保证份额承担保证责任。未约定保证份额的,保证人承担连带保证责任,即债权人可以要求任何一个保证人承担全部保证责任。保证人都负有担保实现全部债权的义务。

职业训练4-11

担保的认定与适用

某市在招商引资过程中,由市政府出面,甲企业与某境外企业达成一笔1000万美元的合同。在该境外企业的要求下,该市政府为合同作了保证担保。

请分析市政府为合同作保证担保的行为是否符合法律规定,该担保合同是否有效。

评析:

市政府为合同作保证担保的行为不符合法律规定,该担保合同无效。

因为,我国相关法律规定,除经国务院批准,为使用外国政府或国际经济组织贷款进行转贷担保外,国家机关不得作为保证人,所以,市政府为合同作保证担保的行为不符合法律规定,该担保合同无效。

二、抵押

1. 抵押和抵押物

抵押是指债务人或第三人的特定财产在不转移占有的前提下,将该财产作为债权的担保,当债务人不履行债务时,债权人有权依法以该财产折价或者以拍卖、变卖该财产的价款优先受偿。根据《民法典》规定,下列财产可以抵押:

(1)建筑物和其他土地附着物;

(2)建设用地使用权;

(3)海域使用权;

(4)生产设备、原材料、半成品、产品;

(5)正在建造的建筑物、船舶、航空器;

(6)交通运输工具;

(7)法律、行政法规未禁止抵押的其他财产。

根据《民法典》规定,下列财产不得抵押:

(1)土地所有权;

(2)宅基地、自留地、自留山等集体所有土地的使用权,但是法律规定可以抵押的除外;

(3)学校、幼儿园、医疗机构等为公益目的成立的非营利法人的教育设施、医疗卫生设施和其他公益设施;

(4)所有权、使用权不明或者有争议的财产;

(5)依法被查封、扣押、监管的财产;

(6)法律、行政法规规定不得抵押的其他财产。

2. 抵押合同和抵押物登记

抵押合同是指通过当事人协商确定以某项特定财产抵押用来担保债务履行而订立的协议。

根据我国法律规定,抵押人和抵押权人应当以书面形式订立抵押合同。

抵押合同应当包括以下内容:

(1)被担保的主债权种类、数额,债务人履行债务的期限;

(2)抵押物的名称、数量、质量、状况、所在地、所有权权属或使用权权属;

(3)抵押担保的范围,包括主债权及利息、违约金、损害赔偿金和实现抵押权的费用;

(4)当事人认为需要约定的其他事项。

根据抵押物的不同,办理登记的部门也就不同:

(1)以无地上定着物的土地使用权抵押的,为核发土地使用权证书的土地管理部门;

(2)以城市房地产或乡(镇)、村企业的厂房等建筑物抵押的,为县级以上地方人民政府规定的部门;

(3)以林木抵押的,为县级以上林木主管部门;

(4)以航空器、船舶、车辆抵押的,为运输工具的登记部门;

(5)以企业的设备和其他动产抵押的,为财产所在地的工商行政管理部门。

3. 抵押的效力

抵押权因抵押物灭失而消灭。因抵押物灭失所得的赔偿部分,应作为抵押财产。抵押人对特定财产设定抵押后并不丧失对该财产的所有权,仍有权对已抵押的财产进行处分,但要受到抵押权效力的影响,主要表现为:

(1)抵押人将已抵押的财产出租的,应当书面告知承租人;

(2)抵押人将已出租的财产抵押的,抵押权实现后,租赁合同对受让人不具有约束力;

(3)在抵押期间,抵押人转让已办理登记的抵押物的,应当通知抵押权人并告知受让人转让物已经抵押的情况。

4. 抵押担保债权的清偿顺序

若同一财产向两个以上债权人抵押的,应遵循以下原则:

(1)抵押合同自登记之日起生效的,拍卖、变卖抵押物所得的价款按照抵押物登记的先后顺序清偿;顺序相同的,按照债权比例清偿。

(2)抵押合同自签订之日起生效,该抵押物已登记的,按照上述原则清偿;未登记的,按照合同生效时间的先后顺序清偿,顺序相同的,按照债权比例清偿。抵押物已登记的先于未登记的受偿。

三、质押

质押是指债务人或者第三人将动产或权利交与债权人占有,作为债务履行的担保。

1. 动产质押

动产质押是指债务人或第三人将动产移交债权人占有,将该动产作为债权的担保。设立动产质押必须由出质人与质权人订立质押合同。

(1)质押合同

质押合同应当以书面形式订立。质押合同为实践合同,自质物移交于质权人占有时生效。质押合同应当包括以下内容:被担保的主债权种类、数额,债务人履行债务的期限,质物的名称、数量、质量、状况,质押担保的范围,质物移交的时间,当事人认为需要约定的其他事项。

(2) 质权人的权利和义务

质权人有权收取质物所生的孳息。质押合同另有约定的，按照约定。孳息应当先充抵收取孳息的费用。

质权人负有妥善保管质物的义务。因保管不善致使质物灭失或者毁损的，质权人应当承担民事责任。质权人不能妥善保管质物可能致使其灭失或者毁损的，出质人可以要求质权人将质物提存，或者要求提前清偿债权而返还质物。

质物有损坏或者价值明显减少的可能，足以危害质权人权利的，质权人可以要求出质人提供相应的担保。出质人不提供的，质权人可以拍卖或者变卖质物，并与出质人协议将拍卖或者变卖所得的价款用于提前清偿所担保的债权或者向与出质人约定的第三人提存。

债务履行期届满债务人履行债务的，或者出质人提前清偿所担保的债权的，质权人应当返还质物。债务履行期届满质权人未受清偿的，可以与出质人协议以质物折价，也可以依法拍卖、变卖质物。质物折价或者拍卖、变卖后，其价款超过债权数额的部分归出质人所有，不足部分由债务人清偿。

2. 权利质押

权利质押是指以所有权以外的财产为标的物而设置的债权担保。

(1) 可以质押的权利

①汇票、支票、本票、债券、存款单、仓单、提单；

②依法可以转让的股份、股票；

③依法可以转让的商标专用权、专利权、著作权中的财产权；

④依法可以质押的其他权利，包括公路桥梁、公路隧道或者公路渡口等不动产的收益权。

(2) 权利质押合同的生效时间

权利质押合同因出质标的不同，合同生效的时间也不同：

①以汇票、支票、本票、债券、存款单、仓单、提单出质的，应当在合同约定的期限内将权利凭证交付质权人。质押合同自权利凭证交付之日起生效。

②以依法可以转让的股份、股票出质的，出质人和质权人应当订立书面合同，并向证券登记机构办理出质登记。质押合同自办理出质登记之日起生效。

③以依法可以转让的商标专用权、专利权、著作权中的财产权出质的，出质人与质权人应当订立书面合同，并向其管理部门办理出质登记。质押合同自登记之日起生效。

四、留置

留置是指债权人按照合同约定占有债务人的动产，债务人不按照合同约定的期限履行债务的，债权人有权扣留该动产，以该动产折价或者以拍卖、变卖该动产的价款优先受偿的一种债权担保方式。

因保管合同、运输合同、加工承揽合同发生的债权，债务人不履行债务的，债权人有留置权。当事人可以在合同中约定不得留置的物。

留置权人负有妥善保管留置物的义务。因保管不善致使留置物灭失或者毁损的，留置权人应当承担民事责任。

债权人与债务人应当在合同中约定，债权人留置财产后，债务人应当在不少于两个月的期限内履行债务。债权人与债务人在合同中未约定的,债权人留置债务人财产后,应当确定两个月以上的期限,通知债务人在该期限内履行债务。债务人逾期仍不履行的,债权人可以与债务人协议以留置物折价,也可以依法拍卖、变卖留置物。留置物折价或者拍卖、变卖后,其价款超过债权数额的部分归债务人所有,不足部分由债务人清偿。

留置权因债权消灭、债务人另行提供担保并被债权人接受而消灭。

五、定金

定金是指合同当事人一方为保证合同的履行,在合同成立后、履行前预先向对方当事人交付一定数额的货币的一种债权担保方式。

当事人可以约定一方向对方给付定金作为债权履行的担保。债务人履行债务后,定金应当抵作价款或者收回。给付定金的一方不履行约定的债务的,无权要求返还定金;收受定金的一方不履行约定的债务的,应当双倍返还定金。

定金应当以书面形式约定。当事人在定金合同中应当约定交付定金的期限。定金合同从实际交付定金之日起生效。

定金的数额由当事人约定,但不得超过主合同标的额的20%。

职业训练 4-12

定金合同的生效与适用

甲与乙签订一标的额为50万元的合同,双方约定定金为20万元,乙一直没有支付定金。后双方因合同履行发生纠纷,乙要求甲以双倍返还定金的形式承担违约责任,甲拒绝。

请分析定金合同是否成立,是否生效;定金数额的约定是否符合法律规定。

评析:

定金合同已经成立但是未生效;定金数额的约定不符合法律规定。

定金合同是甲乙双方意思表示一致的约定,所以该合同已经成立。但是,定金合同自实际交付定金之日起生效,而本案中乙并未交付定金,所以该合同尚未生效。《民法典》还规定:定金的数额由当事人约定,但不能超过主合同标的额的20%,而本案中约定的20万元超过了20%(10万元),故定金数额的约定不符合法律规定。

2 岗位工作任务

2.1 岗位工作任务名称及要求

背景资料1

某市新世界房地产公司与欧典建筑公司签订了一份建设工程合同。合同约定由欧典建筑

建筑工程法规知识与实训指导

公司负责承建一批商品房,建筑面积4000平方米,工程价款决算为60万元人民币。合同规定:新世界房地产公司预付工程价款的20%,并提供设计图样及各种技术指标和内部设施计划,欧典建筑公司包工包料,按照合同约定日期交付验收技术资料;任何一方不按照合同约定履行义务的,要支付工程造价5%的违约金。合同正式签订后,双方依约履行,工程施工进展顺利。欧典建筑公司按期完成这批商品房屋建设任务。该工程验收合格后,新世界房地产公司却提出资金不足暂无法支付工程款。经欧典建筑公司再三催促,新世界房地产公司仍未支付。在迫不得已的情况下,欧典建筑公司向法院提起诉讼,要求拍卖这批商品房,以拍卖所得支付工程款。

一、岗位任务的名称

1. 确定建设工程合同担保的形式。
2. 确定建设工程合同担保的责任。

二、岗位工作任务的总体要求

阅读岗位知识并查阅相关资料,列出建设工程合同担保的形式及担保的责任方式,能够运用建设工程合同担保的相关知识对背景材料进行归纳、分析。

三、岗位工作任务的具体要求

1. 前期准备。参加任务的同学,课前阅读岗位知识,并做好学习(工作)笔记,找出学习(工作)过程中的重点、难点,有条件的同学可以就该任务深入企业进行访问调查。

2. 过程中。参加任务的同学,以岗位任务为基点,运用岗位知识进行分析、归纳和要点提炼,完成岗位学习(工作)任务。

3. 任务后。参加任务的同学,记录学习(工作)过程中的体会、收获及改进措施、建议。

4. 认真填写岗位工作任务报告并存档保存,作为对该任务完成情况或学习成绩的评价依据。

背景资料2

2001年5月9日烟台市A有限公司与山东B建工集团有限公司签订了建筑安装工程承包合同,合同约定由B公司负责承建A公司的2号车间、3号车间、车库等5个单位工程以及水、电、暖的安装工程,建筑面积为4629平方米,承包工程总造价2336249元,施工期为2001年5月10日至同年10月30日竣工。

B公司在施工期间,A公司陆续付给B公司工程款,截至2002年2月5日,A公司付给B公司工程款共计1951090.00元,余下工程款一直未付,为此B公司向山东省蓬莱市人民法院起诉,要求判定A公司立即付清拖欠的工程款615916.52元。

据法院查明,A公司在对外发包工程时以及工程施工后,未办理施工许可证。

法院认为:《建筑法》规定,签订合同时发包方必须具有施工许可证或开工报告,承包方必须具备法人资格和资质证书,B公司虽然具备法人资格和资质证书,但A公司自发包时至今未办理施工许可证,故A公司和B公司双方签订的建筑安装工程承包合同属无效合同。根据山东省高级人民法院关于无效建筑工程承包合同的处理,对建筑工程已完工且质量合格,建筑单位应当按照已完工的实际造价支付给施工企业相应价款的规定,故支持B公司要求A公司按实际造价支付工程余额的请求。

2004年12月30日,山东省蓬莱市人民法院以(200×)××民初字第××号民事判决书判决:A公司付给B公司工程款1548195.75元。

判决后,A公司不服提起上诉。2005年6月18日,山东省烟台市中级人民法院以(200×)烟民一终字第×××号民事判决书判决驳回上诉,维持原判。

2005年5月30日,山东省烟台市中级人民法院以(200×)烟审民监字第×号驳回申诉通知书驳回A公司的申诉请求。

2007年1月24日,山东省高级人民法院以(200×)鲁民监字第××号驳回申诉通知书驳回A公司的申诉请求。

一、岗位任务的名称

1. 确定建设工程合同的效力。
2. 确定建设工程合同无效的情形及无效合同的处理。

二、岗位工作任务的总体要求

阅读岗位知识并查阅相关资料,列出建设工程合同无效的情形及无效合同的处理,能够运用建设工程合同效力的相关知识对背景材料进行归纳、分析。

三、岗位工作任务的具体要求

1. 前期准备。参加任务的同学,课前阅读岗位知识,并做好学习(工作)笔记,找出学习(工作)过程中的重点、难点,有条件的同学可以就该任务深入企业进行访问调查。
2. 过程中。参加任务的同学,以岗位任务为基点,运用岗位知识进行分析、归纳和要点提炼,完成岗位学习(工作)任务。
3. 任务后。参加任务的同学,记录学习(工作)过程中的体会、收获及改进措施、建议。
4. 认真填写岗位工作任务报告并存档保存,作为对该任务完成情况或学习成绩的评价依据。

2.2 岗位工作任务结果

岗位工作任务完成后,参加任务的每位同学必须认真填写岗位工作任务报告并存档保存,作为该工作任务的结果。任务报告要求语言流畅,文字简练,条理清晰,原则上要求学生当场完成,教师酌情进行点评。具体见表1-1。

建筑工程法规知识与实训指导

表1-1 岗位工作任务报告

姓名： 专业： 班级： 日期： 年 月 日

任务名称		任务目的	
任务内容		任务资料	
任务过程		任务结果或结论	
收获与体会		改进建议	
评价建议			

年 月 日

2.3 岗位工作任务评价标准

任务完成后,均需要按岗位工作任务评价标准进行工作考核评价,作为学习(工作)的成绩评定依据。具体见表1-2。

表1-2 岗位工作任务评价标准表

类别	内容及标准	分值	自评（40%）	教师评（60%）	权重	小计	备注
出勤	态度端正,主动积极,无迟到早退	15			15%		有迟到或早退现象,每次扣1分,直至扣完本项分为止
准备阶段	1. 按规定时间接受线上发布的任务并反馈	5			30%		未接受发布的任务、未完成知识的预习及未完成知识预习的练习,每次扣1分;未列出岗位知识中的重点、难点,并记录在笔记中,每次扣2分;直至扣完本项分为止
	2. 按规定时间完成岗位知识的预习	10					
	3. 能够列出岗位知识中的重点、难点,并记录在笔记中	10					
	4. 及时完成岗位知识预习的练习	5					
实施阶段	1. 能针对岗位知识进行分析、归纳和要点提炼	10			35%		能对知识进行要点提炼、积极参与讨论分享、能给出明确的观点或结论,每次加1分,最多加10分
	2. 课堂积极参与讨论、模拟、汇报及分享	15					
	3. 对任务能给出最终的观点或结论	10					
总结评价阶段	1. 能总结任务完成过程的体会、收获	5			20%		有体会及收获、改进措施及建议,每次加1分,最多加5分。没有任务报告的,每次扣2分,直至扣完本项分为止
	2. 能针对任务提出改进措施、建议	5					
	3. 能高质量完成工作任务报告并提交	10					
总合计		自评人签名			教师签名		

3　工作笔记

3.1　学习(工作)过程中的重点、难点

重点：_____
_____
_____
_____。

难点：_____
_____
_____
_____。

3.2　学习(工作)过程中的体会、收获

体会、收获：_____
_____
_____
_____。

3.3　学习(工作)过程中的改进措施、建议

改进措施、建议：_____
_____
_____
_____。

4　实践练习

一、单选题

1. 甲公司于 2005 年 3 月 5 日向乙企业发出签订购买钢材合同的要约信函,3 月 8 日乙企业收到甲公司声明该要约作废的传真。3 月 10 日乙企业收到该要约的信函。根据《民法典》规定,甲公司发出传真声明要约作废的行为属于(　　)。
   A. 要约撤回　　　　B. 要约撤销　　　　C. 要约生效　　　　D. 要约失效

2. 甲装潢公司与乙公司签订一份买卖木材的买卖合同,约定提货时付款。甲公司提货时称公司出纳员突发急病,支票一时拿不出来,要求先提货,过两天再把货款送来,乙公司拒绝了甲装潢公司的要求。乙公司行使的这种权利在法律上称为(　　)。
   A. 不安抗辩权　　　　　　　　　　　　B. 先履行抗辩权
   C. 后履行抗辩权　　　　　　　　　　　D. 同时履行抗辩权

3. 南方安装公司与国华机械厂在签订合同时约定,由南方安装公司将一张10万元的国债单据交付国华机械厂作为合同的担保。该担保方式在法律上称为(　　)。
   A. 抵押　　　　　B. 动产质押　　　　　C. 留置　　　　　D. 权利质押

4. 向阳公司与玉华公司签订了一份关于设备检修的合同,后向阳公司未能按要求履行合同,造成了玉华公司损失30万元,但是由于玉华公司没有及时采取措施,又多损失了10万元,根据《民法典》规定,向阳公司严格赔偿玉华公司(　　)万元。
   A. 30　　　　　　B. 10　　　　　　　C. 40　　　　　　D. 20

5. 张三和李四于2005年2月1日订立一份买卖枪支的合同,合同规定履行日期为3月2日,3月9日张三发现合同违反了法律的禁止性规定,4月7日该合同被当地法院宣告无效。该合同从(　　)开始不受法律保护。
   A. 2月1日　　　　B. 3月2日　　　　　C. 3月9日　　　　D. 4月7日

6. 若合同双方对争议的解决方式没有达成协议,则(　　)。
   A. 只能通过仲裁方式解决争议
   B. 只能通过诉讼方式解决争议
   C. 任何一方可以选择仲裁或者诉讼方式解决争议
   D. 任何一方可以同时选择仲裁和诉讼方式解决争议

7. 某工程承包人与材料供应商签订了材料供应合同。条款内未约定交货地点,运费也没有明确,则材料供应商把货物备齐后应该(　　)。
   A. 将材料送到施工现场
   B. 将材料送到承包人指定的仓库
   C. 通知承包人自己提货
   D. 将材料送到施工现场并向承包人收取运费

8. 债权转让时,(　　)。
   A. 须征得债务人的同意
   B. 无须征得债务人的同意,但是应该办理公证手续
   C. 无须征得债务人的同意,也无须通知债务人
   D. 无须征得债务人的同意,但是必须通知债务人

9. 当事人对合同变更的内容约定不明确的,(　　)。
   A. 推定为未变更　　　　　　　　　　　B. 认定为已经变更
   C. 按照合同约定不明处理　　　　　　　D. 约定不明的内容无效

10. 甲乙二人签订一份钢材买卖合同,双方约定甲先付款,乙后发货。当合同的履行期限届至,甲由于担心收不到货而没有付款,于是乙在发货期限届至也没发货,此时,乙行使的权利是(　　)。
    A. 先履行抗辩权　　　　　　　　　　　B. 后履行抗辩权

C. 同时履行抗辩权　　　　　　　　　D. 不安抗辩权

11. 甲乙二人签订一份钢材买卖合同,双方约定甲应于2003年10月20日交货,乙应于同年10月30日付款。10月上旬,甲渐渐发现乙财产状况恶化,已经不具备支付货款的能力,并且有确切证据证明。于是,甲提出终止合同,但乙未允许。基于上述情形,甲于10月20日未按照约定交货。依据《民法典》的有关规定,下列表述中正确的是(　　)。
    A. 甲有权不按照合同约定交货,除非乙提供了相应的担保
    B. 甲无权不按照合同约定交货,但是可以仅仅先支付部分货物
    C. 甲无权不按照合同约定交货,但是可以要求乙提供相应的担保
    D. 甲应该按照合同约定交货,如果乙不支付货款,可以追究其违约责任

12. 施工合同履行中,总包单位将土方开挖分包给了甲分包商,将基础部分分包给了乙分包商,但是甲分包商工期延误,现场又有监理单位,乙分包商为此应向(　　)提出要求承担违约责任。
    A. 发包方　　　B. 总包方　　　C. 甲分包商　　　D. 监理单位

13. 某材料采购方口头将材料采购的任务委托给材料供应方,但是双方没有签订书面合同,供应方将委托采购的材料交给采购方并进行了交验后,由于采购方拖欠材料款引发纠纷,此时应当认定(　　)。
    A. 双方没有合同关系　　　　　　　B. 合同没有成立
    C. 采购方不承担责任　　　　　　　D. 合同已经成立

14. B公司授权其采购员去采购A公司的某产品100件,采购员拿着公司的空白合同书与A公司订立了购买200件某产品的合同,由此发生纠纷后,应当(　　)。
    A. 要求B公司支付200件产品的货款
    B. B公司可以向A公司无偿退货
    C. 由A公司支付100件产品,B公司支付相应的货款
    D. 由A公司支付200件产品,B公司支付相应的货款

二、多选题

1. 法律、行政法规规定必须采用书面形式的合同,当事人在订立合同的时候可以采取下列形式(　　)。
    A. 合同书　　　B. 信件　　　C. 电子邮件　　　D. 电传

2. 南昌的甲公司向北京的乙房地产开发商购买坐落于广州的房产一座,双方对履行地没有约定,则以下说法正确的是(　　)。
    A. 合同成立,甲公司履行地为广州　　　B. 合同成立,甲公司履行地为北京
    C. 合同成立,乙公司履行地为南昌　　　D. 合同成立,乙公司履行地为广州

3. 根据法律规定,下列财产中不得用于抵押的有(　　)。
    A. 抵押人所有的机器
    B. 抵押人依法有权处分的国有土地使用权
    C. 医院的医疗卫生设施
    D. 依法被扣押的财产

4. 对方当事人有下列哪些情形之一的,负有先履行义务的当事人可以中止履行?(　　)
    A. 经营状况严重恶化

B. 转移财产、抽逃资金以逃避债务
C. 丧失商业信誉
D. 有丧失或者可能丧失履行债务能力的其他情形

5. 根据《民法典》规定,下列各项中属于无效合同的有(　　)。
   A. 订立时显失公平的合同
   B. 社会公共利益的合同
   C. 重大误解订立的合同
   D. 恶意串通损害第三人利益的合同

6. 乙欠甲 30 万元,丙欠乙 50 万元,乙欠甲 30 万元到期不还,自己又不向丙索取 50 万元的债务。此时甲可以向法院请求以自己的名义(　　)。
   A. 向丙索取 50 万元的债务
   B. 向丙索取 30 万元的债务
   C. 要求乙负担行使代位权的必要费用
   D. 自己负担行使代位权的必要费用

7. 下列属于要约邀请的是(　　)。
   A. 寄送价目表
   B. 拍卖公告
   C. 招标公告
   D. 招股说明书
   E. 商店内商品的价签

8. 以(　　)出质的,质押合同自登记之日起生效。
   A. 依法可以转让的股票
   B. 依法可以转让的商标专用权
   C. 依法可以转让的专利权、著作权中的财产权
   D. 依法可以转让的支票
   E. 依法可以转让的仓单、提单

9. 甲乙二人签订一份钢材买卖合同,双方约定甲应于 2003 年 10 月 20 日交货,乙应于同年 10 月 30 日付款。10 月上旬,甲渐渐发现乙财产状况恶化,已经不具备支付货款的能力,并且有确切证据证明。基于上述情形,甲于 10 月 20 日未按照约定交货。依据《民法典》的有关规定,此时,乙行使的权利是(　　)。
   A. 先履行抗辩权
   B. 后履行抗辩权
   C. 同时履行抗辩权
   D. 不安抗辩权
   E. 先诉抗辩权

10. 甲乙二人签订一份钢材买卖合同,双方约定甲应于 2005 年 10 月 20 日交货,乙应于同年 10 月 30 日付款。乙在 10 月 20 日前发生的下列情况(　　),甲可以依法中止履行合同。
    A. 经营状况不理想
    B. 转移财产以逃避债务
    C. 在其他合同的履行中丧失诚信
    D. 丧失履行能力
    E. 抽逃资金以逃避债务

11. 某公司将其价值 500 万元的房产抵押给银行,第一次从银行抵押贷款 200 万元,抵押贷款的最高比例为 70%,该公司现准备第二次将该房产抵押给银行,最多能够获得(　　)万元的贷款。
    A. 350　　　　B. 300　　　　C. 150　　　　D. 不能重复抵押

12. 某项目设计费用为 100 万元,合同中约定定金为 15%,发包方已经支付定金,但是承包方不履行合同,此时,承包方应该返还给发包方(　　)费用。
    A. 100 万元　　B. 15 万元　　C. 30 万元　　D. 依据发包方损失定

三、简答题
1. 建设工程合同的主要条款。
2. 简述要约的概念及其条件。

四、案例分析
  2002年3月,某市市政管理委员会与A建筑安装公司签订了一份工程建设合同。合同规定:由A建筑安装公司承建位于该市西区的供水管线工程,由市政管理委员会提供该工程的设计图样。合同对工期、质量、验收、拨款、结算等都作了详细规定。2002年6月,供水管线工程进行隐蔽之前,承包方A建筑安装公司通知该市市政管委会派人来进行检查。然而,市管委会由于种种原因迟迟未派人到施工现场进行检查。由于未经检查,A建筑安装公司只得暂时停工,并顺延工程日期十余天,该公司为此蒙受了近3万元的损失。工程逾期完工后,发包人该市市政管委会拒绝承担A建筑安装公司因停工所受的损失,反而以承包人逾期完工应承担责任为由,诉至法院。

  试析该纠纷应如何处理。

项目五
建筑工程勘察设计法规

1　岗位知识

1.1　案例导入

案情简介1

2001年,某房地产开发公司与某出租汽车公司共同合作,在某市市区内共同开发房地产项目。该项目包括两部分,一是6.3万平方米的住宅工程,另一部分是和住宅相配套的3.4万平方米的综合楼。该项目的住宅工程各项手续和证件齐备,自1998年开工建设到2001年4月已经竣工验收。而综合楼工程由于合作双方对于该工程是作为基建计划还是开发计划申报问题没能统一意见,从而使得综合楼工程建设的各项审批手续未能办理。由于住宅工程已开工建设,配套工程急需跟上,在综合楼建筑工程规划许可证未审核批准的情况下,开发公司自行修改了综合楼的平面图,在东西方向增加了轴线长度,增加了约2680平方米的建筑面积,并开始施工。该行为被该市规划监督执法大队发现后及时制止,并勒令停工。

请分析擅自变更设计、擅自开工是否违法。

案情简介2

某建筑设计院承担了某花园公寓的工程设计工作。在设计中,基本保持了原审批的初步设计标准,控制了总体规模(600套),其总面积布置,道路,建筑物的层数、层高及总高度以及地下车库、人防设施,均按照原初步设计及市规划局批准的方案设计。但是,由于原初步设计存在一些不足之处,经业主同意,设计院在设计中作了一些必要的修改和调整。其中包括:修改了公寓内平面不合理部分;对电梯间过小的问题进行了调整;加宽了基础尺寸。

由于进行了上述修改和调整,使得该花园公寓较批准的规划建筑面积增加了8100平方米。请分析修改设计不报批或不按规定修改是否违法。

1.2 知识链接

1.2.1 建筑工程勘察设计概述

一、工程勘察设计的含义

工程勘察,是指根据工程建设的要求,查明、分析、评价工程场地的地质地理环境特征和岩土工程条件,编制工程勘察文件的活动。包括建设工程项目的岩土工程、水文地质、工程测量、海洋工程勘察等。

工程设计,是指根据工程建设的要求,对工程所需的技术、经济、资源、环境等条件进行综合分析、论证,编制工程设计文件的活动。包括:

(1)建设工程项目的主体工程和配套工程(含厂(矿)区内的自备电站、道路、专用铁路、通信、各种管网管线和配套的建筑物等全部配套工程)以及与主体工程、配套工程相关的工艺、土木、建筑、环境保护、水土保持、消防、安全、卫生、节能、防雷、抗震、照明工程等的设计。

(2)建筑工程建设用地规划许可证范围内的室外工程设计、建筑物构筑物设计、民用建筑修建的地下工程设计及住宅小区、工厂厂前区、工厂生活区、小区规划设计及单体设计等,以及上述建筑工程所包含的相关专业的设计内容(包括总平面布置、竖向设计、各类管网管线设计、景观设计、室内外环境设计及建筑装饰、道路、消防、安保、通信、防雷、人防、供配电、照明、废水治理、空调设施、抗震加固等)。

在工程建设过程中,勘察设计是工程建设前期的关键环节,而勘察又是设计的基础和依据。勘察设计时,应遵循下列原则:

(1)工程勘察设计应当与社会、经济发展水平相适应,做到经济效益、社会效益和环境效益相统一。

(2)从事工程勘察设计活动,应当坚持先勘察、后设计、再施工的原则。

(3)工程勘察设计单位应依法进行勘察设计,严格执行工程建设强制性标准,并对勘察设计质量负责。从事建设工程勘察、工程设计活动的企业,应当按照其拥有的注册资本、专业技术人员、技术装备和勘察设计业绩等条件申请资质,经审查合格,取得建设工程勘察、工程设计资质证书后,方可在资质许可的范围内从事建设工程勘察、工程设计活动。

二、工程勘察设计法

(一)工程勘察设计法的概念

工程勘察设计法,是指调整工程勘察设计活动中所产生的各种社会关系的法律规范的总称。

工程勘察设计法涉及范围广、内容多,既包括了工程勘察设计的专门法,如《建设工程勘察设计管理条例》《建设工程勘察设计合同条例》等,又包括了其他如《建筑法》《城市规划法》等法律法规中有关工程勘察设计方面的法律规定。

(二)工程勘察设计法的调整对象

(1)勘察设计行政主管部门对从事勘察设计活动的单位和个人实施许可制度而发生的行

政管理关系；

（2）勘察设计行政主管部门与建设单位和勘察设计单位之间，因编制、审批、执行勘察设计文件及资料等而发生的审批关系；

（3）因工程建设的实施，发生于建设单位与勘察设计单位之间的合同关系；

（4）因各种技术规定、制度和操作规程，发生于勘察设计单位内部的计划管理、技术管理、质量管理及各种形式的经济责任制等内部管理关系。

1.2.2 建筑工程勘察设计资格资质管理

一、工程勘察设计单位资质管理

（一）勘察设计资质的等级和标准

从事工程勘察、设计活动的单位，应当按照其拥有的注册资本、专业技术人员、技术装备和勘察设计业绩等条件申请资质，经审查合格，取得建设工程勘察、设计资质证书后，方可在资质等级许可的范围内从事建设工程勘察、设计活动。取得资质证书的建设工程勘察、设计企业可以从事相应的建设工程勘察、设计咨询和技术服务。

依据 2018 年 12 月 22 日发布的住房和城乡建设部令第 45 号《住房城乡建设部关于修改〈建筑业企业资质管理规定〉等部门规章的决定》第三次修订的《建设工程勘察设计企业资质管理规定》，建设工程勘察设计资质分为工程勘察资质和工程设计资质。其中，工程勘察资质分为工程勘察综合资质、工程勘察专业资质和工程勘察劳务资质。工程勘察综合资质只设甲级；工程勘察专业资质设甲级、乙级，根据工程性质和技术特点，部分专业可以设丙级；工程勘察劳务资质不分等级。

取得工程勘察综合资质的企业，可以承接各专业（海洋工程勘察除外）、各等级工程勘察业务；取得工程勘察专业资质的企业，可以承接相应等级相应专业的工程勘察业务；取得工程勘察劳务资质的企业，可以承接岩土工程治理、工程钻探、凿井等工程勘察劳务业务。

工程设计资质分为工程设计综合资质、工程设计行业资质、工程设计专业资质和工程设计专项资质。工程设计综合资质只设甲级；工程设计行业资质、工程设计专业资质、工程设计专项资质设甲级、乙级。根据工程性质和技术特点，个别行业、专业、专项资质可以设丙级，建筑工程专业资质可以设丁级。

取得工程设计综合资质的企业，可以承接各行业、各等级的建设工程设计业务；取得工程设计行业资质的企业，可以承接相应行业相应等级的工程设计业务及本行业范围内同级别的相应专业、专项（设计施工一体化资质除外）工程设计业务；取得工程设计专业资质的企业，可以承接本专业相应等级的专业工程设计业务及同级别的相应专项工程设计业务（设计施工一体化资质除外）；取得工程设计专项资质的企业，可以承接本专项相应等级的专项工程设计业务。

建设工程勘察、设计资质标准和各资质类别、级别企业承担工程的具体范围由国务院住房城乡建设主管部门商国务院有关部门制定。

（二）勘察设计资质的申请和审批

1. 勘察设计资质的申请

建设工程勘察、设计资质的申请由住房城乡建设主管部门定期受理。

申请工程勘察甲级资质、工程设计甲级资质，以及涉及铁路、交通、水利、信息产业、民航等方面的工程设计乙级资质的，可以向企业工商注册所在地的省、自治区、直辖市人民政府住房城乡建设主管部门提交申请材料。

工程勘察乙级及以下资质、劳务资质、工程设计乙级（涉及铁路、交通、水利、信息产业、民航等方面的工程设计乙级资质除外）及以下资质许可由省、自治区、直辖市人民政府住房城乡建设主管部门实施。具体实施程序由省、自治区、直辖市人民政府住房城乡建设主管部门依法确定。

2. 资质申请应提供的资料

企业申请工程勘察、工程设计资质，应在资质许可机关的官方网站或审批平台上提出申请，提交资金、专业技术人员、技术装备和已完成的业绩等电子材料。

3. 勘察设计资质的审批

申请工程勘察甲级资质、工程设计甲级资质，以及涉及铁路、交通、水利、信息产业、民航等方面的工程设计乙级资质的，省、自治区、直辖市人民政府住房城乡建设主管部门收到申请材料后，应当在5日内将全部申请材料报审批部门。国务院住房城乡建设主管部门在收到申请材料后，应当依法作出是否受理的决定，并出具凭证；申请材料不齐全或者不符合法定形式的，应当在5日内一次性告知申请人需要补正的全部内容。逾期不告知的，自收到申请材料之日起即为受理。国务院住房城乡建设主管部门应当自受理之日起20日内完成审查。自作出决定之日起10日内公告审批结果。其中，涉及铁路、交通、水利、信息产业、民航等方面的工程设计资质，由国务院住房城乡建设主管部门送国务院有关部门审核，国务院有关部门应当在15日内审核完毕，并将审核意见送国务院住房城乡建设主管部门。组织专家评审所需时间不计算在上述时限内，但应当明确告知申请人。

工程勘察乙级及以下资质、劳务资质、工程设计乙级（涉及铁路、交通、水利、信息产业、民航等方面的工程设计乙级资质除外）及以下资质许可由省、自治区、直辖市人民政府住房城乡建设主管部门实施。具体实施程序由省、自治区、直辖市人民政府住房城乡建设主管部门依法确定。省、自治区、直辖市人民政府住房城乡建设主管部门应当自作出决定之日起30日内，将准予资质许可的决定报国务院住房城乡建设主管部门备案。

4. 资质定级和升级的条件

企业首次申请、增项申请工程勘察、工程设计资质，其申请资质等级最高不超过乙级，且不考核企业工程勘察、工程设计业绩。已具备施工资质的企业首次申请同类别或相近类别的工程勘察、工程设计资质的，可以将相应规模的工程总承包业绩作为工程业绩予以申报。其申请资质等级最高不超过其现有施工资质等级。

企业合并的，合并后存续或者新设立的企业可以承继合并前各方中较高的资质等级，但应当符合相应的资质标准条件。企业分立的，分立后企业的资质按照资质标准及本规定的审批程序核定。企业改制的，改制后不再符合资质标准的，应按其实际达到的资质标准及本规定重新核定；资质条件不发生变化的，按前款规定办理。

从事建设工程勘察、设计活动的企业，申请资质升级、资质增项，在申请之日起前一年内有下列情形之一的，资质许可机关不予批准企业的资质升级申请和增项申请：

(1) 企业相互串通投标或者与招标人串通投标承揽工程勘察、工程设计业务的；

(2) 将承揽的工程勘察、工程设计业务转包或违法分包的；

(3)注册执业人员未按照规定在勘察设计文件上签字的；
(4)违反国家工程建设强制性标准的；
(5)因勘察设计原因造成过重大生产安全事故的；
(6)设计单位未根据勘察成果文件进行工程设计的；
(7)设计单位违反规定指定建筑材料、建筑构配件的生产厂、供应商的；
(8)无工程勘察、工程设计资质或者超越资质等级范围承揽工程勘察、工程设计业务的；
(9)涂改、倒卖、出租、出借或者以其他形式非法转让资质证书的；
(10)允许其他单位、个人以本单位名义承揽建设工程勘察、设计业务的；
(11)其他违反法律、法规行为的。

(三)勘察设计资质的监督与管理

国务院住房城乡建设主管部门对全国的建设工程勘察、设计资质实施统一的监督管理。国务院铁路、交通、水利、信息产业、民航等有关部门配合国务院住房城乡建设主管部门对相应的行业资质进行监督管理。

县级以上地方人民政府住房城乡建设主管部门负责对本行政区域内的建设工程勘察、设计资质实施监督管理。县级以上人民政府交通、水利、信息产业等有关部门配合同级住房城乡建设主管部门对相应的行业资质进行监督管理。

上级住房城乡建设主管部门应当加强对下级住房城乡建设主管部门资质管理工作的监督检查，及时纠正资质管理中的违法行为。

(四)违反勘察设计企业资质管理规定的法律责任

企业隐瞒有关情况或者提供虚假材料申请资质的，资质许可机关不予受理或者不予行政许可，并给予警告，该企业在1年内不得再次申请该资质。

企业以欺骗、贿赂等不正当手段取得资质证书的，由县级以上地方人民政府住房城乡建设主管部门或者有关部门给予警告，并依法处以罚款；该企业在3年内不得再次申请该资质。

企业不及时办理资质证书变更手续的，由资质许可机关责令限期办理；逾期不办理的，可处以1000元以上1万元以下的罚款。

企业未按照规定提供信用档案信息的，由县级以上地方人民政府住房城乡建设主管部门给予警告，责令限期改正；逾期未改正的，可处以1000元以上1万元以下的罚款。

涂改、倒卖、出租、出借或者以其他形式非法转让资质证书的，由县级以上地方人民政府住房城乡建设主管部门或者有关部门给予警告，责令改正，并处以1万元以上3万元以下的罚款；造成损失的，依法承担赔偿责任；构成犯罪的，依法追究刑事责任。

县级以上地方人民政府住房城乡建设主管部门依法给予工程勘察、设计企业行政处罚的，应当将行政处罚决定以及给予行政处罚的事实、理由和依据，报国务院住房城乡建设主管部门备案。

住房城乡建设主管部门及其工作人员，违反本规定，有下列情形之一的，由其上级行政机关或者监察机关责令改正；情节严重的，对直接负责的主管人员和其他直接责任人员，依法给予行政处分：

(1)对不符合条件的申请人准予工程勘察、设计资质许可的；
(2)对符合条件的申请人不予工程勘察、设计资质许可或者未在法定期限内作出许可决

定的;

(3) 对符合条件的申请不予受理或者未在法定期限内初审完毕的;

(4) 利用职务上的便利,收受他人财物或者其他好处的;

(5) 不依法履行监督职责或者监督不力,造成严重后果的。

职业训练 5-1

某勘察单位超越资质级别承接工程受到处罚

四川省绵阳市某建设工程勘察单位具有乙级工程勘察设计资质,2004 年间该单位在明知自身不具备相应资质条件的情况下承接了一项一等工程的勘察项目。该公司注册建造师在工程勘察设计中尽职守责,该工程经验收未发现有质量问题。在 2005 年进行资质年检时,该市所在省建设行政主管部门接到举报,称该勘察设计公司在 2004 年有超越资质承接勘察设计业务行为。省建设行政主管部门责令该市建设局进行调查,查实该勘察公司确实具有上述违法行为。经省建设行政主管部门研究,对其作出如下处罚决定:

没收该勘察公司违法越级承接勘察业务所得 8 万元,并处罚款 3 万元,2005 年年检结论为不合格。

评析:

本案是一起典型的勘察单位超越本单位资质等级承揽工程的违法案件,虽然本案中该勘察单位在实施勘察过程中尚能尽其职责,但其超越本单位的资质等级承接业务,本身就是违法,而且,超越资质承接业务,勘察单位自己不具备勘察条件的建筑工程,因监督能力和技术力量不足,很容易留下质量或安全隐患,所以,《建筑法》明令禁止这种越级承接业务的行为。本案中,建设行政主管部门依法对该勘察公司作出的处罚是正确的。

职业训练 5-2

某咨询公司地质勘察不当导致伤亡损失赔偿案

某咨询公司受业主委托设计一地下水渠工程,在进行工程地质勘察时,未能发现地层深处储藏有沼气,当承包商组织挖土施工时,因采用爆破法,致使深处沼气受震动而外逸,存留在地下暗渠内,施工中很幸运没有发生问题。竣工后当地群众前去祝贺、参观。当时由于干旱,地下水渠内充满了沼气,在开泵时沼气被水流赶入泵站内。正值有人吸烟,引起爆炸,造成死亡 16 人、受伤多人的严重事故。受害人家属起诉咨询公司和承包商,法院判处咨询公司和承包商败诉,负赔偿责任。

评析:

地质勘察是进行建筑工程基础设计和结构设计的基础性工作,其作用非常大。有资料表明,我国 2006 年发生的 30 起倒塌事故,有 14 起与勘察设计有关,可见勘察设计的重要。法院审查勘察设计是否合格的主要依据是有关法律、行政法规的规定和建筑工程质量、安全标准,建筑工程勘察、设计技术规范及合同的约定。

> **职业训练 5-3**

设计错误引起房屋不均匀沉降，设计单位应承担责任

黑龙江省某市开发区进行一项旧城改造拆迁安置工程，共 20 栋，累计建筑面积 45 万平方米。该工程于 2002 年 4 月初开工，2003 年 9 月全部竣工，并进行工程验收。但后来有 5 栋出现较严重的不均匀沉降，房屋最大沉降量达 250 毫米，影响了住房的使用。

经调查，房屋产生不均匀沉降的原因在于工程设计：该工程设计采用深层水泥搅拌桩，但在荷载计算时忽视了建筑重心的位置。水泥搅拌桩作为复合地基，虽对改善地基的承载力有较好效果，但不能完全控制沉降问题。设计单位在工程设计时，柱与基础都是均匀设置的，而上部荷载偏心较大，因此建筑物的偏心和软弱下卧层变形验算不准确是引起不均匀沉降的主要原因。

评析：

由本案可见，勘察、设计工作是保证建筑工程质量的基础和前提，勘察、设计不符合质量要求，整个建筑工程的质量就难以保证。因此，勘察、设计单位必须切实履行自己的质量责任和义务，否则就有可能酿成惨剧，给国家和人民的生命、财产造成巨大损失。

二、工程勘察设计人员资格管理

（一）勘察设计人员管理制度

国家对从事建设工程勘察设计的专业技术人员，实行执业资格注册管理制度。结合我国国情并参照国外注册执业制度的通行做法，我国目前勘察设计行业执业注册资格分为三大类：注册建筑师、注册工程师、注册景观设计师。

未经注册的建设工程勘察设计人员，不得以注册执业人员的名义从事工程勘察设计活动；勘察设计注册执业人员和其他专业技术人员只能受聘于一个勘察设计单位，未受聘的，不得从事工程的勘察设计活动。

离退休工程技术人员，只能应聘在一个勘察设计单位从事勘察设计业务。外单位聘用，应由外单位出具外聘证明。离退休人员可作为单位技术资格认定条件，但其人员总数不得超过聘用单位技术人员的 30%。应聘的离退休人员应与聘用单位签订不少于 2 年的聘用合同。

离退休人员一般不宜担任聘用单位的法定代表人。

院校所属勘察设计单位，因工作需要聘请在职教师从事勘察设计业务的，必须实行定期聘任制度，办理聘任手续，教师定期聘用人数不得超过聘用单位技术人员总数的 30%，聘期不少 2 年。

（二）注册建筑师

1. 注册建筑师和注册建筑师制度

注册建筑师，是指依法取得建筑师证书并从事房屋建筑设计及相关专业的人员。注册建筑师制度，是指具备一定专业学历的设计人员，通过考试与注册确定其职业的技术资格，从而获得建筑设计签字权的一种制度。

在我国，注册建筑师分为一级注册建筑师和二级注册建筑师。一级注册建筑师的条件严格执行国际标准；二级注册建筑师考虑到我国实际情况，条件适当放宽，既与国际接轨，又符合我

国国情。

国务院建设行政主管部门、人事行政主管部门和各省、自治区、直辖市政府建设行政主管部门、人事行政主管部门依照《中华人民共和国注册建筑师条例》（以下简称《注册建筑师条例》）和《中华人民共和国注册建筑师条例实施细则》的规定，对注册建筑师的考试、注册和执业实施指导和监督。全国注册建筑师管理委员会和省、自治区、直辖市注册建筑师管理委员会负责注册建筑师的考试与注册工作。

2. 注册建筑师的考试与注册

国家实行注册建筑师统一考试制度，分为一级注册建筑师考试和二级注册建筑师考试，原则上每年考试一次。

凡参加注册建筑师考试者，由本人提出申请，经所在建筑设计单位审查同意后，统一向省、自治区、直辖市注册建筑师管理委员会报名，经审查符合《注册建筑师条例》规定的一级注册建筑师条件或二级注册建筑师条件的，方可参加相应的注册建筑师考试。

注册建筑师考试合格，取得相应的注册建筑师资格的，可以申请注册。一级注册建筑师的注册，由全国注册建筑师管理委员会负责；二级注册建筑师的注册，由省、自治区、直辖市注册建筑师管理委员会负责。

对不符合《注册建筑师条例》规定条件的，不予注册。对决定不予注册的，自决定之日起15日内书面通知申请人。申请人有异议的，可以自收到通知之日起15日内向国务院建设行政主管部门或省、自治区、直辖市人民政府建设行政主管部门申请复议。

准予注册的申请人，分别由全国注册建筑师管理委员会和省、自治区、直辖市注册建筑师管理委员会核发中华人民共和国一级注册建筑师证书和中华人民共和国二级注册建筑师证书。

注册建筑师注册的有效期为2年。有效期届满需要继续注册的，应当在期满前30日内办理注册手续。

3. 注册建筑师的执业

注册建筑师的执业范围包括：

(1) 建筑设计；

(2) 建筑设计技术咨询；

(3) 建筑物调查与鉴定；

(4) 对本人主持设计的项目进行施工指导与监督；

(5) 国务院建设行政主管部门规定的其他业务。

一级注册建筑师的执业范围不受建筑规模和工程复杂程度的限制。二级注册建筑师的执业范围不得超越国家规定的建筑规模和工程复杂程度。

注册建筑师执行业务，应当加入建筑设计单位。注册建筑师的执业范围不得超越其所在建筑设计单位资质等级许可的范围。注册建筑师的执业范围与其所在建筑设计单位的业务范围不符时，个人执业范围服从单位的业务范围。

4. 注册建筑师的权利和义务

(1) 注册建筑师的主要权利

注册建筑师有权以注册建筑师的名义执行注册建筑师业务。非注册建筑师不得以注册建筑师的名义执行注册建筑师业务。二级注册建筑师不得以一级注册建筑师的名义执行业务，也不得超越国家规定的二级注册建筑师的执业范围执行业务。

国家规定的一定跨度、跨径和高度以上的房屋建筑,应当由注册建筑师进行设计。

任何单位和个人修改注册建筑师的设计图纸,应当征得该注册建筑师同意;但是,因特殊情况不能征得该注册建筑师同意的除外。

(2)注册建筑师的主要义务

①遵守法律、法规和职业道德,维护社会公共利益;

②保证建筑设计质量,并在其负责的设计图纸上签字;

③保守在执业中知悉的单位和个人的秘密;

④不得同时受聘于两个以上建筑设计单位执行业务;

⑤不得准许他人以本人名义执行业务。

职业训练 5-4

注册建筑师准许他人以本人名义从事设计业务受处罚

注册建筑师张某在江西某大学住宅工程中,因准许他人以本人名义从事设计业务,而于 2005 年 3 月被有关部门给予停止执业 1 年的处罚。

评析:

根据《注册建筑师条例》规定,注册建筑师不得准许他人以本人名义执行业务。

(三)注册工程师

注册工程师,是指依法取得中华人民共和国注册工程师执业资格证书,并经注册取得执业注册证书(以下简称注册证书)和执业印章,从事建设工程勘察、设计及有关业务活动的专业技术人员。

注册工程师的执业范围包括:

(1)工程勘察或者本专业工程设计;

(2)本专业工程技术咨询;

(3)本专业工程招标、采购咨询;

(4)本专业工程的项目管理;

(5)对工程勘察或者本专业工程设计项目的施工进行指导和监督;

(6)国务院有关部门规定的其他业务。

本书以注册结构工程师为例来介绍注册工程师的管理规定。

1. 注册结构工程师的概念

注册结构工程师,是指依法取得中华人民共和国注册结构工程师执业资格证书和注册证书,从事房屋结构、桥梁结构及塔架结构等工程设计及相关业务的专业技术人员。

注册结构工程师分为一级注册结构工程师和二级注册结构工程师。

2. 注册结构工程师的注册

根据 1997 年 9 月 1 日建设部、人事部联合发布的《注册结构工程师执业资格制度暂行规定》,有下列情形之一的,不予注册:

(1)不具备完全民事行为能力的;

(2)因受刑事处罚,自处罚完毕之日起至申请注册之日止不满 5 年的;

(3)因在结构工程设计或相关业务中犯有错误受到行政处罚或者撤职以上行政处分,自处罚、处分决定之日起至申请注册之日止不满2年的;

(4)受吊销注册结构工程师注册证书处罚,自处罚决定之日起至申请注册之日止不满5年的;

(5)建设部和国务院有关部门规定不予注册的其他情形。

对准予注册的申请人,分别由全国注册结构工程师管理委员会和省、自治区、直辖市注册结构工程师管理委员会核发中华人民共和国一级注册结构工程师证书和中华人民共和国二级注册结构工程师证书。

注册结构工程师注册有效期为2年,有效期届满需要继续注册的,应当在期满前30日内办理注册手续。

3. 注册结构工程师的执业

注册结构工程师的执业范围包括:

(1)结构工程设计;

(2)结构工程设计技术咨询;

(3)建筑物、构筑物、工程设施等的调查和鉴定;

(4)对本人主持设计的项目进行施工指导和监督;

(5)建设部和国务院有关部门规定的其他业务。

一级注册结构工程师的执业范围不受工程规模和工程复杂程度的限制,二级注册结构工程师的执业范围另行规定。

注册结构工程师执行业务,应当加入一个勘察设计单位,由勘察设计单位统一接受业务并统一收费。

因结构设计质量造成的经济损失,由勘察设计单位承担赔偿责任;勘察设计单位有权向签字的注册结构工程师追偿。

4. 注册结构工程师的权利和义务

(1)注册结构工程师的主要权利

①名称专有权

注册结构工程师有权以注册结构工程师的名义执行注册结构工程师业务,非注册结构工程师不得以注册结构工程师的名义执行注册结构工程师业务。

②结构工程设计主持权

国家规定的一定跨度、高度等以上的结构工程设计,应当由注册结构工程师主持设计。

③独立设计权

任何单位和个人修改注册结构工程师的设计图纸,应当征得该注册结构工程师同意;但是因特殊情况不能征得该注册结构工程师同意的除外。

(2)注册结构工程师的主要义务

①遵守法律、法规和职业道德,维护社会公共利益;

②保证工程设计质量,并在其负责的设计图纸上签字盖章;

③保守在执业中知悉的单位和个人的秘密;

④不得同时受聘于两个以上勘察设计单位执行业务;

⑤不得准许他人以本人名义执行业务;

⑥按规定接受必要的继续教育,定期进行业务和法律培训。

1.2.3 工程勘察设计市场经营管理

一、工程勘察设计单位的经营资格

(一) 勘察设计收费资格

勘察设计单位若仅有资质证书,而未取得收费资格,则只能承担本单位内部的勘察设计工作,不得进入市场进行勘察设计经营活动。

勘察设计收费资格证书,是收取勘察设计费的法定凭证。它的领取,由勘察设计单位提出申请,由各部、各地勘察设计主管部门提出审查意见,分别报送国家或地方发证部门审批。

勘察设计单位申请收费资格证书必须具备下列条件:

(1) 持有国家规定发证部门发给的全国统一印制的工程勘察证书或工程设计证书;

(2) 依法实行了技术经济责任制,经济上独立核算,自负盈亏或自收自支的勘察设计单位;

(3) 原为事业单位性质的,其事业费已由财政部转作建设项目前期工作费,不再享有国家事业费的勘察设计单位;

(4) 依照财政、税务部门的规定依法纳税者。

(二) 企业法人营业执照

依法取得勘察设计资质证书和收费资格证书的单位,还需到工商行政管理机关登记注册,领取企业法人营业执照后,方可开展经营活动。未经工商行政管理机关登记注册的勘察设计单位不得开展经营活动。

勘察设计单位申请企业法人登记应具备下列条件:

(1) 经国家规定的机构、编制审批部门批准成立,并持有相应的文件;

(2) 持有国家规定发证机关发给的工程勘察证书或工程设计证书和工程勘察收费资格证书或工程设计收费资格证书;

(3) 有国家授予经营管理的财产或自有财产,并能够以其财产独立承担民事责任;

(4) 有健全的财会制度,能够实行独立核算,自负盈亏或自收自支,独立编制奖金平衡表或者资产负债表;

(5) 有与经营范围相适应的注册资金、经营场地和技术人员,其中从事工程项目建设总承包的勘察设计单位,其注册资金不得少于 500 万元,其他工程勘察设计单位的注册资金不得少于 20 万元;

(6) 法律、法规规定的其他条件。

二、工程勘察设计单位的经营权限

勘察设计单位的经营范围包括:工程勘察、工程设计、工程项目建设总承包、岩土工程、工程监理、技术服务、咨询服务、其他兼营业务等。勘察设计单位承担勘察设计任务时,应当严格按照所持有的资格证书的等级和行业分类,对照由国务院有关部门颁布的该行业勘察设计资格分级标准的具体规定,承担相应的勘察设计任务。

持有国家有关部门依法颁布的工程勘察、设计证书的单位,不论何种级别,均可到全国各地参与竞争,承担与证书规定等级、范围相适应的勘察设计任务。各部门、各地区不得对其他地区、部门的勘察设计单位重新进行资格审查、认定,或乱收费,或利用验证登记备案等来封锁、分割勘察设计市场。

甲、乙级勘察设计单位可以将部分勘察设计任务依法分包给持相应行业资格证书的单位,允许其聘用非持证单位的工程技术人员从事勘察设计工作(如聘用在职人员,须与该单位签订合同),由发包人或用人单位对整个勘察设计项目的技术、经济、质量负责。丙、乙级勘察设计单位可以与高资格等级的单位联合进行勘察设计,但必须依法签订合同,并由持有该项目相应资格证书的单位与建设单位签订勘察设计合同、盖章出图和承担相应的技术和法律责任。

职业训练 5-5

违规设计导致事故,甲级设计院被处罚

2002年,中央电视台曝光了某市"山水居"项目,对该项目中存在的系列违法违规行为进行了披露:建设单位深圳市某投资有限公司,未取得商品房预售许可证擅自委托不具备销售代理资格的个人进行商品房销售,违反建设工程规划许可证的规定超面积建设,未取得施工许可证擅自开工建设,未通过备案核准和项目竣工综合验收擅自交付使用,违规发布房地产广告进行虚假宣传,施工补充合同未按规定报送备案,逃避政府税费等。销售代理人不具备中介执业资格及销售代理资格,以个人名义与开发商签订销售承包合同,非法从事市场策划、销售代理等业务。

设计单位其设计研究院(甲级)深圳分院,在申报规划方案时,设计图纸实际建筑面积与标注面积严重不符;擅自修改经批准的规划设计方案,为违规加层出具施工图。2000年6月,深圳市有关主管部门对该工程建设中出现的违法违规情况进行了处理。深圳市规划与国土局对未取得施工许可证、擅自开工建设的开发建设单位和施工单位分别进行了罚款。建设部调查组建议按《建筑法》第七十三条的规定,认定因设计单位原因,造成工程质量事故,处以该设计研究院停止6个月承接勘察设计业务,并处以3万元罚款。对"山水居"项目设计责任人,建议依据《注册建筑师条例》第三十二条规定,吊销"山水居"项目设计责任人注册建筑师证书。

评析:

本案是关于设计院违法设计过程中的违法行为导致质量事故应当承担责任的问题。设计人员应当对设计承担责任,因此,本案对设计院和注册建筑师的违法行为,根据《建筑法》和《注册建筑师条例》给予的行政处罚是妥当的。

2 岗位工作任务

2.1 岗位工作任务名称及要求

背景资料1

2002年4月16日,上海市某建筑行政主管部门(以下简称建委)收到一建筑公司举报,称

其正在进行施工的建筑施工图纸存在严重质量问题,希望建委对该图纸的设计单位进行查处。建委经调查后发现,该工程施工图纸是由宋某组织无证设计人员,私自安排刻制并使用应当是由市建委统一管理发放的施工图出图专用章,且以蚌埠某建筑设计院上海分院的名义设计。据此,建委于2002年11月25日对宋某作出了"责令停止建筑活动,并处5万元罚款"的行政处罚;同时,上述工程的开发单位在未验明设计单位资质的情况下,将工程设计发包给事实上是个人的宋某,并将无证人员设计的施工图纸交给施工单位使用,建委因此对该工程的开发单位也作出了"责令改正,并处3万元罚款"等的行政处罚。但处罚决定书下达后,宋某及开发单位均不服上述行政处罚,遂于2003年2月6日向上海市徐汇区人民法院提起行政诉讼,要求撤销被告的上述行政处罚。

一、岗位任务的名称

1. 确定宋某以蚌埠某建筑设计院上海分院的名义设计图纸是否合法,为什么?
2. 确定该工程的开发单位有无过错,建委对其的行政处罚是否合适。

二、岗位工作任务的总体要求

阅读岗位知识并查阅相关资料,掌握勘察设计企业资质管理规定的法律责任相关知识,能够运用勘察设计企业资质管理规定的法律责任相关知识对背景材料进行归纳、分析。

三、岗位工作任务的具体要求

1. 前期准备。参加任务的同学,课前阅读岗位知识,并做好学习(工作)笔记,找出学习(工作)过程中的重点、难点,有条件的同学可以就该任务深入企业进行访问调查。
2. 过程中。参加任务的同学,以岗位任务为基点,运用岗位知识进行分析、归纳和要点提炼,完成岗位学习(工作)任务。
3. 任务后。参加任务的同学,记录学习(工作)过程中的体会、收获及改进措施、建议。
4. 认真填写岗位工作任务报告并存档保存,作为对该任务完成情况或学习成绩的评价依据。

背景资料2

某工厂新建一车间,分别与某设计单位和某建筑公司签订了设计合同和施工合同。工程竣工后厂房北侧墙壁发生裂缝,为此该厂向法院起诉建筑公司。经勘察,裂缝是由于地基不均匀沉降导致,结论是设计图纸所依据的地质勘测资料不准。于是,该厂又起诉设计院。设计院答辩称:设计院是根据该厂提供的地质勘测资料设计的,对事故不应承担责任。后经法院查证:该厂误将其他地方的地质勘测资料作为新建车间的资料提供给了设计院,但设计院对此情况并不知晓。

一、岗位任务的名称

1. 确定事故的责任应由谁负。
2. 确定该厂所发生的诉讼费用应由谁来承担。

二、岗位工作任务的总体要求

阅读岗位知识并查阅相关资料,掌握建设单位、设计单位、勘察单位责任与义务相关的知识,能够运用建设单位、设计单位、勘察单位责任与义务相关的知识对背景材料进行归纳、分析。

三、岗位工作任务的具体要求

1. 前期准备。参加任务的同学,课前阅读岗位知识,并做好学习(工作)笔记,找出学习(工作)过程中的重点、难点,有条件的同学可以就该任务深入企业进行访问调查。

2. 过程中。参加任务的同学,以岗位任务为基点,运用岗位知识进行分析、归纳和要点提炼,完成岗位学习(工作)任务。

3. 任务后。参加任务的同学,记录学习(工作)过程中的体会、收获及改进措施、建议。

4. 认真填写岗位工作任务报告并存档保存,作为对该任务完成情况或学习成绩的评价依据。

2.2 岗位工作任务结果

岗位工作任务完成后,参加任务的每位同学必须认真填写岗位工作任务报告并存档保存,作为该工作任务的结果。任务报告要求语言流畅,文字简练,条理清晰,原则上要求学生当场完成,教师酌情进行点评。具体见表1-1。

表1-1 岗位工作任务报告

姓名:　　　　专业:　　　　班级:　　　　日期:　　年　　月　　日

任务名称		任务目的	
任务内容		任务资料	
任务过程		任务结果或结论	
收获与体会		改进建议	
评价建议			
			年　月　日

2.3 岗位工作任务评价标准

任务完成后,均需要按岗位工作任务评价标准进行工作考核评价,作为学习(工作)的成绩评定依据。具体见表1-2。

表1-2 岗位工作任务评价标准表

类别	内容及标准	分值	自评(40%)	教师评(60%)	权重	小计	备注
出勤	态度端正,主动积极,无迟到早退	15			15%		有迟到或早退现象,每次扣1分,直至扣完本项分为止
准备阶段	1.按规定时间接受线上发布的任务并反馈	5			30%		未接受发布的任务、未完成知识的预习及未完成知识预习的练习,每次扣1分;未列出岗位知识中的重点、难点,并记录在笔记中,每次扣2分;直至扣完本项分为止
	2.按规定时间完成岗位知识的预习	10					
	3.能够列出岗位知识中的重点、难点,并记录在笔记中	10					
	4.及时完成岗位知识预习的练习	5					
实施阶段	1.能针对岗位知识进行分析、归纳和要点提炼	10			35%		能对知识进行要点提炼、积极参与讨论分享、能给出明确的观点或结论,每次加1分,最多加10分
	2.课堂积极参与讨论、模拟、汇报及分享	15					
	3.对任务能给出最终的观点或结论	10					
总结评价阶段	1.能总结任务完成过程的体会、收获	5			20%		有体会及收获、改进措施及建议,每次加1分,最多加5分。没有任务报告的,每次扣2分,直至扣完本项分为止
	2.能针对任务提出改进措施、建议	5					
	3.能高质量完成工作任务报告并提交	10					
总合计		自评人签名		教师签名			

3　工作笔记

3.1　学习(工作)过程中的重点、难点

重点：_____
_____
_____
_____。

难点：_____
_____
_____
_____。

3.2　学习(工作)过程中的体会、收获

体会、收获：_____
_____
_____
_____。

3.3　学习(工作)过程中的改进措施、建议

改进措施、建议：_____
_____
_____
_____。

4　实践练习

一、单选题

1. 从事建设工程勘察、设计的单位应当依法取得相应等级的(　　)，并在其许可的范围内承揽工程。
   A. 资质证书　　　　　　　　B. 营业执照
   C. 许可证　　　　　　　　　D. 注册证书

2. 除有特殊要求的建筑材料、专用设备和工艺生产线外,设计单位(　　)指定生产厂、供应商。
   A. 可以　　　　　　B. 必须　　　　　　C. 有权利　　　　　D. 不得
3. 工程建设强制性标准是指直接涉及(　　)等方面的工程建设标准强制性条文。
   ①工程质量　②安全　③卫生　④环境保护
   A. ①②③④　　　　B. ①②③　　　　　C. ①②④　　　　　D. ①③④
4. 2019 年 4 月国务院颁布的《中华人民共和国注册建筑师条例》中规定,符合下列哪几个条件者可申请参加一级注册建筑师考试?(　　)
   ①取得建筑学硕士学位或相近专业工学博士学位,并从事建筑设计或相关业务 2 年以上
   ②取得建筑学学士学位或相近专业工学硕士学位,并从事建筑设计或相关业务 3 年以上
   ③具有建筑设计技术专业或相近专业大专毕业以上学历,并从事建筑设计或相关业务 7 年以上
   ④取得高级工程师技术职称并从事建筑设计或相关业务 5 年以上
   A. ①②　　　　　　B. ①②③　　　　　C. ①②④　　　　　D. ①③④
5. 关于设计收费,2000 年版本的建设工程设计合同特意注明第一次要付(　　)的定金。
   A. 10%　　　　　　B. 20%　　　　　　C. 25%　　　　　　D. 30%
6. 二级注册建筑师的执业范围为何等级别的民用建筑工程等级项目?(　　)
   A. 一级以下　　　　B. 二级以下　　　　C. 三级及以下　　　D. 二级
7. 工程设计实行招标,招标人根据什么选择中标方案?(　　)
   A. 评标委员会报告,投标人的技术力量和业绩
   B. 投标人的资质
   C. 投标人的报价
   D. 投标人的近期业务
8. 关于注册建筑师的执业范围,下列哪项叙述不正确?(　　)
   A. 建筑设计技术咨询
   B. 建筑物的造价工作
   C. 对本人主持设计的项目进行施工指导和监督
   D. 国务院建设行政主管部门规定的其他业务
9. 注册建筑师注册的有效期为(　　)年。
   A. 1　　　　　　　B. 2　　　　　　　C. 5　　　　　　　D. 10
10. 建设工程勘察、设计注册职业人员和其他专业技术人员未受聘于一个建设工程勘察、设计单位或者同时受聘于两个以上建设工程勘察、设计单位,从事建设工程勘察、设计活动的,责令停止违法行为,没收违法所得,并处以罚款,所罚金额为违法所得(　　)。
    A. 5 倍以下罚款　　　　　　　　　　B. 3 倍以上罚款
    C. 3 倍以上 5 倍以下罚款　　　　　　D. 5 倍以上罚款
11. 注册建筑师发生下列(　　)情形时,应由有关部门撤销其注册资格。
    A. 受刑事处罚的　　　　　　　　　　B. 部分丧失民事行为能力的
    C. 自行停止注册建筑师业务满 1 年的　D. 年龄超过 60 岁的
12. 因设计质量原因引起的经济损失由哪一方赔偿?(　　)
    A. 设计单位　　　　B. 总包单位　　　　C. 施工单位　　　　D. 分包单位

13. 编制建设工程勘察、设计文件,应当以( )规定为依据。
   ①项目批准文件　②城市规划　③工程建设强制性标准
   ④国家规定的建设工程勘察、设计深度要求
   ⑤铁路、交通、水利等专业建设工程的专业规划要求
   A. ①②③④⑤　　　　　　　　　B. ①②③④
   C. ①②③　　　　　　　　　　　D. ①③④

二、多选题

1. 施工过程中,建设单位必须按照国家有关规定办理申请批准手续的情形有( )。
   A. 需要修改设计图纸和施工方案的
   B. 需要临时占用规划批准范围以外场地的
   C. 可能损坏道路、管线、电力、邮电通信等公共设施的
   D. 需要临时停水、停电中断道路交通的
   E. 需要进行爆破的

2. 勘察设计合同的承包方因勘察设计质量低劣引起返工或未按期提交勘察设计文件,拖延工期造成损失时,应由( )。
   A. 发包方与承包方解除勘察设计合同
   B. 承包方继续完善勘察设计
   C. 承担与受损失部分勘察设计费相应的赔偿金
   D. 视造成损失浪费的大小减收或免收勘察设计费
   E. 减免勘察设计费不足以赔偿发包方实际损失的部分承包方仍应承担

3. 根据法律规定,可以不采取招标的方式直接发包的工程建设勘察设计项目有( )。
   A. 采用特定的专利项目　　　　　B. 采用专有技术项目
   C. 建筑艺术造型有特定要求的项目　D. 成片开发的住宅小区项目
   E. 国务院规定的其他工程建设勘察设计

4. 建设工程勘察、设计企业有( )行为,情节严重的,吊销资质证书。
   A. 超越资质级别或者范围承接勘察设计业务的
   B. 允许其他单位、个人以本单位名义承揽建设工程勘察、设计业务的
   C. 以其他建设工程勘察、设计企业的名义承揽建设工程勘察、设计业务的
   D. 将所承揽的建设工程勘察、设计业务转包或者违法分包的

5. 注册建筑师的执业范围包括( )。
   A. 建筑设计
   B. 建筑设计技术咨询
   C. 建筑物调查与鉴定
   D. 对本人主持设计的项目进行施工指导与监督

三、简答题

1. 何谓工程勘察设计?勘察设计的基本原则是什么?
2. 简述工程勘察设计的资质等级和标准。
3. 简述我国的注册建筑师及注册结构工程师制度。

项目六
建筑工程监理法规

1 岗位知识

1.1 案例导入

案情简介

某监理单位承担了国内某工程的施工监理任务,该工程由甲施工单位总包,经业主同意,甲施工单位选择了乙施工单位作为分包单位。

监理工程师在审图时发现,基础工程的设计有部分内容不符合国家的工程质量标准。因此总监理工程师立即致函设计单位要求改正,设计单位研究后,口头同意了总监理工程师的改正要求,总监理工程师随即将更改的内容写成监理指令通知甲施工单位执行。在施工到工程主体时,甲施工单位认为,变更部分主体设计可以使施工更方便、质量更易得到保证,因而向监理工程师提出了设计变更的要求。

请分析:
(1) 上述总监理工程师行为的不妥之处并说明理由。
(2) 监理工程师应按什么程序处理施工单位提出的设计变更要求?

1.2 知识链接

1.2.1 建筑工程监理概述

一、建设工程监理制度的确立

推行工程建设监理制度,是我国深化基本建设体制改革、发展市场经济的重要措施,是我国与国际惯例接轨的一项重要制度。自 1988 年以来,我国推行工程监理制度经过了三个阶段。

(一) 工程监理试点阶段

1988 年 8 月 12 日至 13 日,建设部在北京召开建设监理试点工作会议,商讨监理试点工作的目的、要求、确定监理试点单位的条件等事宜。1988 年 10 月 11 日至 13 日,建设部在上海召开第二次全国建设监理工作会议,进一步商讨选择哪些城市和部门作为建设监理制度的试点,并于 1988 年 11 月 12 日印发了《关于开展建设监理试点工作的若干意见》。据此，试点地区和部门开始组建监理单位，逐步开始实施建设监理制度。1993 年 5 月，第五次全国建设监理工作会议召开，总结了中国 4 年多来监理试点的工作经验，宣布结束试点工作，进入稳步发展的新阶段。

（二）工程监理稳步推进阶段

中国建设监理协会经建设部、民政部批准，于 1993 年上半年正式成立。中国建设监理协会的成立标志着中国建设监理行业基本成形，并走上自我约束、自我发展的道路。到 1995 年 12 月 15 日，建设部和国家计委印发《工程建设监理规定》的通知，自 1996 年 1 月 1 日起实施。截至 1996 年年底，全国共有工程建设监理单位 2100 多家，全国开展监理工作的地级市达到 238 个，占全国 269 个地级市的 88.5%，地级城市已经普遍推行建设监理制度。

（三）工程监理全面推行阶段

1997 年，《建筑法》以法律制度的形式作出规定，国家推行建设工程监理制度，从而使建设工程监理在全国范围内进入全面推行阶段。实践表明，实行建设工程监理制度可以有效地控制建设工期，确保工程质量，控制建设投资，从而促进工程建设水平和投资效益的提高。

二、建设工程监理的含义及性质

（一）建设工程监理的含义

《建设工程监理规范》（GB/T 50319—2013）中规定，建设工程监理是指工程监理单位受建设单位委托，根据法律法规、工程建设标准、勘察设计文件及合同，在施工阶段对建设工程质量、造价、进度进行控制，对合同、信息进行管理，对工程建设相关方的关系进行协调，并履行建设工程安全生产管理法定职责的服务活动。这个定义包含以下含义：

1. 建设工程监理的行为主体

监理的行为主体是监理单位。《建筑法》第三十一条也规定，实行监理的建筑工程，由建设单位委托具有相应资质条件的工程监理单位监理。

2. 建设工程监理的实施

监理的实施需要业主委托和授权。《建筑法》第三十一条也规定，建设单位与其委托的工程监理单位应当订立书面委托监理合同。

3. 建设工程监理的实施依据

监理的依据是法律法规、工程建设标准、工程建设文件及合同。

(1) 有关法律法规、规章；

(2) 有关技术标准、技术规范、规程；

(3) 国家批准的工程建设文件、设计文件和设计图纸；

(4) 监理合同和有关建设工程合同。

4. 建设工程监理实施范围

与国际上一般的工程项目管理咨询服务不同，建设工程监理是一项具有中国特色的工程建设管理制度，目前我国的工程监理仅定位于工程施工阶段。另外，法律法规将工程质量、安全生产管理方面的责任赋予工程监理单位。

5. 建设工程监理的基本职责

"三控制三管理一协调":对建设工程质量、造价、进度进行控制,对合同、信息、安全进行管理,对工程建设相关方的关系进行协调。

(二)建设工程监理的性质

我国在1995年印发的《工程建设监理规定》中的第四条规定,"从事建设工程监理活动,应当遵循守法、诚信、公正、科学的准则",也明确界定了建设工程监理的性质。

1. 服务性

建设工程监理具有服务性,是从它的业务性质方面定性的。工程监理单位为业主提供的是智能服务,工程监理单位的服务对象是建设单位,但不能完全取代建设单位的管理活动。工程监理单位本身不是建设产品的直接生产者和经营者,不具有工程建设重大问题的决策权,只能在建设单位授权范围内采用规划、控制、协调等方法,控制建设工程质量、造价和进度,并履行建设工程安全生产管理的监理职责,协助建设单位在计划目标内完成工程建设任务。这就是建设工程监理的管理服务的内涵。

2. 科学性

科学性是由建设工程监理的基本任务决定的。工程监理单位以协助建设单位实现其投资目的为己任,力求在计划目标内完成工程建设任务。由于工程建设规模日趋庞大,建设环境日益复杂,功能需求及建设标准越来越高,新技术、新工艺、新材料、新设备不断涌现,工程建设参与单位越来越多,工程风险日渐增加,工程监理单位只有采用科学的思想、理论、方法和手段,才能驾驭工程建设。

3. 独立性

监理单位在开展监理工作时要依据自己的技术、经验以及业主认可的监理大纲,自主地组建现场的监理机构,确定内部的工作制度和监理工作准则。在监理合同履行过程中,为业主服务时要有自己的工作原则,不能由于业主的干涉而丧失原则,侵害承包商的合法利益。监理单位与业主的关系是平等的合同契约关系。在管理活动中要依据监理合同来履行自己的权利和义务,承担相应的职业道德责任和法律责任,不能片面迁就业主的不正当要求。与建设单位、承包商之间的关系是一种平等的主体关系。

《建筑法》规定工程监理单位与被监理工程的承包单位以及建筑材料、建筑构配件和设备供应单位不得有隶属关系或者其他利害关系。

4. 公正性

公正性是指建设工程监理单位和监理工程师在实施建设工程监理活动中,排除各种干扰,以公正的态度对待委托方和被监理方。

公正性是解决问题的基本原则,国家的法律也授权监理站在公正的立场行使处理权,维护双方的合法权益,是监理单位和监理工程师顺利实施其职能的重要条件,是监理制度实施的必然要求,是社会公认的职业准则,也是监理单位和监理工程师的基本职业道德准则。我国建设监理制把"公正"作为从事建设监理活动应当遵循的重要原则。

1.2.2 建筑工程监理实施

一、强制实施监理的范围和规模

《建设工程监理范围和规模标准规定》第二条规定,下列建设工程必须实行监理:

(1)国家重点建设工程。国家重点建设工程是指对国民经济和社会发展有重大影响的骨干项目。

(2)大中型公用事业工程。大中型公用事业工程是指项目总投资额在3000万元以上的下列工程项目,包括供水、供电、供气、供热等市政工程项目,科技、教育、文化等项目,体育、旅游、商业等项目,卫生、社会福利等项目,其他公用事业项目。

(3)成片开发建设的住宅小区工程。成片开发建设的住宅小区工程,建筑面积在5万平方米以上的住宅建设工程必须实行监理;5万平方米以下的住宅建设工程,可以实行监理,具体范围和规模标准,由省、自治区、直辖市人民政府建设行政主管部门规定。

(4)利用外国政府或者国际组织贷款、援助资金的工程。包括使用世界银行、亚洲开发银行等国际组织贷款资金的项目,使用国外政府及其机构贷款资金的项目,使用国际组织或者国外政府援助资金的项目。

(5)国家规定必须实行监理的其他工程。国家规定必须实行监理的其他工程是指项目总投资额在3000万元以上关系社会公共利益、公众安全的基础设施项目。

二、建设工程监理的内容

三控制、三管理、一协调。

(一)"三控制"的主要内容

"三控制"包括的内容有投资控制、进度控制、质量控制。

1. 投资控制

建设工程项目投资控制,就是在建设工程项目的投资决策阶段、设计阶段、施工阶段以及竣工阶段,把建设工程投资控制在批准的投资限额内,随时纠正发生的偏差,以保证项目投资管理目标的实现,力求在建设工程中合理使用人力、物力、财力,取得较好的投资效益和社会效益。

2. 进度控制

进度控制是指对工程项目建设各阶段的工作内容、工作程序、持续时间和衔接关系,根据进度总目标及资源优化配置的原则,编制计划并付诸实施,然后在进度计划的实施过程中经常检查实际进度是否按计划进行,对出现的偏差情况进行分析,采取有效的补救措施,修改原计划后再付诸实施,如此循环,直到建设工程项目竣工验收交付使用。建设工程进度控制的最终目标是确保建设项目按预定时间交付使用或提前交付使用。建设工程进度控制的总目标是保证建设工期。

常见的影响建设工程进度的人为因素有以下几种:

(1)建设单位因素。如建设单位因使用要求改变而进行的设计变更,不能及时提供建设场地、满足施工需要,不能及时向承包单位、材料供应单位付款。

(2) 勘察设计因素。如勘察资料不准确，特别是地质资料有错误或遗漏、设计有缺陷或错误、设计对施工考虑不周、施工图供应不及时等。

(3) 施工技术因素。如施工工艺错误、施工方案不合理等。

(4) 组织管理因素。如计划安排不周密、组织协调不利等。

3. 质量控制

建筑工程质量控制，是指工程满足建设单位需要的，符合国家法律、法规、技术规范标准、设计文件及合同规定的特性综合。建设工程作为一种特殊的产品，除具有一般产品共有的质量特性，如适用性、寿命、可靠性、安全性、经济性等满足社会需要的使用价值和属性外，还具有特定的内涵。建设工程质量的特性主要表现为适用性、耐久性、安全性、可靠性、经济性和与环境的协调性。工程建设的不同阶段，对工程质量的形成起到不同的作用和影响。影响工程的因素很多，但归纳起来主要有五个方面：人、机、料、法、环。人员素质、施工设备、工程材料、工艺方法、环境条件都影响着工程质量。

(二)"三管理"的主要内容

"三管理"指的是合同管理、信息管理和安全管理。

1. 合同管理

合同是工程监理中最重要的法律文件。订立合同是为了证明一方向另一方提供货品或者劳务，它是订立双方责、权、利的证明文件。施工合同的管理是项目监理机构的一项重要的工作，整个工程项目的监理工作可视为施工合同管理的全过程。

合同管理的主要内容包括工程变更、工程延期、费用赔偿争端与仲裁违约、工程分包、工程保险等方面。理解和熟悉合同的主要内容，对监理工程师十分重要，是实现三大控制的主要手段。

2. 信息管理

工程实施过程中，会形成一系列文件资料，主要包括下列主要内容：

(1) 勘察设计文件、建设工程监理合同及其他合同文件；

(2) 监理规划、监理实施细则；

(3) 设计交底和图纸会审会议纪要；

(4) 施工组织设计、(专项)施工方案、施工进度计划报审文件资料；

(5) 分包单位资格报审文件资料；

(6) 施工控制测量成果报验文件资料；

(7) 总监理工程师任命书，工程开工令、暂停令、复工令，开工或复工报审文件资料；

(8) 工程材料、构配件、设备报验文件资料；

(9) 见证取样和平行检验文件资料；

(10) 工程质量检查报验资料及工程有关验收资料；

(11) 工程变更、费用索赔及工程延期文件资料；

(12) 工程计量、工程款支付文件资料；

(13) 监理通知单、工作联系单与监理报告；

(14) 第一次工地会议、监理例会、专题会议等会议纪要；

(15) 监理月报、监理日志、旁站记录；

（16）工程质量或生产安全事故处理文件资料；

（17）工程质量评估报告及竣工验收监理文件资料；

（18）监理工作总结。

为了能及时、准确、完整地收集、整理、编制、传递监理文件资料，项目监理机构宜采用信息技术进行监理文件资料管理，为建设活动提供准确、翔实的文件依据，并通过数据信息的支持，帮助建设工程的决策者更好地领导项目建设活动，以此来保证工程施工的质量、安全，更能有效地掌握工程的动态投资。

建设工程监理的主要方法是控制，控制的基础是信息，信息管理是工程监理工作的主要内容之一。信息管理工作的好坏，将会直接影响监理工作的成败，监理工程师应重视建设工程项目的信息管理工作，掌握信息管理方法。

3. 安全管理

安全管理已经成为监理的重要工作内容。安全是工程质量的前提条件，而工程质量的好坏，也是为了安全。如果说质量是业主所追求的最终目标，那么安全则是实现这一目标的基本环境条件，而安全管理则是这一环境条件的保护神。

（三）"一协调"的主要内容

"一协调"主要指的是施工阶段项目监理机构组织协调工作。工程项目建设是一项复杂的系统工程。在系统中活跃着建设单位、承包单位、勘察设计单位、监理单位、政府行政主管部门及与工程建设有关的其他单位。

在系统中监理单位具备最佳的组织协调能力。主要原因是：监理单位是建设单位委托并授权的，是施工现场唯一的管理者，代表建设单位，并根据委托监理合同及有关的法律法规授予的权利，对整个工程项目的实施过程进行监督并管理。监理人员都是经过考核的专业人员，他们有技术、会管理、懂经济、通法律，一般要比建设单位的管理人员有着更高的管理水平、管理能力和监理经验，能使工程项目建设过程有效运行。根据有关的法令、法规，监理单位对工程建设项目进行监督与管理时有自己特定的权利。

三、监理的实施原则

监理是一种有偿的工程咨询服务，是受项目法人委托进行的。其主要依据是法律、法规、技术标准、相关合同及文件，其准则是守法、诚信、公正和科学。在具体的监理活动中应遵循如下原则。

（一）公正、独立、自主的原则

项目监理在建设工程监理中必须尊重科学、尊重事实，组织各方协同配合，维护有关各方的合法权益。为此，必须坚持公正、独立、自主的原则。项目业主与承包商虽然都是独立运行的经济主体，但它们追求的经济目标有差异，各自的行为也有差别，监理工程师应在按委托监理合同约定的权、责、利关系的基础上，协调各方的一致性，只有按合同的约定建成工程项目，项目业主才能实现投资的目的，承包商也才能实现自己生产的价值，获取工程款和实现盈利。

（二）权责一致原则

项目监理从事的监理活动，是根据建设工程监理有关规定和受项目业主的委托和授权而进行的。监理承担的职责应与项目业主授予的权限相一致。项目业主向监理单位的授权应以能保证其正常履行监理职责为原则。

(三) 总监理工程师负责制原则

《建设工程监理规范》规定,建设工程监理实行总监理工程师负责制。因此,总监理工程师是项目监理机构的核心,其工作的好坏直接影响项目监理目标的实现。总监理工程师负责制的内涵包括如下内容:

(1) 总监理工程师是工程项目监理的责任主体;

(2) 总监理工程师是工程项目监理的权利主体;

(3) 总监理工程师是工程项目监理的利益主体。

(四) 严格监理、热情服务原则

处理项目业主与承包商之间的利益关系时,一方面应坚持严格按合同办事,严格监理;另一方面,也应当立场公正,为项目业主提供热情服务。

(1) 严格监理,就是监理人员严格按照国家政策、法规、规范、标准和合同控制项目的目标,严格把关,依照既定的程序和制度,认真履行职责,建立良好的工作作风。所以监理人员要不断地提高自身素质和监理水平。

(2) FIDIC(国际咨询工程师联合会)指出:"监理(咨询)工程师必须为业主提供热情的服务,并应运用合理的技能,谨慎而勤奋地工作。"由于项目业主对工程建设业务不可能完全精通,项目监理应按委托监理合同的要求多方位、多层次地为业主提供良好的服务,维护业主的正当权益。但是,不顾承包商的正当经济利益,一味地向承包商转嫁风险,也非明智之举。

(五) 综合效益原则

建设工程监理活动既要考虑业主的经济效益,也必须考虑与社会效益和环境效益的有机统一。建设工程监理活动虽经业主的委托和授权才能进行,但监理人员应首先严格遵守国家的建设管理法律、法规、标准,以高度负责的态度和责任感从事监理工作,既要对业主负责,谋求最大的经济利益,又要对国家和社会负责,取得最佳的综合效益。只有在符合宏观经济效益、社会效益和环境效益的条件下,业主投资项目的微观经济效益才能得以实现。

四、建设工程监理实施程序与方式

(一) 建设工程监理实施程序

监理单位和建设单位签订建设监理合同后,按以下程序实施监理:

(1) 确定项目总监理工程师,成立项目监理机构。工程监理单位在建设工程监理合同签订后,应及时将项目监理机构的组织形式、人员构成及对总监理工程师的任命书通知建设单位。

(2) 编制建设工程监理规划。监理规划是项目监理机构全面开展建设工程监理工作的指导性文件,可在签订建设工程监理合同及收到工程设计文件后由总监理工程师组织编制。总监理工程师签字后由工程监理单位技术负责人审批,并应在召开第一次工地会议前报送建设单位。

监理规划应结合工程实际情况,明确项目监理机构的工作目标,确定具体的监理工作制度、内容、程序、方法和措施。

(3) 制定各专业监理实施细则。监理实施细则是针对某一专业或某一方面建设工程监理工作的操作性文件。对专业性较强、危险性较大的分部分项工程,项目监理机构应编制监理实施细则。监理实施细则应符合监理规划的要求,并应具有可操作性。监理实施细则应在相应工程施工开始前由专业监理工程师编制,并应报总监理工程师审批。

(4) 规范化地开展监理工作。监理单位按程序对工程质量、造价、进度控制及安全生产管理开展监理工作。

(5) 参与工程竣工验收,签署建设工程监理意见。建设工程施工完成以后,监理单位应在正式验交前组织竣工预验收,在预验收中发现的问题,应及时与施工单位沟通,提出整改要求。监理单位应参加业主组织的工程竣工验收,签署监理单位意见。

(6) 向业主提交建设工程监理档案资料。建设工程监理工作完成后,监理单位向业主提交的监理档案资料应在委托监理合同文件中约定。如在合同中没有作出明确规定,监理单位一般应提交设计变更、工程变更资料,监理指令性文件,各种签证资料等档案资料。

(7) 监理工作总结。监理工作完成后,项目监理机构应及时从两方面进行监理工作总结。其一是向业主提交的监理工作总结,其主要内容包括:委托监理合同履行情况概述,监理任务或监理目标完成情况的评价,由业主提供的供监理活动使用的办公用房、车辆、试验设施等的清单,表明监理工作终结的说明等。其二是向监理单位提交的监理工作总结,其主要内容包括:监理工作的经验,可以是采用某种监理技术、方法的经验,也可以是采用某种经济措施、组织措施的经验,以及委托监理合同执行方面的经验或如何处理好与业主、承包单位关系的经验等;监理工作中存在的问题及改进的建议。

(二) 建设工程监理实施方式

《建设工程质量管理条例》第三十八条规定,监理工程师应当按照工程监理规范的要求,采取旁站、巡视和平行检验等形式,对建设工程实施监理。

1. 旁站

旁站是项目监理机构对工程的关键部位或关键工序的施工质量进行的监督活动。项目监理机构应根据工程特点和施工单位报送的施工组织设计,确定旁站的关键部位、关键工序,安排监理人员进行旁站,并应及时记录旁站情况。

2. 巡视

巡视是项目监理机构对施工现场进行的定期或不定期的检查活动。项目监理机构应安排监理人员对工程施工质量进行巡视。巡视应包括下列主要内容:

(1) 施工单位是否按工程设计文件、工程建设标准和批准的施工组织设计、(专项) 施工方案施工;

(2) 使用的工程材料、构配件和设备是否合格;

(3) 施工现场管理人员,特别是施工质量管理人员是否到位;

(4) 特种作业人员是否持证上岗。

3. 平行检验

平行检验是项目监理机构在施工单位自检的同时,按有关规定、建设工程监理合同约定对同一检验项目进行的检测试验活动。项目监理机构应根据工程特点、专业要求,以及建设工程监理合同约定,对工程材料、施工质量进行平行检验。

五、建设工程监理的日常工作

（一）会议纪要与监理例会

监理人员应参加建设单位主持的图纸会审和设计交底会议,会议纪要应由总监理工程师签认。工程开工前,监理人员应参加由建设单位主持召开的第一次工地会议,会议纪要应由项目监理机构负责整理,与会各方代表应会签。

项目监理机构应定期召开监理例会,并组织有关单位研究解决与监理相关的问题。项目监理机构可根据工程需要,主持或参加专题会议,解决监理工作范围内的工程专项问题。监理例会以及由项目监理机构主持召开的专题会议的会议纪要,应由项目监理机构负责整理,与会各方代表应会签。

（二）审查施工组织设计和施工方案

项目监理机构应审查施工单位报审的施工组织设计,符合要求时,应由总监理工程师签认后报建设单位。项目监理机构应要求施工单位按已批准的施工组织设计组织施工。施工组织设计需要调整时,项目监理机构应按程序重新审查。

总监理工程师应组织专业监理工程师审查施工单位报审的施工方案,并应符合要求后予以签认。

（三）工程开工、暂停及复工

总监理工程师应组织专业监理工程师审查施工单位报送的开工报审表及相关资料;具备开工条件的,应由总监理工程师签署审查意见,并应报建设单位批准后,总监理工程师签发工程开工令。

总监理工程师可根据停工原因的影响范围和影响程度,确定停工范围,并应按施工合同和建设工程监理合同的约定签发工程暂停令。总监理工程师签发工程暂停令应征得建设单位同意,在紧急情况下未能事先报告的,应在事后及时向建设单位作出书面报告。

当暂停施工原因消失、具备复工条件时,施工单位提出复工申请的,项目监理机构应审查施工单位报送的复工报审表及有关材料,符合要求后,总监理工程师应及时签署审查意见,并应报建设单位批准后签发工程复工令;施工单位未提出复工申请的,总监理工程师应根据工程实际情况指令施工单位恢复施工。

（四）审核分包单位资格

分包工程开工前,项目监理机构应审核施工单位报送的分包单位资格报审表,专业监理工程师提出审查意见后,应由总监理工程师审核签认。

（五）见证取样

项目监理机构应对施工单位进行的涉及结构安全的试块、试件及工程材料现场取样、封样、送检工作进行监督。

（六）设备监造

项目监理机构应按照建设工程监理合同和设备采购合同约定,对设备制造过程进行监督检查。

(七)检查、复核施工控制测量成果

专业监理工程师应检查、复核施工单位报送的施工控制测量成果及保护措施,签署意见。专业监理工程师应对施工单位在施工过程中报送的施工测量放线成果进行查验。

(八)检查试验室

专业监理工程师应检查施工单位为本工程提供服务的试验室。

(九)审查材料、构配件、设备的质量

项目监理机构应审查施工单位报送的用于工程的材料、构配件、设备的质量证明文件,并应按有关规定、建设工程监理合同约定,对用于工程的材料进行见证取样,平行检验。

专业监理工程师应审查施工单位报送的新材料、新工艺、新技术、新设备的质量认证材料和相关验收标准的适用性,必要时,应要求施工单位组织专题论证,审查合格后报总监理工程师签认。

项目监理机构对已进场经检验不合格的工程材料、构配件、设备,应要求施工单位限期将其撤出施工现场。

专业监理工程师应审查施工单位定期提交影响工程质量的计量设备的检查和检定报告。

(十)验收隐蔽工程、检验批,分项工程和分部工程

项目监理机构应对施工单位报验的隐蔽工程、检验批,分项工程和分部工程进行验收,对验收合格的应给予签认,对验收不合格的应拒绝签认,同时应要求施工单位在指定的时间内整改并重新报验。

对已同意覆盖的工程隐蔽部位质量有疑问的,或发现施工单位私自覆盖工程隐蔽部位的,项目监理机构应要求施工单位对该隐蔽部位进行钻孔探测或揭开或其他方法进行重新检验。

(十一)工程计量和付款签证

根据工程设计文件及施工合同约定,项目监理机构对施工单位申报的合格工程的工程量进行核验。项目监理机构应按下列程序进行工程计量和付款签证:

(1)专业监理工程师对施工单位在工程款支付报审表中提交的工程量和支付金额进行复核,确定实际完成的工程量,提出到期应支付给施工单位的金额,并提出相应的支持性材料;

(2)总监理工程师对专业监理工程师的审查意见进行审核,签认后报建设单位审批;

(3)总监理工程师根据建设单位的审批意见,向施工单位签发工程款支付证书。

项目监理机构应建立月完成工程量统计表,对实际完成量与计划完成量进行比较分析,发现偏差的,应提出调整建议,并应在监理月报中向建设单位报告。

(十二)处理工程变更

项目监理机构可按下列程序处理施工单位提出的工程变更:

(1)总监理工程师组织专业监理工程师审查施工单位提出的工程变更申请,提出审查意见。对涉及工程设计文件修改的工程变更,应由建设单位转交原设计单位修改工程设计文件。必要时,项目监理机构应建议建设单位组织设计、施工等单位召开论证工程设计文件的修改方案的专题会议。

(2)总监理工程师组织专业监理工程师对工程变更费用及工期影响作出评估。

(3)总监理工程师组织建设单位、施工单位等共同协商确定工程变更费用及工期变化,会签工程变更单。

(4)项目监理机构根据批准的工程变更文件监督施工单位实施工程变更。

(十三)处理费用索赔

项目监理机构可按下列程序处理施工单位提出的费用索赔:

(1)受理施工单位在施工合同约定的期限内提交的费用索赔意向通知书。

(2)收集与索赔有关的资料。

(3)受理施工单位在施工合同约定的期限内提交的费用索赔报审表。

(4)审查费用索赔报审表。需要施工单位进一步提交详细资料时,应在施工合同约定的期限内发出通知。

(5)与建设单位和施工单位协商一致后,在施工合同约定的期限内签发费用索赔报审表,并报建设单位。

(十四)工程竣工预验收

项目监理机构应审查施工单位提交的单位工程竣工验收报审表及竣工资料,组织工程竣工预验收。存在问题的,应要求施工单位及时整改;合格的,总监理工程师应签认单位工程竣工验收报审表。

工程竣工预验收合格后,项目监理机构应编写工程质量评估报告,并应经总监理工程师和工程监理单位技术负责人审核签字后报建设单位。

(十五)工程计量和付款签证

根据工程设计文件及施工合同约定,项目监理机构对施工单位申报的合格工程的工程量进行核验。项目监理机构应按下列程序进行工程计量和付款签证:

(1)专业监理工程师对施工单位在工程款支付报审表中提交的工程量和支付金额进行复核,确定实际完成的工程量,提出到期应支付给施工单位的金额,并提出相应的支持性材料;

(2)总监对专业监理工程师的审查意见进行审核,签认后报建设单位审批;

(3)总监理工程师根据建设单位的审批意见,向施工单位签发工程款支付证书。

项目监理机构应建立月完成工程量统计表,对实际完成量与计划完成量进行比较分析,发现偏差的,应提出调整建议,并应在监理月报中向建设单位报告。

(十六)处理工程延期及工期延误

施工单位提出工程延期要求符合施工合同约定时,项目监理机构应予以受理。

当影响工期事件具有持续性时,项目监理机构应对施工单位提交的阶段性工程临时延期报审表进行审查,并应签署工程临时延期审核意见后报建设单位。

当影响工期事件结束后,项目监理机构应对施工单位提交的工程最终延期报审表进行审查,并应签署工程最终延期审核意见后报建设单位。

项目监理机构在作出工程临时延期批准和工程最终延期批准前,均应与建设单位和施工单位协商。

(十七)处理施工合同争议

项目监理机构处理施工合同争议时应进行下列工作:

（1）了解合同争议情况；
（2）及时与合同争议双方进行磋商；
（3）提出处理方案后，由总监理工程师进行协调；
（4）当双方未能达成一致时，总监理工程师应提出处理合同争议的意见。

项目监理机构在施工合同争议处理过程中，对未达到施工合同约定的暂停履行合同条件的，应要求施工合同双方继续履行合同。

（十八）审核竣工结算款

项目监理机构应按下列程序进行竣工结算款审核：
（1）专业监理工程师审查施工单位提交的竣工结算款支付申请，提出审查意见。
（2）总监理工程师对专业监理工程师的审查意见进行审核，签认后报建设单位审批，同时抄送施工单位，并就工程竣工结算事宜与建设单位、施工单位协商；达成一致意见的，根据建设单位审批意见向施工单位签发竣工结算款支付证书；不能达成一致意见的，应按施工合同约定处理。

（十九）监理日志

监理日志应包括下列主要内容：
（1）天气和施工环境情况；
（2）当日施工进展情况；
（3）当日监理工作情况，包括旁站、巡视、见证取样、平行检验等情况；
（4）当日存在的问题及协调解决情况；
（5）其他有关事项。

（二十）监理月报

项目监理机构应每月向建设单位提交建设工程监理工作及建设工程实施情况等分析总结报告。监理月报应包括下列主要内容：
（1）本月工程实施情况；
（2）本月监理工作情况；
（3）本月施工中存在的问题及处理情况；
（4）下月监理工作重点。

（二十一）监理工作总结

监理工作总结应包括下列主要内容：
（1）工程概况；
（2）项目监理机构；
（3）建设工程监理合同履行情况；
（4）监理工作成效；
（5）监理工作中发现的问题及其处理情况；
（6）说明和建议。

（二十二）工作联系单

项目监理机构应协调工程建设相关方的关系，项目监理机构与工程建设相关方之间的工作联系,除另有规定外宜采用工作联系单形式进行。

(二十三)监理通知单

项目监理机构发现:

(1)施工存在质量问题的,或施工单位采用不适当的施工工艺,或施工不当,造成工程质量不合格的。

(2)工程存在安全事故隐患的。

(3)未按专项施工方案实施的。

(4)实际进度严重滞后于计划进度且影响合同工期时,应及时签发监理通知单,要求施工单位整改。整改完毕后,项目监理机构应根据施工单位报送的监理通知回复对整改情况进行复查,提出复查意见。

(二十四)监理报告

项目监理机构在实施监理过程中,发现工程存在安全事故隐患时,应签发监理通知单,要求施工单位整改;情况严重时,应签发工程暂停令,并应及时报告建设单位。施工单位拒不整改或不停止施工时,项目监理机构应及时向有关主管部门报送监理报告。

(二十五)质量事故报告

对需要返工处理或加固补强的质量事故,项目监理机构应要求施工单位报送质量事故调查报告和经设计等相关单位认可的处理方案,并应对质量事故的处理过程进行跟踪检查,同时应对处理结果进行验收。

项目监理机构应及时向建设单位提交质量事故书面报告,并应将完整的质量事故处理记录整理归档。

(二十六)参与工程竣工验收

项目监理机构应参加由建设单位组织的竣工验收,对验收中提出的整改问题,应督促施工单位及时整改。工程质量符合要求的,总监理工程师应在工程竣工验收报告中签署意见。

1.2.3 项目监理机构

一、项目监理机构的组成与设置

(一)项目监理机构的概念

项目监理机构是指工程监理单位派驻工程项目负责履行建设工程监理合同的组织机构。工程监理单位实施建设工程监理时,应在施工现场派驻项目监理机构。

项目监理机构的组织形式和规模,可根据建设工程监理合同约定的服务内容、服务期限,以及工程特点、规模、技术复杂程度、环境等因素确定。

(二)项目监理机构的组成

项目监理机构的监理人员由总监理工程师、专业监理工程师和监理员组成,且专业配套、数量满足监理工作需要,必要时可设总监理工程师代表。

(1)工程规模较大、专业较复杂,总监理工程师难以处理多个专业工程时,可按专业设总监理工程师代表;

(2)一个建设工程监理合同中包含多个相对独立的施工合同,可按施工合同段设总监理工程师代表;

(3)工程规模较大、地域比较分散,可按工程地域设总监理工程师代表。

(三)监理人员职责

监理人员应该认真落实法律法规赋予监理人员的法律责任,严格按照《建设工程监理规范》的要求履行监理人员岗位职责,全面履行委托监理合同规定的各项义务,恪守监理人员职业道德。自觉参加培训,接受建设行政主管部门的监督管理和相关监理行业协会的自律管理,维护监理行业的社会信誉。

1. 总监理工程师

总监理工程师是由工程监理单位法定代表人书面任命,负责履行建设工程监理合同、主持项目监理机构工作的注册监理工程师。

《建设工程监理规范》规定,建设工程监理实行总监理工程师负责制。因此,总监理工程师是项目监理机构的核心,其工作的好坏直接影响项目监理目标的实现。总监理工程师负责制的内涵包括如下内容:

(1)总监理工程师是工程项目监理的责任主体;

(2)总监理工程师是工程项目监理的权利主体;

(3)总监理工程师是工程项目监理的利益主体。

总监理工程师应履行下列职责:

(1)确定项目监理机构人员及其岗位职责;

(2)组织编制监理规划,审批监理实施细则;

(3)根据工程进展及监理工作情况调配监理人员,检查监理人员工作;

(4)组织召开监理例会;

(5)组织审核分包单位资格;

(6)组织审查施工组织设计、(专项)施工方案;

(7)审查开复工报审表,签发工程开工令、暂停令和复工令;

(8)组织检查施工单位现场质量、安全生产管理体系的建立及运行情况;

(9)组织审核施工单位的付款申请,签发工程款支付证书,组织审核竣工结算;

(10)组织审查和处理工程变更;

(11)调解建设单位与施工单位的合同争议,处理工程索赔;

(12)组织验收分部工程,组织审查单位工程质量检验资料;

(13)审查施工单位的竣工申请,组织工程竣工预验收,组织编写工程质量评估报告,参与工程竣工验收;

(14)参与或配合工程质量安全事故的调查和处理;

(15)组织编写监理月报、监理工作总结,组织整理监理文件资料。

总监理工程师不得将下列工作委托给总监理工程师代表:

(1)组织编制监理规划,审批监理实施细则;

（2）根据工程进展及监理工作情况调配监理人员；

（3）组织审查施工组织设计、(专项)施工方案；

（4）签发工程开工令、暂停令和复工令；

（5）签发工程款支付证书，组织审核竣工结算；

（6）调解建设单位与施工单位的合同争议，处理工程索赔；

（7）审查施工单位的竣工申请，组织工程竣工预验收，组织编写工程质量评估报告，参与工程竣工验收；

（8）参与或配合工程质量安全事故的调查和处理。

工程监理单位调换总监理工程师时，应征得建设单位书面同意；调换专业监理工程师时，总监理工程师应书面通知建设单位。

一名总监理工程师可担任一项建设工程监理合同的总监理工程师。当需要同时担任多项建设工程监理合同的总监理工程师时，应经建设单位书面同意，且最多不得超过三项。

2. 总监理工程师代表

总监理工程师代表由总监理工程师授权，代表总监理工程师行使其部分职责和权力，具有工程类注册执业资格或具有中级及以上专业技术职称、3年及以上工程监理实践经验的监理人员。

3. 专业监理工程师

专业监理工程师由总监理工程师授权，负责实施某一专业或某一岗位的监理工作，有相应监理文件签发权，具有工程类注册执业资格或具有中级及以上专业技术职称、2年及以上工程实践经验的监理人员。专业监理工程师应履行下列职责：

（1）参与编制监理规划，负责编制监理实施细则；

（2）审查施工单位提交的涉及本专业的报审文件，并向总监理工程师报告；

（3）参与审核分包单位资格；

（4）指导、检查监理员工作，定期向总监理工程师报告本专业监理工作实施情况；

（5）检查进场的工程材料、构配件、设备的质量；

（6）验收检验批、隐蔽工程、分项工程，参与验收分部工程；

（7）处置发现的质量问题和安全事故隐患；

（8）进行工程计量；

（9）参与工程变更的审查和处理；

（10）组织编写监理日志，参与编写监理月报；

（11）收集、汇总、参与整理监理文件资料；

（12）参与工程竣工预验收和竣工验收。

4. 监理员

监理员是指从事具体监理工作，具有中专及以上学历并经过监理业务培训的监理人员。

监理员应履行下列职责：

（1）检查施工单位投入工程的人力、主要设备的使用及运行状况；

（2）进行见证取样；

（3）复核工程计量有关数据；

（4）检查工序施工结果；

（5）发现施工作业中的问题，及时指出并向专业监理工程师报告。

1.2.4 工程监理企业资质管理

一、资质类别与等级标准

工程监理企业资质分为综合资质、专业资质和事务所资质。其中,专业资质按照工程性质和技术特点划分为若干工程类别。综合资质、事务所资质不分级别。专业资质分为甲级、乙级;其中,房屋建筑、水利水电、公路和市政公用专业资质可设立丙级。

综合资质、专业资质和事务所资质承担业务范围如下:

(1)综合资质可以承担所有专业工程类别建设工程项目的工程监理业务。

(2)专业甲级资质可承担相应专业工程类别建设工程项目的工程监理业务。专业乙级资质可承担相应专业工程类别二级以下(含二级)建设工程项目的工程监理业务。专业丙级资质可承担相应专业工程类别三级建设工程项目的工程监理业务。

(3)事务所资质可承担三级建设工程项目的工程监理业务。但是,国家规定必须实行强制监理的工程除外。

二、资质申请和审批

(一)申请和审批程序

(1)申请综合资质、专业甲级资质的,应当向企业工商注册所在地的省、自治区、直辖市人民政府住房城乡建设主管部门提出申请,报国务院住房城乡建设主管部门审批;

(2)专业乙级、丙级资质和事务所资质由企业所在地省、自治区、直辖市人民政府住房城乡建设主管部门审批。

(二)资质证书和证书管理

工程监理企业资质证书分为正本和副本,每套资质证书包括一本正本,四本副本。正、副本具有同等法律效力。工程监理企业资质证书由国务院住房城乡建设主管部门统一印制并发放,有效期为5年。

资质有效期届满,工程监理企业需要继续从事工程监理活动的,应当在资质证书有效期届满60日前,向原资质许可机关申请办理延续手续。

三、监督管理

县级以上人民政府住房城乡建设主管部门和其他有关部门应当依照有关法律、法规和工程监理企业资质管理规定,加强对工程监理企业资质的监督管理。

有下列情形之一的,资质许可机关或者其上级机关,根据利害关系人的请求或者依据职权,可以撤销工程监理企业资质:

(1)资质许可机关工作人员滥用职权、玩忽职守作出准予工程监理企业资质许可的;

(2)超越法定职权作出准予工程监理企业资质许可的;

(3)违反资质审批程序作出准予工程监理企业资质许可的;

(4)对不符合许可条件的申请人作出准予工程监理企业资质许可的;

（5）依法可以撤销资质证书的其他情形。

四、法律责任

（一）资质申请人法律责任

申请人隐瞒有关情况或者提供虚假材料申请工程监理企业资质的，资质许可机关不予受理或者不予行政许可，并给予警告，申请人在1年内不得再次申请工程监理企业资质。

以欺骗、贿赂等不正当手段取得工程监理企业资质证书的，由县级以上地方人民政府住房城乡建设主管部门或者有关部门给予警告，并处1万元以上2万元以下的罚款，申请人3年内不得再次申请工程监理企业资质。

工程监理企业在监理过程中实施商业贿赂或涂改、伪造、出借、转让工程监理企业资质证书的，由县级以上地方人民政府住房城乡建设主管部门或者有关部门予以警告，责令其改正，并处1万元以上3万元以下的罚款；造成损失的，依法承担赔偿责任；构成犯罪的，依法追究刑事责任。

工程监理企业不及时办理资质证书变更手续的，由资质许可机关责令限期办理；逾期不办理的，可处以1000元以上1万元以下的罚款。

工程监理企业未按照规定要求提供工程监理企业信用档案信息的，由县级以上地方人民政府住房城乡建设主管部门予以警告，责令限期改正；逾期未改正的，可处以1000以上1万元以下的罚款。

（二）资质承办人法律责任

县级以上人民政府住房城乡建设主管部门及有关部门有下列情形之一的，由其上级行政主管部门或者监察机关责令改正，对直接负责的主管人员和其他直接责任人员依法给予处分；构成犯罪的，依法追究刑事责任：

（1）对不符合规定条件的申请人准予工程监理企业资质许可的；

（2）对符合规定条件的申请人不予工程监理企业资质许可或者不在法定期限内作出准予许可决定的；

（3）对符合法定条件的申请不予受理或者未在法定期限内初审完毕的；

（4）利用职务上的便利，收受他人财物或者其他好处的；

（5）不依法履行监督管理职责或者监督不力，造成严重后果的。

1.2.5 工程监理人员从业资格制度

注册监理工程师是指经考试取得中华人民共和国监理工程师资格证书，并经注册取得中华人民共和国注册监理工程师注册执业证书和执业印章，从事建设工程监理及相关业务活动的专业技术人员。

我国实行监理工程师执业资格考试制度，其意义在于统一监理工程师的业务能力标准，公正地确定监理人员是否具备监理工程师的资格，合理建立工程监理人才库，促进监理人员努力钻研监理业务，不断提高业务水平。

一、注册监理工程师的考试

(一)考试时间和方式

考试每年举行一次,考试时间一般安排在 5 月中旬。原则上设在直辖市、自治区首府和省会城市的大、中专院校或者高考定点学校。考试设《建设工程监理基本理论和相关法规》《建设工程合同管理》《建设工程目标控制》《建设工程监理案例分析》4 个科目。其中《建设工程监理基本理论和相关法规》《建设工程合同管理》为基础科目,《建设工程目标控制》《建设工程监理案例分析》为专业科目。专业科目分为土木建筑工程、交通运输工程、水利工程 3 个专业类别,考生在报名时可根据实际工作需要选择。

(二)考试报名条件

1. 参加全科(4 科)考试的条件

凡遵守中华人民共和国宪法、法律、法规,具有良好的业务素质和道德品行,具备下列条件之一者,可以申请参加监理工程师职业资格考试:

(1)具有各工程大类专业大学专科学历(或高等职业教育),从事工程施工、监理、设计等业务工作满 6 年;

(2)具有工学、管理科学与工程类专业大学本科学历或学位,从事工程施工、监理、设计等业务工作满 4 年;

(3)具有工学、管理科学与工程一级学科硕士学位或专业学位,从事工程施工、监理、设计等业务工作满 2 年;

(4)具有工学、管理科学与工程一级学科博士学位。经批准同意开展试点的地区,申请参加监理工程师职业资格考试的,应当具有大学本科及以上学历或学位。

2. 免试部分科目的条件

具备以下条件之一的,参加监理工程师职业资格考试可免考基础科目:

(1)已取得公路水运工程监理工程师资格证书;

(2)已取得水利工程建设监理工程师资格证书。

申请免考部分科目的人员在报名时应提供相应材料。

监理工程师职业资格考试成绩实行 4 年为一个周期的滚动管理办法,在连续的 4 个考试年度内通过全部考试科目,方可取得监理工程师职业资格证书。

二、注册监理工程师的注册

(一)注册申请与审批

取得资格证书的人员申请注册,由省、自治区、直辖市人民政府住房城乡建设主管部门初审,国务院住房城乡建设主管部门审批。

注册证书和执业印章是注册监理工程师的执业凭证,由注册监理工程师本人保管、使用。注册证书和执业印章的有效期为 3 年。

(二)申请注册的条件

初始注册者,可自资格证书签发之日起 3 年内提出申请。逾期未申请者,须符合继续教育的要求后方可申请初始注册。

申请初始注册,应当具备以下条件:
(1)经全国注册监理工程师执业资格统一考试合格,取得资格证书;
(2)受聘于一个相关单位;
(3)达到继续教育要求;
(4)没有《注册监理工程师管理规定》第十三条所列情形。

(三)不予注册的情形及相关规定

申请人有下列情形之一的,不予初始注册、延续注册或者变更注册:
(1)不具有完全民事行为能力的;
(2)刑事处罚尚未执行完毕或者因从事工程监理或者相关业务受到刑事处罚,自刑事处罚执行完毕之日起至申请注册之日止不满2年的;
(3)未达到监理工程师继续教育要求的;
(4)在两个或者两个以上单位申请注册的;
(5)以虚假的职称证书参加考试并取得资格证书的;
(6)年龄超过65周岁的;
(7)法律、法规规定不予注册的其他情形。

(四)注册证书和执业印章失效与注销

(1)注册监理工程师有下列情形之一的,其注册证书和执业印章失效:
①聘用单位破产的;
②聘用单位被吊销营业执照的;
③聘用单位被吊销相应资质证书的;
④已与聘用单位解除劳动关系的;
⑤注册有效期满且未延续注册的;
⑥年龄超过65周岁的;
⑦死亡或者丧失行为能力的;
⑧其他导致注册失效的情形。

(2)注册监理工程师有下列情形之一的,负责审批的部门应当办理注销手续,收回注册证书和执业印章或者公告其注册证书和执业印章作废:
①不具有完全民事行为能力的;
②申请注销注册的;
③有本规定第十四条所列情形发生的;
④依法被撤销注册的;
⑤依法被吊销注册证书的;
⑥受到刑事处罚的;
⑦法律、法规规定应当注销注册的其他情形。

三、注册监理工程师的执业

（一）注册监理工程师的执业范围与要求

取得资格证书的人员,应当受聘于一个具有建设工程勘察、设计、施工、监理、招标代理、造价咨询等一项或者多项资质的单位,经注册后方可从事相应的执业活动。

注册监理工程师可以从事工程监理、工程经济与技术咨询、工程招标与采购咨询、工程项目管理服务以及国务院有关部门规定的其他业务。

工程监理活动中形成的监理文件由注册监理工程师按照规定签字盖章后方可生效。

注册监理工程师在每一注册有效期内应当达到国务院住房城乡建设主管部门规定的继续教育要求。继续教育分为必修课和选修课,在每一注册有效期内各为48学时。

（二）注册监理工程师的权利和义务

1. 注册监理工程师享有下列权利
(1)使用注册监理工程师称谓;
(2)在规定范围内从事执业活动;
(3)依据本人能力从事相应的执业活动;
(4)保管和使用本人的注册证书和执业印章;
(5)对本人执业活动进行解释和辩护;
(6)接受继续教育;
(7)获得相应的劳动报酬;
(8)对侵犯本人权利的行为进行申诉。

2. 注册监理工程师应当履行下列义务
(1)遵守法律、法规和有关管理规定;
(2)履行管理职责,执行技术标准、规范和规程;
(3)保证执业活动成果的质量,并承担相应责任;
(4)接受继续教育,努力提高执业水准;
(5)在本人执业活动所形成的工程监理文件上签字、加盖执业印章;
(6)保守在执业中知悉的国家秘密和他人的商业、技术秘密;
(7)不得涂改、倒卖、出租、出借或者以其他形式非法转让注册证书或者执业印章;
(8)不得同时在两个或者两个以上单位受聘或者执业;
(9)在规定的执业范围和聘用单位业务范围内从事执业活动;
(10)协助注册管理机构完成相关工作。

1.2.6 建筑工程监理法律责任

一、监理业务委托与承揽的法律责任

（一）建设单位的法律责任

(1)按建设工程监理范围和规模标准,必须实行监理的工程要委托监理。

(2)只要实行监理的工程,建设单位必须委托具有相应资质条件的工程监理单位监理,而且应当订立书面委托监理合同。

《建筑法》第三十一条规定,实行监理的建筑工程,由建设单位委托具有相应资质条件的工程监理单位监理。建设单位与其委托的工程监理单位应当订立书面委托监理合同。

《建设工程质量管理条例》第十二条也规定,实行监理的建设工程,建设单位应当委托具有相应资质等级的工程监理单位进行监理,也可以委托具有工程监理相应资质等级并与被监理工程的施工承包单位没有隶属关系或者其他利害关系的该工程的设计单位进行监理。

(二)工程监理单位的法律责任

(1)监理单位必须取得相应资质,并在资质等级许可的监理范围内承揽工程监理业务,不得超越资质许可范围承揽监理业务。《建筑法》第三十四条规定,工程监理单位应当在其资质等级许可的监理范围内,承担工程监理业务。

《建设工程质量管理条例》第六十条规定,工程监理单位超越本单位资质等级承揽工程的,责令停止违法行为,对工程监理单位处合同约定的监理酬金1倍以上2倍以下的罚款;可以责令停业整顿,降低资质等级;情节严重的,吊销资质证书;有违法所得的,予以没收。

未取得资质证书承揽工程的,予以取缔,依照前款规定处以罚款;有违法所得的,予以没收。

以欺骗手段取得资质证书承揽工程的,吊销资质证书,依照本条第一款规定处以罚款;有违法所得的,予以没收。

(2)不得允许其他单位或者个人以本单位名义承揽工程。《建设工程质量管理条例》第六十一条规定,工程监理单位允许其他单位或者个人以本单位名义承揽工程的,责令改正,没收违法所得,对工程监理单位处合同约定的监理酬金1倍以上2倍以下的罚款;可以责令停业整顿,降低资质等级;情节严重的,吊销资质证书。

(3)工程监理单位与被监理工程的承包单位以及建筑材料、建筑构配件和设备供应单位不得有隶属关系或者其他利害关系。《建筑法》第三十四条规定,工程监理单位与被监理工程的承包单位以及建筑材料、建筑构配件和设备供应单位不得有隶属关系或者其他利害关系。《建设工程质量管理条例》第六十八条规定,工程监理单位与被监理工程的施工承包单位以及建筑材料、建筑构配件和设备供应单位有隶属关系或者其他利害关系承担该项建设工程的监理业务的,责令改正,处5万元以上10万元以下的罚款,降低资质等级或者吊销资质证书;有违法所得的,予以没收。

(4)工程监理单位不得转让监理业务。《建筑法》第六十九条规定,工程监理单位转让监理业务的,责令改正,没收违法所得,可以责令停业整顿,降低资质等级;情节严重的,吊销资质证书。《建设工程质量管理条例》第六十二条规定,工程监理单位转让工程监理业务的,责令改正,没收违法所得,处合同约定的监理酬金25%以上50%以下的罚款;可以责令停业整顿,降低资质等级;情节严重的,吊销资质证书。

二、监理业务实施过程中的法律责任

1. 监理人员的权利、义务和责任

《建筑法》第三十二条规定,工程监理人员认为工程施工不符合工程设计要求、施工技术标准和合同约定的,有权要求建筑施工企业改正。工程监理人员发现工程设计不符合建筑工程质量标准或者合同约定的质量要求的,应当报告建设单位要求设计单位改正。

《建设工程安全生产管理条例》第五十八条规定,注册执业人员未执行法律、法规和工程建设强制性标准的,责令停止执业3个月以上1年以下;情节严重的,吊销执业资格证书,5年内不予注册;造成重大安全事故的,终身不予注册;构成犯罪的,依照刑法有关规定追究刑事责任。

《建设工程质量管理条例》第七十二条规定,注册建筑师、注册结构工程师、监理工程师等注册执业人员因过错造成质量事故的,责令停止执业1年;造成重大质量事故的,吊销执业资格证书,5年以内不予注册;情节特别恶劣的,终身不予注册。

《建设工程质量管理条例》第七十四条规定,建设单位、设计单位、施工单位、工程监理单位违反国家规定,降低工程质量标准,造成重大安全事故,构成犯罪的,对直接责任人员依法追究刑事责任。

《建设工程质量管理条例》第七十七条规定,建设、勘察、设计、施工、工程监理单位的工作人员因调动工作、退休等原因离开该单位后,被发现在该单位工作期间违反国家有关建设工程质量管理规定,造成重大工程质量事故的,仍应当依法追究法律责任。

《刑法》第一百三十七条规定,工程监理单位违反国家规定,降低工程质量标准,造成重大安全事故的,对直接责任人员,处5年以下有期徒刑或者拘役,并处罚金;后果特别严重的,处5年以上10年以下有期徒刑,并处罚金。

2.监理单位的法律责任

(1)不当履行

《建筑法》第三十五条规定,工程监理单位不按照委托监理合同的约定履行监理义务,对应当监督检查的项目不检查或者不按照规定检查,给建设单位造成损失的,应当承担相应的赔偿责任。

《建设工程质量管理条例》第六十七条规定,工程监理单位将不合格的建设工程、建筑材料、建筑构配件和设备按照合格签字的,责令改正,处50万元以上100万元以下的罚款,降低资质等级或者吊销资质证书;有违法所得的,予以没收;造成损失的,承担连带赔偿责任。

(2)串通履行

工程监理单位与承包单位串通,为承包单位谋取非法利益,给建设单位造成损失的,应当与承包单位承担连带赔偿责任。

《建筑法》第六十九条规定,工程监理单位与建设单位或者建筑施工企业串通,弄虚作假、降低工程质量的,责令改正,处以罚款,降低资质等级或者吊销资质证书;有违法所得的,予以没收;造成损失的,承担连带赔偿责任;构成犯罪的,依法追究刑事责任。

《建设工程质量管理条例》第六十七条规定,工程监理单位与建设单位或者施工单位串通,弄虚作假、降低工程质量的,责令改正,处50万元以上100万元以下的罚款,降低资质等级或者吊销资质证书;有违法所得的,予以没收;造成损失的,承担连带赔偿责任。

《消防法》规定,工程监理单位与建设单位或者建筑施工企业串通,弄虚作假,降低消防施工质量的,责令改正或者停止施工,并处1万元以上10万元以下罚款。

(3)安全责任

《建设工程安全生产管理条例》第十四条规定,工程监理单位应当审查施工组织设计中的安全技术措施或者专项施工方案是否符合工程建设强制性标准。工程监理单位在实施监理过程中,发现存在安全事故隐患的,应当要求施工单位整改;情况严重的,应当要求施工单位暂时停止施工,并及时报告建设单位。施工单位拒不整改或者不停止施工的,工程监理单位应当及时向有关主管部门报告。

《建设工程安全生产管理条例》第五十七条规定,工程监理单位有下列行为之一的,责令限期改正;逾期未改正的,责令停业整顿,并处10万元以上30万元以下的罚款;情节严重的,降低资质等级,直至吊销资质证书;造成重大安全事故,构成犯罪的,对直接责任人员,依照刑法有关规定追究刑事责任;造成损失的,依法承担赔偿责任:

①未对施工组织设计中的安全技术措施或者专项施工方案进行审查的;
②发现安全事故隐患未及时要求施工单位整改或者暂时停止施工的;
③施工单位拒不整改或者不停止施工,未及时向有关主管部门报告的;
④未依照法律、法规和工程建设强制性标准实施监理的。

(4) 人员选派

《建设工程质量管理条例》第三十七条规定,工程监理单位应当选派具备相应资格的总监理工程师和监理工程师进驻施工现场。未经监理工程师签字,建筑材料、建筑构配件和设备不得在工程上使用或者安装,施工单位不得进行下一道工序的施工。未经总监理工程师签字,建设单位不拨付工程款,不进行竣工验收。

2 岗位工作任务

2.1 岗位工作任务名称及要求

背景资料1

某实施监理的工程,建设单位按照《建设工程施工合同(示范文本)》和甲施工单位签订合同。经建设单位同意,甲施工单位将基坑支护土方开挖工程分包给乙施工单位。施工过程中发生了如下事件。

事件1:乙施工单位开挖土方时,因雨期下雨导致现场停工4天,在后续施工中,乙施工单位挖断了一处在建设单位提供的地下管线图中未标明的煤气管道,因抢修导致现场停工6天。为此,甲施工单位通过项目监理机构向建设单位提出工期延期10天和费用补偿2万元(合同约定,窝工综合补偿2000元/天)的请求。

事件2:为了赶工期,甲施工单位调整了土方开挖方案,并按约定程序进行了调整。总监理工程师在现场发现乙施工单位未按调整后的土方开挖方案施工并造成围护结构变形超限,立即向甲施工单位签发工程暂停令,同时报告了建设单位。乙施工单位未执行指令仍继续施工,后因围护结构变形过大引发了基坑局部坍塌事故。

事件3:甲施工单位凭施工经验,未经安全验算就编制了高大模板工程专项施工方案,经项目经理签字后报总监理工程师审批的同时开始搭设高大模板。

建筑工程法规知识与实训指导

一、岗位任务的名称

1. 指出事件1中挖断煤气管道事故的责任方，并说明理由。项目监理机构批准的工程延期和费用补偿应各为多少？说明理由。

2. 分析事件2中甲、乙施工单位和监理单位对基坑局部坍塌事故应承担的责任，并说明理由。

3. 指出事件3中甲施工单位的做法有哪些不妥，并写出正确的做法。

二、岗位工作任务的总体要求

1. 查阅相关资料，列出工期和费用索赔的情况，对背景材料进行归纳、分析。
2. 查阅相关资料，根据监理的岗位职责对背景材料进行归纳、分析。

三、岗位工作任务的具体要求

1. 前期准备。参加任务的同学，课前查阅相关资料，并做好学习(工作)笔记，找出学习(工作)过程中的重点、难点，有条件的同学可以就该任务深入企业进行访问调查。

2. 过程中。参加任务的同学，以岗位任务为基点，运用岗位知识进行分析、归纳和要点提炼，完成岗位学习(工作)任务。

3. 任务后。参加任务的同学，记录学习(工作)过程中的体会、收获及改进措施、建议。

4. 认真填写岗位工作任务报告并存档保存，作为对该任务完成情况或学习成绩的评价依据。

📑 背景资料2

某监理单位承担了一工业项目的施工监理工作。经过招标，建设单位选择了甲、乙施工单位分别承担A、B标段工程的施工，并按照《建设工程施工合同(示范文本)》分别和甲、乙施工单位签订了施工合同。建设单位与乙施工单位在合同中约定，B标段所需的部分设备由建设单位负责采购。乙施工单位按照正常的程序将B标段的安装工程分包给丙施工单位。在施工过程中，发生了如下事件：

事件1：建设单位在采购B标段的锅炉设备时，设备生产厂商提出由自己的施工队伍进行安装更能保证质量，建设单位便与设备生产厂商签订了供货和安装合同并通知了监理单位和乙施工单位。

事件2：总监理工程师根据现场反馈信息及质量记录分析，对A标段某部位隐蔽工程的质量有怀疑，随即指令甲施工单位暂停施工，并要求剥离检验。甲施工单位称：该部位隐蔽工程已经专业监理工程师验收，若剥离检验，监理单位需赔偿由此造成的损失并相应延长工期。

事件3：专业监理工程师对B标段进场的配电设备进行检验时，发现由建设单位采购的某设备不合格，建设单位对该设备进行了更换，从而导致丙施工单位停工。因此，丙施工单位致函监理单位，要求补偿其被迫停工所遭受的损失并延长工期。

一、岗位工作任务的名称

1. 在事件1中，若乙施工单位同意由该设备生产厂商的施工队伍安装该设备，监理单位应该如何处理？

2. 在事件 2 中,总监理工程师的做法是否正确？为什么？试分析剥离检验的可能结果及总监理工程师相应的处理方法。

3. 在事件 3 中,丙施工单位的索赔要求是否应该向监理单位提出？为什么？对该索赔事件应如何处理？

二、岗位工作任务的总体要求

阅读岗位知识并查阅相关资料,列出监理单位关于合同管理和现场检验的工作职责,能够运用相关知识对背景材料进行归纳、分析。

三、岗位工作任务的具体要求

1. 前期准备。参加任务的同学,课前阅读岗位知识,并做好学习(工作)笔记,找出学习(工作)过程中的重点、难点,有条件的同学可以就该任务深入企业进行访问调查。

2. 过程中。参加任务的同学,以岗位任务为基点,运用岗位知识进行分析、归纳和要点提炼,完成岗位学习(工作)任务。

3. 任务后。参加任务的同学,记录学习(工作)过程中的体会、收获及改进措施、建议。

4. 认真填写岗位工作任务报告并存档保存,作为对该任务完成情况或学习成绩的评价依据。

2.2 岗位工作任务结果

岗位工作任务完成后,参加任务的每位同学必须认真填写岗位工作任务报告并存档保存,作为该工作任务的结果。任务报告要求语言流畅,文字简练,条理清晰,原则上要求学生当场完成,教师酌情进行点评。具体见表 1-1。

表 1-1 岗位工作任务报告

姓名:		专业:		班级:		日期: 年 月 日	
任务名称				任务目的			
任务内容				任务资料			
任务过程				任务结果或结论			
收获与体会				改进建议			
评价建议							
						年 月 日	

2.3 岗位工作任务评价标准

任务完成后,均需要按岗位工作任务评价标准进行工作考核评价,作为学习(工作)的成绩评定依据。具体见表1-2。

表1-2 岗位工作任务评价标准表

类别	内容及标准	分值	自评 (40%)	教师评 (60%)	权重	小计	备注
出勤	态度端正,主动积极,无迟到早退	15			15%		有迟到或早退现象,每次扣1分,直至扣完本项分为止
准备阶段	1.按规定时间接受线上发布的任务并反馈	5			30%		未接受发布的任务、未完成知识的预习及未完成知识预习的练习,每次扣1分;未列出岗位知识中的重点、难点,并记录在笔记中,每次扣2分;直至扣完本项分为止
	2.按规定时间完成岗位知识的预习	10					
	3.能够列出岗位知识中的重点、难点,并记录在笔记中	10					
	4.及时完成岗位知识预习的练习	5					
实施阶段	1.能针对岗位知识进行分析、归纳和要点提炼	10			35%		能对知识进行要点提炼、积极参与讨论分享、能给出明确的观点或结论,每次加1分,最多加10分
	2.课堂积极参与讨论、模拟、汇报及分享	15					
	3.对任务能给出最终的观点或结论	10					
总结评价阶段	1.能总结任务完成过程的体会、收获	5			20%		有体会及收获、改进措施及建议,每次加1分,最多加5分。没有任务报告的,每次扣2分,直至扣完本项分为止
	2.能针对任务提出改进措施、建议	5					
	3.能高质量完成工作任务报告并提交	10					
总合计			自评人签名		教师签名		

3　工作笔记

3.1　学习(工作)过程中的重点、难点

重点：_____
_____
_____
_____。

难点：_____
_____
_____
_____。

3.2　学习(工作)过程中的体会、收获

体会、收获：_____
_____
_____
_____。

3.3　学习(工作)过程中的改进措施、建议

改进措施、建议：_____
_____
_____
_____。

4　实践练习

一、单选题

1. 建设工程监理的服务对象是(　　)。
   A. 工程施工项目　　　　　　　　B. 施工单位
   C. 设计单位　　　　　　　　　　D. 建设单位
2. 《建筑法》规定,实行监理的建筑工程,由建设单位委托(　　)的工程监理单位监理。

A. 具有相应资质条件 B. 信誉卓著
C. 具有法人资格 D. 专业化、社会化

3. 项目监理机构发现施工存在质量、进度、安全问题的，应及时签发（   ），要求施工单位整改。
   A. 工作联系单 B. 监理通知单
   C. 会议纪要 D. 监理实施细则

4. （   ）可以承担所有专业工程类别建设工程项目的工程监理业务。
   A. 事务所资质 B. 专业甲级资质
   C. 专业乙级资质 D. 综合资质

5. 监理实施细则应在相应工程施工开始前由（   ）编制。
   A. 监理单位技术负责人 B. 总监理工程师
   C. 专业监理工程师 D. 监理员

二、多选题

1. 我国《建筑法》规定，工程监理单位（   ）的，应当承担连带赔偿责任。
   A. 与承包单位串通
   B. 与建设单位串通，造成损失
   C. 与施工单位串通，降低工程质量造成损失
   D. 与建设单位串通，弄虚作假、降低工程质量造成损失
   E. 转让监理业务

2. 实施建设工程监理应遵循的主要依据有（   ）。
   A. 有关法律法规、规章 B. 有关技术标准、技术规范、规程
   C. 国家批准的设计图纸 D. 监理合同
   E. 施工合同

3. 注册监理工程师可以从事下列哪些业务？（   ）
   A. 工程监理 B. 工程经济与技术咨询
   C. 工程招标与采购咨询 D. 工程项目管理服务
   E. 工程设计

4. 关于注册监理工程师的注册，申请人有下列（   ）情形的，不予初始注册、延续注册或者变更注册。
   A. 刑事处罚尚未执行完毕或者因从事工程监理或者相关业务受到刑事处罚，自刑事处罚执行完毕之日起至申请注册之日止不满2年的
   B. 未达到监理工程师继续教育要求的
   C. 在2个或者2个以上单位申请注册的
   D. 年龄超过60周岁的
   E. 不具有完全民事行为能力的

5. 总监理工程师的职责包含（   ）。
   A. 审批监理规划 B. 确定项目监理机构人员及其岗位职责
   C. 负责编制监理实施细则 D. 参与工程竣工验收
   E. 组织召开监理例会

三、名词解释
1. 旁站
2. 监理通知单

四、简答题
1. 简述建设工程监理的内容。
2. 简述强制实施监理的工程范围。

五、案例分析

某业主拟开发建设一工程项目，与施工单位按《建设工程施工合同（示范文本）》签订了工程施工合同，工程未进行投保。但在工程施工过程中，遭受飓风不可抗力的袭击，造成了相应的损失，施工单位在法定有效时间内向监理单位提出索赔要求，并附索赔有关的资料和证据。索赔报告的基本要求如下：

（1）遭飓风袭击是因非施工单位原因造成的损失，故应由业主承担赔偿责任。

（2）已建部分工程遭受不同程度破坏，损失计 22 万元，应由业主承担修复的经济责任，施工单位不承担修复的经济责任。

（3）施工单位进场的正在使用机械、设备受到损坏，造成损失 6 万元；由于现场停工造成台班费损失 4 万元，业主应承担赔偿和修复的经济责任，工人窝工费 4 万元，业主应予支付。

（4）施工单位人员因此灾害而有几人受伤，处理伤病医疗费用和补偿金总计 4 万元，业主应给予赔偿。

（5）因风灾造成现场停工 6 天，要求合同工期顺延 6 天。

（6）由于工程破坏，清理现场需费用 2.8 万元，业主应予以支付。

请分析：

（1）监理工程师接到索赔申请通知后应进行哪些主要工作？

（2）不可抗力风险承担责任的原则及对要求的处理意见是什么？

项目七
建筑工程安全生产管理法规

1　岗位知识

1.1　案例导入

案情简介1

原告：陈某

被告：吉林省珲春市市政管理处

一、一审诉辩主张和事实认定

2000年，被告承担珲春市龙源街东段排水施工工程，至同年10月21日止，已挖好东西走向长20米、宽1米、深3米的排水沟。10月21日下午，被告在排水沟的西端设置了红色标志灯和栏杆路障，在排水沟的东端设置了南北排列的各长2米、直径70厘米的水泥管四根为路障，但南侧水泥管与排水沟施工土堆之间有约1.5米的空隙。当晚17时许（此时当地已经天黑），原告骑自行车回家，由东向西经过龙源街东段排水施工工程处，骑行进入了工程东段路障南侧水泥管与施工土堆之间的空隙处，连人带车掉入排水沟内，后被行人救出送往医院。经珲春市医院诊断，原告骨盆双侧耻骨下肢骨折；经法医鉴定为七级伤残，原告治伤达10个月。原告受伤后，被告派人前往医院看望了原告，并先后为原告支付了医疗费用等1100元。

2001年7月，原告以受伤后不能从事体力劳动和要求被告赔偿损失为理由，诉至珲春市人民法院，要求被告赔偿医疗费、误工工资、补助费、鉴定费、护理费、交通费等，合计15717.01元。被告辩称：原告虽然掉进我单位施工的排水沟内，但我方在施工中，已设置了明显的标志灯和路障，故不应承担民事责任。

二、一审判决理由和判决结果

珲春市人民法院经审理认为：被告应当预见自己排水工程的路障留有空隙，可能会造成损害后果，但由于自信而未对此采取适当管理措施，致使原告掉入沟内而伤残，被告的这种过失行为与原告的伤残有因果关系，因此被告应负全部赔偿责任，根据《中华人民共和国民法通则》（2021年1月1日起，《民法典》施行，《民法通则》同时废止）第一百二十五条之规定，于2001年12月4日判决：(1)在本判决生效后五日内，被告赔偿原告医疗费等经济损失12036.40元（被告已经支付的1100元不计算在内）；(2)原告的其他诉讼请求不予保护。

请分析建筑施工现场安全措施不当导致的损害赔偿。

项目七 建筑工程安全生产管理法规

📑 案情简介2

原告:刘某

被告:易某

第三人:徐某

一、一审诉辩主张和事实认定

1999年3月17日,徐某将其承包的上犹县龙潭电站公路支线筑路工程一段转包给易某,双方在合同中规定:徐某在工程总造价中抽回20%作管理费,工程工伤事故由易某自理,徐某不负任何责任。事后,双方又私下口头商定,徐某所抽管理费分7%给易某。易某包下工程后,雇用施工人员进行施工,以每天9元的报酬雇用了刘某之子刘经铭担任筑路工程爆破手。在同年8月13日的爆破作业中,刘经铭操作时疏忽大意,被炸成重伤,当即被送至上犹县营前中心卫生院抢救治疗。易某为其支付了医疗费1584.55元,并支付了刘某前往护理的各种费用。9月14日,刘经铭因伤势严重,转到上犹县人民医院治疗。易某和徐某提出再付给600元,以后一切费用由刘某自理,刘某签名同意。转院后,刘经铭终因伤情严重,抢救无效,于9月19日晚死亡。转院后,刘某付出了医疗费1287.39元。

事后,易某和徐某对死者的后事不闻不问,刘某即于2000年5月30日向上犹县人民法院提起民事诉讼,要求易某和徐某承担转院后的医疗费、护理工资、丧葬费2000元,按国家职工因公伤亡补助抚恤金4000余元。易某辩称:我为刘经铭已付出医疗费等4000余元,因工程亏本超支,已无力再支付费用。徐某认为,我与易某的合同中已写明工伤事故由其自理,且刘某在刘经铭转院时写下字据,同意我和易某再出600元后的一切费用由他自负,故不负任何责任。

二、一审判决理由和判决结果

上犹县人民法院在审理中查明:刘经铭以前虽搞过爆破,但未按公安部门的规定办理爆破员作业证,易某明知其为无证人员而雇其从事爆破作业。龙潭电站工程指挥部将此次事故定性为意外事故。

上犹县人民法院经审理认为:死者刘经铭无证从事爆破作业,在操作时疏忽大意,酿成事故,应负主要责任。被告明知其无爆破员作业证而雇其从事爆破作业,对事故应负一定责任。由于这种雇佣关系,被告应对雇用人的人身安全负责。被告虽已承担了部分费用,但不足以弥补原告所受到的经济损失,被告应再作适当赔偿。第三人与被告签订的合同中有关"工伤事故概不负责"的条款,违背法律规定,为无效条款,死者转院时,原告接受被告和第三人的条件,签名同意以后费用自理,非其真实意思表示,应确认无效。第三人为工程受益人,在工程中享有权利,即应承担义务,应给予原告适当的经济补偿。据此,根据《中华人民共和国民法通则》第六条,第五十八条第一款第(三)、(五)项及第二款,第一百三十一条之规定,于2001年6月18日判决:被告及第三人赔偿原告为死者在县人民医院付出的医药费687.39元,补助丧葬费230元,补助原告安家费500元。以上费用共计1417.39元,由被告承担1000元,由第三人承担417.39元,限判决生效后一个月内付清。

被告易某不服判决,以原判认定事实不清和原告曾表示过转院后的费用自理为理由,上诉于赣州地区中级人民法院。二审法院审理认为:易某违背有关规定,雇用无证人员担任爆破员,造成刘经铭重伤死亡的后果,使刘某蒙受损失,上诉人应承担主要经济损失,其已付费用应予认可,原审第三人徐某为工程受益人,亦应承担本案的经济赔偿责任。原审法院在查清事实、区分责任的基础上作出的判决正确,上诉人的上诉理由不能成立,本院不予采纳。据此,依照《中华人民共和国民事诉讼法》第一百五十三条第一款第(一)项之规定,于2001年10月24日判决如下:驳回上诉,维持原判。

请分析工程施工造成承包人雇员死亡引起的诉讼。

1.2 知识链接

1.2.1 建筑工程安全生产管理概述

《中华人民共和国安全生产法》(以下简称《安全生产法》)规定:"在中华人民共和国领域内从事生产经营活动的单位的安全生产,适用本法;有关法律、行政法规对消防安全和道路交通安全、铁路交通安全、水上交通安全、民用航空安全以及核与辐射安全、特种设备安全另有规定的,适用其规定。"所以,工程安全管理属于《安全生产法》的调整范围。

一、建设工程安全生产管理的含义

1. 建设工程安全生产、建设工程安全生产管理

建设工程安全生产是指建筑生产过程中要避免人员、财产的损失及对周围环境的破坏。包括施工现场的人员安全,财产设备安全,施工现场及附近的道路、管线和房屋的安全,施工现场和周围的环境保护及工程建成后的使用安全等方面的内容。

建设工程安全生产管理是指建设行政主管部门、建筑安全监督机构、建筑施工企业及有关单位对建筑生产过程中的安全工作,进行计划、组织、指挥、控制、监督等一系列的管理活动。具体包括建设行政主管部门对于建设活动过程中安全生产的行业管理和从事建设活动的主体在从事建设活动过程中所进行的安全生产管理。

2. 工程建设安全生产管理的方针

《建筑法》规定:"建筑工程安全生产管理必须坚持安全第一、预防为主的方针,建立健全安全生产的责任制度和群防群治制度。"这也是工程建设安全生产管理必须坚持的方针。

所谓安全第一,是指将建设工程安全管理放到第一位,当安全工作和生产工作发生矛盾的时候,首先必须解决安全问题,保证在安全的条件下组织生产。预防为主的含义是指安全教育培训、检查、整改工作要努力做到群众化、经常化、制度化、科学化,采取有效措施控制不安全因素的发展和扩大,把可能发生的事故消灭在萌芽状态。

建立健全安全生产的责任制度和群防群治制度是指除了建筑施工企业要建立安全生产责任制度,调动全企业各方面的积极因素做好安全工作之外,建筑设计单位、建设单位等都有责任共同做好安全生产工作。

📖 **职业训练 7-1**

知情不报要承担责任

某市政工程地处市内的繁华街道,为施工需要在施工场地挖了一条长3米、深1米的长沟。

为了避免有人掉入沟中,在沟附近设立了明显的警示标志。

当晚下班后,这些警示标志被偷,只有工人小李发现,这时候,已到深夜,其他工友均已下班,小李就自己拿些障碍物拦住长沟,并没有通告就自行回家。当夜,有一群众路过,因障碍物并没有完全拦住长沟而掉入,造成骨折。

你认为小李对此事是否应承担一定责任?

评析:

小李应为此承担一定的责任。

根据《安全生产法》第五十九条,从业人员发现事故隐患或者其他不安全因素,应当立即向现场安全生产管理人员或者本单位负责人报告。危险报告义务是从业人员必须遵守的,而小李没有履行这个法定义务,与路过群众掉入沟中有间接关系,应当为此承担一定的法律责任。

二、建设工程安全生产管理基本制度

2003年11月24日《建设工程安全生产管理条例》(国务院令第393号)颁布实施,该《条例》依据《中华人民共和国建筑法》和《中华人民共和国安全生产法》的规定进一步明确了建设工程安全生产管理基本制度。

1. 安全生产责任制度

安全生产责任制度是建筑生产中最基本的安全管理制度,是所有安全规章制度的核心。

安全生产责任制度是指将各种不同的安全责任落实到负有安全管理责任的人员和具体岗位人员身上的一种制度。这一制度是安全第一、预防为主方针的具体体现,是建筑安全生产的基本制度。安全责任制的主要内容包括:一是从事建筑活动主体的负责人的责任制。比如,施工单位的法定代表人要对本企业的安全负主要的安全责任。二是从事建筑活动主体的职能机构或职能处室负责人及其工作人员的安全生产责任制。比如,施工单位根据需要设置的安全处室或者专职安全人员要对安全负责。三是岗位人员的安全生产责任制。岗位人员必须对安全负责。从事特种作业的安全人员必须进行培训,经过考试合格后方能上岗作业。

2. 群防群治制度

群防群治制度是职工群众进行预防和治理安全的一种制度。这一制度也是"安全第一、预防为主"的具体体现,同时也是群众路线在安全工作中的具体体现,是企业进行民主管理的重要内容。这一制度要求建筑企业职工在施工中应当遵守有关生产的法律、法规和建筑行业安全规章、规程,不得违章作业;对于危及生命安全和身体健康的行为有权提出批评、检举和控告。

3. 安全生产教育培训制度

安全生产教育培训制度是对广大建筑干部职工进行安全教育培训、提高安全意识、增加安全知识和技能的制度。安全生产,人人有责。只有通过对广大职工进行安全教育、培训,才能使广大职工真正认识到安全生产的重要性、必要性,才能使广大职工掌握更多更有效的安全生产的科学技术知识,牢固树立"安全第一"的思想,自觉遵守各项安全生产和规章制度。分析许多建筑安全事故,一个重要的原因就是有关人员安全意识不强,安全技能不够,这些都是没有搞好安全教育培训工作的后果。

4. 安全生产检查制度

安全生产检查制度是上级管理部门或企业自身对安全生产状况进行定期或不定期检查的制度。通过检查可以发现问题,查出隐患,从而采取有效措施,堵塞漏洞,把事故消灭在发生之前,做到防患于未然,是"预防为主"的具体体现。通过检查,还可总结出好的经验加以推广,为进一步搞好安全工作打下基础。安全检查制度是安全生产的保障。

5. 伤亡事故处理报告制度

施工中发生事故时,建筑企业应当采取紧急措施减少人员伤亡和事故损失,并按照国家有关规定及时向有关部门报告。事故处理必须遵循一定的程序,做到"三不放过"(事故原因不清不放过、事故责任者和群众没有受到教育不放过、没有防范措施不放过)。通过对事故的严格处理,可以总结出教训,为制定规程、规章提供第一手素材,做到亡羊补牢。

6. 安全责任追究制度

法律责任中,规定建设单位、设计单位、施工单位、监理单位,由于没有履行职责造成人员伤亡和事故损失的,视情节给予相应处理;情节严重的,责令停业整顿,降低资质等级或吊销资质证书;构成犯罪的,依法追究刑事责任。

三、生产经营单位的安全生产保障

(一)组织保障措施

1. 建立安全生产保障体系

生产经营单位必须建立安全生产保障体系。生产经营单位必须遵守本法和其他有关安全生产的法律、法规,加强安全生产管理,建立、健全安全生产责任制度,完善安全生产条件,确保安全生产。

矿山、建筑施工单位和危险物品的生产、经营、储存单位,应当设置安全生产管理机构或者配备专职安全生产管理人员。

其他生产经营单位,从业人员超过300人的,应当设置安全生产管理机构或者配备专职安全生产管理人员;从业人员在300人以下的,应当配备专职或者兼职的安全生产管理人员,或者委托具有国家规定的相关专业技术资格的工程技术人员提供安全生产管理服务。

2. 明确岗位责任

(1)生产经营单位的主要负责人的职责

生产经营单位的主要负责人对本单位安全生产工作负有下列职责:

①建立、健全本单位安全生产规章制度和操作规程;

②组织制定本单位安全生产规章制度和操作规程;

③保证本单位安全生产投入的有效实施;

④督促、检查本单位的安全生产工作,及时消除生产安全事故隐患;

⑤组织制定并实施本单位的生产安全事故应急救援预案;

⑥及时、如实报告生产安全事故。

同时,《安全生产法》第五十条规定:"生产经营单位发生重大生产安全事故时,单位的主要负责人应当立即组织抢救,并不得在事故调查处理期间擅离职守。"

(2)生产经营单位的安全生产管理人员的职责

生产经营单位的安全生产管理人员应当根据本单位的生产经营特点,对安全生产状况进行经常性检查;对检查中发现的安全问题,应当立即处理;不能处理的,应当及时报告本单位有关负责人。检查及处理情况应当记录在案。

(3) 对安全设施、设备和质量负责的岗位
① 对安全设施的设计质量负责的岗位

建设项目安全设施的设计人、设计单位应当对安全设施设计负责。

矿山建设项目和用于生产、储存危险物品的建设项目的安全设施设计应当按照国家有关规定报经有关部门审查,审查部门及其负责审查的人员对审查结果负责。

② 对安全设施的施工负责的岗位

矿山建设项目和用于生产、储存危险物品的建设项目施工单位必须按照批准和安全设施设计施工,并对安全设施的工程质量负责。

③ 对安全设施的竣工验收负责的岗位

矿山建设项目和用于生产、储存危险物品的建设项目竣工投入生产或者使用前,必须依照有关法律、行政法规的规定对安全设施进行验收;验收合格后,方可投入生产和使用。验收部门及其验收人员对验收结果负责。

④ 对安全设备质量负责的岗位

生产经营单位使用的涉及生命安全、危险性较大的特种设备,以及危险物品的容器、运输工具,必须按照国家有关规定,由专业生产单位生产,并经具有专业资质的检测、检验机构检测、检验合格,取得安全使用证或者安全标志,方可投入使用。检测、检验机构对检测、检验结果负责。

涉及生命安全、危险性较大的特种设备的目录由国务院负责特种设备安全监督管理的部门制定,报国务院批准后执行。

(二) 管理保障措施

1. 人力资源管理

(1) 对主要负责人和安全生产管理人员的管理

生产经营单位的主要负责人和安全生产管理人员必须具备与本单位所从事的生产经营活动相应的安全生产知识和管理能力。

危险物品的生产、经营、储存单位以及矿山、建筑施工单位的主要负责人和安全生产管理人员,由有关主管部门对其安全生产知识和管理能力考核合格后方可任职。考核不得收费。

(2) 对一般从业人员的管理

生产经营单位应当对从业人员进行安全生产教育和培训,保证从业人员具备必要的安全生产知识,熟悉有关的安全生产规章制度和安全操作规程,掌握本岗位的安全操作技能。未经安全生产教育和培训合格的从业人员,不得上岗作业。

(3) 对特种作业人员的管理

生产经营单位的特种作业人员必须按照国家有关规定经专门的安全作业培训,取得特种作业操作资格证书,方可上岗作业。

2. 物力资源管理

(1) 设备的日常管理

生产经营单位应当在有较大危险因素的生产经营场所和有关设施、设备上,设置明显的安全警示标志。

安全设备的设计、制造、安装、使用、检测、维修、改造和报废,应当符合国家标准或者行业标准。

生产经营单位必须对安全设备进行经常维护、保养,并定期检测,保证正常运转。维护、保

养、检测应当做好记录，并由有关人员签字。

(2)设备的淘汰制度

国家对严重危及生产安全的工艺、设备实行淘汰制度。生产经营单位不得使用国家明令淘汰、禁止使用的危及生产安全的工艺、设备。

(3)生产经营项目、场所、设备的转让管理

生产经营单位不得将生产经营项目、场所、设备发包或者出租给不具备安全生产条件或者相应资质的单位或者个人。

(4)生产经营项目、场所的协调管理

生产经营项目、场所有多个承包单位、承租单位的，生产经营单位应当与承包单位、承租单位签订专门的安全生产管理协议，或者在承包合同、租赁合同中约定各自的安全生产管理职责；生产经营单位对承包单位、承租单位的安全生产工作统一协调、管理。

(三)经济保障措施

1. 保证安全生产所必需的资金

生产经营单位应当具备的安全生产条件所必需的资金投入，由生产经营单位的决策机构、主要负责人或者个人经营的投资人予以保证，并对由于安全生产所必需的资金投入不足导致的后果承担责任。

2. 保证安全设施所需要的资金

生产经营单位新建、改建、扩建工程项目(以下统称建设项目)的安全设施，必须与主体工程同时设计、同时投入生产和使用。安全设施投资应当纳入建设项目概算。

3. 用于配备劳动防护用品、进行安全生产培训的经费

生产经营单位必须为从业人员提供符合国家标准或者行业标准的劳动防护用品，并监督、教育从业人员按照使用规则佩戴、使用。

4. 保证工伤社会保险所需要的资金

生产经营单位必须依法参加工伤社会保险，为从业人员缴纳保险费。

(四)技术保障措施

1. 对新工艺、新技术、新材料或者使用新设备的管理

生产经营单位采用新工艺、新技术、新材料或者使用新设备，必须了解、掌握其安全技术特性，采取有效的安全防护措施，并对从业人员进行专门的安全生产教育和培训。

2. 对安全条件论证和安全评价的管理

矿山建设项目和用于生产、储存危险物品的建设项目，应当分别按照国家有关规定进行安全条件论证和安全评价。

3. 对废弃危险物品的管理

生产、经营、运输、储存、使用危险物品或者处置废弃危险物品的，由有关主管部门依照有关法律、法规的规定和国家标准或者行业标准审批并实施监督管理。

生产经营单位生产、经营、运输、储存、使用危险物品或者处置废弃危险物品，必须执行有关法律、法规和国家标准或者行业标准，建立专门的安全管理制度，采取可靠的安全措施，接受有关主管部门依法实施的监督管理。

4. 对重大危险源的管理

生产经营单位对重大危险源应当登记建档，进行定期检测、评估、监控，并制定应急预案，告

知从业人员和相关人员在紧急情况下应当采取的应急措施。

生产经营单位应当按照国家有关规定将本单位重大危险源及有关安全措施、应急措施报有关地方人民政府负责安全生产监督管理的部门和有关部门备案。

5. 对员工宿舍的管理

生产、经营、储存、使用危险物品的车间、商店、仓库不得与员工宿舍在同一座建筑物内，并应当与员工宿舍保持安全距离。

生产经营场所和员工宿舍应当设有符合紧急疏散要求、标志明显、保持畅通的出口。禁止封闭、堵塞生产经营场所或者员工宿舍的出口。

6. 对危险作业的管理

生产经营单位进行爆破、吊装等危险作业，应当安排专门人员进行现场安全管理，确保操作规程的遵守和安全措施的落实。

7. 对安全生产操作规程的管理

生产经营单位应教育和督促从业人员严格执行本单位的安全生产规章制度和安全操作规程，并向从业人员如实告知作业场所和工作岗位存在的危险因素、防范措施及事故应急措施。

8. 对施工现场的管理

两个以上生产经营单位在同一作业区域内进行生产经营活动，可能危及对方生产安全的，应当签订安全生产管理协议，明确各自的安全生产管理职责和应当采取的安全措施，并指定专职安全生产管理人员进行安全检查与协调。

四、从业人员安全生产的权利和义务

生产经营单位的从业人员，是指单位从事生产经营活动各项工作的所有人员，包括管理人员、技术人员和各岗位的工人，也包括生产经营单位临时聘用的人员。他们在从业过程中依法享有权利、承担义务。

职业训练 7-2

从业人员享有知情权

小张是某施工单位聘用的民工，在工程结束的时候，施工单位派小张等五人清理现场。小张等五人把现场垃圾清扫到一起后坐在一旁休息，其间，有人不慎打翻垃圾中剩余的一瓶酒精，并与其间的一些物质相接触进而起火。小张等五人虽奋力救火但火势蔓延，导致一部分设施烧毁。施工单位要求小张等五人负责。小张以施工单位在清理现场前并没有告知新的工作存在危险要求施工单位承担责任。而施工单位则声称小张等人并没有询问现场是否存在危险，放弃了知情权。

你认为谁的观点正确？

评析：

小张等人的观点是正确的。

询问现场是否存在安全隐患是从业人员的权利，这个权利可以放弃，但是，告知作业场所和工作岗位存在的危险因素也同样是施工单位的义务，这个义务并不以从业人员是否已经询问为前提。即使没有询问，施工单位也必须告知存在的危险因素。本案例中，施工单位没有尽到告知的义务,需要对此事故承担部分责任。

(一)安全生产中从业人员的权利

1. 知情权

生产经营单位的从业人员有权了解其作业场所和工作岗位存在的危险因素、防范措施及事故应急措施,有权对本单位的安全生产工作提出建议。

2. 批评权和检举、控告权

从业人员有权对本单位的安全生产工作存在的问题提出批评、检举、控告。

3. 拒绝权

从业人员有权拒绝违章指挥和强令冒险作业。生产经营单位不得因从业人员对本单位安全生产工作提出批评、检举、控告或者拒绝违章指挥、强令冒险作业而降低其工资、福利等待遇或者解除与其订立的劳动合同。

4. 紧急避险权

从业人员发现直接危及人身安全的紧急情况时,有权停止作业或者在采取可能的应急措施后撤离作业场所。生产经营单位不得因从业人员在前款紧急情况下停止作业或者采取紧急撤离措施而降低其工资、福利等待遇或者解除与其订立的劳动合同。

5. 请求赔偿权

因生产安全事故受到损害的从业人员,除依法享有工伤社会保险外,依照有关民事法律尚有获得赔偿的权利的,有权向本单位提出赔偿要求。

依法为从业人员缴纳工伤社会保险费和给予民事赔偿,是生产经营单位的法定义务。生产经营单位必须依法参加工伤社会保险,为从业人员缴纳保险费;生产经营单位与从业人员订立的劳动合同,应当载明依法为从业人员办理工伤社会保险的事项。

发生生产安全事故后,受到损害的从业人员首先依照劳动合同和工伤社会保险合同的约定,享有请求相应赔偿的权利。如果工伤保险赔偿金不足以补偿受害人的损失,受害人还可以依照有关民事法律的规定,向其所在的生产经营单位提出赔偿要求。为了切实保护从业人员的该项权利,《安全生产法》第五十二条第二款还规定:"生产经营单位不得以任何形式与从业人员订立协议,免除或者减轻其对从业人员因生产安全事故伤亡依法应承担的责任。"

6. 获得劳动防护用品的权利

生产经营单位必须为从业人员提供符合国家标准或者行业标准的劳动防护用品,并监督、教育从业人员按照使用规则佩戴、使用。

7. 获得安全生产教育和培训的权利

生产经营单位应当对从业人员进行安全生产教育和培训,保证从业人员具备必要的安全生产知识,熟悉有关的安全生产规章制度和安全操作规程,掌握本岗位的安全操作技能。

职业训练 7-3

施工造成毗邻建筑物损坏应赔偿

原告(被上诉人):唐甲、唐乙、唐丙、唐丁、唐戊、蒋某

以上第二至六共五原告均委托唐甲为诉讼代理人。

被告(上诉人):上海市静安区赵家桥基地建设指挥部

一、一审诉辩主张

1. 原告诉称:本市赵家桥路 77 弄 4 号房屋系六原告共有之私房。该房因受被告建造 24 层高楼施工的影响,造成地面下沉、地基松动、房屋倾斜、主梁脱位、外墙多处大面积开裂、楼梯楼板榫头移位。要求被告赔偿房屋修复费 10757.70 元,误工费 345 元,并由被告承担房屋鉴定费、勘查费和诉讼费。

2. 被告辩称:原告所有之房屋损坏,是由多种原因造成,除建造高层对其影响外,损坏主要原因还有:

(1)房屋本身已超龄所造成的自然损坏;

(2)在该房屋旁边上海外文书店建造 6 层工房对其也造成损坏,而且在诉讼之前被告经原告认可对该屋已进行了修理,故不同意再作赔偿。

二、一审事实认定

上海市静安区人民法院经审理查明:本市赵家桥路 77 弄 4 号房屋一幢(建筑面积为 440 平方米)系原告共有之私房。该屋建造于 20 世纪 30 年代。1997 年 8 月,被告在本市赵家桥路常德路口建造三幢高层楼房,其中一号楼(24 层楼)距原告所有的上述房屋约 20 米。在高层建造打桩过程中,原告发现房屋倾斜、主梁脱位、外墙开裂、楼梯楼板榫头移位、地坪起拱、门窗歪斜等房屋损坏情况,遂前后多次向被告提出书面或口头异议,要求被告修复和赔偿房屋所受之损失。2000 年 3 月被告委托工程队对原告房屋进行了部分修理,花去修缮费人民币 6585.54 元。但修理后不久,原告发现情况仍未好转,损坏继续发展,而且原先的修理也是治标不治本,危险仍然存在,故在与被告交涉协商不成后,遂向一审法院起诉。

审理中,为确定原告房屋损坏之直接原因,法院委托了上海市房地产科学研究院对该房屋的损坏原因和损坏程序作出鉴定并提出修理意见。经该院鉴定:"造成目前赵家桥 77 弄 4 号房屋损坏的原因主要是:赵家桥高层楼房打桩时,土地的挤压力及振动波使该房屋的地面起拱;井点抽水时地下水位的下降造成地基土的自重应力增加,引起该房屋产生了不均匀沉降,房屋结构变形走动,墙体多处开裂,木格栅移位,纵横墙脱离,墙体向东北方向倾斜。造成目前赵家桥 77 弄 4 号房屋损坏主要是由于高层楼房打桩及开挖基础时抽水引起的。""外文书店所造多层房屋在宏观上不会对 77 弄 4 号房屋造成影响。"

被告对此鉴定不服,会同高层建筑设计单位华东建筑设计院及造房单位上海第四建筑工程公司联合提出书面异议。为慎重起见,本案审判人员又带着该鉴定书走访了上海市房产管理局总工程师室,听取他们的意见。据该室几位高级工程师认真研究后都同意鉴定报告,认为原告私房损坏是由于高层楼房打桩及抽水等原因造成是可信的。以后办案人员走访地区居委会了解其他房屋损坏情况,发现原告房屋的周围住房也有类似损坏,而且居民均反映:房屋损坏是造高层楼房所引起,在外文书店建造多层楼房时,他们的房屋已经损坏。

为查清修理该房所需费用,一审法院又委托上海市房屋修建公司按鉴定报告之修理意见作修理费用预算,经查勘:该房修复费用需人民币 10757.70 元,修复时间需 2 个月。又查,该房实际居住人唐丙每月基本工资为人民币 172.50 元。

三、一审判决理由和判决结果

一审法院在查清事实的前提下,经合议庭评议,认为公民的私有房屋受法律保护,被告由于建造高层楼房造成对原告私房损坏理应作出赔偿。被告在诉讼前虽然对原告私房作过修理,但损坏之处依旧存在,故不能免除被告赔偿之责任。至于被告对上海市房地产科学研究院所作鉴定报告之异议,因缺乏证据,不足以推翻该鉴定,故不予认定。原告提出赔偿修复房屋期间一人误工工资损失与法无悖,可予准许。

根据《中华人民共和国民法通则》第一百一十七条第二款关于"损坏国家的、集体的财产或者他人财产的,应当恢复原状或者折价赔偿"的规定以及第三款关于"受害人因此遭受其他重大损失的,侵害人并应当赔偿损失"之规定,静安区人民法院作出判决:

1. 被告上海市静安区赵家桥基地建设指挥部应赔偿原告唐甲、唐乙、唐丙、唐丁、唐戊和蒋某房屋修复费人民币10757.70元;误工工资人民币345元。

2. 房屋鉴定费人民币1000元和房屋查勘费人民币500元由被告上海市静安区赵家桥基地建设指挥部负担。

诉讼费人民币454.11元由被告上海市静安区赵家桥基地建设指挥部负担。

四、二审诉辩主张

一审法院判决后,被告不服,提出上诉称:赵家桥基地房屋打桩,曾考虑到可能影响周围建筑物,故与华东建筑设计院仔细研究了施工方案,以便对周围群众损失减少到最低限度。后鉴于被上诉人房屋有若干部位受到不同程度的损伤,已为被上诉人修理竣工,并有协议写明"一次性解决",当时被上诉人对此并无异议,造成目前被上诉人的房屋损坏是由多种原因产生的,现施工资料俱在,可对鉴定结论由有关部门再行鉴定,上诉人可以服从。另据了解,被上诉人的房屋已在规划拆迁范围内,再作修理是浪费社会财富。被上诉人则称:一审判决赔偿的数额远不足补偿其房屋受损的程度,自己的房屋也未列入拆迁范围,即使需要拆迁,赔偿也是必要的。

二审法院受案后,承办人详细审阅案卷,又赴实地勘验并调查核实相应证据,认为一审法院所查事实清楚,所作查勘、预算及鉴定均为有效。据此,二审人民法院认为,上诉人缺乏足够理由推翻上海市房地产科学研究院关于对原告房屋损坏原因所作出的鉴定报告,原审法院依据鉴定结论确认上诉人应承担民事责任是正确的,对上诉人的请求,不予支持。依照《中华人民共和国民事诉讼法》第一百五十三条第一款第(一)项的规定,作出如下判决:

驳回上诉,维持原判。

上诉案件受理费人民币454.11元由上诉人承担。

评析:

本案是建筑工程施工造成毗邻建筑物损坏的损害赔偿诉讼。

《建筑法》第三十九条规定:"……施工现场毗邻的建筑物、构筑物和特殊作业环境可能造成损害的,建筑施工企业应当采取安全防护措施。"该规定明确了建筑施工企业应当对施工现场毗邻建筑物的安全负责。由于我国建筑业管理方式一直沿用过去的旧的管理模式,一般由建设单位成立建设指挥部之类的管理机构统一对施工进行管理,遇到问题由建设指挥部召集有关各方共同解决,没有实行监理制下的业主、监理工程师、承包商的责任分工。施工现场的管理通常也是建设指挥部工作的重要组成部分。这种情况下让建筑施工企业单方承担有关安全责任就不合适了。由于建设指挥部对建筑施工实行全面管理,有关建筑施工安全的责任通常也直接追究建设指挥部的责任。本案的审理就是一个典型的例子。我国建筑监理制1988年开始试行,1996年进入全面推行阶段。这也意味着《建筑法》设立的安全责任体制的全面建立。

在具体审理中涉及许多具体问题:

(1) 关于房屋损坏的鉴定问题

随着高层建筑的大力兴建,因建筑施工造成毗邻建筑物损坏而导致的纠纷也逐渐增多。由于建筑物的损坏原因和损坏程度的判定是一个技术性很强的工作,往往超出了审判人员的知识范围,因此在审理这类案件时往往需要聘请有关技术部门进行鉴定。法院如何聘请鉴定人员和认定技术鉴定的结果对案件审理结果关系十分重大。编者认为,在如何聘请鉴定人员和认定鉴定结果上,法院应当坚持主导的地位。通常在审判实践中,由于审判人员对于相关行业的情况不清楚,对于聘请谁作为鉴定人心中无数,往往根据一方当事人的建议进行决定。这时,法院应当注意征询其他当事人的建议,并应注意审查鉴定人与当事人之间有没有密切的工作关系或其他关系,足以影响鉴定结论的公正性。如果有关系,应尽量选择同双方没有任何关系的鉴定人;否则,因鉴定结论不公正将导致法院处于非常被动的局面。因为无论是谁推荐的鉴定人,最后作出决定的是法院。另外,对于鉴定结论的认定,法院应尽可能依据自己的常识作出一定的判断,审查其是否合理,具体可以结合其他证据对鉴定结论的合理性给予判断。对鉴定结论应当由诉讼当事人在法庭上出示和宣读,并由当事人互相质证。

本案对鉴定结论的处理是比较适当的。法院委托之上海市房地产科学研究院在上海是鉴定危房的一个法定的权威性机构;而被告委托之高层建筑设计单位华东建筑设计院也是上海较有权威之房屋专业设计单位,而且也有权作危房鉴定。但在本案中,其仅仅是协助被告对鉴定提出异议,并非重新作出鉴定;而且该鉴定机构与被告有比较密切的工作关系,又是被告自己聘请。因此,法院对该鉴定结论没有采用是适当的。

(2) 赔偿的范围问题

本案审理中,原告曾提出其他诉讼请求,比如"修复部分中修复后因房屋牢度和抗震能力降低,使用年限缩短以及外观破坏所造成的房屋价值损失,应予赔偿人民币 10000 元","房屋损坏中不能修复的部分所导致的财产价值降低被告应以货币形式赔偿 20000 元","今后因高层地基与原告房屋不均匀下沉所必然引起的继续损坏应予赔偿人民币 5000 元",等等,原告提出的都是间接损失或预期中的或然损失,而民法目前规定的赔偿一般是指已经发生的直接损失,所以对原告提出的其他赔偿请求不予支持。经一审法院讲清后,原告撤回其他诉讼请求。

(3) 关于超龄房屋的赔偿责任问题

本案审理中被告还提出原告所有之私房已经是超龄房屋,本身已有自然损坏,故不同意赔偿。这里的问题是造成原告私房损坏的原因是什么?被告施工是否是造成私房损坏的唯一原因?由于被告无法提供证据证明原告私房已经有自然损坏情况,只是提出受损私房是超龄房屋,被告的抗辩理由是不充分的。因为所谓超龄房屋概念仅仅是从设计制造角度来讲的。超龄房屋不一定是危险房屋或者肯定损坏的房屋。超龄房屋并不能免除侵权人对房屋造成损害的赔偿责任。但超龄房屋的价值已经大大降低了,这应当在确定具体赔偿金额上给予考虑。如果对一个已经超龄的房屋,因为受到损坏得到过多的赔偿,其结果相当于重新翻建了旧房,这对被告显然也是不公平的。从理论上讲,经过修复或补偿而使旧房增加了价值,其增加值应当从被告的赔偿中予以扣除。

(二) 安全生产中从业人员的义务

1. 自律遵规的义务

从业人员在作业过程中,应当严格遵守本单位的安全生产规章制度和操作规程,服从管理,正确佩戴和使用劳动防护用品。

2. 自觉学习安全生产知识的义务

从业人员应当接受安全生产教育和培训，掌握本职工作所需的安全生产知识，提高安全生产技能，增强事故预防和应急处理能力。

3. 危险报告的义务

从业人员发现事故隐患或者其他不安全因素，应当立即向现场安全生产管理人员或者本单位负责人报告；接到报告的人员应当及时予以处理。

五、安全生产的监督管理

建筑工程安全生产的监督管理，是指各级人民政府建设行政主管部门以及其授权的建筑工程安全生产的管理机构，对建设工程安全生产所实施的行政监督管理。

（一）安全生产监督管理部门

根据《安全生产法》和《建设工程安全生产管理条例》的有关规定，国务院负责安全生产监督管理的部门，对全国建设工程安全生产工作实施综合监督管理。国务院建设行政主管部门对全国的建设工程安全生产实施监督管理。国务院铁路、交通、水利等有关部门按照国务院的职责分工，负责有关专业建设工程安全生产的监督管理。

根据《建设工程安全生产管理条例》第四十四条的规定，建设行政主管部门或者其他有关部门可以将施工现场的监督检查委托给建设工程安全监督机构具体实施。

（二）安全生产监督管理措施

对安全生产负有监督管理职责的部门（以下统称负有安全生产监督管理职责的部门）依照有关法律、法规的规定，对涉及安全生产的事项需要审查批准（包括批准、核准、许可、注册、认证、颁发证照等，下同）或者验收的，必须严格依照有关法律、法规和国家标准或者行业标准规定的安全生产条件和程序进行审查；不符合有关法律、法规和国家标准或者行业标准的安全生产条件的，不得批准或者验收通过。对未依法取得批准或者验收合格的单位擅自从事有关活动的，负责行政审批的部门发现或者接到举报后应当立即予以取缔，并依法予以处理。对已经依法取得批准的单位，负责行政审批的部门发现其不再具备安全生产条件的，应当撤销原批准。

《建设工程安全生产管理条例》第四十二条规定，建设行政主管部门在审核发放施工许可证时，应当对建设工程是否有安全施工措施进行审查，对没有安全施工措施的，不得颁发施工许可证。建设行政主管部门或者其他有关部门对建设工程是否有安全施工措施进行审查时，不得收取费用。

（三）安全生产监督管理部门的职权

负有安全生产监督管理职责的部门依法对生产经营单位执行有关安全生产的法律、法规和国家标准或者行业标准的情况进行监督检查，行使以下职权：

（1）进入生产经营单位进行检查，调阅有关资料，向有关单位和人员了解情况。

（2）对检查中发现的安全生产违法行为，当场予以纠正或者要求限期改正；对依法应当给予行政处罚的行为，依照本法和其他有关法律、行政法规的规定作出行政处罚决定。

（3）对检查中发现的事故隐患，应当责令立即排除；重大事故隐患排除前或者排除过程中无法保证安全的，应当责令从危险区域内撤出作业人员，责令暂时停产或者停止使用相关设施设备;重大事故隐患排除后,经审查同意,方可恢复生产经营和使用。

(4)对有根据认为不符合保障安全生产的国家标准或者行业标准的设施、设备、器材以及违法生产、储存、使用、经营、运输的危险物品予以查封或者扣押,对违法生产、储存、使用、经营危险物品的作业场所予以查封,并依法作出处理决定。监督检查不得影响被检查单位的正常生产经营活动。

(四)安全生产监督检查人员的职权和义务

1. 安全监督检查人员职权

(1)现场调查取证权,即安全生产监督检查人员可以进入生产经营单位进行现场调查,单位不得拒绝,有权向被检查单位调阅资料,向有关人员(负责人、管理人员、技术人员)了解情况。

(2)现场处理权,即对安全生产违法作业当场纠正权;对现场检查出的隐患,责令限期改正、停产停业或停止使用的职权;责令紧急避险权和依法行政处罚权。

(3)查封、扣押行政强制措施权,其对象是安全设施、设备、器材、仪表等;依据是不符合国家或行业安全标准;条件是必须按程序办事、有足够证据、经部门负责人批准、通知被查单位负责人到场、登记记录等,并必须在15日内作出决定。

2. 安全生产监督检查人员在行使职权时,应当履行如下法定义务

(1)应当忠于职守,坚持原则,秉公执法;

(2)执行监督检查任务时,必须出示有效的行政执法证件;

(3)对涉及被检查单位的技术秘密和业务秘密,应当为其保密;

(4)审查、验收禁止收取费用;

(5)禁止要求被审查、验收的单位购买指定产品。

1.2.2 建筑工程安全生产管理活动主体的安全生产责任

一、建设单位的安全责任

1. 向施工单位提供资料的责任

建设单位应当向施工单位提供施工现场及毗邻区域内供水、排水、供电、供气、供热、通信、广播电视等地下管线资料,气象和水文观测资料,相邻建筑物和构建物、地下工程的有关资料,并保证资料的真实、准确、完整。

建设单位因建设工程需要,向有关部门或者单位查询前款规定的资料时,有关部门或者单位应当及时提供。

建设单位提供的资料将成为施工单位后续工作的主要参考依据。这些资料如果不真实、准确、完整,并因此导致了施工单位遭受损失,施工单位可以就此向建设单位要求赔偿。

2. 依法履行合同的责任

建设单位不得对勘察、设计、施工、工程监理等单位提出不符合建设工程安全生产法律、法规和强制性标准规定的要求,不得压缩合同约定的工期。

建设单位与勘察、设计、施工、工程监理等单位都是完全平等的合同双方的关系,不存在建

设单位是这些单位的管理单位的关系。其对这些单位的要求必须以合同为根据并不得触犯相关的法律、法规。

3. 提供安全生产费用的责任

安全生产需要资金的保证，而这笔资金的源头就是建设单位。只有建设单位提供了用于安全生产的费用，施工单位才可能有保证安全生产的费用。

因此，《建设工程安全生产管理条例》第八条规定："建设单位在编制工程概算时，应当确定建设工程安全作业环境及安全施工设施所需费用。"

4. 不得推销劣质材料设备的责任

建设单位不得明示或者暗示施工单位购买、租赁、使用不符合安全施工要求的安全防护用具、机械设备、施工机具和配件、消防设施和器材。

5. 提供安全施工措施资料的责任

建设单位在申请领取施工许可证时，应当提供建设工程有关安全施工措施的资料。依法批准开工报告的建设工程，建设单位应当自开工报告批准之日起15日内，将保证安全施工的措施报送建设工程所在地的县级以上地方人民政府建设行政主管部门或者其他有关部门备案。

6. 对拆除工程进行备案的责任

《建设工程安全生产管理条例》第十一条规定，建设单位应当将拆除工程发包给具有相应资质等级的施工单位。

建设单位应当在拆除工程施工15日前，将下列资料报送建设工程所在地的县级以上地方人民政府建设行政主管部门或者其他有关部门备案：

（1）施工单位资质等级证明；

（2）拟拆除建筑物、构筑物及可能危及毗邻建筑的说明；

（3）拆除施工组织方案；

（4）堆放、清除废弃物的措施。

实施爆破作业的，应当遵守国家有关民用爆炸物品管理的规定。

二、工程监理单位的安全责任

1. 审查施工方案的责任

《建设工程安全生产管理条例》第十四条规定："工程监理单位应当审查施工组织设计中的安全技术措施或者专项施工方案是否符合工程建设强制性标准。"

施工组织设计应当包括下列主要内容：

（1）工程任务情况；

（2）施工总方案、主要施工方法、工程施工进度计划、主要单位工程综合进度计划和施工力量、机具及部署；

（3）施工组织技术措施，包括工程质量、安全防护以及环境污染防护等各种措施；

（4）施工总平面布置图；

（5）总包和分包的分工范围及交叉施工部署等。

实际上，整个施工组织设计都需要经过监理单位的审批之后才能被施工单位使用。由于本章主要是谈安全，所以，在这里仅仅强调了监理单位要审查施工组织设计中的安全技术措施或者专项施工方案是否符合工程建设强制性标准。

2. 监理的安全生产责任

工程监理单位在实施监理过程中,发现存在安全事故隐患的,应当要求施工单位整改;情况严重的,应当要求施工单位暂时停止施工,并及时报告建设单位。施工单位拒不整改或者不停止施工的,工程监理单位应当及时向有关主管部门报告。工程监理单位和监理工程师应当按照法律、法规和工程建设强制性标准实施监理,并对建设工程安全生产承担监理责任。

职业训练 7-4

施工单位因噪声污染致害引起诉讼

原告:庞某

被告:乌鲁木齐矿务局铁厂沟露天煤矿建设指挥部

一、一审诉辩主张和事实认定

1993年,新疆维吾尔自治区决定开发铁厂沟地下煤炭资源,并将铁厂沟露天煤矿的建设确定为新疆"七五"期间的重点工程项目。1995年6月,新疆煤矿设计院编制出《铁厂沟露天矿可行性研究报告》,肯定该露天煤矿爆破引起的噪声和震动会对周围自然环境产生影响,但对如何采取预防措施未加论述。1998年,乌鲁木齐矿务局成立露天建设管理委员会,2000年更名为乌鲁木齐矿务局铁厂沟露天煤矿建设指挥部(下称指挥部),2001年该矿开始建设。在指挥部计划建设露天煤矿期间,米泉县煤矿劳动服务公司在该露天煤矿东南界线的边缘建立养鸡场。2001年4月,劳动服务公司将该养鸡场发包给本案原告庞某,承包期为4年。2002年2至6月,庞某分4次购进雏鸡6970只,饲养在鸡场。同年8至10月,这些鸡先后进入产蛋期。与此同期,指挥部在露天煤矿进行土层剥离爆破施工,其震动和噪声惊扰养鸡场的鸡群,鸡的产蛋率突然大幅度下降,并有部分鸡死亡。同年12月底和2003年年初,庞某将成鸡全部淘汰。经计算,庞某因蛋鸡产蛋率下降而提前淘汰减少利润收益120411.78元。新疆维吾尔自治区畜牧科学院兽医研究所对庞某承包的养鸡场的活、死鸡进行抽样诊断、检验,结论为:因长期放炮施工的震动和噪声造成鸡群"应激产蛋下降综合征"。

另外,指挥部在露天煤矿爆破施工的震动、噪声,致使附近居民的房屋墙壁出现裂损和正常的生活秩序受到影响,引起一些居民不满,政府有关部门曾拨专款给予补偿。

2003年2月,指挥部委托地震局、环保局,对露天煤矿爆破施工的震动和噪声进行监测,结论是震动速度和噪声均没超出国家规定的标准。

原告庞某向新疆维吾尔自治区乌鲁木齐市中级人民法院起诉称:指挥部开矿爆破造成蛋鸡产蛋率由原来的90%以上下降到10%左右,并出现部分鸡死亡的现象,要求被告赔偿损失402418.42元。

被告指挥部辩称:我部开矿爆破经国家有关部门批准,没有违法,不构成侵权,不应承担赔偿责任。

二、一审判决理由和判决结果

乌鲁木齐市中级人民法院经审理认为:露天煤矿开始施工建设时,养鸡场已经建成并投入生产,养鸡场的建立没有违反有关规定。指挥部长期开矿爆破施工,其震动和噪声惊扰庞某养鸡场的鸡群,造成该鸡群"应激产蛋下降综合征",应该承担赔偿责任。该院根据《民法通则》

第一百二十四条之规定,于 2003 年 4 月 28 日判决如下:指挥部赔偿庞某的经济损失 120411.78 元。

三、二审诉辩主张

指挥部对判决不服,以原诉答辩理由向新疆维吾尔自治区高级人民法院提起上诉。新疆维吾尔自治区高级人民法院在审理中,对地震、环保部门的监测结论进行了核实,认为:这种事后委托有关部门做出的监测结论,因用作监测的对象与当时的客观情况不相一致,放炮点也发生了变化,加之养鸡场的鸡不复存在,故该监测结论不能作为推翻兽医研究所诊断结论的证据。二审法院还就鸡群"应激产蛋下降综合征"的问题听取了有关专家的咨询意见。专家认为:根据兽医学的理论研究,包括鸡在内的各种动物都对外界环境的变化有一定本能的反应,当这种反应超过其本身的适应能力时,就会给其生理和心理造成不良的影响,这种"反应"就是"应激"。庞某养鸡场的鸡群,属于对周围环境要求较高、适应环境能力较低的鸡种,这种鸡好静,长期爆破产生的震动和噪声完全改变了它生长的环境,给鸡群的生理和心理造成了不良的影响,以致产蛋率下降。据此,排除了庞某养鸡场的鸡群产蛋率下降是由于患病所致的因素。

二审法院经重新核算,庞某所受到的经济损失为 131000 元。

四、二审处理理由和处理结果

二审法院在进一步查明事实和分清是非、责任的基础上进行调解。经调解,双方于 2004 年 2 月 2 日自愿达成如下协议:

(1)指挥部赔偿庞某的经济损失 131000 元;

(2)指挥部于 2004 年 2 月 20 日付给庞某 65500 元,剩余部分于 2 月底全部付清,否则加倍支付迟延履行期间的利息。

评析:

本案是工程施工的噪声污染导致损害而引起的诉讼。

1.《建筑法》规定:"建筑施工企业应当遵守有关环境保护和安全生产的法律、法规的规定,采取控制和处理施工现场的各种粉尘、废气、废水、固体废物以及噪声、振动对环境的污染和危害的措施。"《建设工程安全生产管理条例》第三十条规定:"施工单位应当遵守有关环境保护法律、法规的规定,在施工现场采取措施,防止或减少粉尘、废气、废水、固体废物、噪声、振动和施工照明对人和环境的危害和污染。"在建筑工程施工过程中,由于使用的设备大型化、复杂化,往往会给环境造成一定的影响和破坏,特别是在大中城市,由于施工对环境造成影响而产生的矛盾尤其突出。为了保护环境,防止环境污染,按照有关法规规定,建设单位与施工单位在施工过程中都要保护施工现场周围的环境,防止对自然环境造成不应有的破坏;防止和减轻粉尘、噪声、震动对周围居住区的污染和危害。建筑业企业应当遵守有关环境保护和安全生产方面的法律、法规的规定,采取控制施工现场的各种粉尘、废气、废水、固体废弃物以及噪声、振动对环境的污染和危害的措施。这里要求采取的措施,根据建设部 1991 年发布的《建设工程施工现场管理规定》,包括如下六个方面:(一)妥善处理泥浆水,未经处理不得直接排入城市排水设施和河流;(二)除设有符合规定的装置外,不得在施工现场熔融沥青或者焚烧油毡、油漆以及其他会产生有毒有害烟尘和恶臭气体的物质;(三)使用密封式的圈筒或者采取其他措施处理高空废弃物;(四)采取有效措施控制施工过程中的扬尘;(五)禁止将有毒有害废弃物用作土方回填;(六)对产生噪声、振动的施工机械,应采取有效控制措施,减轻噪声扰民。

2.建筑施工各方当事人在环境污染损害赔偿案件中的诉讼地位。根据《建筑法》的规定,因建筑施工造成环境污染,首先应由建筑施工企业承担责任,也就是说因建筑施工污染,受到损害的人首先应起诉建筑施工单位,即承包商。如果法院在审理中发现应追究建设单位(业主)、监理单位以及其他单位的责任,可以将这些单位追加为共同被告或第三人。

3.此外,《民法典》规定,违反国家保护环境防止污染的规定,污染环境造成他人损害的,应当依法承担民事责任。

根据民法理论,环境污染致人损害的民事责任属于一种特殊侵权民事责任。根据这些规定,污染环境致损民事责任的构成需具备三个条件:(一)需有污染环境造成的损害事实;(二)需有污染环境的违法行为;(三)污染环境行为与损害事实之间有因果关系。

具体到本案,被告指挥部的行为符合环境污染致损民事责任构成的要件。首先,被告在其露天煤矿爆破产生的震动和噪声污染了附近的环境,致使原告养鸡场鸡群的产蛋率大幅度下降,证明被告污染环境行为造成了损害事实。其次,被告在居民区附近建设露天煤矿,在可行性研究报告中已经明确肯定该煤矿爆破施工会对周围自然环境产生不良的影响,但在该可行性报告中没有关于采取防范措施的论述,在开发时又没有采取实际防范措施,这又证明被告有违法污染环境的行为。至于被告在本案纠纷发生以后,为了举证的需要,委托有关部门对该煤矿爆破产生的震动和噪声进行监测得出的结论,因为这是在时过境迁情况下所做出的监测结论,缺乏足够客观性和科学性,未被法院判案采用为证据,当然也就不能以此证明被告污染环境行为不具有违法性。再次,被告在露天煤矿长时间进行爆破施工,其震动和噪声改变了原告养鸡场鸡群的生活环境,使该鸡场鸡群产生"应激产蛋下降综合征",这证明被告污染环境行为与原告的损害事实之间存在因果关系。综上分析,被告指挥部的行为符合环境污染致损民事责任构成的条件,应当对原告受到的损害承担赔偿责任。

三、施工单位的安全责任

(一)主要责任人、项目负责人和专职安全生产管理人员的安全责任

1. 主要责任人

加强对施工单位安全生产的管理,首先要明确责任人。《建设工程安全生产管理条例》第二十一条第一款规定:"施工单位主要负责人依法对本单位的安全生产工作全面负责。"在这里,"主要负责人"并不仅限于施工单位的法定代表人,而是指对施工单位全面负责,有生产经营决策权的人。

根据《建设工程安全生产管理条例》的有关规定,施工单位主要负责人的安全生产方面的主要职责包括:

(1)建立健全安全生产责任制度和安全生产教育培训制度;
(2)制定安全生产规章制度和操作规程;
(3)保证本单位安全生产条件所需资金的投入;
(4)对所承建的建设工程进行定期和专项安全检查,并做好安全检查记录。

2. 项目负责人

《建设工程安全生产管理条例》第二十一条第二款规定,施工单位的项目负责人应当由取得相应职业资格的人员担任,对建设工程项目的安全施工负责。

项目负责人(主要指项目经理)在工程项目中处于中心地位,对建设工程项目的安全全面

负责。鉴于项目负责人对安全生产的重要作用,国家规定施工单位的项目负责人应当由取得相应职业资格的人员担任。这里,"相应职业资格"目前指建造师职业资格。

根据《建设工程安全生产管理条例》第二十一条的规定,项目负责人的安全责任主要包括:
(1)落实安全生产责任制度、安全生产规章制度和操作规程;
(2)确保安全生产费用的有效使用;
(3)根据工程的特点组织制定安全施工措施,消除安全事故隐患;
(4)及时、如实报告生产安全事故。

3. 安全生产管理机构和专职安全生产管理人员

根据《建设工程安全生产管理条例》第二十三条规定,施工单位应当设立安全生产管理机构,配备专职安全生产管理人员。

(1)安全生产管理机构的设立及其职责

安全生产管理机构是指施工单位及其在建设工程项目中设置的负责安全生产管理工作的独立职能部门。

根据住房和城乡建设部《建筑施工企业安全生产管理机构设置及专职安全生产管理人员配备办法》(建质〔2008〕91号)规定,施工单位所属的分公司、区域公司等较大的分支机构应当各自独立设置安全生产管理机构,负责本企业(分支机构)的安全生产管理工作。施工单位及其所属分公司、区域公司等较大的分支机构必须在建设工程项目中设立安全生产管理机构。

安全生产管理机构的职责主要包括:落实国家有关安全生产法律法规和标准、编制并适时更新安全生产管理制度、组织开展全员安全教育培训及安全检查等活动。

(2)专职安全生产管理人员的配备及其职责

①专职安全生产管理人员的配备

《建设工程安全生产管理条例》第二十三条规定:"专职安全生产管理人员的配备办法由国务院建设行政主管部门会同国务院有关部门制定。"住房和城乡建设部《建筑施工企业安全生产管理机构配置及专职安全生产管理人员配备办法》(建质〔2008〕91号)对专职安全生产管理人员的配备作出了具体规定。

②专职安全生产管理人员的职责

专职安全生产管理人员是指经建设主管部门或者其他有关部门安全生产考核合格,并取得安全生产考核合格证书在企业从事安全生产管理工作的专职人员,包括企业安全生产管理机构的负责人及其工作人员和施工现场专职安全生产管理人员。

专职安全生产管理人员的安全责任主要包括:对安全生产进行现场监督检查。发现安全事故隐患,应当及时向项目负责人和安全生产管理机构报告;对于违章指挥、违章操作的,应当立即制止。

(二)总承包单位和分包单位的安全责任

1. 总承包单位的安全责任

《建设工程安全生产管理条例》第二十四条规定:"建设工程实行施工总承包的,由总承包单位对施工现场的安全生产负总责。"为了防止违法分包和转包等违法行为的发生,真正落实施工总承包单位的安全责任,《建设工程安全生产管理条例》进一步强调:"总承包单位应当自行完成建设工程主体结构的施工。"这也是《建筑法》的要求,避免由于分包单位能力的不足而导致安全事故的发生。

2. 总承包单位与分包单位的安全责任划分

《建设工程安全生产管理条例》第二十四条规定:"总承包单位依法将建设工程分包给其他单位的,分包合同中应当明确各自的安全生产方面的权利、义务。总承包单位和分包单位对分包工程的安全生产承担连带责任。"

但是,总承包单位和分包单位在安全生产方面的责任也不是固定的,要根据具体的情况来确定责任。《建设工程安全生产管理条例》第二十四条规定:"分包单位应当服从总承包单位的安全生产管理,分包单位不服从管理导致生产安全事故的,由分包单位承担主要责任。"

(三) 安全生产教育培训

1. 管理人员的考核

施工单位的主要负责人、项目负责人、专职安全生产管理人员应当经建设行政主管部门或者有关部门考核合格后方可任职。

2. 作业人员的安全生产教育培训

(1) 日常培训

施工单位应当对管理人员和作业人员每年至少进行一次安全生产教育培训。未经教育培训或者教育培训考核不合格的人员,不得上岗。

(2) 新岗位培训

作业人员进入新的岗位或者新的施工现场前,应当接受安全生产教育培训。未经教育培训或者教育培训考核不合格的人员,不得上岗作业。

施工单位在采用新技术、新工艺、新设备、新材料时,也应当对作业人员进行相应的安全生产教育培训。

(3) 特种作业人员的专门培训

垂直运输机械作业人员、安装拆卸工、爆破作业人员、起重信号工、登高架设作业人员等特种工作人员,必须按照国家有关规定经过专门的安全作业培训,并取得特种作业操作资格证书后,方可上岗作业。

(四) 施工单位应采取的安全措施

1. 编制安全技术措施、施工现场临时用电方案和专项施工方案

(1) 编制安全技术措施

《建设工程安全生产管理条例》第二十六规定,施工单位应当在施工组织设计中编制安全技术措施。

施工组织设计的内容上文已有阐述。

(2) 编制施工现场临时用电方案

《建设工程安全生产管理条例》第二十六条还规定,施工单位应当在施工组织设计中编制施工现场临时用电方案。临时用电方案直接关系到用电人员的安全,应当严格按照《施工现场临时用电安全技术规范》(JGJ 46—2005)进行编制,保障施工现场用电,防止触电和电气火灾事故发生。

(3) 编制专项施工方案

对下列达到一定规模的危险性较大的分部分项工程编制专项施工方案,并附具安全验算结

果,经施工单位技术负责人、总监理工程师签字后实施,由专职安全生产管理人员进行现场监督。

　　①基坑支护与降水工程;
　　②土方开挖工程;
　　③模板工程;
　　④起重吊装工程;
　　⑤脚手架工程;
　　⑥拆除、爆破工程;
　　⑦国务院建设行政主管部门或者其他有关部门规定的其他危险性较大的工程。

　　对前款所列工程中涉及深基坑、地下暗挖工程、高大模板工程的专项施工方案,施工单位还应当组织专家进行论证、审查。

　　2. 安全施工技术交底

　　施工前的安全施工技术交底的目的就是让所有的安全生产从业人员都对安全生产有所了解,最大限度避免安全事故的发生。因此,建设工程施工前,施工单位负责项目管理的技术人员应当对有关安全施工的技术要求向施工作业班组、作业人员作出详细说明,并由双方签字确认。

　　3. 施工现场安全警示标志的设置

　　施工单位应当在施工现场入口处、施工起重机械、临时用电设施、脚手架、出入通道口、楼梯口、电梯井口、孔洞口、桥梁口、隧道口、基坑边沿、爆破物及有害危险气体和液体存放处等危险部位,设置明显的安全警示标志。安全警示标志必须符合国家标准。

　　4. 施工现场的安全防护

　　施工单位应当根据不同施工阶段和周围环境及季节、气候的变化,在施工现场采取相应的安全施工措施。施工现场暂时停止施工的,施工单位应当做好现场防护,所需费用由责任方承担,或者按照合同约定执行。

　　5. 施工现场的布置应当符合安全和文明施工要求

　　施工单位应当将施工现场的办公、生活区与作业区分开设置,并保持安全距离;办公、生活区的选址应当符合安全要求。职工的膳食、饮水、休息场所等应当符合卫生标准。施工单位不得在尚未竣工的建筑物内设置员工集体宿舍。

　　施工现场临时搭建的建筑物应当符合安全使用要求。施工现场使用的装配式活动房屋应当具有产品合格证。临时建筑物一般包括施工现场的办公用房、宿舍、食堂、仓库、卫生间等。

　　6. 对周边环境采取防护措施

　　施工单位对因建设工程施工可能造成损害的毗邻建筑物、构筑物和地下管线等,应当采取专项防护措施。施工单位应当遵守有关环境保护法律、法规的规定,在施工现场采取措施,防止或者减少粉尘、废气、废水、固体废物、噪声、振动和施工照明对人和环境的危害和污染。在城市市区内的建设工程,施工单位应当对施工现场实行封闭围挡。

　　7. 施工现场的消防安全措施

　　施工单位应当在施工现场建立消防安全责任制度,确定消防安全责任人,制定用火、用电、使用易燃易爆材料等各项消防安全管理制度和操作规程,设置消防通道、消防水源,配备消防设施和灭火器材,并在施工现场入口处设置明显标志。

8. 安全防护设备管理

施工单位采购、租赁的安全防护用具、机械设备、施工机具及配件,应当具有生产(制造)许可证、产品合格证,并在进入施工现场前进行查验。

施工现场的安全防护用具、机械设备、施工机具及配件必须由专人管理,定期进行检查、维修和保养,建立相应的资料档案,并按照国家有关规定及时作废。

作业人员应当遵守安全施工的强制性标准、规章制度和操作规程,正确使用安全防护用具、机械设备等。

9. 起重机械设备管理

施工单位在使用施工起重机械和整体提升脚手架、模板等自升式架设设施前,应当组织有关单位进行验收,也可以委托具有相应资质的检验检测机构进行验收;使用承租的机械设备和施工机具及配件的,由施工总承包单位、分包单位、出租单位和安装单位共同进行验收。验收合格的方可使用。

《特种设备安全监察条例》规定的施工起重机械,在验收前应当经由相关资质的检验检测机构监督检验合格。

施工单位应当自施工起重机械和整体提升脚手架、模板等自升式架设设施验收合格之日起30日内,向建设行政主管部门或者其他相关部门登记。登记标志应当置于或者附着于该设备的显著位置。

依据《特种设备安全监察条例》第二条,作为特种设备的施工起重机械指的是"涉及生命安全、危险性较大的"起重机械。

10. 办理意外伤害保险

《建设工程安全生产管理条例》第三十八条规定,施工单位应当为施工现场从事危险作业的人员办理意外伤害保险。

意外伤害保险费由施工单位支付。实行施工总承包的,由总承包单位支付意外伤害保险费。意外伤害保险期限自建设工程开工之日起至竣工验收合格止。

根据这个条款,分包单位的从事危险作业人员的意外伤害保险的保险费是由总承包单位支付的。而这个结论与2003年建设部、国家工商行政管理总局颁布的《建设工程施工劳务分包合同(示范文本)(GF—2003—0214)》是矛盾的。该文本第15.4款规定:"劳务分包人必须为从事危险作业的职工办理意外伤害保险,并为施工场地内自有人员生命财产和施工机械设备办理保险,支付保险费用。"但是,由于《建设工程施工劳务分包合同(示范文本)》不具有强制约束力,所以,在工程实践中还是要由总承包方单位来支付分包单位职工的意外伤害保险。

四、勘察、设计单位的安全责任

(一)勘察单位的安全责任

建设工程勘察是工程建设的基础性工作。建设工程勘察文件,是建设工程项目规划、选址和设计的重要依据,其勘察成果是否科学、准确,对建设工程安全生产具有重要影响。

1. 确保勘察文件的质量,以保证后续工作安全的责任

勘察单位应当按照法律、法规和工程建设强制性标准进行勘察,提供的勘察文件应当真实、准确,满足建设工程安全生产的需要。

2. 科学勘察，以保证周边建筑物安全的责任

勘察单位在勘察作业时，应当严格执行操作规程，采取措施保证各类管线、设施和周边建筑物、构筑物的安全。

(二) 设计单位的安全责任

1. 科学设计的责任

设计单位应当按照法律、法规和工程建设强制性标准进行设计，防止因设计不合理导致生产安全事故的发生。

2. 提出建议的责任

设计单位应当考虑施工安全操作和防护的需要，对涉及施工安全的重点部位和环节在设计文件中注明，并对防范生产安全事故提出指导意见。

采用新结构、新材料、新工艺的建设工程和特殊结构的建设工程，设计单位应当在设计中提出保障施工作业人员安全和预防生产安全事故的措施建议。

3. 承担后果的责任

《建设工程安全生产管理条例》第十三条规定："设计单位和注册建筑师等注册执业人员应当对其设计负责。"

(三) 法律责任

勘察单位、设计单位有下列行为之一的，责令限期改正，处 10 万元以上 30 万元以下的罚款；情节严重的，责令停业整顿，降低资质等级，直至吊销资质证书；造成重大安全事故，构成犯罪的，对直接责任人员，依照刑法有关规定追究刑事责任；造成损失的，依法承担赔偿责任：

(1) 未按照法律、法规和工程建设强制性标准进行勘察、设计的；

(2) 采用新结构、新材料、新工艺的建设工程和特殊结构的建设工程，设计单位未在设计中提出保障施工作业人员安全和预防生产安全事故的措施建议的。

五、其他相关单位的安全责任

(一) 机械设备和配件供应单位的安全责任

为建设工程提供机械设备和配件的单位，应当按照安全施工的要求配备齐全有效的保险、限位等安全设施和装置。

(二) 出租机械设备和施工机具及配件单位的安全责任

出租的机械设备和施工机具及配件，应当具有生产(制造)许可证、产品合格证，并应当对出租的机械设备和施工机具及配件的安全性能进行检测，在签订租赁协议时，应当出具检测合格证明。禁止出租检测不合格的机械设备和施工机具及配件。

(三) 施工起重机械和自升式架设设施的安全管理

1. 安装与拆卸

施工起重机械和自升式架设设施等的安装、拆卸属于特殊专业安装，具有高度危险性，容易造成重大伤亡事故。

在施工现场安装、拆卸施工起重机械和整体提升脚手架、模板等自升式架设设施，必须由具有相应资质的单位承担。

安装、拆卸施工起重机械和整体提升脚手架、模板等自升式架设设施,应当编制拆装方案、制定安全施工措施,并由专业技术人员现场监督。施工起重机械和整体提升脚手架、模板等自升式架设设施安装完毕后,安装单位应当自检,出具自检合格证明,并向施工单位进行安全使用说明,办理验收手续并签字。

2. 检验检测

(1) 强制检测

施工起重机械和整体提升脚手架、模板等自升式架设设施的使用达到国家规定的检验检测期限的,必须经具有专业资质的检验检测机构检测。经检测不合格的,不得继续使用。

施工起重机械和自升式架设设施在使用过程中,应当按照规定进行定期检测,并及时进行全面检修保养。对于到达国家规定的检验检测期限的,必须经具有专业资质的检验检测机构检测。根据国务院《特种设备安全监察条例》的规定,从事施工起重机械定期检验、监督检验的检验检测机构,应当经国务院特种设备安全监督管理部门核准,取得核准后方可从事检验检测活动。检验检测机构必须具有与所从事的检验检测工作相适应的检验检测人员、检验检测仪器和设备,有健全的检验检测管理制度和检验检测责任制度。同时,检验检测机构进行检测工作应当符合安全技术规范的要求,经检测不合格的,不得继续使用。

(2) 检验检测机构的安全责任

检验检测机构对检测合格的施工起重机械和整体脚手架、模板等自升式架设设施,应当出具安全合格证明文件,并对检测结果负责。

根据国务院《特种设备安全监察条例》的规定,检验检测机构和检验检测人员进行特种设备检验检测,应当遵循诚信原则和方便企业的原则,为施工单位提供可靠、便捷的检验检测服务。检验检测机构和检验检测人员应当客观、公正、及时地出具检验检测结果、鉴定结论。检测合格的,应当出具安全合格证明文件。检验检测结果、鉴定结论经检验检测人员签字后,由检验检测机构负责人签署。设备检验检测机构和检验检测人员对检验检测结果、鉴定结论负责。

设备检验检测机构进行设备检验检测时发现严重事故隐患,应当及时告知施工单位,并立即向特种设备安全监督管理部门报告。

(四) 法律责任

1. 未提供安全设施和装置的法律责任

为建设工程提供机械设备和配件的单位,未按照安全施工的要求配备齐全有效的保险、限位等安全设施和装置的,责令限期改正,处合同价款 1 倍以上 3 倍以下的罚款;造成损失的,依法承担赔偿责任。

2. 出租未经安全性能检测或者检测不合格的机械设备的法律责任

出租单位出租未经安全性能检测或者经检测不合格的机械设备和施工机具及配件的,责令停业整顿,并处 5 万元以上 10 万元以下的罚款;造成损失的,依法承担赔偿责任。

3. 违反安装、拆卸自升式架设设施的法律责任

施工起重机械和整体提升脚手架、模板等自升式架设设施安装、拆卸单位有下列行为之一的,责令限期改正,处 5 万元以上 10 万元以下的罚款;情节严重的,责令停业整顿,降低资质等级,直至吊销资质证书;造成损失的,依法承担赔偿责任:

(1) 未编制拆装方案、制定安全施工措施的;

(2)未由专业技术人员现场监督的；
(3)未出具自检合格证明或者出具虚假证明的；
(4)未向施工单位进行安全使用说明,办理移交手续的。

施工起重机械和整体提升脚手架、模板等自升式架设设施安装、拆卸单位有前款规定的第(1)项、第(3)项行为,经有关部门或者单位职工提出后,对事故隐患仍不采取措施,因而发生重大伤亡事故或者造成其他严重后果,构成犯罪的,对直接责任人员,依照刑法有关规定追究刑事责任。

1.2.3 建筑工程安全生产许可

国家对矿山企业、建筑施工企业和危险化学品、烟花爆竹、民用爆破器材生产企业(以下统称企业)实行安全生产许可证制度。企业未取得安全生产许可证的,不得从事生产活动。

建筑施工企业,是指从事土木工程、建筑工程、线路管道和设备安装工程的新建、扩建、改建和拆除等有关活动的企业。

一、安全生产许可证的取得条件

根据《安全生产许可证条例》第六条规定,企业取得安全生产许可证,应当具备一系列安全生产条件。在此规定基础上,结合建筑施工企业的特点,《建筑施工企业安全生产许可证管理规定》第四条,将建筑施工企业取得安全生产许可证应当具备的安全生产条件具体规定为：

(1)建立、健全安全生产责任制,制定完备的安全生产规章制度和操作规程；
(2)保证本单位安全生产条件所需资金的投入；
(3)设置安全生产管理机构,按照国家有关规定配备专职安全生产管理人员；
(4)主要负责人、项目负责人、专职安全生产管理人员经住房城乡建设主管部门或者其他有关部门考核合格；
(5)特种作业人员经有关业务主管部门考核合格,取得特种作业操作资格证书；
(6)管理人员和作业人员每年至少进行一次安全生产教育培训并考核合格；
(7)依法参加工伤保险,依法为施工现场从事危险作业的人员办理意外伤害保险,为从业人员交纳保险费；
(8)施工现场的办公、生活区及作业场所和安全防护用具、机械设备、施工机具及配件符合有关安全生产法律、法规、标准和规程的要求；
(9)有职业危害防治措施,并为作业人员配备符合国家标准或者行业标准的安全防护用具和安全防护服装；
(10)有对危险性较大的分部分项工程及施工现场易发生重大事故的部位、环节的预防、监控措施和应急预案；
(11)有生产安全事故应急救援预案、应急救援组织或者应急救援人员,配备必要的应急救援器材、设备；
(12)法律、法规规定的其他条件。

《安全生产许可证条例》第十四条还规定,安全生产许可证颁发管理机关应当加强对取得安全生产许可证的企业的监督检查,发现其不再具有本条例规定的安全生产条件的,应当暂扣或者吊销安全生产许可证。

二、安全生产许可证的管理规定

（一）安全生产许可证的申请

建筑施工企业从事建筑施工活动前，应当依照《建筑施工企业安全生产许可证管理规定》向企业注册所在地省、自治区、直辖市人民政府住房城乡建设主管部门申请领取安全生产许可证。

依据《建筑施工企业安全生产许可证管理规定》第六条，建筑施工企业申请安全生产许可证时，应当向住房城乡建设主管部门提供下列材料：

(1) 建筑施工企业安全生产许可证申请表；
(2) 企业法人营业执照；
(3) 本规定第四条规定的相关文件、材料。

建筑施工企业申请安全生产许可证，应当对申请材料实质内容的真实性负责，不得隐瞒有关情况或者提供虚假材料。

（二）安全生产许可证的有效期

安全生产许可证的有效期为3年。安全生产许可证有效期满需要延期的，企业应当于期满前3个月向原安全生产许可证颁发管理机关申请办理延期手续。企业在安全生产许可证有效期内，严格遵守有关安全生产的法律法规，未发生死亡事故的，安全生产许可证有效期届满时，经原安全生产许可证颁发管理机关同意，不再审查，安全生产许可证有效期延期3年。

（三）安全生产许可证的变更与注销

建筑施工企业变更名称、地址、法定代表人等，应当在变更后10日内，到原安全生产许可证颁发管理机关办理安全生产许可证变更手续。

建筑施工企业破产、倒闭、撤销的，应当将安全生产许可证交回原安全生产许可证颁发管理机关予以注销。

建筑施工企业遗失安全生产许可证，应当立即向原安全生产许可证颁发管理机关报告，并在公众媒体上声明作废后，方可申请补办。

（四）安全生产许可证的管理

根据《安全生产许可证条例》和《建筑施工企业安全生产许可证管理规定》，建筑施工企业应当遵守如下强制性规定：

(1) 未取得安全生产许可证的，不得从事建筑施工活动。住房城乡建设主管部门在审核发放施工许可证时，应当对已经确定的建筑施工企业是否有安全生产许可证进行审查，对没有取得安全生产许可证的，不得颁发施工许可证。
(2) 企业不得转让、冒用安全生产许可证或者使用伪造的安全生产许可证。
(3) 企业取得安全生产许可证后，不得降低安全生产条件，并应当加强日常安全生产管理，接受住房城乡建设主管部门的监督检查。

（五）法律责任

1. 未取得安全生产许可证擅自从事建筑施工活动的法律责任

建筑施工企业未取得安全生产许可证擅自从事建筑施工活动的，责令其在建项目停止施工,没收违法所得,并处 10 万元以上 50 万元以下的罚款;造成重大安全事故或者其他严重后果,构成犯罪的,依法追究刑事责任。

2. 期满未办理延期手续,继续进行建筑施工活动的法律责任

安全生产许可证有效期满未办理延期手续,继续从事建筑施工活动的,责令其在建项目停止施工,限期补办延期手续,没收违法所得,并处 5 万元以上 10 万元以下的罚款;逾期仍不办理延期手续,继续从事建筑施工活动的,依照未取得安全生产许可证的规定处罚。

3. 转让安全生产许可证的法律责任

建筑施工企业转让安全生产许可证的,没收违法所得,处 10 万元以上 50 万元以下的罚款,并吊销其安全生产许可证;构成犯罪的,依法追究刑事责任;接受转让的,依照未取得安全生产许可证的规定处罚。

4. 冒用或伪造安全生产许可证的法律责任

建筑施工企业冒用安全生产许可证或者使用伪造的安全生产许可证从事建筑施工活动的,责令其在建项目停止施工,没收违法所得,并处 10 万元以上 50 万元以下的罚款;造成重大安全事故或者其他严重后果,构成犯罪的,依法追究刑事责任。

1.2.4 建筑工程事故处理

一、生产安全事故的应急救援

(一)生产事故的分类

根据生产安全事故(以下简称事故)造成的人员伤亡或者直接经济损失,事故一般分为以下等级:

(1)特别重大事故,是指造成 30 人以上死亡,或者 100 人以上重伤(包括急性工业中毒,下同),或者 1 亿元以上直接经济损失的事故;

(2)重大事故,是指造成 10 人以上 30 人以下死亡,或者 50 人以上 100 人以下重伤,或者 5000 万元以上 1 亿元以下直接经济损失的事故;

(3)较大事故,是指造成 3 人以上 10 人以下死亡,或者 10 人以上 50 人以下重伤,或者 1000 万元以上 5000 万元以下直接经济损失的事故;

(4)一般事故,是指造成 3 人以下死亡,或者 10 人以下重伤,或者 1000 万元以下直接经济损失的事故。

国务院安全生产监督管理部门可以会同国务院有关部门,制定事故等级划分的补充性规定。

这里所称的"以上"包括本数,所称的"以下"不包括本数。

(二)应急救援体系的建立

县级以上地方各级人民政府应当组织有关部门制定本行政区域内特大生产安全事故应急救援预案,建立应急救援体系。

建筑施工单位应当建立应急救援组织;生产经营规模较小,可以不建立应急救援组织的,应当指定兼职的应急救援人员。危险物品的生产、经营、储存单位以及矿山、建筑施工单位应当配

备必要的应急救援器材、设备,并进行经常性维护、保养,保证正常运转。

二、生产安全事故报告

(一)《安全生产法》关于生产安全事故报告的规定

生产经营单位发生生产安全事故后,事故现场有关人员应当立即报告本单位负责人。

单位负责人接到事故报告后,应当迅速采取有效措施,组织抢救,防止事故扩大,减少人员伤亡和财产损失,并按照国家有关规定立即如实报告当地负有安全生产监督管理职责的部门,不得隐瞒不报、谎报或者迟报,不得故意破坏事故现场、毁灭有关证据。对于实行施工总承包的建设工程,由总承包单位负责上报事故。

负有安全生产监督管理职责的部门接到事故报告后,应当立即按照国家有关规定上报事故情况。负有安全生产监督管理职责的部门和有关地方人民政府对事故情况不得隐瞒不报、谎报或者迟报。

有关地方人民政府和负有安全生产监督管理职责的部门的负责人接到生产安全事故报告后,应当按照生产安全事故应急救援预案的要求立即赶到事故现场,组织事故抢救。任何单位和个人都应当支持、配合事故抢救,并提供一切便利条件。

职业训练 7-5

报告数字与实际数字不符是否违法

某施工现场发生了生产安全事故,堆放石料的料堆坍塌,将一些正在工作的工人掩埋,最终导致了3名工人死亡。工人张强在现场目睹了整个事故的全过程,于是立即向本单位负责人报告。由于张强看到的是掩埋了5名工人,他就推测这5名工人均已经死亡。于是向本单位负责人报告说5名工人遇难。

此数字与实际数字不符,你认为该工人是否违法?

评析:

不违法。

依据《安全生产法》,事故现场有关人员应当立即报告本单位负责人,但并不要求如实报告。因为在进行报告的时候,报告人未必能准确知道伤亡人数。所以,即使报告数字与实际数字不符,也并不违法。但是,如果报告人不及时报告,就会涉嫌违法。因为可能由于其报告不及时而使得救援迟缓,伤亡扩大。

(二)《生产安全事故报告和调查处理条例》关于生产安全事故报告的规定

1. 事故单位的报告

事故发生后,事故现场有关人员应当立即向本单位负责人报告;单位负责人接到报告后,应当于1小时内向事故发生地县级以上人民政府安全生产监督管理部门和负有安全生产监督管理职责的有关部门报告。

情况紧急时,事故现场有关人员可以直接向事故发生地县级以上人民政府安全生产监督管理部门和负有安全生产监督管理职责的有关部门报告。

2. 监管部门的报告

(1) 生产安全事故的逐级报告

安全生产监督管理部门和负有安全生产监督管理职责的有关部门接到事故报告后,应当依照下列规定上报事故情况,并通知公安机关、劳动保障行政部门、工会和人民检察院:

① 特别重大事故、重大事故逐级上报至国务院安全生产监督管理部门和负有安全生产监督管理职责的有关部门;

② 较大事故逐级上报至省、自治区、直辖市人民政府安全生产监督管理部门和负有安全生产监督管理职责的有关部门;

③ 一般事故上报至设区的市级人民政府安全生产监督管理部门和负有安全生产监督管理职责的有关部门。

安全生产监督管理部门和负有安全生产监督管理职责的有关部门依照前款规定上报事故情况,应当同时报告本级人民政府。国务院安全生产监督管理部门和负有安全生产监督管理职责的有关部门以及省级人民政府接到发生特别重大事故、重大事故的报告后,应当立即报告国务院。

必要时,安全生产监督管理部门和负有安全生产监督管理职责的有关部门可以越级上报事故情况。

(2) 生产安全事故报告的时间要求

安全生产监督管理部门和负有安全生产监督管理职责的有关部门逐级上报事故情况,每级上报的时间不得超过2小时。

3. 报告的内容

报告事故应当包括下列内容:

(1) 事故发生单位概况;

(2) 事故发生的时间、地点以及事故现场情况;

(3) 事故的简要经过;

(4) 事故已经造成或者可能造成的伤亡人数(包括下落不明的人数)和初步估计的直接经济损失;

(5) 已经采取的措施;

(6) 其他应当报告的情况。

事故报告后出现新情况的,应当及时补报。自事故发生之日起30日内,事故造成的伤亡人数发生变化的,应当及时补报。道路交通事故、火灾事故自发生之日起7日内,事故造成的伤亡人数发生变化的,应当及时补报。

4. 应急救援

事故发生单位负责人接到事故报告后,应当立即启动事故相应应急预案,或者采取有效措施,组织抢救,防止事故扩大,减少人员伤亡和财产损失。

事故发生地有关地方人民政府、安全生产监督管理部门和负有安全生产监督管理职责的有关部门接到事故报告后,其负责人应当立即赶赴事故现场,组织事故救援。

5. 现场与证据

事故发生后,有关单位和人员应当妥善保护事故现场以及相关证据,任何单位和个人不得破坏事故现场、毁灭相关证据。

因抢救人员、防止事故扩大以及疏通交通等原因,需要移动事故现场物件的,应当做出标志,绘制现场简图并做出书面记录,妥善保存现场重要痕迹、物证。

三、生产安全事故调查处理

(一)《安全生产法》关于生产安全事故调查的规定

事故调查处理应当按照科学严谨、依法依规、实事求是、注重实效的原则,及时、准确地查清事故原因,查明事故性质和责任,评估应急处置工作,总结事故教训,提出整改措施,并对事故责任单位和人员提出处理意见。事故调查和处理的具体办法由国务院制定。

生产经营单位发生生产安全事故,经调查确定为责任事故的,除了应当查明事故单位的责任并依法予以追究外,还应当查明对安全生产的有关事项负有审查批准和监督职责的行政部门的责任,对有失职、渎职行为的,依照《安全生产法》第九十条的规定追究法律责任。

任何单位和个人不得阻挠和干涉对事故的依法调查处理。

(二)《生产安全事故报告和调查处理条例》关于生产安全事故调查的规定

1. 事故调查的管辖

(1)级别管辖

特别重大事故由国务院或者国务院授权有关部门组织事故调查组进行调查。

重大事故、较大事故、一般事故分别由事故发生地省级人民政府、设区的市级人民政府、县级人民政府负责调查。省级人民政府、设区的市级人民政府、县级人民政府可以直接组织事故调查组进行调查,也可以授权或者委托有关部门组织事故调查组进行调查。

未造成人员伤亡的一般事故,县级人民政府也可以委托事故发生单位组织事故调查组进行调查。

上级人民政府认为必要时,可以调查由下级人民政府负责调查的事故。

自事故发生之日起30日内(道路交通事故、火灾事故自发生之日起7日内),因事故伤亡人数变化导致事故等级发生变化,依照本条例规定应当由上级人民政府负责调查的,上级人民政府可以另行组织事故调查组进行调查。

(2)地域管辖

特别重大事故以下等级事故,事故发生地与事故发生单位不在同一个县级以上行政区域的,由事故发生地人民政府负责调查,事故发生单位所在地人民政府应当派人参加。

2. 事故调查的组成

(1)组成的原则

事故调查组的组成应当遵循精简、效能的原则。

(2)成员的来源

根据事故的具体情况,事故调查组由有关人民政府、安全生产监督管理部门、负有安全生产监督管理职责的有关部门、监察机关、公安机关以及工会派人组成,并应当邀请人民检察院派人参加。

事故调查组可以聘请有关专家参与调查。

(3)成员的条件

事故调查组成员应当具有事故调查所需要的知识和专长,并与所调查的事故没有直接利害关系。

(4) 事故调查组组长

事故调查组组长由负责事故调查的人民政府指定。事故调查组组长主持事故调查组的工作。

3. 事故调查组的职责

(1) 事故调查组履行下列职责：

①查明事故发生的经过、原因、人员伤亡情况及直接经济损失；

②认定事故的性质和事故责任；

③提出对事故责任者的处理建议；

④总结事故教训，提出防范和整改措施；

⑤提交事故调查报告。

事故调查中发现涉嫌犯罪的，事故调查组应当及时将有关材料或者其复印件移交司法机关处理。

(2) 事故调查组的权利

事故调查组有权向有关单位和个人了解与事故有关的情况，并要求其提供相关文件、资料，有关单位和个人不得拒绝。

(3) 事故调查组成员的职责

事故发生单位的负责人和有关人员在事故调查期间不得擅离职守，并应当随时接受事故调查组的询问，如实提供有关情况。

事故调查组成员在事故调查工作中应当诚信公正、恪尽职守，遵守事故调查组的纪律，保守事故调查的秘密。

未经事故调查组组长允许，事故调查组成员不得擅自发布有关事故的信息。

4. 调查的时限

事故调查组应当自事故发生之日起60日内提交事故调查报告；特殊情况下，经负责事故调查的人民政府批准，提交事故调查报告的期限可以适当延长，但延长的期限最长不超过60日。

事故调查中需要进行技术鉴定的，事故调查组应当委托具有国家规定资质的单位进行技术鉴定。必要时，事故调查组可以直接组织专家进行技术鉴定。技术鉴定所需时间不计入事故调查期限。

5. 事故调查报告

事故调查报告应当包括下列内容：

(1) 事故发生单位概况；

(2) 事故发生经过和事故救援情况；

(3) 事故造成的人员伤亡和直接经济损失；

(4) 事故发生的原因和事故性质；

(5) 事故责任的认定以及对事故责任者的处理建议；

(6) 事故防范和整改措施。

事故调查报告应当附具有关证据材料。事故调查组成员应当在事故调查报告上签名。事故调查报告报送负责事故调查的人民政府后，事故调查工作即告结束。事故调查的有关资料应当归档保存。

(三)《生产安全事故报告和调查处理条例》关于生产安全事故处理的规定

1. 处理时限

重大事故、较大事故、一般事故,负责事故调查的人民政府应当自收到事故调查报告之日起15日内作出批复;特别重大事故,30日内作出批复,特殊情况下,批复时间可以适当延长,但延长的时间最长不超过30日。

有关机关应当按照人民政府的批复,依照法律、行政法规规定的权限和程序,对事故发生单位和有关人员进行行政处罚,对负有事故责任的国家工作人员进行处分。

事故发生单位应当按照负责事故调查的人民政府的批复,对本单位负有事故责任的人员进行处理。负有事故责任的人员涉嫌犯罪的,依法追究刑事责任。

2. 整改

事故发生单位应当认真吸取事故教训,落实防范和整改措施,防止事故再次发生。防范和整改措施的落实情况应当接受工会和职工的监督。

安全生产监督管理部门和负有安全生产监督管理职责的有关部门应当对事故发生单位落实防范和整改措施的情况进行监督检查。

3. 处理结果的公布

事故处理的情况由负责事故调查的人民政府或者其授权的有关部门、机构向社会公布,依法应当保密的除外。

四、法律责任

(一)违反《安全生产法》的法律责任

1. 救援不力的法律责任

生产经营单位主要负责人在本单位发生重大生产安全事故时,不立即组织抢救或者在事故调查处理期间擅离职守或者逃匿的,给予降职、撤职的处分,并由应急管理部门处上一年年收入60%至100%的罚款;对逃匿的处15日以下拘留;构成犯罪的,依照刑法有关规定追究刑事责任。

2. 不及时如实报告生产安全事故的法律责任

生产经营单位主要负责人对生产安全事故隐瞒不报、谎报或者迟报的,依照前款规定处罚。

(二)违反《生产安全事故报告和调查处理条例》的法律责任

1. 事故发生单位及其有关人员的法律责任

(1) 事故发生后玩忽职守而承担的法律责任

事故发生单位主要负责人有下列行为之一的,处上一年年收入40%至80%的罚款;属于国家工作人员的,并依法给予处分;构成犯罪的,依法追究刑事责任:

①不立即组织事故抢救的;

②迟报或者漏报事故的;

③在事故调查处理期间擅离职守的。

(2) 因恶意阻挠对事故调查处理的法律责任

事故发生单位及其有关人员有下列行为之一的,对事故发生单位处100万元以上500万元以下的罚款;对主要负责人、直接负责的主管人员和其他直接责任人员处上一年年收入60%至

100%的罚款；属于国家工作人员的，并依法给予处分；构成违反治安管理行为的，由公安机关依法给予治安管理处罚；构成犯罪的，依法追究刑事责任：

  ①谎报或者瞒报事故的；
  ②伪造或者故意破坏事故现场的；
  ③转移、隐匿资金、财产，或者销毁有关证据、资料的；
  ④拒绝接受调查或者拒绝提供有关情况和资料的；
  ⑤在事故调查中作伪证或者指使他人作伪证的；
  ⑥事故发生后逃匿的。
  （3）对事故负有责任的单位和人员应承担的法律责任
  ①对事故负有责任的单位应承担的法律责任
  事故发生单位对事故发生负有责任的，依照下列规定处以罚款：
  A. 发生一般事故的，处 10 万元以上 20 万元以下的罚款；
  B. 发生较大事故的，处 20 万元以上 50 万元以下的罚款；
  C. 发生重大事故的，处 50 万元以上 200 万元以下的罚款；
  D. 发生特别重大事故的，处 200 万元以上 500 万元以下的罚款。
  ②对事故负有责任的人员应承担的法律责任
  事故发生单位主要负责人未依法履行安全生产管理职责，导致事故发生的，依照下列规定处以罚款；属于国家工作人员的，并依法给予处分；构成犯罪的，依法追究刑事责任：
  A. 发生一般事故的，处上一年年收入 30% 的罚款；
  B. 发生较大事故的，处上一年年收入 40% 的罚款；
  C. 发生重大事故的，处上一年年收入 60% 的罚款；
  D. 发生特别重大事故的，处上一年年收入 80% 的罚款。
  ③对事故负有责任的单位和人员应承担的其他法律责任
  事故发生单位对事故发生负有责任的，由有关部门依法暂扣或者吊销其有关证照；对事故发生单位负有事故责任的有关人员，依法暂停或者撤销其与安全生产有关的执业资格、岗位证书；事故发生单位主要负责人受到刑事处罚或者撤职处分的，自刑罚执行完毕或者受处分之日起，5 年内不得担任任何生产经营单位的主要负责人。

  为发生事故的单位提供虚假证明的中介机构，由有关部门依法暂扣或者吊销其有关证照及其相关人员的执业资格；构成犯罪的，依法追究刑事责任。

  2. 政府有关部门及其人员的法律责任

  有关地方人民政府、安全生产监督管理部门和负有安全生产监督管理职责的有关部门有下列行为之一的，对直接负责的主管人员和其他直接责任人员依法给予处分；构成犯罪的，依法追究刑事责任：

  （1）不立即组织事故抢救的；
  （2）迟报、漏报、谎报或者瞒报事故的；
  （3）阻碍、干涉事故调查工作的；
  （4）在事故调查中作伪证或者指使他人作伪证的。
  违反本条例规定，有关地方人民政府或者有关部门故意拖延或者拒绝落实经批复的对事故责任人的处理意见的，由监察机关对有关责任人员依法给予处分。

3. 参与事故调查人员的法律责任

参与事故调查的人员在事故调查中有下列行为之一的,依法给予处分;构成犯罪的,依法追究刑事责任:

(1) 对事故调查工作不负责任,致使事故调查工作有重大疏漏的;
(2) 包庇、袒护负有事故责任的人员或者借机打击报复的。

2 岗位工作任务

2.1 岗位工作任务名称及要求

背景资料1

某市在建高层建筑,总建筑面积约4000平方米,地下2层,地上18层,建设单位与施工单位签订了施工总承包合同,并委托监理单位进行工程监理,开工前,施工单位对工人进行了三级安全教育。在基础工程施工中,由于是深基坑工程,项目经理部按照设计文件和施工技术标准编制了基坑支护及降水工程专项施工方案,经项目经理签字后组织施工。同时,项目经理安排负责质量检查的人员兼任安全工作。当土方开挖至坑底设计标高时,监理工程师发现基坑四周地表出现大量裂纹。坑边部分土石有滑落现象,即向现场作业人员发出口头通知,要求停止施工,撤离相关作业人员。但施工作业人员担心拖延施工进度,对监理通知不予理睬,继续施工。随后,基坑发生大面积坍塌,基坑下6名作业人员被埋,该建筑公司项目经理部向有关部门紧急报告事故情况,闻讯赶到的有关领导,指挥公安民警、武警战士和现场工人实施了紧急抢险工作,将伤者立即送往医院进行救治,事故共造成3人死亡、2人重伤、1人轻伤。事故发生后,经查施工单位未办理意外伤害保险。

一、岗位任务的名称

1. 确定施工安全事故等级。
2. 确定本事件有哪些不妥。
3. 事故发生后,施工单位应采取哪些措施?

二、岗位工作任务的总体要求

阅读岗位知识并查阅相关资料,掌握建设工程安全事故等级规定及法律责任的相关知识,能够运用建设工程安全生产管理规定及法律责任的相关知识对背景材料进行归纳、分析。

三、岗位工作任务的具体要求

1. 前期准备。参加任务的同学,课前阅读岗位知识,并做好学习(工作)笔记,找出学习(工作)过程中的重点、难点,有条件的同学可以就该任务深入企业进行访问调查。
2. 过程中。参加任务的同学,以岗位任务为基点,运用岗位知识进行分析、归纳和要点提炼,完成岗位学习(工作)任务。

3. 任务后。参加任务的同学,记录学习(工作)过程中的体会、收获及改进措施、建议。

4. 认真填写岗位工作任务报告并存档保存,作为对该任务完成情况或学习成绩的评价依据。

背景资料2

福建省第五建筑工程公司(简称"福建五建")系海南省文昌市碧海城项目的承建单位。2008年3月12日,碧海城项目部木工刘兴波在施工作业时不慎滑倒,其身体被旁边高速运转的圆盘锯从肺部位置横向切开,工地工人马上拨打120求救,但医生赶来后确认刘已死亡。事故发生时,该项目部经理林某和安全员孙某均不在现场,林某当天知道此事后,向单位负责人报告了相关情况,但没有向当地政府相关部门报告事故,孙某当天获知事故发生后虽赶到了现场,但也没有向政府相关部门报告。事故发生当天,该项目监理部向福建五建发出了监理工程师通知书,要求将事故上报给文昌市建筑主管部门,但福建五建只是向保险公司报了案,让保险公司到现场勘验并拍照。3月17日,福建五建私下与刘某家属达成了赔偿协议。2008年4月初,碧海城项目负责人许某托人联系到时任文昌市安全生产监督管理局局长的李某进行座谈,虽谈到了安全事故发生后该如何处理的话题,但没有向李某报告本案事故。4月14日,根据文昌市安监局的意见,文昌市建设局对碧海城项目工作人员进行调查,但受调查人员均称没有发生生产安全事故。5月5日,文昌市安监局向文昌市政府书面报告了碧海城发生安全事故的情况。随即,文昌市政府发文成立了事故调查组,开始进行多方调查取证,在向碧海城项目部安全员孙某、项目经理林某调查取证时,两人均证实事故发生后没有向有关部门报告。之后,在文昌市安监局对事故情况进行调查的过程中,福建五建才告知事故情况,碧海城项目部才向文昌市建设局、公安局提交了《关于文昌碧海城工地伤亡事故的报告》。2009年2月,文昌市安监局以福建五建瞒报生产安全事故为由,对其作出罚款100万元的行政处罚决定。

福建五建不服,于2009年12月向海南省文昌市人民法院提起诉讼。

一、岗位任务的名称

生产安全事故报告性质的认定。

二、岗位工作任务的总体要求

阅读岗位知识并查阅相关资料,掌握建筑生产安全事故报告的相关知识,能够运用建筑生产安全事故报告的相关知识对背景材料进行归纳、分析。

三、岗位工作任务的具体要求

1. 前期准备。参加任务的同学,课前阅读岗位知识,并做好学习(工作)笔记,找出学习(工作)过程中的重点、难点,有条件的同学可以就该任务深入企业进行访问调查。

2. 过程中。参加任务的同学,以岗位任务为基点,运用岗位知识进行分析、归纳和要点提炼,完成岗位学习(工作)任务。

3. 任务后。参加任务的同学,记录学习(工作)过程中的体会、收获及改进措施、建议。

4. 认真填写岗位工作任务报告并存档保存,作为对该任务完成情况或学习成绩的评价依据。

2.2 岗位工作任务结果

岗位工作任务完成后,参加任务的每位同学必须认真填写岗位工作任务报告并存档保存,作为该工作任务的结果。任务报告要求语言流畅,文字简练,条理清晰,原则上要求学生当场完成,教师酌情进行点评。具体见表1-1。

表1-1　岗位工作任务报告

姓名:　　　　　专业:　　　　　班级:　　　　　日期:　　年　月　日

任务名称		任务目的	
任务内容		任务资料	
任务过程		任务结果或结论	
收获与体会		改进建议	
评价建议			年　月　日

2.3 岗位工作任务评价标准

任务完成后,均需要按岗位工作任务评价标准进行工作考核评价,作为学习(工作)的成绩评定依据。具体见表1-2。

表1-2 岗位工作任务评价标准表

类别	内容及标准	分值	自评(40%)	教师评(60%)	权重	小计	备注
出勤	态度端正,主动积极,无迟到早退	15			15%		有迟到或早退现象,每次扣1分,直至扣完本项分为止
准备阶段	1. 按规定时间接受线上发布的任务并反馈	5			30%		未接受发布的任务、未完成知识的预习及未完成知识预习的练习,每次扣1分;未列出岗位知识中的重点、难点,并记录在笔记中,每次扣2分;直至扣完本项分为止
	2. 按规定时间完成岗位知识的预习	10					
	3. 能够列出岗位知识中的重点、难点,并记录在笔记中	10					
	4. 及时完成岗位知识预习的练习	5					
实施阶段	1. 能针对岗位知识进行分析、归纳和要点提炼	10			35%		能对知识进行要点提炼、积极参与讨论分享、能给出明确的观点或结论,每次加1分;最多加10分
	2. 课堂积极参与讨论、模拟、汇报及分享	15					
	3. 对任务能给出最终的观点或结论	10					
总结评价阶段	1. 能总结任务完成过程的体会、收获	5			20%		有体会及收获、改进措施及建议,每次加1分,最多加5分。没有任务报告的,每次扣2分;直至扣完本项分为止
	2. 能针对任务提出改进措施、建议	5					
	3. 能高质量完成工作任务报告并提交	10					
总合计			自评人签名			教师签名	

3　工作笔记

3.1　学习（工作）过程中的重点、难点

重点：_____
_____
_____。

难点：_____
_____
_____。

3.2　学习（工作）过程中的体会、收获

体会、收获：_____
_____
_____。

3.3　学习（工作）过程中的改进措施、建议

改进措施、建议：_____
_____
_____。

4　实践练习

一、单选题

1. 在建设工程安全生产管理基本制度中，（　　）是建筑生产中最基本的安全管理制度，是所有安全规章制度的核心。
   A. 安全生产责任制度　　　　　　　　B. 群防群治制度
   C. 安全生产教育培训制度　　　　　　D. 安全责任追究制度

2. 在建设工程安全生产管理基本制度中,伤亡事故处理报告制度是指施工中发生事故时,( )应当采取紧急措施减少人员伤亡和事故损失,并按照国家有关规定及时向有关部门报告的制度。
   A. 建筑企业　　　　　B. 建设单位　　　　　C. 监理单位　　　　　D. 建筑企业负责人

3. 下列行为违反了《建设工程安全生产管理条例》的是( )。
   A. 建设单位将工程肢解发包　　　　　B. 施工图设计文件未经审查批准就使用
   C. 建设单位要求压缩合同约定的工期　　　　　D. 承包商没有与劳动者签订用工合同

4. 根据《建设工程安全生产管理条例》,依法批准开工报告的建设工程,建设单位应当自开工报告批准之日起( )内,将保证安全施工的措施报送建设工程所在地的县级以上人民政府建设行政主管部门或者其他有关部门备案。
   A. 10 日　　　　　B. 15 日　　　　　C. 1 个月　　　　　D. 3 个月

5. 在《建设工程安全生产管理条例》对建设工程监理企业安全生产管理主要责任和义务的规定中,工程监理单位应当审查施工组织设计中的安全技术措施或者专项施工方案是否符合工程建设强制性标准属于( )。
   A. 安全技术措施及专项施工方案审查义务　　　　　B. 生产安全事故隐患报告义务
   C. 生产安全事故上报义务　　　　　D. 承担监理责任

6. 根据《建设工程安全生产管理条例》,工程监理单位在实施监理过程中,发现存在安全事故隐患的,应当要求( )整改。
   A. 设计单位　　　　　B. 施工单位　　　　　C. 建设单位　　　　　D. 勘察单位

7. 根据《建设工程安全生产管理条例》,关于安全施工技术交底,下列说法正确的是( )。
   A. 是施工单位负责项目管理的技术人员向施工作业人员交底
   B. 是专职安全生产管理人员向施工作业人员交底
   C. 是施工单位负责项目管理的技术人员向专职安全生产管理人员交底
   D. 是施工作业人员向施工单位负责人交底

8. 根据《建设工程安全生产管理条例》,施工单位专职安全生产管理人员负责对安全生产进行现场监督检查。发现安全事故隐患,应当及时向( )报告;对违章指挥、违章操作的,应当立即制止。
   A. 项目负责人　　　　　B. 安全生产管理机构
   C. 县级以上人民政府　　　　　D. 项目负责人和安全生产管理机构

9. 某施工单位由于现场空间狭小,将雇佣来的农民工的集体宿舍安排在了一栋还没有竣工的楼房里,这种行为( )。
   A. 违反了《建设工程安全生产管理条例》
   B. 如果这栋楼房主体工程已经结束,并且有证据证明其质量可靠,就没有违反《建设工程安全生产管理条例》
   C. 只要农民工同意,就成为一种合同行为,没有违反《建设工程安全生产管理条例》
   D. 如果施工单位同时采取了安全防护措施,就没有违反《建设工程安全生产管理条例》

10. 下面的行为中,没有违反《建设工程安全生产管理条例》的是( )。
    A. 施工单位向作业人员口头告知了危险岗位违章操作的危害
    B. 施工单位没有为作业人员提供安全防护用具

C. 施工单位没有及时将用于工程的材料进行检测,导致工程事故

D. 施工中发生危及人身安全的紧急情况,作业人员逃离危险区域

11. 施工现场暂时停止施工的,施工单位应当做好现场防护,所需费用由(　　)承担,或按照合同约定执行。
   A. 项目负责人　　　B. 施工单位　　　C. 责任方　　　D. 建设单位

12. 根据《建设工程安全生产管理条例》,施工单位应当在危险部位设置明显的安全警示标志。安全警示标志必须符合(　　)标准。
   A. 国家　　　B. 地区　　　C. 行业　　　D. 部门

13. 甲是分包单位从事高空作业的作业人员,则(　　)。
   A. 他有权要求施工单位为他办理意外伤害保险
   B. 如果办理意外伤害保险,则保险费由分包单位支付
   C. 如果他在工程竣工验收的过程中因公受伤,则不属于意外伤害险的承保范围
   D. 必须遵守项目负责人的一切指令

14. 根据《建设工程安全生产管理条例》,施工单位采购的安全防护用具,应当具备的条件中不需要具有(　　)。
   A. 生产(制造)许可证　　　B. 产品合格证
   C. 进场前检验　　　D. 到安全主管部门备案

15. 根据《建设工程安全生产管理条例》,(　　)对因建设工程施工可能造成损害的毗邻建筑物、构筑物和地下管线等,应当采取专项保护措施。
   A. 设计单位　　　B. 施工单位　　　C. 监理单位　　　D. 建设单位

16. 根据《建设工程安全生产管理条例》,(　　)应当为施工现场从事危险作业的人员办理意外伤害保险。
   A. 建设行政主管部门　　　B. 施工单位
   C. 市级以上人民政府　　　D. 建设单位

17. 根据《建设工程安全生产管理条例》,施工现场从事危险作业的人员意外伤害保险的保险费由(　　)支付。
   A. 建设行政主管部门　　　B. 施工单位
   C. 市级以上人民政府　　　D. 建设单位

18. 某施工工地临海,已修成的滨海大道还没有安装护栏,一天晚上在无人阻拦的情况下,有两人酒后进入施工场地,在滨海大道上练车,因车速过快,汽车冲过道边石坠入海中,两人双双毙命,后来发现该施工现场入口处既无人看管,也没有设立安全警示标志,则下列说法正确的是(　　)。
   A. 由于两人酒后驾车,所以这两人应负安全责任
   B. 施工现场入口无人看管,施工企业应负安全责任
   C. 施工现场入口没有设立安全警示标志,施工企业应负安全责任
   D. 这两人与施工企业分别承担部分责任

19. 根据《建设工程安全生产管理条例》,施工单位的主要负责人、项目负责人、专职安全生产管理人员应当经(　　)考核合格后方可任职。
   A. 县级以上人民政府　　　B. 安全生产管理部门

C. 市级以上人民政府 　　　　　　　　D. 建设行政主管部门或者其他有关部门

20. 根据《建设工程安全生产管理条例》，施工单位应当对管理人员和作业人员每年至少进行（　　）次安全生产教育培训。
    A. 1　　　　　B. 2　　　　　C. 3　　　　　D. 4

二、多选题

1. 在建设工程安全生产管理基本制度中，安全生产责任制度的主要内容包括(　　)。
    A. 从事建筑活动主体的负责人的责任制
    B. 从事建筑活动主体的职能机构或职能处室负责人及其工作人员的安全生产责任制
    C. 岗位人员的安全生产责任制
    D. 建设行政主管部门的安全生产责任制
    E. 县级以上人民政府的安全生产责任制

2. 勘察、设计单位的下列行为违反了《建设工程安全生产管理条例》的是(　　)。
    A. 勘察文件中提供的数据不准确，不能满足工程安全生产的需要
    B. 勘察单位在勘察过程中没有采取措施破坏了周边建筑物的安全
    C. 设计单位在设计文件中涉及施工安全的重要部位没有防范生产安全事故发生的指导意见
    D. 设计单位没有对新材料的使用提出保障施工作业人员安全的措施建议
    E. 设计单位对工程中使用的普通材料指定了生产厂

3. 下列说法正确的是(　　)。
    A. 分包单位应当接受总承包单位的安全生产管理
    B. 分包单位各负其责，不需要接受总承包单位的安全生产管理
    C. 如果分包单位不服从总承包单位的安全管理导致生产安全事故的，由分包单位自己承担责任
    D. 如果分包单位不服从总承包单位的安全管理导致生产安全事故的，由分包单位承担主要责任
    E. 总承包单位与分包单位对所有工程的安全生产承担连带责任

4. 安全生产费用的专款专用是指施工单位对列入工程概算的安全作业环境及安全施工措施所需费用应当用于(　　)。
    A. 施工安全防护用具的采购和更新　　　B. 安全施工措施的落实
    C. 安全生产条件的改善　　　　　　　　D. 职工生产安全事故的赔偿
    E. 生产安全事故的调查

5. 施工单位的下列行为违反了《建设工程安全生产管理条例》的是(　　)。
    A. 施工前，施工单位负责项目管理的技术人员没有向作业人员对有关安全施工的技术要求作技术交底
    B. 施工前，施工单位的负责人没有向作业人员对有关安全施工的技术要求作技术交底
    C. 施工现场入口没有设置安全警示标志
    D. 施工单位在尚未竣工的房屋内设置员工宿舍
    E. 施工单位擅自修改工程图纸进行施工

6. 下列说法正确的是(　　)。
    A. 只有施工单位采购的施工机械才需要生产许可证，租赁的机械设备则不需要生产许可证

B. 施工起重机械可以由施工单位自行拆装

C. 特种作业人员需要取得特种作业操作资格证书后方可上岗作业

D. 施工单位的项目负责人应当经建设行政主管部门或者其他有关部门考核合格后方可任职

E. 只有新工人才需要进行安全教育培训，其他的工人不需要进行安全教育培训

7. 根据《建设工程安全生产管理条例》，下列选项中，(   )符合施工总承包单位与分包单位安全责任划分的规定。

A. 建设工程实行施工总承包的，由总承包单位对施工现场的安全生产负总责

B. 总承包单位应当自行完成建设工程主体结构的施工

C. 总承包单位和分包单位对分包工程的安全生产承担连带责任

D. 分包单位应当接受总承包单位的安全生产管理

E. 分包单位不服从管理导致生产安全事故的，由分包单位承担全部责任

8. 根据《建设工程安全生产管理条例》，施工单位在使用施工起重机械和整体提升脚手架、模板等自升式架设设施前，应当组织有关单位进行验收，使用承租的机械设备和施工机具及配件的，由(   )共同进行验收。

A. 施工总承包单位　　　　　　　　B. 分包单位

C. 出租单位　　　　　　　　　　　D. 安装单位

E. 建设单位

9. 下列选项中，(   )符合《建设工程安全生产管理条例》关于起重机械和自升式架设设施安全管理的规定。

A. 在施工现场安装、拆卸施工起重机械和整体提升脚手架、模板等自升式架设设施，必须由具有相应资质的单位承担

B. 安装、拆卸施工起重机械和整体提升脚手架、模板等自升式架设设施，应当编制拆装方案、制定安全施工措施，并由专业技术人员现场监督

C. 施工起重机械和整体提升脚手架、模板等自升式架设设施安装完毕后，安装单位应当自检，出具自检合格证明，并向施工单位进行安全使用说明，办理验收手续并签字

D. 施工起重机械和整体提升脚手架、模板等自升式架设设施的使用达到国家规定的检验检测期限的，不得继续使用

E. 检验检测机构对检测合格的施工起重机械和整体提升脚手架、模板等自升式架设设施，应当出具安全合格证明文件，并对检测结果负责

三、简答题

1. 安全生产许可证的取得条件是什么？
2. 简述安全生产管理制度。
3. 简述安全生产事故的分类。

四、案例分析题

2008年3月，江西于都县村民钟某将自家的一栋旧平房发包给本村的谢某等人拆除，谢某雇请本组的李某、张甲、张乙、张丙做工。在拆房过程中，墙体突然倒塌，将正在做事的李某压成重伤，经抢救无效死亡。李某的亲属将谢某与钟某起诉至法院，要求他们承担连带赔偿责任。

谢某与钟某是否需承担连带赔偿责任？为什么？

项目八
建筑工程质量管理法规

1 岗位知识

1.1 案例导入

案情简介1

原告：吴福全等五人
被告：浦江县建筑工程公司郑家坞分公司
一、一审诉辩主张
1. 五原告诉称：
(1)被告将自产的劣质水泥空心板销售给原告建房，在施工中发生空心板断裂脱落，致使雇工付春海坠落造成死亡的严重后果。
(2)作为房主、雇主的五原告已由浦江县人民法院判决承担赔偿款 42811.03 元。
(3)按照建筑材料水泥制品的有关规定，空心板保养期应为 28 天，但被告生产的空心板保养期仅 12 天即销售给原告。
(4)事发后，原告委托东阳市建材工业协会对空心板予以结构性能试验，证明被告生产、销售给原告的空心板质量不合格。
(5)原被告曾达成口头协议，被告愿承担一切赔偿责任。
(6)原告依法享有向被告追偿的权利，要求受诉法院判令被告承担上述赔偿款，原告送付春海到医院抢救的误工费及因事故造成延误工期的经济损失 16500 元。
2. 被告辩称：
(1)空心板是原告施工负责人吴小全自行上预制场提货的。施工前又经原告吴志强挑选，认定质量没有问题的情况下组织施工的。
(2)造成付春海伤亡的原因是施工人员操作不当，与空心板质量无关。四位施工人员未均衡抬动空心板，以致空心板脱离铁钩，砸断已搁好的第二块空心板，付春海随之坠落。
(3)就赔偿问题被告未与原告达成任何协议。
(4)被告支付给付春海的医疗费用 19000 元是出于人道，不能说明被告愿意或有赔偿责任。
二、一审事实认定
浦江县人民法院于 2003 年 2 月 16 日受理本案后，经公开开庭审理查明：

2002年7月21日,原告吴福全、吴子明、陈华钟、朱希林为在浦江县郑家坞大陈江边建造一幢房屋,而与没有建筑许可证的泥工即原告吴志强签订了建筑承包合同。合同规定由房主提供建筑材料,由承包者组织施工。合同成立后,房主雇佣吴小全负责采购、管理建筑材料,监督施工。同年10月,吴小全和原告吴志强一起向被告预订了空心板。同年11月17日,吴小全、吴志强向被告要求提货,被告表示可以。次日,原告即派拖拉机上被告处提走了部分空心板。在装卸时发现空心板有破碎情况,遂向被告提出质量异议。同月19日,被告法定代表人朱祖培到原告建房工地察看后,要吴小全、吴志强将空心板暂时再放几天后使用。同月21日上午8时30分许,原告吴志强安排雇工付春海、沈帮阳等四人抬空心板搁第一层房屋。当抬到第三块空心板时,由于铁钩钩着空心板的部位破碎,铁钩滑脱,致抬着的空心板砸在已搁好的空心板上,随之该空心板断裂和付春海一起坠落于地,付春海头部受伤。原告吴志强当即安排4个雇工(付给工资40元)护送付春海到白马医院包扎后转送浦江县人民医院,12月4日又转送金华市中心医院治疗。但付春海终因脑外伤伴颅骨缺损,颅内化脓性感染,治疗无效于2003年1月2日下午死亡。此间共花医疗费用、安葬费用计人民币18721.23元。付春海家属要求原被告承担赔偿责任,被告的法定代表人朱祖培表示愿意承担责任,并支付人民币19000元;五原告支付人民币9244.22元。嗣后,原被告因对承担付春海死亡的赔偿责任发生争议,付春海的妻子、女儿和父亲以本案五原告为被告诉到本院要求赔偿。本院于2003年4月17日以浦法(2003)东民初字第6号民事判决判令吴福全、吴子明、陈华钟、朱希林赔偿人民币25686元;判令吴志强赔偿人民币17125.03元。为此,五原告向被告提出追偿,要求被告赔偿因其制造、销售不合格的空心板致原告雇工受到损害,致原告承担的赔偿责任及工期延误造成的经济损失。诉讼过程中,原告委托东阳市建材工业协会,被告委托金华市建筑材料检验所对被告销售给原告的空心板做了结构性能检验,结论均为该空心板的挠度、抗裂度不符合质量标准。五原告在审理中提出放弃追索工期延误经济损失的诉讼请求。

以上事实,有下列证据证明:

1. 吴小全、吴志强的证言(证明原告对所提空心板提出质量异议,被告法定代表朱祖培到实地察看后,要原告再放几天使用)。

2. 原告提供的东阳市建材工业协会、被告提供的金华市建筑材料检验所关于空心板结构性能的检验报告(一致证实被告卖给原告的空心板挠度、抗裂度不符合质量标准)。

3. 现场目击者沈帮阳、吴光前的证言(证实付春海所抬的空心板,因铁钩钩着的部位破碎,致抬着的空心板砸在已搁好的空心板上,随之该空心板与付春海一起坠落于地)。

4. 现场照片(反映坠落的空心板破碎程度,并证明空心板生产日期为2002年11月6日)。

5. 抬空心板的工具。

6. 浦江县人民法院(2003)浦东民初字第6号民事判决书(证实五原告应支付给付春海的赔偿款额)。

7. 原被告基本相符的陈述和受诉法院的调查笔录,开庭记录。

三、一审判决理由和判决结果

1. 被告生产、销售的水泥空心板质量不合格造成原告的经济损失,应当承担民事责任。

(1)被告将自产的空心板销售给原告,负有保证其生产、销售的产品合格的社会保障义务。

(2)根据1991年3月1日施行的《预制混凝土构件质量检验评定标准》(GBJ 321—1990)国家标准规定:空心板结构性能是构件质量的最主要的内容,其中强度、刚度(挠度)、抗裂度三个分项都拥有否决权,任一分项不满足标准要求时即为结构性能不合格。经被告委托的金华市建筑材料检验所对空心板进行技术鉴定,证明刚度、抗裂度两项指标不合格(刚度10.83>9.75;抗裂度1.10<1.15)。对此鉴定,原被告无异议,被告生产、销售的空心板质量不合格应予认定。

(3)根据上述国家标准规定:水泥空心板的保养期一般应为28天。而被告生产的空心板未过保养期即销售给原告(2002年11月6日生产,同月18日销售),事后对此限期使用的产品又未向原告予以正确、详尽的警示说明,仅笼统地对原告交代"再放几天使用"。据此,也应认定被告生产、销售的空心板质量不合格。

(4)根据《中华人民共和国民法通则》第一百二十二条规定:"因产品质量不合格造成他人财产、人身损害的,产品制造者、销售者应当依法承担民事责任。"据此,原告因空心板断裂造成付春海伤亡而支付的赔偿款等经济损失,有向被告追偿的权利。

2. 五原告对空心板使用不当应负一定的民事责任。

(1)原告吴福全等委托的材料采购、施工监督员吴小全及原告吴志强明知空心板未过保养期,在装卸过程中已发现破碎、强度不够等质量问题,而未引起足够重视,不加以拒绝使用。

(2)被告的法定代表人已告知原告"将空心板再放几天后使用"的情况下,原告仅过两天即组织雇工使用空心板,以致在施工中发生空心板断裂、雇工人身受损的事故。故根据《中华人民共和国民法通则》第一百三十一条的规定"受害人对于损害的发生也有过错的,可以减轻侵害人的民事责任",原告应承担一定的民事责任。

浙江省浦江县人民法院依照《中华人民共和国民法通则》第一百二十二条、第一百三十一条之规定,作出如下判决:

1. 由被告浦江县建筑工程公司郑家坞分公司偿付五原告人民币38567.73元(包括已付付春海家属19000元),限本判决生效后一个月内付清。

2. 由原告吴志强自负人民币2571.18元。

3. 由原告吴福全、吴子明、陈华钟、朱希林共自负人民币1672.12元。

本案诉讼费1724元,由被告承担1550元,原告吴志强承担102元,原告吴福全、陈华钟、吴子明、朱希林承担72元。

宣判后,原被告双方均服判。被告在规定时间内全部履行了给付义务。

请分析因建材不合格造成伤亡事故的责任。

案情简介2

建筑工程的保修纠纷案

原告:江西某大学

被告:南昌某建筑公司

2004年4月,某大学为建设学生宿舍,与某建筑公司签订了一份建设工程合同。合同约定:工程采用固定总价合同形式,主体工程和内外承重砖一律使用国家标准砌砖,每层加水泥圈梁;某大学预付工程款为合同价款的10%;工程全部费用在验收合格后一次付清;交付使用后,如果在6个月内发生严重质量问题,由承包人负责修理等。

1年后学生宿舍如期完工,在双方共同进行竣工验收时,某大学发现工程的三到五层的内承重墙体裂缝较多,于是要求建筑公司修复后再验收,某建筑公司认为不影响使用而拒绝修复。因为开学初期很多新生急需入住,某大学就接收了宿舍楼。在使用了8个月以后,位于第五层的内承重墙倒塌,致使1人死亡,3人受伤,其中1人致残。受害者和某大学要求建筑公司赔偿损失,并修复倒塌工程。建筑公司以使用不当并且已过保修期为理由拒绝赔偿。无奈之下某大学和受害者将建筑公司起诉到法院,要求判决赔偿并修复工程。

法院在审理期间对工程事故原因进行了鉴定,结论为建筑公司偷工减料致使宿舍楼内承重墙倒塌。因此法院对建筑公司以使用不当并且已过保修期为理由拒绝赔偿的主张不予支持,判决建筑公司赔偿受害者损失并且负责维修倒塌的工程。

请分析建筑工程的保修。

1.2 知识链接

1.2.1 建筑工程质量管理概述

一、建设工程质量的概念及影响因素

(一)建设工程质量的概念

建设工程质量有广义和狭义之分。从狭义上说,建设工程质量仅指工程实体质量,它是指在国家现行的有关法律、法规、技术标准、设计文件和合同中,对工程的安全、适用、经济、美观等特性的综合要求。广义上的建设工程质量还包括工程建设参与者的服务质量和工作质量,它反映在他们的服务是否及时、主动,态度是否诚恳、守信,管理水平是否先进,工作效率是否很高等方面。本书中的建设工程质量主要指工程本身的质量,即狭义上的建设工程质量。

(二)影响工程质量的因素

1. 人员素质

人是生产经营活动的主体,也是工程项目建设的决策者、管理者、操作者,工程建设的全过程,如项目的规划、决策、勘察、设计和施工,都是通过人来完成的。人员的素质,即人的文化水平、技术水平、决策能力、管理能力、组织能力、作业能力、控制能力、身体素质及职业道德等,都将直接和间接地对规划、决策、勘察、设计和施工的质量产生影响,而规划是否合理,决策是否正确,设计是否符合所需要的质量功能,施工能否满足合同、规范、技术标准的需要等,都将对工程质量产生不同程度的影响,所以人员素质是影响工程质量的一个重要因素。因此,建筑行业实行经营资质管理和各类专业从业人员持证上岗制度是保证人员素质的重要管理措施。

2. 工程材料

工程材料泛指构成工程实体的各类建筑材料、构配件、半成品等,它是工程建设的物质条件,是工程质量的基础。工程材料选用是否合理、产品是否合格、材质是否经过检验、保管使用是否得当等,都将直接影响建设工程的结构刚度和强度,影响工程外表及观感,影响工程的使用功能,影响工程的使用安全。

3. 机械设备

机械设备可分为两类:一是指组成工程实体及配套的工艺设备和各类机具,如电梯、泵机、通风设备等,它们构成了建筑设备安装工程或工业设备安装工程,形成完整的使用功能。二是指施工过程中使用的各类机具设备,包括大型垂直与横向运输设备、各类操作工具、各种施工安全设施、各类测量仪器和计量器具等,简称施工机具设备,它们是施工生产的手段。机具设备对工程质量也有重要影响,工程用机具设备其产品质量优劣,直接影响工程使用功能质量。施工机具设备的类型是否符合工程施工特点、性能是否先进稳定、操作是否方便安全等,都将会影响工程项目的质量。

4. 方法

方法是指工艺方法、操作方法和施工方案。在工程施工中,施工方案是否合理、施工工艺是否先进、施工操作是否正确,都将对工程质量产生重大的影响。大力推进采用新技术、新工艺、新方法,不断提高工艺技术水平,是保证工程质量稳定提高的重要因素。

5. 环境条件

环境条件是指对工程质量特性起重要作用的环境因素,包括:工程技术环境,如工程地质、水文、气象等;工程作业环境,如施工环境作业面大小、防护设施、通风照明和通信条件等;工程管理环境,主要指工程实施的合同结构与管理关系的确定、组织体制及管理制度等;周边环境,如工程邻近的地下管线、建筑物等。环境条件往往对工程质量产生特定的影响。加强环境管理,改进作业条件,把握好技术环境,辅以必要的措施,是控制环境对质量影响的重要保证。

二、建设工程质量的管理体系

建设工程质量的优劣直接关系国民经济的发展和人民生命财产的安全,因此,加强建设工程质量的管理是一个十分重要的问题。根据有关法规规定,我国建立起了对建设工程质量进行管理的体系,包括纵向管理和横向管理两个方面。

纵向管理是国家对建设工程质量所进行的监督管理,具体由建设行政主管部门及其授权机构实施,这种管理贯穿在工程建设的全过程和各个环节中,既对工程建设从计划、规划、土地管理、环保、消防等方面进行监督管理,又对工程建设的主体从资质认定和审查、成果质量检测、验证和奖惩等方面进行监督管理,还对工程建设中各种活动如工程建设招标、工程施工、验收、维修等进行监督管理。

横向管理包括以下两个方面:

(1)工程承包单位,如勘察单位、设计单位、施工单位自己对所承担工作的质量管理。他们按要求建立专门质检机构,配备相应的质检人员,建立相应的质量保证制度,如审核校对制、培训上岗制、质量抽检制、各级质量责任制和部门领导质量责任制等。

(2)建设单位对所建工程质量的管理,可成立相应的机构和人员,对所建工程的质量进行监督管理,也可委托社会监理单位对工程建设的质量进行监理。现在,世界上大多数国家都推行监理制,我国也正在推行和完善这一制度。

三、建设工程质量的监督管理

《建设工程质量管理条例》明确规定,国家实行建设工程质量监督管理制度。政府质量监督作为一项制度,以行政法规的性质在《建设工程质量管理条例》中加以明确,强调了建设工程质量必须实行政府监督管理。政府实行建设工程质量监督的主要目的是保证建设工程使用安全和环境质量,主要依据是法律、法规和强制性标准,主要方式是政府认可的第三方强制监督,主要内容是地基基础、主体结构、环境质量和与此相关的工程建设各方主体的质量行为,主要手段是施工许可制度和竣工验收备案制度。

建设工程质量监督管理具有以下几个特点:

第一,具有权威性。建设工程质量监督体现的是国家意志,任何从事工程建设活动的单位和个人都应当服从这种监督管理。

第二,具有综合性。这种监督管理并不局限于某一个阶段或某一个方面,而是贯穿于工程建设全过程,并适用于建设单位、勘察单位、设计单位、监理单位和施工单位。

工程质量监督也不局限于某一个工程建设项目,工程质量监督管理部门可以对本区域内的所有建设工程项目进行监督。

(一)建设工程质量监督的主体

对建设工程质量进行监督管理的主体是各级政府建设行政主管部门和其他有关部门。根据《建设工程质量管理条例》第四十三条第二款的规定,国务院建设行政主管部门对全国的建设工程质量实施统一的监督管理。国务院铁路、交通、水利等有关部门按照国务院规定的职责分工,负责对全国的有关专业建设工程质量的监督管理。

《建设工程质量管理条例》规定各级政府有关主管部门应当加强对有关建设工程质量的法律、法规和强制性标准执行情况的监督检查;同时,规定政府有关主管部门履行监督检查职责时,有权采取下列措施:

(1)要求被检查的单位提供有关工程质量的文件和资料;

(2)进入被检查的施工现场进行检查;

(3)发现有影响工程质量的问题时,责令改正。

由于建设工程质量监督具有专业性强、周期长、程序繁杂等特点,政府部门通常不宜亲自进行日常检查工作。这就需要通过委托由政府认可的第三方,即建设工程质量监督机构,来依法代行工程质量监督职能,并对委托的政府部门负责。政府部门主要对建设工程质量监督机构进行业务指导和管理,不进行具体工程质量监督。

根据建设部《关于建设工程质量监督机构深化改革的指导意见》(建建〔2000〕151号)的有关规定,建设工程质量监督机构是经省级以上建设行政主管部门或有关专业部门考核认定的独立法人。建设工程质量监督机构及其负责人、质量监督工程师和助理质量监督工程师,均应具备国家规定的基本条件。其中,从事施工图设计文件审查的建设工程质量监督机构,还应当具备国家规定的其他条件。建设工程质量监督机构的主要任务包括:

(1)根据政府主管部门的委托,受理建设工程项目质量监督。

(2)制订质量监督工作方案。具体包括:

①确定负责该项工程的质量监督工程师和助理质量监督工程师;

②根据有关法律、法规和工程建设强制性标准,针对工程特点,明确监督的具体内容、监督方式;

③在方案中对地基基础、主体结构和其他涉及结构安全的重要部位和关键工序,作出实施监督的详细计划安排;

④建设工程质量监督机构应将质量监督工作方案通知建设、勘察、设计、施工、监理单位。

(3)检查施工现场工程建设各方主体的质量行为。主要包括:

①核查施工现场工程建设各方主体及有关人员的资质或资格;
②检查勘察、设计、施工、监理单位的质量保证体系和质量责任制落实情况;
③检查有关质量文件、技术资料是否齐全并符合规定。
(4)检查建设工程的实体质量。主要包括:
①按照质量监督工作方案,对建设工程地基基础、主体结构和其他涉及结构安全的关键部位进行现场实地抽查;
②对用于工程的主要建筑材料、构配件的质量进行抽查;
③对地基基础分部、主体结构分部工程和其他涉及结构安全的分部工程的质量验收进行监督。
(5)监督工程竣工验收。主要包括:
①监督建设单位组织的工程竣工验收的组织形式、验收程序以及在验收过程中提供的有关资料和形成的质量评定文件是否符合有关规定;
②监督实体质量是否存有严重缺陷;
③监督工程质量的检验评定是否符合国家验收标准。
(6)工程竣工验收后5日内,应向委托部门报送建设工程质量监督报告。建设工程质量监督报告应包括:
①对地基基础和主体结构质量检查的结论;
②工程竣工验收的程序、内容和质量检验评定是否符合有关规定;
③历次抽查该工程发现的质量问题和处理情况等内容。
(7)对预制建筑构件和商品混凝土的质量进行监督。
(8)受委托部门委托,按规定收取工程质量监督费。
(9)政府主管部门委托的工程质量监督管理的其他工作。
建设工程质量监督机构在进行监督工作中发现有违反建设工程质量管理规定行为和影响工程质量的问题时,有权采取责令改正、局部暂停施工等强制性措施,直至问题得到改正。需要给予行政处罚的,报告委托部门批准后实施。

(二)竣工验收备案制度

建设单位应当自建设工程竣工验收合格之日起15日内,将建设工程竣工验收报告和规划、公安消防、环保等部门出具的认可文件或者准许使用文件报建设行政主管部门或者其他有关部门备案。

建设单位办理工程竣工验收备案应提交以下材料:
(1)工程竣工验收备案表;
(2)工程竣工验收报告:竣工验收报告应当包括工程报建日期,施工许可证号,施工图设计文件审查意见,勘察、设计、施工、工程监理等单位分别签署的质量合格文件及验收人员签署的竣工验收原始文件,市政基础设施的有关质量检测和功能性试验资料以及备案机关认为需要提供的有关资料;
(3)法律、行政法规规定应当由规划、公安消防、环保等部门出具的认可文件或者准许使用文件;
(4)施工单位签署的工程质量保修书;

(5)法规、规章规定必须提供的其他文件；

(6)商品住宅还应当提交住宅质量保证书和住宅使用说明书。

建设行政主管部门或者其他有关部门发现建设单位在竣工验收过程中有违反国家有关建设工程质量管理规定行为的，责令停止使用，重新组织竣工验收。

(三)工程质量事故报告制度

建设工程发生质量事故，有关单位应当在24小时内向当地建设行政主管部门和其他有关部门报告。对重大质量事故，事故发生地的建设行政主管部门和其他有关部门应当按照事故类别等级向当地人民政府和上级建设行政主管部门和其他有关部门报告。

(四)工程质量检举、控告、投诉制度

《建筑法》与《建设工程质量管理条例》均明确规定，任何单位和个人对建设工程的质量事故、质量缺陷都有权检举、控告、投诉。工程质量检举、控告、投诉制度是为了更好地发挥群众监督和社会舆论监督的作用，是保证建设工程质量的一项有效措施。

(五)法律责任

1. 不及时如实报告重大质量事故的法律责任

发生重大工程质量事故隐瞒不报、谎报或者拖延报告期限的，对直接负责的主管人员和其他责任人员依法给予行政处分。

2. 国家机关工作人员不尽职的法律责任

国家机关工作人员在建设工程质量监督管理工作中玩忽职守、滥用职权、徇私舞弊，构成犯罪的，依法追究刑事责任；尚不构成犯罪的，依法给予行政处分。

1.2.2 建筑工程质量管理活动主体的质量责任和义务

《建设工程质量管理条例》的立法目的是加强对建设工程质量的管理，保证建设工程质量，保护人民生命和财产安全。分别对建设单位、勘察单位、设计单位、施工单位、工程监理单位的质量责任和义务作出了规定。

《建设工程质量管理条例》第二条规定："凡在中华人民共和国境内从事建设工程的新建、扩建、改建等有关活动及实施对建设工程质量监督管理的，必须遵守本条例。"

一、建设单位的质量责任和义务

(一)建设单位的质量责任和义务

1. 依法对工程进行发包的责任

建设单位应当将工程发包给具有相应资质等级的单位，不得将建设工程肢解发包。

建设单位应当依法行使工程发包权，《建筑法》对此已有明确规定。

2. 依法对材料设备进行招标的责任

《建设工程质量管理条例》第八条规定，建设单位应当依法对工程建设项目的勘察、设计、施工、监理以及与工程建设有关的重要设备、材料等的采购进行招标。

3. 提供原始资料的责任

建设单位必须向有关的勘察、设计、施工、工程监理等单位提供与建设工程有关的原始资

料。原始资料必须真实、准确、齐全。

4. 不得干预投标人的责任

建筑工程发包单位不得迫使承包方以低于成本的价格竞标。

在这里,承包方主要指勘察、设计和施工单位。《招标投标法》从规范投标人竞标行为的角度,在第三十三条规定"投标人不得以低于成本的价格竞标"。建设单位迫使施工单位实施违法的建设行为自然是法律所不允许的。

建设单位也不得任意压缩合理工期,不得明示或者暗示设计单位或者施工单位违反工程建设强制标准,降低建设工程质量。

5. 送审施工图的责任

建设单位应当将施工图设计文件报县级以上人民政府建设行政主管部门或者其他有关部门审查。施工图设计文件未经审查批准的,不得使用。

6. 委托监理的责任

根据《建设工程质量管理条例》第十二条的规定,建设单位应当依法委托监理。

7. 确保提供的物资符合要求的责任

按照合同约定,由建设单位采购建筑材料、建筑构配件和设备的,建设单位应当保证建筑材料、建筑构配件和设备符合设计文件和合同要求。

如果建设单位提供的建筑材料、建筑构配件和设备不符合设计文件和合同要求,属于违约行为,应当向施工单位承担违约责任,施工单位有权拒绝接收这些货物。

8. 不得擅自改变主体和承重结构进行装修的责任

涉及建筑主体和承重结构变动的装修工程,建设单位应当在施工前委托原设计单位或者具有相应资质等级的设计单位提出设计方案;没有设计方案的,不得施工。

9. 依法组织竣工验收的责任

建设单位收到建设工程竣工报告后,应当组织设计、施工、工程监理等有关单位进行竣工验收。

建设工程竣工验收是施工全过程的最后一道程序,是建设投资成果转入生产或使用的标志,也是全面考核投资效益、检验设计和施工质量的重要环节。根据《建设工程质量管理条例》第十六条的规定,建设工程竣工验收应当具备下列条件:

(1)完成建设工程设计和合同约定的各项内容;

(2)有完整的技术档案和施工管理资料;

(3)有工程使用的主要建筑材料、建筑构配件和设备的进场试验报告;

(4)有勘察、设计、施工、工程监理等单位分别签署的质量合格文件;

(5)有施工单位签署的工程保修书。

在工程实践中,部分建设单位忽视竣工验收的重要性,未经竣工验收或验收不合格,即将工程提前交付使用。这种不规范的行为很容易产生质量问题,并会在发承包双方之间就质量责任归属问题产生争议。《建设工程质量管理条例》第十六条第三款明确规定,建设工程经竣工验收合格的,方可交付使用。

此外,根据最高人民法院的有关司法解释规定,"建设工程未经竣工验收,发包人擅自使用后,又以使用部分质量不符合约定为由主张权利的,不予支持;但是承包人应当在建设工程的合理使用寿命内对地基基础工程和主体结构质量承担民事责任"。这是因为地基基础和主体结构的最低保修期限是设计的合理使用年限。

10. 移交建设项目档案的责任

建设单位还应当严格按照国家有关档案管理的规定,向建设行政主管部门或者其他有关部门移交建设项目档案。

（二）法律责任

1. 违反资质管理发包的法律责任

建设单位将建设工程发包给不具有相应资质等级的勘察、设计、施工单位或者委托给不具有相应资质等级的工程监理单位的,责令改正,处50万元以上100万元以下的罚款。

2. 肢解发包的法律责任

建设单位将建设工程肢解发包的,责令改正,处工程合同价款0.5%以上1%以下的罚款;对全部或者部分使用国有资金的项目,并可以暂停项目执行或者暂停资金拨付。

3. 擅自开工的法律责任

建设单位未取得施工许可证或者开工报告未经批准,擅自施工的,责令停止施工,限期改正,处工程合同价款1%以上2%以下的罚款。

4. 违反验收管理的法律责任

建设单位有下列行为之一的,责令改正,处工程合同价款2%以上4%以下的罚款;造成损失的,依法承担赔偿责任：

（1）未组织竣工验收,擅自交付使用的；

（2）验收不合格,擅自交付使用的；

（3）对不合格的建设工程按照合格工程验收的。

5. 未移交档案的法律责任

建设工程竣工验收后,建设单位未向建设行政主管部门或者其他有关部门移交建设项目档案的,责令改正,处1万元以上10万元以下的罚款。

6. 擅自改变房屋主体或者承重结构的法律责任

涉及建筑主体或者承重结构变动的装修工程,没有设计方案擅自施工的,责令改正,处50万元以上100万元以下的罚款;房屋建筑使用者在装修过程中擅自变动房屋建筑主体和承重结构的,责令改正,处5万元以上10万元以下的罚款。

7. 其他法律责任

建设单位有下列行为之一的,责令改正,处20万元以上50万元以下的罚款：

（1）迫使承包方以低于成本的价格竞标的；

（2）任意压缩合理工期的；

（3）明示或者暗示设计单位或者施工单位违反工程建设强制性标准,降低工程质量的；

（4）施工图审计文件未经审查或者审查不合格,擅自施工的；

（5）建设项目必须实行工程监理未实行工程监理的；

（6）未按照国家规定办理工程质量监督手续的；

（7）明示或者暗示施工单位使用不合格的建筑材料、建筑构配件和设备的；

（8）未按照国家规定将竣工验收报告、有关认可文件或者准许使用文件报送备案的。

8. 责任人员应承担的法律责任

（1）依照《建设工程质量管理条例》规定,给予单位罚款处罚的,对单位直接负责的主管人员和其他直接责任人员处单位罚款数额5%以上10%以下的罚款。

（2）建设单位、设计单位、施工单位、工程监理单位违反国家规定，降低工程质量标准，造成重大安全事故，构成犯罪的，对直接责任人员依法追究刑事责任。

（3）建设、勘察、设计、施工、工程监理单位的工作人员因调动工作、退休等原因离开该单位后，被发现在该单位工作期间违反国家有关建设工程质量管理规定，造成重大工程质量事故的，仍应当依法追究法律责任。

（4）《刑法》第一百三十七条规定，建设单位、设计单位、施工单位、工程监理单位违反国家规定，降低工程质量标准，造成重大安全事故的，对直接责任人员处5年以下有期徒刑或者拘役，并处罚金；后果特别严重的，处5年以上10年以下有期徒刑，并处罚金。

职业训练 8-1

施工单位修改工程的设计方案是否可取

某施工单位首次进入某省施工，为了树立良好的企业形象，获得较好的口碑及声誉，施工单位的项目经理决定合理化修改工程的设计方案，并且私自采用更好的建筑材料，项目经理部也愿意承担所增加的费用。

你认为这个决定可取吗？

评析：

不可取。

根据《建筑工程质量管理条例》规定，施工单位不得擅自修改工程设计，这样做属于违约行为，要承担违约责任。

二、施工单位的质量责任和义务

（一）施工单位的质量责任和义务

1. 依法承揽工程的责任

施工单位应当依法取得相应等级的资质证书，并在其资质等级许可的范围内承揽工程。

禁止施工单位超越本单位资质等级许可的业务范围或者以其他施工单位的名义承揽工程。禁止施工单位允许其他单位或者个人以本单位的名义承揽工程。

施工单位不得转包或者违法分包工程。

2. 建立质量保证体系的责任

施工单位对建设工程的施工质量负责。

施工单位应当建立质量责任制，确定工程项目的项目经理、技术负责人和施工管理负责人。

建设工程实行总承包的，总承包单位应当对全部建设工程质量负责；建设工程勘察、设计、施工、设备采购的一项或者多项实行总承包的，总承包单位应当对其承包的建设工程或者采购的设备的质量负责。

3. 分包单位保证工程质量的责任

总承包单位依法将建设工程分包给其他单位的，分包单位应当按照分包合同的约定对其分包工程的质量向总承包单位负责，总承包单位与分包单位对分包工程的质量承担连带责任。

4. 按图施工的责任

《建设工程质量管理条例》第二十八条规定："施工单位必须按照工程设计图纸和施工技术标准施工，不得擅自修改工程设计，不得偷工减料。施工单位在施工过程中发现设计文件和图纸有差错的，应当及时提出意见和建议。"

建设单位、施工单位、监理单位不得修改建设工程勘察、设计文件；确需修改建设工程勘察、设计文件的，应当由原建设工程勘察、设计单位修改。经原建设工程勘察、设计单位书面同意，建设单位也可以委托其他具有相应资质的建设工程勘察、设计单位修改。修改单位对修改的勘察、设计文件承担相应责任。施工单位、监理单位发现建设工程勘察、设计文件不符合工程建设强制性标准、合同约定的质量要求的，应当报告建设单位，建设单位有权要求建设工程勘察、设计单位对建设工程勘察、设计文件进行补充、修改。建设工程勘察、设计文件内容需要作重大修改的，建设单位应当报经原审批机关批准后，方可修改。

5. 对建筑材料、构配件和设备进行检验的责任

《建设工程质量管理条例》第二十九条规定："施工单位必须按照工程设计要求、施工技术标准和合同约定，对建筑材料、建筑构配件、设备和商品混凝土进行检验，检验应当有书面记录和专人签字；未经检验或者检验不合格的，不得使用。"

6. 对施工质量进行检验的责任

施工单位必须建立、健全施工质量的检验制度，严格工序管理，作好隐蔽工程的质量检查和记录。隐蔽工程在隐蔽前，施工单位应当通知建设单位和建设工程质量监督机构。

7. 见证取样的责任

施工人员对涉及结构安全的试块、试件以及有关材料，应当在建设单位或者工程监理单位监督下现场取样，并送具有相关资质等级的质量检测单位进行检测。

在工程施工过程中，为了控制工程施工质量，需要依据有关技术标准和规定的方法，对用于工程施工的材料和构件抽取一定数量的样品进行检测，并根据检测结果判断其所代表部位的质量。为了加强对建设工程质量检测的管理，根据《建筑法》和《建设工程质量管理条例》，住房和城乡建设部于2022年12月29日发布的《建设工程质量检测管理办法》（住房和城乡建设部令第57号，2023年3月1日起实施），予以了明确规定。

8. 保修的责任

施工单位对施工中出现质量问题的建设工程或者竣工验收不合格的建设工程，应当负责返修。

在建设工程竣工验收合格前，施工单位应对质量问题履返修义务；建设工程竣工验收合格后，施工单位应对保修期内出现的质量问题履行保修义务。《民法典》对施工单位的返修义务也有相应规定："因施工人的原因致使建设工程质量不符合约定的，发包人有权请求施工人在合理期限内无偿修理或者返工、改建。经过修理或者返工、改建后，造成逾期交付的，施工人应当承担违约责任。"返修包括修理或返工。

（二）法律责任

1. 超越资质承揽工程的法律责任

施工单位超越本单位资质等级承揽工程的，责令停止违法行为，对施工单位处工程合同价款2%以上4%以下的罚款，可以责令停止整顿，降低资质等级；情节严重的，吊销资质证书；有

违法所得的,予以没收。

未取得资质证书承揽工程的,予以取缔,依照前款规定处以罚款;有违法所得的,予以没收。

以欺骗手段取得资质证书承揽工程的,吊销资质证书,依照前款规定处以罚款;有违法所得的,予以没收。

2. 出借资质的法律责任

施工单位允许其他单位或者个人以本单位名义承揽工程的,责令改正,没收违法所得,对施工单位处工程合同价款2%以上4%以下的罚款;可以责令停业整顿,降低资质等级;情节严重的,吊销资质证书。

3. 转包或者违法分包的法律责任

承包单位将承包的工程转包或者违法分包的,责令改正,没收违法所得,对施工单位处工程合同价款0.5%以上1%以下的罚款;可以责令停业整顿,降低资质等级;情节严重的,吊销资质证书。

4. 偷工减料,不按图施工的法律责任

施工单位在施工中偷工减料的,使用不合格的建筑材料、建筑构配件和设备的,或者有不按照工程设计图纸或者施工技术标准施工的其他行为的,责令改正,处工程合同价款2%以上4%以下的罚款;造成建设工程质量不符合规定的质量标准的,负责返工、修理,并赔偿因此造成的损失;情节严重的,责令停业整顿,降低资质等级或者吊销资质证书。

5. 未取样检测的法律责任

施工单位未对建筑材料、建筑构配件、设备和商品混凝土进行检验,或者未对涉及结构安全的试块、试件以及有关材料取样检测的,责令改正,处10万元以上20万元以下的罚款;情节严重的,责令停业整顿,降低资质等级或者吊销资质证书;造成损失的,依法承担赔偿责任。

6. 不履行保修义务的法律责任

施工单位不履行保修义务或者拖延履行保修义务的,责令改正,处10万元以上20万元以下的罚款,并对在保修期内因质量缺陷造成的损失承担赔偿责任。

职业训练 8-2

承包方偷工减料,造成工程质量不合格的责任承担

申请人:某职业技术学院

被申请人:某市建筑公司

一、诉辩主张和事实认定

某职业技术学院(以下简称发包方)为建设教师宿舍楼,于2000年2月10日与市建筑公司(以下简称承包方)签订一份建设工程承包合同。合同规定:建筑面积5000平方米,高6层,总造价130万元;由发包方提供建筑材料指标,负责施工技术监督及协商解决施工中的有关事项;承包方包工包料,主体工程和内外承重墙一律使用国家标准红机砖,每层有水泥经圈梁加固;2001年2月27日竣工交付验收;交付使用后,如果在6个月内发生较大质量问题,由承包方负责修复;工程费的结算,开工前付工程材料款的50%,主体工程完工后付35%,余额于验收合格后全部结清;如延期竣工按建设银行的规定,承包方赔偿延期交付的违约金。

承包方按合同规定的日期竣工,验收时,发包方发现工程的二到五层所有内承重墙体裂缝

较多，要求承包方修复后再验收，承包方拒绝修复，认为不影响使用。两个月之后，发包方发现这些裂缝越来越大，每一面墙都有4到5条纵横不等的裂缝，缝隙最大的1厘米，最小的能透空气，从这面能看到对面的墙壁。为此，发包方提出工程不合格，质量低劣，系危险房屋，不能使用，要求承包方对内承重墙拆掉重新建筑。承包方提出，裂缝属于砖的质量问题，与施工技术无关。双方协商不成，发包方于2001年6月15日以建筑工程质量不合格为由向仲裁委员会申请仲裁。

二、处理理由和处理结果

仲裁委员会查明：本案的建设工程实行大包干的形式，发包方将建筑材料计划指标都交给承包方。承包方为节省费用，在购买机砖时，只购买了外墙和主体结构的红机砖，而对内承重墙则使用烟灰砖（系炉渣、白灰制作的砖）。烟灰砖因为干燥、吸水、伸缩性大，当内装修完毕待干后，导致裂缝出现。对此，承包方应负主要责任，发包方派出的施工技术监督人员明知道承包方使用烟灰砖叠砌内承重墙，而未加制止，也未向领导报告，任其施工，亦应负有一定责任。经委托建筑工程研究所现场勘验、鉴定，认为：烟灰砖不能用于高层建筑和内承重墙，烟灰砖伸缩性大，压强不够红机砖标准，建议所有内承重墙用钢筋网加水泥沙浆修复加固后方可使用。仲裁委员会根据质量鉴定结果，经调解，双方当事人达成协议如下：承包方将第二层至第五层所有内承重墙均用钢筋网加水泥沙浆加固后，再进行内装修，于2001年9月30日竣工验收。所需费用65000元，由承包方承担60000元，发包方承担5000元。竣工验收合格后，发包方将工程款10日内一次结清付给承包方。

评析：

《建设工程质量管理条例》第四章明确了施工单位的质量责任和义务：

(1) 施工单位应当依法取得相应资质等级的证书，并在其资质等级许可的范围内承揽工程。

(2) 施工单位不得转包或违法分包工程。

(3) 总承包单位与分包单位对分包工程的质量承担连带责任。

(4) 施工单位必须按照工程设计图纸和施工技术标准施工，不得擅自修改工程设计，不得偷工减料。

(5) 施工单位必须按照工程设计要求、施工技术标准和合同约定，对建筑材料、建筑构配件、设备和商品混凝土进行检验，未经检验或检验不合格的，不得使用。

(6) 施工人员对涉及结构安全的试块、试件以及有关材料，应在建设单位或工程监理单位监督下现场取样，并送具有相应资质等级的质量检测单位进行检测。

(7) 建设工程实行质量保修制度，承包单位应履行保修义务。

而在本案中，承包方违反合同约定，偷工减料，造成承重墙断裂，工程质量不合格，应由承包方负责修复。发包方派驻工地代表，对建筑材料的使用和工程质量监督不力，是有责任的，承担一定的损失也是应当的。本案的处理采纳建筑研究所的建议，用钢筋网加水泥沙浆加固，既减少了拆除承重墙的损失，又保证了质量，维护了双方的利益。

三、工程监理单位的质量责任和义务

（一）工程监理单位的质量责任和义务

1. 依法承揽业务

《建设工程质量管理条例》第三十四条规定，工程监理单位应当依法取得相应等级的资质证书，并在其资质等级许可的范围内承担工程监理业务。

禁止工程监理单位超越本单位资质等级许可的范围或者以其他工程监理单位的名义承担工程监理业务。禁止工程监理单位允许其他单位或者个人以本单位的名义承担工程监理业务。

工程监理单位不得转让工程监理业务。

2. 独立监理

《建设工程质量管理条例》第三十五条规定："工程监理单位与被监理工程的施工承包单位以及建筑材料、建筑构配件和设备供应单位有隶属关系或者其他利害关系的，不得承担该项建设工程的监理业务。"

独立是公正的前提条件，监理单位如果不独立是不可能保持公正的。

3. 依法监理

《建设工程质量管理条例》第三十六条规定："工程监理单位应当依照法律、法规以及有关技术标准、设计文件和建设工程承包合同，代表建设单位对施工质量实施监理，并对施工质量承担监理责任。"

监理工程师应当按照工程监理规范的要求，采取旁站、巡视和平行检验等形式，对建设工程实施监理。

4. 确认质量

工程监理单位应当选派具备相应资格的总监理工程师和监理工程师进驻施工现场。未经监理工程师签字，建筑材料、建筑构配件和设备不得在工程上使用或者安装，施工单位不得进行下一道工序的施工。未经总监理工程师签字，建设单位不拨付工程款，不进行竣工验收。

（二）法律责任

1. 超越资质承揽工程的法律责任

工程监理单位超越本单位资质等级承揽工程的，责令停止违法行为，对工程监理单位处合同约定的监理酬金1倍以上2倍以下的罚款；情节严重的，吊销资质证书；有违法所得的，予以没收。

未取得资质证书承揽工程的，予以取缔，依照前款规定处以罚款；有违法所得的，予以没收。

以欺骗手段取得资质证书承揽工程的，吊销资质证书，依照前款规定处以罚款；有违法所得的，予以没收。

2. 出借资质的法律责任

工程监理单位允许其他单位或者个人以本单位名义承揽工程的，责令改正，没收违法所得，对工程监理单位处合同约定的监理酬金1倍以上2倍以下的罚款；可以责令停业整顿，降低资质等级；情节严重的，吊销资质证书。

3. 转让工程监理业务的法律责任

工程监理单位转让工程监理业务的，责令改正，没收违法所得，处合同约定的监理酬金25%

以上50%以下的罚款;可以责令停业整顿,降低资质等级;情节严重的,吊销资质证书。

4. 违反公正监理的法律责任

工程监理单位有下列行为之一的,责令改正,处50万元以上100万元以下的罚款,降低资质等级或者吊销资质证书;有违法所得的,予以没收;造成损失的,承担连带赔偿责任:

(1)与建设单位或者施工单位串通,弄虚作假、降低工程质量的;

(2)将不合格的建设工程、建筑材料、建筑构配件和设备按照合格签字的。

5. 违反独立监理的法律责任

工程监理单位与被监理工程的施工承包单位以及建筑材料、建筑构配件和设备供应单位有隶属关系或者其他利害关系承担该项建设工程的监理业务的,责令改正,处5万元以上10万元以下的罚款,降低资质等级或者吊销资质证书;有违法所得的,予以没收。

6. 注册执业人员应承担的法律责任

监理工程师因过错造成质量事故的,责令停止执业1年;造成重大质量事故的,吊销执业资格证书,5年以内不予注册;情节特别恶劣的,终身不予注册。

四、勘察、设计单位的质量责任和义务

(一)勘察、设计单位的质量责任和义务

1. 勘察、设计单位共同的责任

(1)依法承揽工程的责任

从事建设工程勘察、设计的单位应当依法取得相应等级的资质证书,并在其资质等级许可的范围内承揽工程。

禁止勘察、设计单位超越其资质等级许可的范围或者以其他勘察、设计单位的名义承揽工程。禁止勘察、设计单位允许其他单位或者个人以本单位的名义承揽工程。

勘察、设计单位不得转包或者违法分包所承揽的工程。

(2)执行强制性标准的责任

强制性标准是必须执行的标准,《建设工程质量管理条例》第十九条规定:"勘察、设计单位必须按照工程建设强制性标准进行勘察、设计,并对其勘察、设计的质量负责。注册建筑师、注册结构工程师等注册执业人员应当在设计文件上签字,对设计文件负责。"

2. 勘察单位的质量责任

由于勘察单位提供的资料会影响到后续工作的质量,因此,勘察单位提供的地质、测量、水文等勘察成果必须真实、准确。

3. 设计单位的质量责任

(1)科学设计的责任

设计单位应当根据勘察成果文件进行建设工程设计。脱离勘察成果文件的设计会为施工质量带来极大的隐患。

设计文件应当符合国家规定的设计深度要求,注明工程合理使用年限。

(2)选择材料设备的责任

设计单位在设计文件中选用的建筑材料、建筑构配件和设备,应当注明规格、型号、性能等技术指标,其质量要求必须符合国家规定的标准。

除有特殊要求的建筑材料、专用设备、工艺生产线等外,设计单位不得指定生产厂、供应商。

(3)解释设计文件的责任

《建设工程质量管理条例》第二十三条规定:"设计单位应当就审查合格的施工图设计文件向施工单位作出详细说明。"

由于施工图是设计单位设计的,设计单位对施工图会有更深刻的理解,尤其对施工单位作出说明是非常必要的,有助于施工单位理解施工图,保证工程质量。

建设工程勘察、设计单位应当在建设工程施工前,向施工单位和监理单位说明建设工程勘察、设计意图,解释建设工程勘察、设计文件。建设工程勘察、设计单位应当及时解决施工中出现的勘察、设计问题。

(4)参与质量事故分析的责任

设计单位应当参与建设工程质量事故分析,并对因设计造成的质量事故,提出相应的技术处理方案。

(二)法律责任

1. 超越资质承揽工程的法律责任

勘察、设计单位超越本单位资质等级承揽工程的,责令停止违法行为,对勘察、设计单位处合同约定的勘察费、设计费1倍以上2倍以下的罚款;可以责令停业整顿,降低资质等级;情节严重的,吊销资质证书;有违法所得的,予以没收。

未取得资质证书承揽工程的,予以取缔,依照前款规定处以罚款;有违法所得的,予以没收。

以欺骗手段取得资质证书承揽工程的,吊销资质证书,依照前款规定处以罚款;有违法所得的,予以没收。

2. 出借资质的法律责任

勘察、设计单位允许其他单位或者个人以本单位名义承揽工程的,责令改正,没收违法所得,对勘察、设计单位处合同约定的勘察费、设计费1倍以上2倍以下的罚款;可以责令停业整顿,降低资质等级;情节严重的,吊销资质证书。

3. 转包或者违法分包的法律责任

承包单位将承包的工程转包或者违法分包的,责令改正,没收违法所得,对勘察、设计单位处合同约定的勘察费、设计费25%以上50%以下的罚款;可以责令停业整顿,降低资质等级;情节严重的,吊销资质证书。

4. 注册执业人员应承担的法律责任

注册建筑师、注册结构工程师等注册执业人员因过错造成质量事故的,责令停止执业1年;造成重大质量事故的,吊销执业资格证书,5年以内不予注册;情节特别恶劣的,终身不予注册。

5. 其他法律责任

有下列行为之一的,责令改正,处10万元以上30万元以下的罚款:

(1)勘察单位未按照工程建设强制性标准进行勘察的;

(2)设计单位未根据勘察成果文件进行工程设计的;

(3)设计单位指定建筑材料、建筑构配件的生产厂、供应商的;

(4)设计单位未按照工程建设强制性标准进行设计的。

有前款所列行为,造成工程质量事故的,责令停业整顿,降低资质等级;情节严重的,吊销资质证书;造成损失的,依法承担赔偿责任。

五、建筑材料、建筑构配件和设备的供应商的质量责任和义务

《中华人民共和国产品质量法》(以下简称《产品质量法》)规定,在中华人民共和国境内从事产品生产、销售活动,必须遵守本法。

(一)适用于《产品质量法》的产品

《产品质量法》第二条规定,本法所称产品是指经过加工、制作,用于销售的产品。建设工程不适用本法规定;但是,建设工程使用的建筑材料、建筑构配件和设备,属于前款规定的产品范围的,适用本法规定。

这里的产品强调的是"用于销售的"产品。在工程施工活动中下列建筑材料、建筑构配件和设备不属于这里所说的产品。

1. 施工单位自有的建筑材料、建筑构配件和设备

施工单位自有的建筑材料、建筑构配件和设备并非通过对方的"销售"得来,其用于施工项目的过程也并非属于销售行为,所以,此建筑材料、建筑构配件和设备不属于《产品质量法》所称产品。例如,施工单位自己制作供自己施工使用的模板。

2. 施工过程中产生的阶段性产品

施工单位在施工生产过程中也经常产生预制板等建筑构配件,但是由于这些建筑构配件并不是"用于销售"的产品,而仅仅属于建设活动过程中的阶段性建筑产品,因此,其质量不由《产品质量法》规范。

(二)生产者的产品质量责任和义务

这里的生产者,在工程建设领域主要指建筑材料、建筑构配件和设备的供应商。

1. 为产品质量负责的义务

生产者应当对其生产的产品质量负责。产品质量应当符合下列要求:

(1)不存在危及人身、财产安全的不合理的危险,有保障人体健康和人身、财产安全的国家标准、行业标准的,应当符合该标准;

(2)具备产品应当具备的使用性能,但是,对产品存在使用性能的瑕疵作出说明的除外;

(3)符合在产品或者其包装上注明采用的产品标准,符合以产品说明、实物样品等方式表明的质量状况。

2. 确保标识规范的义务

产品标识是指用于识别产品及其质量、数量、特征、特性和使用方法所做的各种标识的统称。产品标识可以用文字、符号、数字、图案以及其他说明物来表示。

产品标识是使用者鉴别此种产品区别于其他产品的直接标准,是判断此种产品质量的直观依据,也是当权利受到侵犯时维权的证据。

3. 确保包装质量合格的义务

易碎、易燃、易爆、有毒、有腐蚀性、有放射性等危险物品以及储运中不能倒置和其他有特殊要求的产品,其包装质量必须符合相应要求,依照国家有关规定作出警示标志或者中文警示说明,标明储运注意事项。

4. 其他禁止性义务

《产品质量法》规定了生产者不得有下列行为:

（1）生产者不得生产明令淘汰的产品。

（2）生产者不得伪造产地，不得伪造或者冒用他人的厂名、厂址。

（3）生产者不得伪造或者冒用认证标志等质量标志。

（4）生产者生产产品，不得掺杂、掺假，不得以假充真、以次充好，不得以不合格产品冒充合格产品。

（三）销售者的产品质量责任和义务

销售者是指销售商品或者委托他人销售商品的单位和个人。其对产品质量承担的责任和义务包括：

1. 进货检验的义务

销售者要保证所销售的产品质量是合格的，所以，销售者应当建立并执行进货检查验收制度，验明产品合格证明和其他标识。

例如，施工过程中经常需要使用三氯乙烯、EDTA 等化学试剂实验，尽管这些实验的结果对于工程质量的控制和成本的控制都有重要影响，但是，施工单位却无力识别其真伪，很大程度上要依赖于销售者把住质量的关口了。

2. 保持产品质量的义务

即使生产者提供给销售者的产品是合格产品，也可能由于销售者的行为而导致合格产品变成不合格产品。例如，水泥的销售者由于未能控制好储存水泥的湿度，就会使得水泥变质。所以，销售者应当采取措施，保持销售产品的质量。

3. 确保标识规范的义务

销售者如果不能确保产品标识的规范，将使得产品生产者的确保标识规范的努力变得无意义，不能达到使消费者理解产品的效果。所以，销售者也有义务确保标识规范。

消费者销售的产品的标识应当符合前文对生产者确保产品标识规范的要求。也即销售者与生产者在确保标识规范的义务上承担的责任是一样的。

4. 其他禁止性义务

《产品质量法》规定了销售者不得有下列行为：

（1）销售者不得销售国家明令淘汰并停止销售的产品和失效、变质的产品。

（2）销售者销售的产品的标识应当符合本法的规定。

（3）销售者不得伪造产地，不得伪造或者冒用他人的厂名、厂址。

（4）销售者不得伪造或者冒用认证标志等质量标志。

（5）销售者销售产品，不得掺杂、掺假，不得以假充真、以次充好，不得以不合格产品冒充合格产品。

1.2.3 建筑工程质量的标准化管理制度

一、工程建设标准的概念

标准是为在一定的范围内获得最佳的秩序，对活动或其结果规定共同的和重复使用的规则、导则或特性的文件。

工程建设标准是指建设工程设计、施工方法和安全保护的统一的技术要求及有关工程建设的技术术语、符号、代号、制图方法的一般原则。

二、工程建设标准的对象

工程建设标准的对象是指各类工程建设活动全过程中,具有重复特性的或需要共同遵守的事项。内容包括三个方面:

(1)从工程类别上,其对象包括房屋建设、市政公路、铁路、水运、航空、电力、石油、化工、水利、轻工、机械、纺织、林业、矿业、冶金、通信、人防等各类建筑工程。

(2)从建设程序上,其对象包括勘察、规划、设计、施工安装、验收、鉴定、使用、维护、加固、拆除以及管理等多个环节。

(3)从需要统一的内容上包括以下六点:
①工程建设勘察、规划、设计、施工及验收等的技术要求;
②工程建设的术语、符号、代号、量与单位、建筑模数和制图方法;
③工程建设中的有关安全、卫生环保的技术要求;
④工程建设的试验、检验和评定等的方法;
⑤工程建设的信息技术要求;
⑥工程建设的管理技术要求等。

三、工程建设标准的作用

工程建设标准是为在工程建设领域内获得最佳秩序,对建设工程的勘察、规划、设计、施工、安装、验收、运营维护及管理等活动和结果需要协调统一的事项所制定的共同的、重复使用的技术依据和准则,对促进技术进步,保证工程的安全、质量、环境和公众利益,实现最佳社会效益、经济效益、环境效益和最佳效率等,具有直接作用和重要意义。

工程建设标准在保障建设工程质量安全、人民群众的生命财产与人身健康安全以及其他社会公共利益方面一直发挥着重要作用。具体就是通过行之有效的标准规范,特别是工程建设强制性标准,为建设工程实施安全防范措施、消除安全隐患提供统一的技术要求,以确保在现有的技术、管理条件下尽可能地保障建设工程安全,从而最大限度地保障建设工程的建造者、使用者和所有者的生命财产安全以及人身健康安全。

工程建设标准还与我们工作、生活、健康的方方面面息息相关。无论是供我们居住的住宅建筑,还是商场、写字楼、医院、影剧院、体育场、博物馆、车站、机场等大型公共建筑,或是供水、燃气、垃圾污水处理、城市轨道交通等基础设施,在其建筑结构、地基基础、抗震设防、工程质量、施工安全、室内环境、防火措施、供水水质、燃气管线、防灾减灾、运行管理等方面都有相关的标准条文规定,都有统一的安全技术要求和管理要求。严格执行这些标准的规定,必将会进一步提高我国建设工程的安全水平,增强建设工程抵御自然灾害的能力,减少和防止建设工程安全事故的发生,使人们更加放心地工作、生活在一个安全的环境当中。

四、工程建设标准的划分

(一)根据标准的约束性划分

1. 强制性标准

保障人体健康、人身财产安全的标准和法律、行政性法规规定强制性执行的国家和行业标准是强制性标准,省、自治区、直辖市标准化行政主管部门制定的工业产品的安全、卫生要求的地方标准在本行政区域内是强制性标准。

根据《工程建设国家标准管理办法》第三条的规定,下列工程建设国家标准属于强制性标准：

（1）工程建设勘察、规划、设计、施工(包括安装)及验收等通用的综合标准的重要的通用的质量标准；

（2）工程建设通用的有关安全、卫生和环境保护的标准；

（3）工程建设通用的术语、符号、代号、量与单位、建筑模数和制图方法标准；

（4）工程建设通用的试验、检验和评定方法等标准；

（5）工程建设重要的通用的信息技术标准；

（6）国家需要控制的其他工程建设通用的标准。

根据《工程建设行业标准管理办法》第三条的规定,下列工程建设行业标准属于强制性标准：

（1）工程建设勘察、规划、设计、施工(包括安装)及验收等行业专用的综合标准和重要的行业专用的质量标准；

（2）工程建设行业专用的有关安全、卫生和环境保护的标准；

（3）工程建设重要的行业专用的术语、符号、代号、量与单位和制图方法标准；

（4）工程建设重要的行业专用的试验、检验和评定方法等标准；

（5）工程建设重要的行业专用的信息技术标准；

（6）行业需要控制的其他工程建设标准。

强制性国家标准的编号为：

GB 50×××——××××

GB：强制性国家标准的代号

50×××：发布标准的顺序号

××××：发布标准的年号

强制性行业标准的编号为：

×× ××××——××××

××：强制性行业标准的代号

××××：发布标准的顺序号

××××：发布标准的年号

2. 推荐性标准

《中华人民共和国标准化法》(以下简称《标准化法》)规定,对保障人身健康和生命财产安全、国家安全、生态环境安全以及满足经济社会管理基本需要的技术要求,应当制定强制性国家标准。对满足基础通用、与强制性国家标准配套、对各有关行业起引领作用等需要的技术要求,可以制定推荐性国家标准。强制性标准必须执行。国家鼓励采用推荐性标准。

推荐性国家标准的编号为：

GB/T 50×××——××××

GB/T：推荐性国家标准的代号

50×××：发布标准的顺序号

××××:发布标准的年号

推荐性行业标准的编号为:

××/T ××××——××××

××/T:推荐性行业标准的代号

××××:发布标准的顺序号

××××:发布标准的年号

(二)根据内容划分

1. 设计标准

指从事工程设计所依据的技术文件。

2. 施工及验收标准

施工标准是指施工操作程序及其技术要求的标准;验收标准是指检验、接收竣工工程项目的规程、办法与标准。

3. 建设定额

指国家规定的消耗在单位建筑产品上活劳动和物化劳动的数量标准,以及用货币表现的某些必要费用的额度。

(三)根据属性分类

1. 技术标准

指对标准化领域中需要协调统一的技术事项所制定的标准。

2. 管理标准

指对标准化领域中需要协调统一的管理事项所制定的标准。

3. 工作标准

指对标准化领域中需要协调统一的工作事项所制定的标准。

(四)根据标准的级别分类

1. 国家标准

《标准化法》第十条规定,对保障人身健康和生命财产安全、国家安全、生态环境安全以及满足经济社会管理基本需要的技术要求,应当制定强制性国家标准。《工程建设国家标准管理办法》规定了应当制定国家标准的种类。如《公共建筑节能设计标准》(GB 50189—2005)、《住宅建筑规范》(GB 50368—2005)等。强制性国家标准由国务院批准发布或者授权批准发布。

《标准化法》第十一条规定,对满足基础通用、与强制性国家标准配套、对各有关行业起引领作用等需要的技术要求,可以制定推荐性国家标准。推荐性国家标准由国务院标准化行政主管部门制定。

2. 行业标准

《标准化法》第十二条规定,对没有推荐性国家标准、需要在全国某个行业范围内统一的技术要求,可以制定行业标准。行业标准由国务院有关行政主管部门制定,报国务院标准化行政主管部门备案。《工程建设行业标准管理办法》规定了可以制定行业标准的种类。如《外墙外保温工程技术规程》(JGJ 144—2004)等。

3. 地方标准

《标准化法》第十三条规定,为满足地方自然条件、风俗习惯等特殊技术要求,可以制定地方标准。

地方标准由省、自治区、直辖市人民政府标准化行政主管部门制定;设区的市级人民政府标准化行政主管部门根据本行政区域的特殊需要,经所在地省、自治区、直辖市人民政府标准化行政主管部门批准,可以制定本行政区域的地方标准。地方标准由省、自治区、直辖市人民政府标准化行政主管部门报国务院标准化行政主管部门备案,由国务院标准化行政主管部门通报国务院有关行政主管部门。如《云南省太阳能热水系统与建筑一体化设计施工技术规程》就是云南省工程建设地方标准。

4. 团体标准

《标准化法》第十八条规定,国家鼓励学会、协会、商会、联合会、产业技术联盟等社会团体协调相关市场主体共同制定满足市场和创新需要的团体标准,由本团体成员约定采用或者按照本团体的规定供社会自愿采用。制定团体标准,应当遵循开放、透明、公平的原则,保证各参与主体获取相关信息,反映各参与主体的共同需求,并应当组织对标准相关事项进行调查分析、实验、论证。国务院标准化行政主管部门会同国务院有关行政主管部门对团体标准的制定进行规范、引导和监督。

5. 企业标准

《标准化法》第十九条规定,企业可以根据需要自行制定企业标准,或者与其他企业联合制定企业标准。

五、工程建设强制性标准的实施

(一)工程建设强制性标准的实施

1. 实施工程建设强制性标准的意义

依据2021年3月30日发布的《住房和城乡建设部关于修改〈建筑工程施工许可管理办法〉等三部规章的决定》(住房和城乡建设部令第52号),工程建设强制性标准是指直接涉及工程质量、安全、卫生及环境保护等方面的工程建设标准强制性条文。

国家工程建设标准强制性条文由国务院住房城乡建设主管部门会同国务院有关主管部门确定。

2. 工程建设强制性标准实施的特殊情况

工程建设中拟采用新技术、新工艺、新材料,不符合现行强制性标准规定的,应当由拟采用单位提请建设单位组织专题技术论证,报批准标准的建设行政主管部门或者国务院有关主管部门审定。

工程建设中采用国际标准或国外标准,现行强制性标准未作规定的,建设单位应当向国务院住房城乡建设主管部门或者国务院有关主管部门备案。

(二)实施工程建设强制性标准的监督管理

《关于加强〈工程建设标准强制性条文〉实施工作的通知》中要求:各级建设行政主管部门要健全本地区实施《强制性条文》的监督机构,明确职责,责任到人,按住房和城乡建设部令第81号的规定,认真履行实施《强制性条文》的监督职责。在工程建设活动中,要强化各方自觉执行《强制性条文》的意识,保证《强制性条文》在工程建设的规划、勘察设计、施工和竣工验收的各个环节得以有效实施,同时要通过多种渠道,加强社会舆论监督。

1. 监督机构

《实施工程建设强制性标准监督规定》规定了实施工程建设强制性标准的监督机构,包括:

(1)建设项目规划审查机关应当对工程建设规划阶段执行强制性标准的情况实施监督。

(2)施工图设计文件审查单位应当对工程建设勘察、设计阶段执行强制性标准的情况实施监督。

(3)建设安全监督管理机构应当对工程建设施工阶段执行施工安全强制性标准的情况实施监督。

(4)工程质量监督机构应当对工程建设施工、监理、验收等阶段执行强制性标准的情况实施监督。

(5)工程建设标准批准部门应当对工程项目执行强制性标准情况进行监督。

2. 监督检查的方式

工程建设标准批准部门应当定期对建设项目规划审查机关、施工图设计文件审查单位、建筑安全监督管理机构、工程质量监督机构实施强制性标准的监督进行检查,对监督不力的单位和个人,给予通报批评,建议有关部门处理。

工程建设标准批准部门应当对工程项目执行强制性标准情况进行监督检查。监督检查可以采取重点检查、抽查和专项检查的方式。

工程建设标准批准部门应当将强制性标准监督检查结果在一定范围内公告。

3. 监督检查的内容

根据《实施工程建设强制性标准监督规定》第十条的规定,强制性标准监督检查的内容包括:

(1)有关工程技术人员是否熟悉、掌握强制性标准;

(2)工程项目的规划、勘察、设计、施工、验收等是否符合强制性标准的规定;

(3)工程项目采用的材料、设备是否符合强制性标准的规定;

(4)工程项目的安全、质量是否符合强制性标准的规定;

(5)工程中采用的导则、指南、手册、计算机软件的内容是否符合强制性标准的规定。

1.2.4 建筑工程的竣工验收和质量保修制度

一、建筑工程的竣工验收

竣工验收指建设工程项目竣工后开发建设单位会同设计、施工、设备供应单位及工程质量监督部门,对该项目是否符合规划设计要求以及建筑施工和设备安装质量进行全面检验,取得竣工合格资料、数据和凭证。

竣工验收,是施工全过程的最后一道程序,也是工程项目管理的最后一项工作。是全面考核建设工作、检查是否符合设计要求和工程质量的重要环节,对促进建设项目(工程)及时投产、发挥投资效果、总结建设经验有重要作用。

(一)竣工验收的条件

建设工程符合下列要求方可进行竣工验收:

(1)完成工程设计和合同约定的各项内容。

(2)施工单位在工程完工后对工程质量进行了检查,确认工程质量符合有关法律、法规和工程建设强制性标准,符合设计文件及合同要求,并提出工程竣工报告。工程竣工报告应经项目经理和施工单位有关负责人审核签字。

(3)对于委托监理的工程项目,监理单位对工程进行了质量评估,具有完整的监理资料,并提出工程质量评估报告。工程质量评估报告应经总监理工程师和监理单位有关负责人审核签字。

(4)勘察、设计单位对勘察、设计文件及施工过程中由设计单位签署的设计变更通知书进行了检查,并提出质量检查报告。质量检查报告应经该项目勘察、设计负责人和勘察、设计单位有关负责人审核签字。

(5)有完整的技术档案和施工管理资料。

(6)有工程使用的主要建筑材料、建筑构配件和设备的进场试验报告。

(7)建设单位已按合同约定支付工程款。

(8)有施工单位签署的工程质量保修书。

(9)城乡规划行政主管部门对工程是否符合规划设计要求进行检查,并出具认可文件。

(10)有公安消防、环保等部门出具的认可文件或者准许使用文件。

建设行政主管部门及其委托的工程质量监督机构等有关部门责令整改的问题全部整改完毕。

工程项目有下列情况之一者,施工企业不能报请监理工程师作竣工验收:

(1)生产、科研性建设项目,因工艺或科研设备、工艺管道尚未安装,地面和主要装修未完成者。

(2)生产、科研性建设项目的主体工程已经完成,但附属配套工程未完成影响投产使用。如:主厂房已经完成,但生活间、控制室、操作间尚未完成;车间、锅炉房工程已经完成,但烟囱尚未完成等。

(3)非生产性建设项目的房屋建筑已经竣工,但由本施工企业承担的室外管线没有完成,锅炉房、变电室、冷冻机房等配套工程的设备安装尚未完成,不具备使用条件。

(4)各类工程的最后一道喷浆、表面油漆活未做。

(5)房屋建筑工程已基本完成,但被施工企业临时占用,尚未完全腾出。

(6)房屋建筑工程已完成,但其周围的环境未清扫,仍有建筑垃圾。

(二)竣工验收的标准

由于建设工程项目门类很多,要求各异,因此必须有相应竣工验收标准,以资遵循。一般有土建工程、安装工程、人防工程、管道工程、桥梁工程、电气工程及铁路建筑安装工程等的验收标准。

1. 土建工程验收标准

凡生产性工程、辅助公用设施及生活设施按照设计图纸、技术说明书、验收规范进行验收,工程质量符合各项要求,在工程内容上按规定全部施工完毕。即对生产性工程要求室内全部做完,室外明沟勒脚、踏步斜道全部做完,内外粉刷完毕;建筑物、构筑物周围2米以内场地平整、障碍物清除,道路及下水道畅通。对生活设施和职工住宅除上述要求外,还要求水通、电通、道路通。

2. 安装工程验收标准

按照设计要求的施工项目内容、技术质量要求及验收规范的规定,各道工序全部保质保量施工完毕。即工艺、燃料、热力等各种管道已做好清洗、试压、吹扫、油漆、保温等工作,各项设备、电气、空调、仪表、通信等工程项目全部安装结束,经过单机、联动无负荷及投料试车,全部符合安装技术的质量要求,具备形成设计能力的条件。

3. 人防工程验收标准

凡有人防工程或结合建设的人防工程的竣工验收必须符合人防工程的有关规定,并要求:按工程等级安装好防护密闭门;室外通道在人防密闭门外的部位增设防护门进、排风等孔口,设备安装完毕。目前没有设备的,做好基础和预埋件,具备有设备以后即能安装的条件;应做到内部粉饰完工;内部照明设备安装完毕,并可通电;工程无漏水,回填土结束;通道畅通等。

4. 大型管道工程验收标准

大型管道工程(包括铸铁管和钢管)按照设计内容、设计要求、施工规格、验收规范全部(或分段)按质量敷设施工完毕和竣工,泵验必须符合规定要求达到合格,管道内部垃圾要清除,输油管道、自来水管道还要经过清洗和消毒,输气管道还要经过通气换气。在施工前,对管道防腐层(内壁及外壁)要根据规定标准进行验收,钢管要注意焊接质量,并加以评定和验收。对设计中选定的闸阀产品质量要慎重检验。地下管道施工后,对覆地要求分层夯实,确保道路质量。

更新改造项目和大修理项目,可以参照国家标准或有关标准,根据工程性质,结合当时当地的实际情况,由业主与承包商共同商定提出适用的竣工验收的具体标准。

(三)竣工验收的范围

凡列入固定资产计划的建设项目或单项工程,按照批准的设计文件(初步设计、技术设计或扩大初步设计)所规定的内容和施工图纸的要求全部建成,具备投产和使用条件,不论新建、改建、扩建和迁建性质,都要经建设单位及时组织验收,并办理固定资产交付使用的移交手续。

有的建设项目(工程)基本符合竣工验收标准,只是零星土建工程和少数非主要设备未按设计规定的内容全部建成,但不影响正常生产,亦应办理竣工验收手续。对剩余工程,应按设计留足投资,限期完成。有的项目投产初期一时不能达到设计能力所规定产量,不能因此而拖延办理验收和移交固定资产手续。

有些建设项目或单项工程,已形成部分生产能力或实际上生产方面已经使用,近期不能按原设计规模续建的,应从实际情况出发,可缩小规模,报主管部门(公司)批准后,对已完成的工程和设备,尽快组织验收,移交固定资产。

(四)竣工验收的依据

(1)上级主管部门对该项目批准的各种文件;

(2)可行性研究报告;

(3)施工图设计文件及设计变更洽商记录;

(4)国家颁布的各种标准和现行的施工验收规范;

(5)工程承包合同文件;

(6)技术设备说明书;

(7)建筑安装工程统一规定及主管部门关于工程竣工的规定;

（8）从国外引进的新技术和成套设备的项目，以及中外合资建设项目，要按照签订的合同和进口国提供的设计文件等进行验收；

（9）利用世界银行等国际金融机构贷款的建设项目，应按世界银行规定，按时编制项目完成报告。

（五）竣工验收的程序

1. 竣工验收的准备工作

在项目竣工验收之前，施工单位应配合监理工程师做好下列竣工验收的准备工作。

（1）完成收尾工程

收尾工程的特点是零星、分散、工程量小，但分布面广，如果不及时完成，将会直接影响项目的竣工验收及投产使用。

做好收尾工程，必须摸清收尾工程项目，通过竣工前的预检，作一次彻底的清查，按设计图纸和合同要求，逐一对照，找出遗漏项目和修补工作，制订作业计划，相互穿插施工。

（2）竣工验收资料的准备

竣工验收资料和文件是工程项目竣工验收的重要依据，从施工开始就应完整地积累和保管，竣工验收时应经编目建档。

（3）竣工验收的预验收

竣工验收的预验收，是初步鉴定工程质量、避免竣工进程拖延、保证项目顺利投产使用不可缺少的工作。通过预验收，可及时发现遗留问题，事先予以返修、补修。

竣工验收应由监理工程师牵头，项目经理配合进行。

施工单位竣工预验是指工程项目完工后要求监理工程师验收前由施工单位自行组织的内部模拟验收，内部预验是顺利通过正式验收的可靠保证。为了不致使验收工作遇到麻烦，最好邀请监理工程师参加。

预验工作一般可视工程重要程度及工程情况，分层次进行。通常有下述三层次：

①基层施工单位自验。基层施工单位，由施工队长组织施工队有关职能人员，对拟报竣工工程的情况和条件，根据施工图要求、合同规定和验收标准，进行检查验收。主要包括竣工项目是否符合有关规定、工程质量是否符合质量检验评定标准、工程资料是否齐全、工程完成情况是否符合施工图及使用要求等。若有不足之处，及时组织力量，限期修理完成。

②项目经理组织自验。项目经理部根据施工队的报告，由项目经理组织生产、技术、质量、预算等部门进行自检，自检内容及要求参照前条。经严格检验并确认符合施工图设计要求，达到竣工标准后，可填报竣工验收通知单。

③公司级预验。根据项目经理部的申请，竣工工程可视其重要程度和性质，由公司组织检查验收，也可分部门（生产、技术、质量）分别检查预验，并进行评价。对不符合要求的项目，提出修补措施，由施工队定期完成，再进行检查，以决定是否提请正式验收。

2. 施工单位提交验收申请报告

施工单位决定正式提请验收后应向监理单位送交验收申请报告，监理工程师收到验收申请报告后应参照工程合同的要求、验收标准等进行仔细的审查。

3. 根据申请报告作现场初验

监理工程师审查完验收申请报告后，若认为可以进行验收，则应由监理人员组成验收班子对竣工的工程项目进行初验,在初验时发现的质量问题,应及时以书面通知或以备忘录的形式告诉施工单位,并令其按有关的质量要求进行修理甚至返工。

4. 由监理工程师牵头,组织业主、设计单位、施工单位等参加正式验收

在监理工程师初验合格的基础上,便可由监理工程师牵头,组织业主、设计单位、施工单位等参加,在规定时间内进行正式验收。

5. 竣工验收的步骤

竣工验收一般分为两个阶段进行:

(1) 单项工程验收

指在一个总体建设项目中,一个单项工程或一个车间已按设计要求建设完成,能满足生产要求或具备使用条件,且施工单位已预验,监理工程师已初验通过,在此条件下进行的正式验收。

由几个建筑安装企业负责施工的单项工程,当其中某一个企业所负责的部分已按设计完成,也可组织正式验收,办理交工手续,交工时应请总包施工单位参加,以免相互耽误时司。例如:自来水厂的进水口工程,其中钢筋混凝土沉箱和水下顶管是基础公司承担施工的,泵房土建则由建筑公司承担,建筑公司是总包单位,基础公司是分包单位,基础公司负责的单体施工完毕后,即可办理竣工验收交接手续,请总包单位(建筑公司)参加。

对于建成的住宅可分幢进行正式验收。例如:一个住宅基地一部分住宅已按设计要求内容全部建成,另一部分还未建成,可将建成具备居住条件的住宅进行正式验收,以便及早交付使用,提高投资效益。

(2) 全部验收

指整个建设项目已按设计要求全部建设完成,并已符合竣工验收标准,施工单位预验通过,监理工程师初验认可,由监理工程师组织以建设单位为主,有设计、施工等单位参加的正式验收。在整个项目进行全部验收时,对已验收过的单项工程,可以不再进行正式验收和办理验收手续,但应将单项工程验收单作为全部工程验收的附件而加以说明。

① 项目经理介绍工程施工情况、自检情况以及竣工情况,出示竣工资料(竣工图和各项原始资料及记录)。

② 监理工程师通报工程监理中的主要内容,发表竣工验收的意见。

③ 业主根据在竣工项目测中发现的问题,按照合同规定对施工单位提出限期处理的意见。

④ 暂时休会,由质检部门会同业主及监理工程师讨论工程正式验收是否合格。

⑤ 复会,由监理工程师宣布验收结果,质监人员宣布工程项目质量等级。

(3) 办理竣工验收签证书

竣工验收签证书必须有三方的签字方可生效。

(六) 竣工验收备案

建设工程竣工验收备案是指建设单位在建设工程竣工验收后,将建设工程竣工验收报告和规划、公安消防、环保等部门出具的认可文件或者准许使用文件报建设行政主管部门审核的行为。

《建设工程质量管理条例》第四十九条规定:"建设单位应当自建设工程竣工验收合格之日起15日内,将建设工程竣工验收报告和规划、公安消防、环保等部门出具的认可文件或者准许使用文件报建设行政主管部门或者其他有关部门备案。"

《房屋建筑和市政基础设施工程竣工验收备案管理办法》(2000年4月4日住房和城乡建

设部令第78号发布,2009年10月19日住房和城乡住房和城乡建设部令第2号修改)第四条规定:"建设单位应当自工程竣工验收合格之日起15日内,依照本办法规定,向工程所在地的县级以上地方人民政府建设主管部门(以下简称备案机关)备案。"

工程竣工验收备案应当提交下列文件:

(1)工程竣工验收备案表。

(2)工程竣工验收报告。竣工验收报告应当包括工程报建日期,施工许可证号,施工图设计文件审查意见,勘察、设计、施工、工程监理等单位分别签署的质量合格文件及验收人员签署的竣工验收原始文件,市政基础设施的有关质量检测和功能性试验资料以及备案机关认为需要提供的有关资料。

(3)法律、行政法规规定应当由规划、环保等部门出具的认可文件或者准许使用文件。

(4)法律规定应当由公安消防部门出具的对大型的人员密集场所和其他特殊建设工程验收合格的证明文件。

(5)施工单位签署的工程质量保修书。

(6)法规、规章规定必须提供的其他文件。

住宅工程还应当提交住宅质量保证书和住宅使用说明书。

备案机关收到建设单位报送的竣工验收备案文件,验证文件齐全后,应在工程竣工验收备案表上签署文件收讫。

工程竣工验收备案表一式两份,一份由建设单位保存,一份留备案机关存档。

二、建设工程质量保修制度

所谓建设工程质量保修,是指建设工程竣工验收后在保修期限内出现的质量缺陷(或质量问题),由施工单位依照法律规定或合同约定予以修复。其中,质量缺陷是指建设工程的质量不符合工程建设强制性标准以及合同的约定。

建设工程实行质量保修制度,是《建筑法》确立的一项基本法律制度。《建设工程质量管理条例》则在建设工程的保修范围、保修期限和保修责任等方面,对该项制度作出了更具体的规定。

(一)工程质量保修书

《建设工程质量管理条例》第三十九条第二款规定:"建设工程承包单位在向建设单位提交工程竣工验收报告时,应当向建设单位出具质量保修书。质量保修书中应当明确建设工程的保修范围、保修期限和保修责任等。"

根据《建设工程质量管理条例》第十六条的规定,"有施工单位签署的工程保修书"是建设工程竣工验收应具备的条件之一。工程保修书也是一种合同,是发承包双方就保修范围、保修期限和保修责任等设立权利义务的协议,集中体现了承包单位对发包单位的工程质量保修承诺。

(二)保修范围和最低保修期限

《建筑法》规定,建筑工程的保修范围应当包括地基基础工程、主体结构工程、屋面防水工程和其他土建工程,以及电气管线、上下水管线的安装工程,供热、供冷系统工程等项目;保修的期限应当按照保证建筑物合理寿命年限内正常使用,维护使用者合法权益的原则确定。具体的保修范围和最低保修期限由国务院规定。

《建设工程质量管理条例》第四十条规定了保修范围及其在正常使用条件下各自对应的最

低保修期限：

（1）基础设施工程、房屋建筑的地基基础工程和主体结构工程，为设计文件规定的该工程的合理使用年限；

（2）屋面防水工程、有防水要求的卫生间、房间和外墙面的防渗漏，为5年；

（3）供热与供冷系统，为2个采暖期、供冷期；

（4）电气管线、给排水管道、设备安装和装修工程，为2年。

上述保修范围属于法律强制性规定。超出该范围的其他项目的保修不是强制的，而是属于发承包双方意思自治的领域。最低保修期限同样属于法律强制性规定，发承包双方约定的保修期限不得低于条例规定的期限，但可以延长。

（三）保修责任

《建筑工程质量管理条例》第四十一条规定："建设工程在保修范围和保修期内发生质量问题的，施工单位应当履行保修义务，并对造成的损失承担赔偿责任。"

根据该条规定，质量问题应当发生在保修范围和保修期以内，是施工单位承担保修责任的两个前提条件。《房屋建筑工程质量保修办法》（2000年6月30日住房和城乡建设部令第80号发布）规定了两种不属于保修范围的情况，分别是：

（1）因使用不当或者第三方造成的质量缺陷；

（2）不可抗力造成的质量缺陷。

就工程质量保修事宜，建设单位和施工单位应遵守如下基本程序：

（1）建设工程在保修期限内出现质量缺陷，建设单位应当向施工单位发出保修通知。

（2）施工单位接到保修通知后，应当到现场核查情况，在保修书约定的时间内予以保修。发生涉及结构安全或者严重影响使用功能的紧急抢修事故，施工单位接到保修通知后，应当立即到达现场抢修。

（3）施工单位不按工程质量保修书约定保修的，建设单位可以另行委托其他单位保修，由原施工单位承担相应责任。

（4）保修费用由造成质量缺陷的责任方承担。如果质量缺陷是由于施工单位未按照工程建设强制性标准和合同要求施工造成的，则施工单位不仅要负责保修，还要承担保修费用。但是，如果质量缺陷是由于设计单位、勘察单位或建设单位、监理单位的原因造成的，施工单位仅负责保修，其有权对由此发生的保修费用向建设单位索赔。建设单位向施工单位承担赔偿责任后，有权向造成质量缺陷的责任方追偿。

（四）建设工程质量保证金

2017年6月20日，住建部、财政部联合颁发了《建设工程质量保证金管理办法》，该《办法》的实施，将有助于进一步规范质量保修制度的经济保障措施。

1. 质量保证金的含义

建设工程质量保证金（以下简称保证金）是指发包人与承包人在建设工程承包合同中约定，从应付的工程款中预留，用以保证承包人在缺陷责任期内对建设工程出现的缺陷进行维修的资金。

缺陷是指建设工程质量不符合工程建设强制性标准、设计文件，以及承包合同的约定。

2. 缺陷责任期

缺陷责任期从工程通过竣工验收之日起计。由于承包人原因导致工程无法按规定期限进行竣工验收的,缺陷责任期从实际通过竣工验收之日起计。由于发包人原因导致工程无法按规定期限进行竣工验收的,在承包人提交竣工验收报告90天后,工程自动进入缺陷责任期。

缺陷责任期一般为1年,最长不超过2年,由发、承包双方在合同中约定。

缺陷责任期内,由承包人原因造成的缺陷,承包人应负责维修,并承担鉴定及维修费用。如承包人不维修也不承担费用,发包人可按合同约定从保证金或银行保函中扣除,费用超出保证金额的,发包人可按合同约定向承包人进行索赔。承包人维修并承担相应费用后,不免除对工程的损失赔偿责任。

由他人原因造成的缺陷,发包人负责组织维修,承包人不承担费用,且发包人不得从保证金中扣除费用。

3. 质量保证金的数额

发包人应当在招标文件中明确保证金预留、返还等内容,并与承包人在合同条款中对涉及保证金的下列事项进行约定:

(1) 保证金预留、返还方式;
(2) 保证金预留比例、期限;
(3) 保证金是否计付利息,如计付利息,利息的计算方式;
(4) 缺陷责任期的期限及计算方式;
(5) 保证金预留、返还及工程维修质量、费用等争议的处理程序;
(6) 缺陷责任期内出现缺陷的索赔方式;
(7) 逾期返还保证金的违约金支付办法及违约责任。

发包人应按照合同约定方式预留保证金,保证金总预留比例不得高于工程价款结算总额的3%。合同约定由承包人以银行保函替代预留保证金的,保函金额不得高于工程价款结算总额的3%。

采用工程质量保证担保、工程质量保险等其他保证方式的,发包人不得再预留保证金。

4. 质量保证金的返还

缺陷责任期内,承包人认真履行合同约定的责任,到期后,承包人向发包人申请返还保证金。

发包人在接到承包人返还保证金申请后,应于14天内会同承包人按照合同约定的内容进行核实。如无异议,发包人应当按照约定将保证金返还给承包人。对返还期限没有约定或者约定不明确的,发包人应当在核实后14天内将保证金返还承包人,逾期未返还的,依法承担违约责任。发包人在接到承包人返还保证金申请后14天内不予答复,经催告后14天内仍不予答复,视同认可承包人的返还保证金申请。

2 岗位工作任务

2.1 岗位工作任务名称及要求

📋 **背景资料1**

2006年4月6日,原告某食品公司与被告某建筑公司就原告科技大楼、办公大楼工程签订了一份建设工程施工合同。双方约定,上述工程的土建、装饰部分(包工包料)由被告承建。建设工期从 2006 年 4 月 12 日至 2007 年 4 月 11 日。合同签订后,被告依约组织工程队伍进场施工。在施工过程中,该工程因故多次停工。2007 年元月,被告完成科技大楼的主体工程,同时也对整个工程停止了施工。该工程在施工过程中,原、被告双方均未严格依照建筑工程的有关规范和操作方式进行。如并未完全实行监理施工、施工签证签收等制度,且整个施工过程中,对有关建筑工程中需要检测部分的工作,均未依照规定进行。2007 年 4 月 27 日,原、被告双方就该工程未完成的工程量情况进行了确定,并签订了科技大楼未完土建工程情况表。2008 年 4 月 8 日,吉安建达建设工程质量司法鉴定所出具了对原告食品公司科技大楼工程质量鉴定结论,科技大楼质量不合格。主要原因是施工过程中,基础底面压力不能满足原设计及规范要求和工程在施工过程中将原设计的四、五层框架结构改变为砖混结构。

一、岗位任务的名称

确定未按有关规定建房导致房屋质量不合格的责任划分。

二、岗位工作任务的总体要求

阅读岗位知识并查阅相关资料,列出建设单位和施工单位的质量责任及义务,能够运用建筑质量法规的相关知识对背景材料进行归纳、分析。

三、岗位工作任务的具体要求

1. 前期准备。参加任务的同学,课前阅读岗位知识,并做好学习(工作)笔记,找出学习(工作)过程中的重点、难点,有条件的同学可以就该任务深入企业进行访问调查。

2. 过程中。参加任务的同学,以岗位任务为基点,运用岗位知识进行分析、归纳和要点提炼,完成岗位学习(工作)任务。

3. 任务后。参加任务的同学,记录学习(工作)过程中的体会、收获及改进措施、建议。

4. 认真填写岗位工作任务报告并存档保存,作为对该任务完成情况或学习成绩的评价依据。

背景资料2

2004 年 3 月,马某与某房地产公司签订购房合同购买商品房一套,后因办理房产证和该房地产公司及区住房和城乡建设局产生纠纷,原告认为区住建局对该房地产公司做出的竣工验收备案行为虚假,于 2010 年 4 月向宿迁市宿豫区人民法院提起行政诉讼,要求确认被告区住建局做出虚假竣工验收备案的具体行政行为违法。

一、岗位任务的名称

确定竣工验收备案的性质。

二、岗位工作任务的总体要求

阅读岗位知识并查阅相关资料,掌握竣工验收备案的知识,能够运用竣工验收备案的相关知识对背景材料进行归纳、分析。

三、岗位工作任务的具体要求

1. 前期准备。参加任务的同学,课前阅读岗位知识,并做好学习(工作)笔记,找出学习(工作)过程中的重点、难点,有条件的同学可以就该任务深入企业进行访问调查。

2. 过程中。参加任务的同学,以岗位任务为基点,运用岗位知识进行分析、归纳和要点提炼,完成岗位学习(工作)任务。

3. 任务后。参加任务的同学,记录学习(工作)过程中的体会、收获及改进措施、建议。

4. 认真填写岗位工作任务报告并存档保存,作为对该任务完成情况或学习成绩的评价依据。

2.2 岗位工作任务结果

岗位工作任务完成后,参加任务的每位同学必须认真填写岗位工作任务报告并存档保存,作为该工作任务的结果。任务报告要求语言流畅,文字简练,条理清晰,原则上要求学生当场完成,教师酌情进行点评。具体见表1-1。

表1-1 岗位工作任务报告

姓名:　　　　专业:　　　　班级:　　　　日期:　　年　　月　　日

任务名称		任务目的	
任务内容		任务资料	
任务过程		任务结果或结论	
收获与体会		改进建议	
评价建议			
			年　月　日

2.3 岗位工作任务评价标准

任务完成后,均需要按岗位工作任务评价标准进行工作考核评价,作为学习(工作)的成绩评定依据。具体见表1-2。

表1-2 岗位工作任务评价标准表

类别	内容及标准	分值	自评（40%）	教师评（60%）	权重	小计	备注
出勤	态度端正,主动积极,无迟到早退	15			15%		有迟到或早退现象,每次扣1分,直至扣完本项分为止
准备阶段	1.按规定时间接受线上发布的任务并反馈	5			30%		未接受发布的任务、未完成知识的预习及未完成知识预习的练习,每次扣1分;未列出岗位知识中的重点、难点,并记录在笔记中,每次扣2分;直至扣完本项分为止
	2.按规定时间完成岗位知识的预习	10					
	3.能够列出岗位知识中的重点、难点,并记录在笔记中	10					
	4.及时完成岗位知识预习的练习	5					
实施阶段	1.能针对岗位知识进行分析、归纳和要点提炼	10			35%		能对知识进行要点提炼、积极参与讨论分享、能给出明确的观点或结论,每次加1分,最多加10分
	2.课堂积极参与讨论、模拟、汇报及分享	15					
	3.对任务能给出最终的观点或结论	10					
总结评价阶段	1.能总结任务完成过程的体会、收获	5			20%		有体会及收获、改进措施及建议,每次加1分,最多加5分。没有任务报告的,每次扣2分,直至扣完本项分为止
	2.能针对任务提出改进措施、建议	5					
	3.能高质量完成工作任务报告并提交	10					
总合计		自评人签名		教师签名			

3　工作笔记

3.1　学习（工作）过程中的重点、难点

重点：_____
_____
_____。

难点：_____
_____
_____。

3.2　学习（工作）过程中的体会、收获

体会、收获：_____
_____
_____。

3.3　学习（工作）过程中的改进措施、建议

改进措施、建议：_____
_____
_____。

4　实践练习

一、单选题

1.《工程建设标准强制性条文》是(　　)的配套文件。
　A.《建设工程安全生产管理条例》　　　B.《建筑法》
　C.《施工及验收标准》　　　　　　　　D.《建设工程质量管理条例》

2.根据《建设工程质量管理条例》规定，下列要求不属于建设单位质量责任与义务的是(　　)。

A. 建设单位应当依法对工程建设项目的勘察、设计、施工、监理以及工程建设有关的重要设备、材料等的采购进行招标

B. 涉及建筑主体和承重结构变动的装修工程,建设单位要有设计方案

C. 施工人员对涉及结构安全的试块、试件以及有关材料,应在建设单位或工程监理企业监督下现场取样,并送具有相应资质等级的质量检测单位进行检测

D. 建设单位应按照国家有关规定组织竣工验收,建设工程验收合格的,方可交付使用

3. 建设单位应当在工程竣工验收合格后的(　　)内到县级以上人民政府建设行政主管部门或其他有关部门备案。
   A. 14 天　　　　　B. 15 天　　　　　C. 28 小时　　　　　D. 1 个月

4. 施工人员对涉及结构安全的试块、试件及有关材料,应在(　　)监督下现场取样,并送具有相应资质等级的质量检测单位进行检测。
   A. 监督机构　　　　　　　　　　　　B. 工程监理企业或建设单位
   C. 工程监理企业或上级主管部门　　　D. 施工管理人员

5. 《建设工程质量管理条例》规定,建设工程质量保修期限应当由(　　)。
   A. 法律直接规定　　　　　　　　　　B. 发包人与承包人自主决定
   C. 法律规定和发承包人双方约定　　　D. 发包人规定

6. 根据《建设工程质量管理条例》规定,在正常使用条件下,下列关于建设工程最低保修期限正确的表述是(　　)。
   A. 基础设施工程、房屋建筑的地基基础和主体结构工程为 70 年
   B. 屋面防水工程、有防水要求的卫生间、房间和外墙面的防渗漏为 5 年
   C. 电气管线、给排水管道、设备安装和装修工程为 5 年
   D. 基础设施工程为 100 年,房屋建筑的地基基础和主体结构工程为 70 年

7. 建设工程承包单位在向建设单位提交竣工验收报告时,应当向建设单位出具(　　)。
   A. 质量保证书　　　　　　　　　　　B. 咨询评估书
   C. 使用说明书　　　　　　　　　　　D. 质量保修书

8. 关于工程监理企业的质量责任和义务不正确的是(　　)。
   A. 在资质等级许可的范围内承揽工程监理任务,可以像施工单位一样,将部分工程分包出去
   B. 不得与施工承包单位以及建筑材料、建筑构配件和设备供应单位有隶属关系
   C. 代表建设单位对施工质量实施监理
   D. 对施工质量承担监理责任

9. 在我国,对工程质量统一监督管理的部门是(　　)。
   A. 国务院建设行政主管部门　　　　　B. 县级以上人民政府建设行政主管部门
   C. 国家发展和改革委员会　　　　　　D. 工程质量监督机构

10. 下列关于建设工程监理企业应负的法律责任的叙述中,(　　)是错误的。
    A. 建设工程监理企业不得转让工程监理业务
    B. 承包商为谋取非法利益,给业主造成损失的,监理企业无须承担连带赔偿责任
    C. 建设工程监理企业应当在其资质等级许可范围内,承担工程监理业务
    D. 建设工程监理企业不按照委托监理合同的约定履行监理义务,给建设单位造成损失的,应当承担相应的赔偿责任

11. 某工程施工过程中,监理工程师以施工质量不符合施工合同约定为由要求施工单位返工,但是施工单位认为施工合同是由建设单位与施工单位签订的,监理单位不是合同当事人,不属于监理的依据。对此,正确的说法是(　　)。
   A. 监理工程师应根据国家标准监理,而不能以施工合同为依据监理
   B. 施工合同是监理工程师实施监理的依据
   C. 施工合同是否作为监理依据,要根据建设单位的授权
   D. 施工合同是否作为监理依据,要根据上级建设行政主管部门的意见确定

12. 在施工监理过程中,工程监理单位发现存在重大安全事故隐患,要求施工单位停工整改,而施工单位拒不整改或者不停止施工,监理单位应当(　　)。
   A. 继续要求施工单位整改　　　　B. 要求施工单位停工
   C. 及时向有关主管部门报告　　　D. 协助施工单位消除隐患

13. 建设工程发生质量事故后,有关单位应当在(　　)小时内向当地建设行政主管部门和其他有关部门报告。
   A. 8　　　　　　B. 12　　　　　　C. 24　　　　　　D. 48

二、多选题

1. 从事建筑活动的建筑业企业按照其拥有的(　　)等资质条件,划分为不同的资质等级。
   A. 注册造价师　　　　　　　B. 完成利润额
   C. 技术装备　　　　　　　　D. 注册资本
   E. 已完成的建筑工程业绩

2. 建筑业企业资质分为(　　)三个序列。
   A. 设计施工总承包　　　　　B. 施工总承包
   C. 专业总承包　　　　　　　D. 专业承包
   E. 劳务分包

3. 获得专业承包资质的企业,可以承接(　　)专业工程。
   A. 勘察设计单位分包的　　　B. 施工总承包企业分包的
   C. 要求全部自行施工的　　　D. 建设单位按照规定发包的
   E. 要求设计并施工的

4. 建筑物在合理使用寿命内,必须确保(　　)的质量。
   A. 地基基础工程　　　　　　B. 屋面防水工程
   C. 地下防水工程　　　　　　D. 主体结构工程
   E. 地下人防工程

5. 建筑业企业必须按照(　　),对建筑材料、建筑构配件和设备进行检验,不合格的不得使用。
   A. 工程设计要求　　　　　　B. 合同的约定
   C. 建设单位的要求　　　　　D. 监理单位的要求
   E. 施工技术标准

6. 按照规定不属于房屋建筑工程保修范围的有(　　)。
   A. 因使用不当造成的质量缺陷　　B. 不可抗力造成的质量缺陷
   C. 不包括设备的电气管线　　　　D. 保修期内保修之后又出现的质量缺陷
   E. 保修期第5年出现的屋面漏水

7. 房屋建筑工程在保修范围内,保修期限为 2 年的工程内容为( )。
   A. 供热与供冷系统　　　　　　B. 电气管线、设备安装
   C. 装修工程　　　　　　　　　D. 人防工程
   E. 房间和外墙面的防漏

三、案例分析

某机电安装公司,通过竞标承担了某化工厂的设备、管道安装工程。为兑现投标承诺,公司通过质量策划,编制了施工组织设计和相应的施工方案,并建立了现场质量保证体系,制定了检验试验卡,要求严格执行三检制。工程进入后期,为赶工期,采用加班加点办法加快管道施工进度,由此也造成了质量与进度的矛盾。质量检查员在管道施工质量检查时发现,不锈钢管焊接变形过大,整条管成折线状,不得不拆除,重新组对焊接,造成直接经济损失 1600 元。

(1) 三检制的自检、互检、专检责任范围应如何界定?本案例是哪个检验环节失控?

(2) 影响施工质量的因素有哪些?是什么因素造成本案例不锈钢管焊接变形过大?

(3) 质量事故如何界定?本案例问题应如何定性?

(4) 质量事故处理有几种形式?本案例属于哪种?

项目九
建筑工程其他法规

1 岗位知识

1.1 案例导入

案情简介1

养鸡场经营者甲发现自她所在市某公司在她鸡场附近修建预制板厂以来,小鸡纷纷死亡,产蛋鸡也不再下蛋,经济损失达数万元。同时,其住宅出现裂缝,家人住院。主要原因是各种设备产生的震动和噪声。据环保局监测,其住宅及养鸡场噪声已达80分贝和95分贝。该厂自规划以来,未履行"三同时"手续,也未采取任何消声防震措施。环保局在调解的同时,对该厂罚款3万元,并要求补办"三同时"审批手续,审批通过前不得生产。

请分析:
(1)环保局的处罚有无法律依据?
(2)该厂若拒不履行调解协议时,甲有何救济?

案情简介2

2021年4月,某装修公司与胡某签订施工合同,约定胡某将其所有的某房屋的装修工程交由装修公司施工。合同对工程工期、施工项目、工程预算、工程款给付方式进行了约定。施工过程中,双方因开工日期延误、一阶段工程验收、洽商增项等原因多次发生纠纷,工程结束后,双方又就工程价款给付产生分歧。胡某已向装修公司给付首付款及部分增项款38156元,装修公司主张,胡某尚欠付尾款28066元,装修公司向胡某催要该部分工程款未果,遂将胡某诉至法院。

胡某辩称,装修公司主张的部分增项为恶意虚假增项,事前装修公司未告知他,也未约定价格,他不予承认。

请分析:应如何处理这起装修纠纷?

1.2　知识链接

1.2.1　建设项目环境保护法规

一、环境保护法规概述

建设项目环境保护法规是为了防止建设项目产生新的污染、破坏生态环境而制定的，环保法律体系包括以下六个层次：(1)宪法中环境保护内容；(2)以《环境保护法》为基础，衍生出的诸如《水污染防治法》《噪声污染防治法》《大气污染防治法》及《固体废物污染环境防治法》等种种法律；(3)国务院制定的法规，如《建设项目环境保护管理条例》等；(4)生态环境部制定的部门规章，例如《生态环境行政处罚办法》等；(5)地方人大制定的法规，例如《×××省××市生态环境保护条例》等；(6)强制性的环境保护标准，例如《电子工业水污染物综合排放标准》(GB 39731—2020)等。

建设活动中，主要遵守《建设项目环境保护管理条例》，该条例是为防止建设项目产生新的污染、破坏生态环境制定。由中华人民共和国国务院于1998年11月29日发布，自发布之日起施行。2017年7月进行修订。

二、环境影响评价制度和"三同时"制度

1. 环境影响评价制度和建设项目的环境影响评价审批

环境影响评价制度是指在进行建设活动之前，对建设项目的选址、设计和建成投产使用后可能对周围环境产生的不良影响进行调查、预测和评定，提出防治措施，并按照法定程序进行报批的法律制度。

2. "三同时"制度

建设项目需要配套建设的环境保护设施，必须与主体工程同时设计、同时施工、同时投产使用。

三、建设项目噪声污染防治

1. 产生环境噪声的施工机械设备申报的相关规定

在城市市区范围内，建筑施工过程中使用施工机械设备可能产生环境噪声污染的，施工单位必须在工程开工15日前向工程所在地县级以上地方人民政府环境保护行政主管部门申报。

2. 建筑施工场界环境噪声排放标准

根据《建筑施工场界环境噪声排放标准》(GB 12523—2011)规定，建筑施工过程中场界环境噪声昼间不得超过70分贝，夜间不得超过55分贝，夜间噪声最大声级超过限值的幅度不得高于15分贝。

3. 夜间进行施工相关规定

(1)在城市市区噪声敏感建筑物集中区域内，禁止夜间进行产生环境噪声污染的建筑施工作业，但抢修、抢险作业和因生产工艺上要求或者特殊需要必须连续作业的除外；

(2)夜间作业，必须公告附近居民。

注：噪声敏感建筑物是指医院、学校、机关、科研单位、住宅等需要保持安静的建筑物。

4. 交通运输噪声污染防治相关规定

（1）在城市市区范围内行驶的机动车辆的消声器和喇叭必须符合国家规定的要求。

（2）警车、消防车、工程抢险车、救护车等机动车辆安装、使用警报器，必须符合国务院公安部门的规定；在执行非紧急任务时，禁止使用警报器。

四、建设项目废气、废水污染防治

1. 大气污染防治的相关规定

《中华人民共和国大气污染防治法》相关规定：

（1）建设单位应将防治扬尘污染的费用列入工程造价；

（2）从事房屋建筑、市政基础设施建设、河道整治以及建筑物拆除等施工单位，应向负责监督管理扬尘污染防治的主管部门备案；

（3）施工单位应当在施工工地公示扬尘污染防治措施、负责人、扬尘监督管理主管部门等信息；

（4）施工中运输煤炭、垃圾、渣土、砂石、土方、灰浆等散装、流体物料的车辆应当采取密闭或者其他措施防止物料遗撒造成扬尘污染，并按照规定路线行驶。

2.《绿色施工导则》对大气污染防治的相关规定

（1）运送土方、垃圾、设备及建筑材料等，不污损场外道路。运输容易散落、飞扬、流漏的物料的车辆，必须采取措施封闭严密，保证车辆清洁。施工现场出口应设置洗车槽。

（2）土方作业阶段，采取洒水、覆盖等措施，达到作业区目测扬尘高度小于 1.5 米，不扩散到场区外。

（3）结构施工、安装装饰装修阶段，作业区目测扬尘高度小于 0.5 米。

（4）施工现场非作业区达到目测无扬尘的要求。

（5）构筑物机械拆除前，做好扬尘控制计划。可采取清理积尘、拆除体洒水、设置隔挡等措施。

（6）构筑物爆破拆除前，做好扬尘控制计划。可采用清理积尘、淋湿地面、预湿墙体、屋面敷水袋、楼面蓄水、建筑外设高压喷雾状水系统、搭设防尘排栅和直升机投水弹等综合降尘。选择风力小的天气进行爆破作业。

（7）在场界四周隔挡高度位置测得的大气总悬浮颗粒物（TSP）月平均浓度与城市背景值的差值不大于 0.08 mg/m^3。

3. 水污染防治的相关规定

关于建设项目水污染防治的相关规定：

（1）在饮用水水源一级保护区内禁止新建、改建、扩建与供水设施和保护水源无关的建设项目；

（2）在饮用水水源二级保护区内禁止新建、改建、扩建排放污染物的建设项目；

（3）在饮用水水源准保护区内禁止新建、扩建对水体污染严重的建设项目；

（4）改建建设项目，不得增加排污量。

4. 水污染防治的一般规定

国家实行排污许可制度。禁止企业事业单位无排污许可证向水体排放工业废水。

我国对防治水污染做了如下规定：

(1) 禁止向水体排放油类、酸液、碱液或者剧毒废液。禁止在水体清洗装贮过油类或者有毒污染物的车辆和容器。

(2) 禁止向水体排放、倾倒放射性固体废物或者含有高放射性和中放射性物质的废水。向水体排放含低放射性物质的废水，应当符合国家有关放射性污染防治的规定和标准。

(3) 向水体排放含热废水，应当采取措施，保证水体的水温符合水环境质量标准。

(4) 含病原体的污水应当经过消毒处理；符合国家有关标准后，方可排放。

(5) 禁止向水体排放、倾倒工业废渣、城镇垃圾和其他废弃物。禁止将含有汞、镉、砷、铬、铅、氰化物、黄磷等的可溶性剧毒废渣向水体排放、倾倒或者直接埋入地下。存放可溶性剧毒废渣的场所，应当采取防水、防渗漏、防流失的措施。

(6) 禁止利用无防渗漏措施的沟渠、坑塘等输送或者存贮含有毒污染物的废水、含病原体的污水和其他废弃物。

(7) 兴建地下工程设施或者进行地下勘探、采矿等活动，应当采取防护性措施，防止地下水污染。

(8) 人工回灌补给地下水，不得恶化地下水质。

5. 排水许可证制度

向城镇排水设施排放污水，需取得排水许可证，未取得排水许可证的，不得向城镇排水系统排放污水。排水许可证的有效期为5年。

排水户不得有下列危及城镇排水设施安全的行为：

(1) 向城镇排水设施排放、倾倒剧毒、易燃易爆、腐蚀性废液和废渣，有害气体和烹饪油烟等；

(2) 堵塞城镇排水设施或者向城镇排水设施内排放、倾倒垃圾、渣土、施工泥浆、油脂、污泥等易堵塞物；

(3) 擅自拆卸、移动、穿凿和接入城镇排水设施；

(4) 擅自向城镇排水设施加压排放污水。

五、建设项目固体废物污染防治

1. 一般固体废物污染防治的相关规定

转移固体废物出省、自治区、直辖市行政区域贮存、处置的，应当向固体废物移出地的省、自治区、直辖市人民政府环境保护行政主管部门提出申请。移出地的省、自治区、直辖市人民政府环境保护行政主管部门应当商经接受地的省、自治区、直辖市人民政府环境保护行政主管部门同意后，方可批准转移该固体废物出省、自治区、直辖市行政区域。

2. 危险固体废物污染防治的相关规定

(1) 危险废物的容器和包装物以及收集、贮存、运输、处置危险废物的设施、场所，必须设置危险废物识别标志；

(2) 以填埋方式处置危险废物不符合国务院环境保护行政主管部门规定的，应当缴纳危险废物排污费，危险废物排污费用于污染环境的防治，不得挪作他用；

(3) 转移危险废物的，必须按照国家有关规定填写危险废物转移联单，并向危险废物移出地设区的市级以上地方人民政府环境保护行政主管部门提出申请。

3.《绿色施工导则》对建筑垃圾处理相关规定

《绿色施工导则》对建筑垃圾控制包括：

(1)制订建筑垃圾减量化计划,如住宅建筑,每万平方米的建筑垃圾不宜超过400吨。

(2)加强建筑垃圾的回收再利用,力争建筑垃圾的再利用和回收率达到30%,建筑物拆除产生的废弃物的再利用和回收率大于40%。对于碎石类、土石方类建筑垃圾,可采用地基填埋、铺路等方式提高再利用率,力争再利用率大于50%。

(3)施工现场生活区设置封闭式垃圾容器,施工场地生活垃圾实行袋装化,及时清运。对建筑垃圾进行分类,并收集到现场封闭式垃圾站,集中运出。

1.2.2 建筑工程相关法规

一、概述

建设活动涉及很多的专业和方向,比如土建、设计、勘察等,根据高职院校建工学院在专业上的开设特点,我们这一节对其中一些专业方向的特有法规也作一些介绍。

在整个建设活动中,需要遵守的基本有以下三个层次的法律法规：

(1)法律：《中华人民共和国建筑法》《中华人民共和国招标投标法》《中华人民共和国土地管理法》《中华人民共和国城市规划法》《中华人民共和国城市房地产管理法》《中华人民共和国环境保护法》《中华人民共和国环境影响评价法》。

(2)行政法规：《建设工程质量管理条例》《建设工程安全生产管理条例》《建设工程勘察设计管理条例》《中华人民共和国土地管理法实施条例》。

(3)部门规章：《工程监理企业资质管理规定》《注册监理工程师管理规定》《建设工程监理范围和规模标准规定》《建筑工程设计招标投标管理办法》《房屋建筑和市政基础设施工程施工招标投标管理办法》《评标委员会和评标方法暂行规定》《建筑工程施工发包与承包计价管理办法》《建筑工程施工许可管理办法》《实施工程建设强制性标准监督规定》《房屋建筑工程质量保修办法》《房屋建筑工程和市政基础设施工程竣工验收备案管理暂行办法》《建设工程施工现场管理规定》《建筑安全生产监督管理规定》《工程建设重大事故报告和调查程序规定》《城市建设档案管理规定》。

二、建筑装饰方向相关法规

家庭装修的法律主要是《建筑法》,规章主要是《住宅室内装饰装修管理办法》《住宅装饰装修工程施工规范》等。

1.禁止行为

(1)未经原设计单位或者具有相应资质等级的设计单位提出设计方案,变动建筑主体和承重结构；

(2)将没有防水要求的房间或者阳台改为卫生间、厨房间；

(3)扩大承重墙上原有的门窗尺寸,拆除连接阳台的砖、混凝土墙体；

(4)损坏房屋原有节能设施,降低节能效果；

(5)其他影响建筑结构和使用安全的行为。

2. 开工申报与监督

(1)装修人在住宅室内装饰装修工程开工前,应当向物业管理企业或者房屋管理机构(以下简称物业管理单位)申报登记;非业主的住宅使用人对住宅室内进行装饰装修,应当取得业主的书面同意。

(2)物业管理单位应当将住宅室内装饰装修工程的禁止行为和注意事项告知装修人和装修人委托的装饰装修企业。

(3)装修人对住宅进行装饰装修前,应当告知邻里。

(4)装修人或者装修人和装饰装修企业,应当与物业管理单位签订住宅室内装饰装修管理服务协议。

(5)有关部门接到物业管理单位关于装修人或者装饰装修企业有违反《住宅室内装修装饰管理办法》行为的报告后,应当及时到现场检查核实,依法处理;禁止物业管理单位向装修人指派装饰装修企业或者强行推销装饰装修材料;装修人不得拒绝和阻碍物业管理单位依据住宅室内装饰装修管理服务协议的约定,对住宅室内装饰装修活动的监督检查;任何单位和个人对住宅室内装饰装修中出现的影响公众利益的质量事故、质量缺陷以及其他影响周围住户正常生活的行为,都有权检举、控告、投诉。

3. 质量、安全与环境的有关规定

(1)装饰装修企业从事住宅室内装饰装修活动,应当严格遵守规定的装饰装修施工时间,降低施工噪声,减少环境污染。

(2)住宅室内装饰装修过程中所形成的各种固体、可燃液体等废物,应当按照规定的位置、方式和时间堆放和清运。严禁违反规定将各种固体、可燃液体等废物堆放于住宅垃圾道、楼道或者其他地方。

(3)住宅室内装饰装修工程使用的材料和设备必须符合国家标准,有质量检验合格证明和有中文标识的产品名称、规格、型号、生产厂厂名、厂址等。禁止使用国家明令淘汰的建筑装饰装修材料和设备。

(4)装修人委托企业对住宅室内进行装饰装修的,装饰装修工程竣工后,空气质量应当符合国家有关标准。装修人可以委托有资格的检测单位对空气质量进行检测。检测不合格的,装饰装修企业应当返工,并由责任人承担相应损失。

4. 施工规范

根据《住宅装饰装修工程施工规范》,施工基本要求如下:

(1)施工前应进行设计交底工作,并应对施工现场进行核查,了解物业管理的有关规定。

(2)各工序,各分项工程应自检、互检及交接检。

(3)施工中,严禁损坏房屋原有绝热设施;严禁损坏受力钢筋;严禁超荷载集中堆放物品;严禁在预制混凝土空心楼板上打孔安装埋件。

(4)施工中,严禁擅自改动建筑主体、承重结构或改变房间主要使用功能;严禁擅自拆改燃气、暖气、通信等配套设施。

(5)管道、设备工程的安装及调试应在装饰装修工程施工前完成,必须同步进行的应在饰面层施工前完成。装饰装修工程不得影响管道、设备的使用和维修。涉及燃气管道的装饰装修工程必须符合有关安全管理的规定。

(6)施工人员应遵守有关施工安全、劳动保护、防火、防毒的法律、法规。

三、建筑设计方向相关法规

建筑设计法律法规在实际应用中有很重要的作用,相应的法律法规包括《建筑法》《城市规划法》《建筑工程施工图设计文件审查暂行办法》《建筑工程质量管理条例》《建筑工程施工现场管理规范》等,这些法律法规有助于确保建筑设计过程中的透明度和合规性。

下面简单介绍一下和设计相关的法律法规。

1. 建筑法律法规

《中华人民共和国建筑法》:规定了建设项目的审批程序、工程招标、施工许可、质量监督等方面的规范。

《中华人民共和国城市房地产管理法》:对城市房地产的开发、销售、租赁等进行了规范和管理。

《建筑设计管理办法》:对建筑设计单位的组织管理、设计资质、设计文件备案等进行了规定。

《建筑施工管理条例》:规定了建筑施工过程中的安全、质量和环境保护等要求。

2. 城市规划法律法规

《中华人民共和国城市规划法》:规定了城市规划的编制、审核、实施等程序和要求。

《城市规划条例》:详细规定了城市规划的管理和监督责任,包括城市总体规划、详细规划等。

3. 建筑安全和消防法律法规

《建筑设计防火规范》(GB 50016—2014):规范了建筑设计中的防火要求和措施。

《民用建筑节能条例》:要求建筑设计符合节能要求,包括建筑外墙保温、采光通风等方面。

《建筑起重机械安全监督管理规定》:规定了建筑起重机械的使用和管理要求。

4. 环境保护法律法规

《中华人民共和国环境保护法》:规定了对环境的保护和污染防治的基本原则和要求。

《建设项目环境保护管理条例》:规定了建设工程环境审批、环境影响评价等方面的要求。

5. 土地管理法律法规

《中华人民共和国土地管理法》:规定了土地的使用、转让、出租等方面的管理要求。

6. 工程建设标准

《建筑工程施工质量验收统一标准》(GB 50300—2013):规定了建筑工程验收的技术要求和程序。

《建筑地基基础工程施工质量验收标准》(GB 50202—2018):针对建筑地基和基础工程的质量验收进行了规定。

《钢结构工程施工质量验收标准》(GB 50205—2020):该规范规定了金属结构工程的验收标准。

7. 建筑设计相关政策

关于建筑节能的政策:包括鼓励采用节能技术、推广绿色建筑等方面的政策。

关于建筑外观和风貌的政策:保护历史建筑、城市形象等方面的政策。

关于建筑材料和施工质量的政策:推动使用环保材料、加强施工监管等方面的政策。

四、工程造价方向相关法规

1. 工程造价管理的法律依据

(1)现行法律、法规对工程合同造价及其管理的主要规定

①《建筑法》第十八条对工程造价只作原则性规定；

②《招标投标法》第三十三条对投标人不得低于成本价作强制性规定，第四十一条对评标委员会评标适用合理低价中标的规定，第四十六条对履约保证金作规定；

③《合同法》第十六章"建设工程合同"第二百六十九条对工程价款的支付作规定，第二百七十五条对建设工程合同包括造价及价款支付等主要内容作规定，第二百七十九条对工程质量和造价关系等作规定，第二百八十六条对工程价款优先受偿作规定；

④《建设工程质量管理条例》第十条对发包人不得迫使承包人以低于成本竞标工程作强制性规定，第四十一条对工程保修作规定。

(2)行政主管部门对工程合同造价管理的相关规定

①建设部先后出台了三个部颁规章，包括《工程造价咨询企业管理办法》《注册造价工程师注册管理办法》《建筑工程施工发包与承包计价管理办法》。

②国家计委关于工程造价全过程管理的两个文件，包括《关于控制建设工程造价的若干规定》《关于加强工程建设标准定额工作的意见》。

③中国建设工程造价管理协会的行业自律文件，包括《工程造价咨询单位执业行为准则》《造价工程师职业道德行为准则》《工程造价咨询业务操作指导规程》。

(3)最高人民法院《关于审理建设工程施工合同纠纷案件适用法律若干问题的解释》中对工程造价的10条规定。

2.《价格法》：对工程造价的市场定位

根据《价格法》的有关条款，对价格的管理我国实行市场调节价、政府指导价和政府定价三种形式。市场调节价是由经营者自主制定，通过市场竞争形成的价格，市场调节价的定位主体是经营者，形成的途径是通过市场的竞争。建筑工程造价是通过招标投标的竞争手段，依据市场的调节而形成的价格，按《价格法》规定，应属于市场调节价。而目前我国大部分建筑工程的投资估算、概算、预算、工程标底和企业报价的编制和审批，通常都是按照各部门各地区发布的工程定额和相应的费用为基础开展的，评标、定标时中标价也是在接近标底的一定范围内确定的。这一做法，不能充分地体现市场的竞争，也不利于施工企业进行技术改造等。随着社会主义市场经济体制的深入发展，国家对投资体制深化改革措施的出台，这都意味着工程造价管理体制将随之发生重大的变化。今后工程造价要逐步由原来以国家发布的指令性定额定价转变为国家定额指导下，按企业个别成本确定报价，通过市场竞争在合同中确定工程造价的新计价模式。《价格法》的出台，规范了价格行为，发挥了价格合理配置资源的功效，解除了施工企业的价格束缚，为建立公正、有形的建筑市场，提高建筑技术和管理水平，发展建筑业提供了价格保障。

3.《民法典》《招标投标法》：经济活动中工程造价的市场取值

施工合同的内容中就包括了工程造价，明确了当事人须根据工程质量的要求和工程的概预算合理地确定工程造价。何为"合理"呢？是否最低价就能中标呢？回顾历史，工程造价的改革在原建设部提出"控制量、指导价、竞争费"九字方针指导下，产品价格总体求合理，建筑产品

的价格由原来指令性的产品价格变为指导性价格,由过去的静态管理进入了动态管理,继而实现量价分离,企业自主定价,建筑产品通过承发包交易的这种形式完全得以实现。《招标投标法》的实施,意味着建筑工程承发包的交易活动纳入了法治轨道,给工程造价管理带来了挑战,也蕴含着发展的机遇,那就是如何代表投资者、生产者的利益,合理确定建筑产品的价格。

4.《建筑法》:指导工程造价的市场动作

《建筑法》是规范、监督建筑活动,维护建筑市场的一部法律。在第三章"建筑工程发包与承包"中的第十六条写入了"建筑工程发包与承包的招投标活动,应当遵循公开、公正、平等竞争的原则,择优选择承包单位"。择优选择承包单位也就包含了合理价中标的原则。第十八条"建筑工程造价应当按照国家有关规定,由发包单位与承包单位在合同中约定。公开招标发包的,其造价的约定,须遵守招标投标法律的规定"。

建筑工程的招标不是为压价而压价,而应根据工程项目的具体情况、建设时间等诸多因素来决定其造价。作为业主方,要考虑使造价最低,但也不能盲目压价,也要考虑实际价格转移部分的资产,还要考虑承包商、设计、施工、咨询等各方面的利益。国外招标工程也实行低价中标,但不承诺最低价中标。一般情况下,在资格审查、技术评审中处于前4名的承包商在商务报价中较低者中标希望最大,但报价最低的不一定中标,如果有亏损危险的报价,业主方也不会选择这样的承包商。所以,合理的中标价应该体现出"质优、价廉、工期短"。

2 岗位工作任务

2.1 岗位工作任务名称及要求

背景资料1

2018年3月,湖南某市发生严重大气污染事件。21日凌晨,工业街一带居民被有毒气体呛醒,感觉喉咙堵、胸闷、全身乏力。居民纷纷用湿毛巾捂鼻口躲避。上午,群众认为是由于该街中部的电镀厂造成,出现围攻情况,当地政府与公安机关将厂房封锁停工。当日下午,该街又出现相同的气体。小部分情绪失控的群众推倒了电镀厂围墙,毁坏了一些设备,造成直接经济损失20万余元。

经市环保局调查,该污染事故是因为当地一农药厂的磷化反应锅使用不当致使防爆膜破裂,三氯化磷泄入大气反应生成酸雾和有毒气体。因该厂在工业街东北方2公里处,东北风使有毒物质从电镀厂平房上方侵入工业街,致使群众误认为电镀厂为污染源。

一、岗位任务的名称

1. 确定环境污染的责任主体。
2. 确定民事赔偿的责任主体。

二、岗位工作任务的总体要求

阅读岗位知识并查阅相关资料,列出建筑法律关系三要素概念的表述,能够运用建筑法律关系的相关知识对背景材料进行归纳、分析。

三、岗位工作任务的具体要求

1. 前期准备。参加任务的同学,课前阅读岗位知识,并做好学习(工作)笔记,找出学习(工作)过程中的重点、难点,有条件的同学可以就该任务深入企业进行访问调查。

2. 过程中。参加任务的同学,以岗位任务为基点,运用岗位知识进行分析、归纳和要点提炼,完成岗位学习(工作)任务。

3. 任务后。参加任务的同学,记录学习(工作)过程中的体会、收获及改进措施、建议。

4. 认真填写岗位工作任务报告并存档保存,作为对该任务完成情况或学习成绩的评价依据。

2.2 岗位工作任务结果

岗位工作任务完成后,参加任务的每位同学必须认真填写岗位工作任务报告并存档保存,作为该工作任务的结果。任务报告要求语言流畅,文字简练,条理清晰,原则上要求学生当场完成,教师酌情进行点评。具体见表1-1。

表1-1 岗位工作任务报告

姓名: 专业: 班级: 日期: 年 月 日

任务名称		任务目的	
任务内容		任务资料	
任务过程		任务结果或结论	
收获与体会		改进建议	
评价建议 年 月 日			

2.3 岗位工作任务评价标准

任务完成后,均需要按岗位工作任务评价标准进行工作考核评价,作为学习(工作)的成绩评定依据。具体见表1-2。

表1-2 岗位工作任务评价标准表

类别	内容及标准	分值	自评(40%)	教师评(60%)	权重	小计	备注
出勤	态度端正,主动积极,无迟到早退	15			15%		有迟到或早退现象,每次扣1分,直至扣完本项分为止
准备阶段	1. 按规定时间接受线上发布的任务并反馈	5			30%		未接受发布的任务、未完成知识的预习及未完成知识预习的练习,每次扣1分;未列出岗位知识中的重点、难点,并记录在笔记中,每次扣2分;直至扣完本项分为止
	2. 按规定时间完成岗位知识的预习	10					
	3. 能够列出岗位知识中的重点、难点,并记录在笔记中	10					
	4. 及时完成岗位知识预习的练习	5					
实施阶段	1. 能针对岗位知识进行分析、归纳和要点提炼	10			35%		能对知识进行要点提炼、积极参与讨论分享、能给出明确的观点或结论,每次加1分,最多加10分
	2. 课堂积极参与讨论、模拟、汇报及分享	15					
	3. 对任务能给出最终的观点或结论	10					
总结评价阶段	1. 能总结任务完成过程的体会、收获	5			20%		有体会及收获、改进措施及建议,每次加1分,最多加5分。没有任务报告的,每次扣2分,直至扣完本项分为止
	2. 能针对任务提出改进措施、建议	5					
	3. 能高质量完成工作任务报告并提交	10					
总合计			自评人签名		教师签名		

3　工作笔记

3.1　学习(工作)过程中的重点、难点

重点：_____
_____
_____。

难点：_____
_____
_____。

3.2　学习(工作)过程中的体会、收获

体会、收获：_____
_____
_____。

3.3　学习(工作)过程中的改进措施、建议

改进措施、建议：_____
_____
_____。

4　实践练习

单选题

1. 根据《绿色施工导则》，建筑垃圾的再利用和回收率力争达到(　　)。
   A. 20%　　　　　B. 40%　　　　　C. 50%　　　　　D. 30%
2. 根据《绿色实施导则》，施工现场 500 公里以内生产的建筑材料用量应当占建筑材料总重量的(　　)以上。

A. 50%　　　　　B. 60%　　　　　C. 80%　　　　　D. 70%

3. 根据《建设工程安全生产管理条例》,在城市市区内的施工现场未实行封闭围挡的,一般情况下可能承担的法律责任是(　　)。
   A. 处以 20 万元罚款　　　　　　　B. 责令施工企业限期改正
   C. 吊销施工企业营业执照　　　　　D. 降低施工企业资质等级

4. 暂时不能开工的建设用地,超过(　　)的,应当进行绿化、铺装或者遮盖。
   A. 1 个月　　　　B. 3 个月　　　　C. 2 个月　　　　D. 6 个月

5. 关于向城镇排水设施排放污水的说法,正确的是(　　)。
   A. 各类施工作业需要排水的,由施工企业申请领取排水许可证
   B. 施工作业排水许可证的有效期,由建设行政主管部门根据工期确定
   C. 排水户应当按照实际需要的排水类别、总量排放污水
   D. 城镇排水主管部门实施排水许可不得收费

6. 关于在城市市区噪声敏感建筑物集中区域内,禁止夜间进行产生环境噪声污染的建筑施工作业的说法,正确的是(　　)。
   A. 噪声敏感建筑物不包括机关和科研单位的办公楼
   B. 夜间施工作业必须征得附近居民同意
   C. 抢修、抢险作业和因生产工艺上要求的可以无条件进行夜间施工作业
   D. 噪声敏感建筑物集中区域包括医疗区和以居民住宅为主的区域

7. 按照《建筑施工场界环境噪声排放标准》,建筑施工场界环境噪声排放限值为(　　)。
   A. 昼间 60 dB,夜间 50 dB　　　　B. 昼间 65 dB,夜间 50 dB
   C. 昼间 70 dB,夜间 55 dB　　　　D. 昼间 75 dB,夜间 60 dB

8. 根据《中华人民共和国环境噪声污染防治法》的规定,在城市市区噪声敏感建筑物集中区域内,禁止夜间进行产生环境噪声污染的建筑施工作业,但因特殊需要必须连续作业的,必须(　　)。
   A. 经附近居民所在单位的同意
   B. 在居民小区代表监视下施工
   C. 公告附近居民
   D. 有县级以上人民政府或者其有关主管部门的证明

9. 在全国重点文物保护单位的保护范围内进行爆破、钻探、挖掘作业的,必须经(　　)批准。
   A. 国务院文物行政部门　　　　　B. 省级人民政府
   C. 县级以上人民政府　　　　　　D. 省级文物行政部门

10. 根据《中华人民共和国节约能源法》,违反建筑节能标准的,由建设主管部门责令改正,处 10 万元以上 50 万元以下罚款的参建单位是(　　)。
    A. 建设、施工、监理　　　　　　B. 建设、设计、施工
    C. 设计、施工、监理　　　　　　D. 建设、设计、监理

项目十
建筑工程纠纷及法律责任

1　岗位知识

1.1　案例导入

案情简介1

某施工企业与建设单位在施工合同中约定：发生争议提交有管辖权的人民法院解决。后双方因工程价款的拨付发生争议又协商不成，拟向人民法院提起诉讼以解决争议。

请分析本案中应当是哪一地、哪一级的人民法院具有管辖权。

案情简介2

某房地产开发公司与某建筑施工企业在施工合同中约定：双方若发生争议，提交房地产开发公司所在地人民法院解决。后双方因工程价款的支付发生争议，建筑施工企业向房地产开发公司所在地的人民法院起诉，法院受理了此案，并向房地产开发公司送达了应诉通知书。

请分析房地产开发公司可否提出管辖权异议，受诉人民法院应当作出移送管辖还是管辖权转移。

1.2　知识链接

1.2.1　建筑工程纠纷概述

一、建设工程纠纷的主要种类

所谓法律纠纷，是指公民、法人以及其他组织之间因人身、财产或其他法律关系所发生的对抗冲突（或者争议），主要包括民事纠纷、行政纠纷、刑事附带民事纠纷。建设工程项目通常具有投资规模大、建造周期长、技术要求高、参与主体多、合同关系复杂和政府监管严格等特点，因而在建设工程领域里容易产生各种各样的纠纷，最常见的是民事纠纷和行政纠纷。

（一）建设工程民事纠纷

建设工程民事纠纷，是在建设工程活动中平等主体之间发生的以民事权利义务法律关系为内容的争议。民事纠纷主要是因为违反了民事法律规范或者合同约定而引起的。民事纠纷可分为两大类：一类是财产关系方面的民事纠纷，如合同纠纷、损害赔偿纠纷等；另一类是人身关系方面的民事纠纷，如名誉权纠纷、继承权纠纷等。

民事纠纷有三个特点：第一，民事纠纷主体之间的法律地位平等；第二，民事纠纷的内容是对民事权利义务的争议；第三，民事纠纷的可处分性（针对有关财产关系的民事纠纷具有可处分性，而有关人身关系的民事纠纷多具有不可处分性）。在建设工程领域，较为普遍和重要的民事纠纷主要是合同纠纷、侵权纠纷。

发包人和承包人就有关工期、质量、造价等产生的建设工程合同争议，是建设工程领域最常见的民事纠纷。

（二）建设工程行政纠纷

1. 行政行为纠纷

行政纠纷包含行政行为纠纷和行政协议纠纷。行政行为是指行政主体及其工作人员行使行政职权对行政相对人作出的法律行为。

在建设工程领域，易引发行政纠纷的行政行为主要有行政许可、行政处罚、行政强制和行政裁决。

2. 行政协议纠纷

行政协议是行政机关在其职责权限内，为实现行政管理而与公民、法人或其他组织订立的具有行政法权利义务的协议。行政协议具有行政性和契约性两重属性。

依据纠纷发生的时间不同，行政协议纠纷分为缔约阶段的纠纷和履行阶段的纠纷。

二、民事纠纷的法律解决途径

根据《中华人民共和国民事诉讼法》（以下简称《民事诉讼法》），民事纠纷的法律解决途径主要有四种，即和解、调解、仲裁、诉讼。

三、行政纠纷的法律解决途径

行政纠纷的法律解决途径主要有两种，即行政复议和行政诉讼。

（一）行政复议

行政复议是公民、法人或其他组织认为行政机关的具体行政行为侵犯其合法权益，依法请求法定的行政复议机关审查该具体行政行为的合法性、适当性，该复议机关依照法定程序对该具体行政行为进行审查，并作出行政复议决定的法律制度。

（二）行政诉讼

行政诉讼是公民、法人或其他组织依法请求法院对行政机关和行政机关工作人员的行政行为侵犯其合法权益进行审查并依法裁判的法律制度。

对行政行为除法律、法规规定必须先申请行政复议的以外，公民、法人或者其他组织可以自主选择申请行政复议还是提起行政诉讼。公民、法人或其他组织对行政复议决定不服的，除法律规定行政复议决定为最终裁决的以外，可以依照《中华人民共和国行政诉讼法》（以下简称《行政诉讼法》）的规定向人民法院提起行政诉讼。

1.2.2 和解

一、和解的概念

和解是指当事人在自愿互谅的基础上,就已经发生的争议进行协商并达成协议,自行解决的一种方式。通常建设工程纠纷发生后,解决纠纷的首选方式是和解。纠纷双方本着解决问题与分歧的诚意,直接进行协商,以求相互谅解,从而消除分歧与异议,解决纠纷。这种纠纷解决方式的优点在于无须第三人介入,既可以节省解决费用,及时解决问题,又可以保持友好合作关系,以利于下一步对协商协议的执行。

二、和解的类型

和解达成协议,在形式上既可以是口头的,也可以是书面的。和解的应用也很灵活,可以在各个阶段达成和解协议。可以在诉讼前、诉讼中、执行中、仲裁中和解。

三、和解的效力

和解达成的协议不具有强制执行效力,在性质上仍属于当事人之间的约定。如果一方当事人不按照和解协议执行,另一方当事人不能直接申请法院强制执行,但可要求对方承担不履行和解协议的违约责任,也可以向法院提起诉讼或者根据约定申请仲裁。

当事人达成和解协议,已提请仲裁的,可以请求仲裁庭根据和解协议作出裁决书或仲裁调解书;已提起诉讼的,可以请求法庭在和解协议基础上制作调解书。仲裁机构作出的仲裁调解书和法院的调解书,具有强制执行的效力。

1.2.3 调解

一、调解的概念与原则

调解是指合同当事人对合同所约定的权利、义务发生争议,不能达成和解协议时,在双方当事人以外的第三者,以国家法律、法规和政策以及社会公德为依据,对纠纷双方进行疏导、劝说,促使他们相互谅解,进行协商,自愿达成协议,解决纠纷的活动。

调解具有与协商和解相似的优点,它能够经济、及时地解决争议,节省时间和费用,不伤害争议双方的感情,维护双方的长期合作关系。同时,由于调解有第三方介入,便于双方当事人较为冷静、理智地考虑问题,更客观全面地看问题,有利于消除当事人双方的对立情绪,有利于争议的公正解决。

调解与和解的区别在于:和解是当事人之间自愿协商,达成协议,没有第三人参加,而调解是在第三人主持下进行疏导、协商,使之相互谅解,自愿达成协议。

调解的基本原则有合理合法原则、自愿平等原则和尊重诉权原则。调解不能剥夺当事人的诉权,调解组织无权强迫调解,无权阻挠当事人进行诉讼,更无权采取强制手段。

二、调解的方式

（一）人民调解

2010年8月颁布的《中华人民共和国人民调解法》（以下简称《人民调解法》）规定，人民调解是指人民调解委员会通过说服、疏导等方式，促使当事人在平等协商基础上自愿达成调解协议，解决民间纠纷的活动。人民调解制度作为一种司法辅助制度，是人民群众自己解决纠纷的法律制度，也是一种具有中国特色的司法制度。

（二）行政调解

行政调解是指有关国家行政机关应纠纷当事人的请求，依据法律、法规、规章和政策，对属于其职权管辖范围内的纠纷，通过耐心的说服教育，使纠纷的双方互相谅解，在平等协商的基础上达成一致协议，促成当事人解决纠纷。

行政调解达成的协议不具有强制执行力。

（三）仲裁调解

仲裁调解是仲裁机构对受理的仲裁案件进行的调解。仲裁庭在作出裁决前，可以先行调解。调解不成的，应当及时作出裁决。调解书与裁决书具有同等法律效力。

仲裁与调解相结合是我国仲裁制度的特点。该做法将仲裁和调解各自的优点结合起来，不仅有助于解决当事人之间的争议，还有助于保持当事人的友好合作关系，具有很大的灵活性和便利性。

（四）法院调解

《民事诉讼法》第九十六条规定，人民法院审理民事案件，根据当事人自愿的原则，在事实清楚的基础上，分清是非，进行调解。法院调解是人民法院对受理的民事案件、经济纠纷案件和轻微刑事案件在双方当事人自愿的基础上进行的调解，是诉讼内调解。法院调解书经双方当事人签收后，即具有法律效力，效力与判决书相同。

（五）专业机构调解

专业机构调解是当事人在发生争议前或争议后，协议约定由依法成立的具有独立调解规则的机构按照其调解规则进行调解。所谓调解规则，是指调解机构、调解员以及调解当事人之间在调解过程中所应遵守的程序性规范。我国从事专业民商事调解的机构有中国国际商会（中国贸促会）调解中心、北京仲裁委员会调解中心等。

专业调解机构进行调解达成的调解协议对当事人双方具有约束力。

1.2.4 民事诉讼

一、民事诉讼的概念和特点

（一）民事诉讼的概念

民事诉讼是指人民法院在当事人和全体诉讼参与人的参加下，依法审理和解决民事纠纷的活动。建设工程活动中的纠纷主要表现为合同纠纷。由于合同争议往往具有法律性质,涉及当事人的切身利益,通过诉讼,当事人的权利可以得到法律的保护,尤其是当事人发生争议后,在缺少或达不成仲裁协议的情况下,诉讼也就成了必不可少的补救手段了。《民事诉讼法》是解决这些争议的基本法律。

(二)民事诉讼的特点

民事诉讼与调解、仲裁这些非诉讼解决纠纷的方式相比,有如下特征:

(1)公权性。民事诉讼是由法院代表国家行使审判权解决民事争议,它既不同于群众自治组织性质的人民调解委员会以调解方式解决纠纷,也不同于由民间性质的仲裁委员会以仲裁方式解决纠纷。

(2)强制性。民事诉讼的强制性既表现在案件的受理上,又反映在裁判的执行上。民事诉讼中,只要原告起诉符合《民事诉讼法》规定的条件,无论被告是否愿意,诉讼均会发生。若当事人不自动履行生效裁判内容,法院可依法强制执行。

(3)程序性。民事诉讼是依照法定程序进行的诉讼活动,无论是法院还是当事人或其他诉讼参与人,都应按《民事诉讼法》设定的程序实施诉讼行为,违反诉讼程序常引起一定的法律后果。而人民调解没有严格的程序规则,仲裁虽然也需要按预先设定的程序进行,但其程序相当灵活,当事人对程序的选择权也较大。

二、民事诉讼的原则

民事诉讼法的基本原则,是在民事诉讼的整个过程中,或者在重要的诉讼阶段,起指导作用的准则。它体现民事诉讼的精神实质,为人民法院的审判活动和诉讼参与人的诉讼活动指明了方向,概括地提出了要求,因此对民事诉讼具有普遍的指导意义。我国民事诉讼法的基本原则是以我国宪法为根据,从我国社会主义初级阶段的实际情况出发,按照社会主义民主与法治的要求,结合民事诉讼法的特点而确定的。

(1)先行调解原则。《民事诉讼法》第九条规定,人民法院审理民事案件,应当根据自愿和合法的原则进行调解;调解不成的,应当及时判决。

(2)平等原则。《民事诉讼法》第八条规定,民事诉讼当事人有平等的诉讼权利。人民法院审理民事案件,应当保障和便利当事人行使诉讼权利,对当事人在适用法律上一律平等。

(3)同等和对等原则。《民事诉讼法》第五条规定,外国人、无国籍人、外国企业和组织在人民法院起诉、应诉,同中华人民共和国公民、法人和其他组织有同等的诉讼权利义务。同时规定,外国法院对中华人民共和国公民、法人和其他组织的民事诉讼权利加以限制的,中华人民共和国人民法院对该国公民、企业和组织的民事诉讼权利,实行对等原则。

(4)诚信原则。《民事诉讼法》第十三条规定,民事诉讼应当遵循诚信原则。

(5)处分原则。《民事诉讼法》第十三条规定,当事人有权在法律规定的范围内处分自己的民事权利和诉讼权利。处分即自由支配,对于权利可行使,也可以放弃。

需要注意的是,我国民事诉讼中当事人的处分权不是绝对的,我国法律在赋予当事人处分权的同时,也要求当事人不得违反法律规定,不得损害国家的、社会的、集体的和公民个人的利益,否则,人民法院将代表国家实行干预,即通过司法审判确认当事人某种不当的处分行为无效。

(6) 辩论对抗性原则。民事诉讼的辩论对抗性原则，是指在人民法院主持下，当事人有权就案件事实和争议的问题，各自陈述其主张和根据，互相进行反驳和答辩。《民事诉讼法》第十二条规定，人民法院审理民事案件时，当事人有权进行辩论。

(7) 法院独立审判原则。《民事诉讼法》第六条规定，民事案件的审判权由人民法院行使，人民法院依照法律规定对民事案件独立进行审判，不受行政机关、社会团体和个人的干涉。

(8) 支持起诉原则。《民事诉讼法》第十五条规定，机关、社会团体、企业事业单位对损害国家、集体或者个人民事权益的行为，可以支持受损害的单位或者个人向人民法院起诉。

(9) 检察监督原则。《民事诉讼法》第十四条规定，人民检察院有权对民事诉讼实行法律监督。

我国《民事诉讼法》规定人民检察院对民事判决活动实行法律监督，对于维护社会主义法制，保障审判权的正确行使，具有重要的意义。

三、诉讼管辖

民事诉讼中的管辖是指各级法院之间和同级法院之间受理第一审民事案件的分工和权限。《民事诉讼法》规定的民事案件的管辖，包括级别管辖、地域管辖、移送管辖和指定管辖。人民法院受理案件后，被告有权针对人民法院对案件是否有管辖权提出管辖权异议，这是当事人的一项诉讼权利。

（一）级别管辖

级别管辖，是指按照一定的标准，划分上下级法院之间受理第一审民事案件的分工和权限。我国法院有四级，分别是基层人民法院、中级人民法院、高级人民法院和最高人民法院，每一级均受理一审民事案件。我国《民事诉讼法》主要根据案件的性质、影响和诉讼标的金额等来确定级别管辖。在实践中，争议标的金额的大小，往往是确定级别管辖的重要依据，但各地人民法院确定的级别管辖争议标的数额标准不尽相同。

（二）地域管辖

地域管辖，就是按照各人民法院的辖区范围和民事案件的隶属关系，划分同级人民法院之间审判第一审民事案件的权限。级别管辖则是确定民事案件由哪一级人民法院管辖。就是说，级别管辖是确定纵向的审判分工，地域管辖是确定横向的审判分工。地域管辖主要包括如下几种情况：

1. 一般地域管辖

一般地域管辖，是以当事人与法院的隶属关系来确定诉讼管辖，通常实行"原告就被告"原则，即以被告住所地作为确定管辖的标准。

2. 特殊地域管辖

特殊地域管辖，是指以诉讼标的所在地，引起民事法律关系发生、变更、消灭的法律事实所在地为标准确定的管辖。我国《民事诉讼法》第二十四条至第三十五条规定了11种特殊地域管辖，其中与工程建设领域关系最为密切的是因合同纠纷提起诉讼的管辖。

《民事诉讼法》第二十四条规定："因合同纠纷提起的诉讼，由被告住所地或者合同履行地人民法院管辖。"《最高人民法院关于适用〈民事诉讼法〉的解释》第十八条规定："合同约定履行地点的，以约定的履行地点为合同履行地。合同对履行地点没有约定或者约定不明确，争议标的为给付货币的,接收货币一方所在地为合同履行地;交付不动产的,不动产所在地为合同履行地;其他标的,履行义务一方所在地为合同履行地。即时结清的合同,交易行为地为合同履行地。合同没有实际履行,当事人双方住所地都不在合同约定的履行地的,由被告住所地人民法院管辖。"

3. 专属管辖

专属管辖,是指法律规定某些特殊类型的案件专门由特定的法院管辖。专属管辖是排他性管辖,排除了诉讼当事人协议选择管辖法院的权利。专属管辖与一般地域管辖和特殊地域管辖的关系是:凡法律规定为专属管辖的诉讼,均适用专属管辖。

《最高人民法院关于适用〈民事诉讼法〉的解释》第二十八条规定,建设工程施工合同纠纷按照不动产纠纷确定管辖。不动产已登记的,以不动产登记簿记载的所在地为不动产所在地;不动产未登记的,以不动产实际所在地为不动产所在地。

4. 协议管辖

发生合同纠纷或者其他财产权益纠纷的,《民事诉讼法》还规定了协议管辖制度。所谓协议管辖,是指合同当事人在纠纷发生前后,在法律允许的范围内,以书面形式约定案件的管辖法院。协议管辖适用于合同纠纷或者其他财产权益纠纷,其他财产权益纠纷包括因物权、知识产权中的财产权而产生的民事纠纷管辖。

四、民事诉讼的当事人和代理人

(一)当事人

民事诉讼中的当事人,是指因民事权利和义务发生争议,以自己的名义进行诉讼,请求人民法院进行裁判的公民、法人或其他组织。狭义的民事诉讼当事人包括原告和被告。广义的民事诉讼当事人包括原告、被告、共同诉讼人和第三人。外国人、无国籍人、外国企业和组织在人民法院起诉、应诉,同中华人民共和国公民、法人和其他组织有同等的诉讼权利义务。

(二)诉讼代理人

诉讼代理人,是指根据法律规定或当事人的委托,代理当事人进行民事诉讼活动的人。民事法律行为代理分为法定代理、委托代理和指定代理。与此相对应,民事诉讼代理人也可分为法定诉讼代理人、委托诉讼代理人和指定诉讼代理人。在建设工程领域的民事诉讼代理中,最常见的是委托诉讼代理人。《民事诉讼法》第六十条规定,无诉讼行为能力人由他的监护人作为法定代理人代为诉讼。法定代理人之间互相推诿代理责任的,由人民法院指定其中一人代为诉讼。第六十一条规定,当事人、法定代理人可以委托一至二人作为诉讼代理人。下列人员可以被委托为诉讼代理人:

(1)律师、基层法律服务工作者;

(2)当事人的近亲属或工作人员;

(3)当事人所在社区、单位以及有关社会团体推荐的公民。

《民事诉讼法》第六十二条规定,委托他人代为诉讼,必须向人民法院提交由委托人签名或者盖章的授权委托书。授权委托书必须记明委托事项和权限。诉讼代理人代为承认、放弃、变更诉讼请求,进行和解,提起反诉或者上诉,必须有委托人的特别授权。

五、民事诉讼的证据

证据是指在诉讼中能够证明案件真实情况的一切资料。当事人要证明自己提出的主张,需要向法院提供相应的证据资料。证据是认定案情的根据。只有正确认定案情,才能正确适用法律,从而正确处理案件。因此,证据问题是诉讼中的关键问题。

(一)证据的种类

《民事诉讼法》第六十六条规定,证据包括:当事人的陈述;书证;物证;视听资料;电子数据;证人证言;鉴定意见;勘验笔录等八种。证据必须查证属实,才能作为认定事实的根据。

(二)民事诉讼举证原则

1. 谁主张,谁举证

在民事和经济诉讼中,主张权利者负有举证责任。谁主张相应的事实,谁就应当对该事实加以证明,即"谁主张,谁举证"。《民事诉讼法》第六十七条规定,当事人对自己提出的主张,有责任提供证据。

2. 尊重事实原则

《最高人民法院关于民事诉讼证据的若干规定》第八条规定,自认的事实与已经查明的事实不符的,人民法院不予确认。

3. 自认原则

《最高人民法院关于民事诉讼证据的若干规定》第三条规定,在诉讼过程中,一方当事人陈述的于己不利的事实,或者对己不利的事实明确表示承认的,另一方当事人无须举证证明。

4. 默认原则

《最高人民法院关于民事诉讼证据的若干规定》第四条规定,一方当事人对于另一方当事人主张的于己不利的事实既不承认也不否认,经审判人员说明并询问后,其仍然不明确表示肯定或者否定的,视为对该事实的承认。

5. 原物原件原则

《最高人民法院关于民事诉讼证据的若干规定》第十一条规定,当事人向人民法院提供证据,应当提供原件或者原物。如需自己保存证据原件、原物或者提供原件、原物确有困难的,可以提供经人民法院核对无异的复制件或者复制品。

(三)证据的收集和保全

1. 证据收集与保全的含义

证据收集是指证明主体及特定的国家专门机关,为了证明自己的诉讼主张或者查明特定的案件事实,运用法律许可的方法和手段,发现、获取、汇集或固定各种证据材料的活动。

证据保全是指人民法院在起诉前或在对证据进行调查前,依据申请人的申请或当事人的请求,以及依职权对可能灭失或今后难以取得的证据,予以固定和保存的行为。包括对书证的拍照、复制,对物证的勘验、绘图、拍照、录像和保存,对证人证言的笔录、文书、录音等措施。《最高人民法院关于适用〈民事诉讼法〉的解释》第九十八条规定,当事人根据民事诉讼法第八十一条第一款规定申请证据保全的,可以在举证期限届满前书面提出。

2. 工程建设主体收集和保全证据的方法

在工程建设活动中,收集和保全证据最佳的方法就是加强管理,建立、健全文书流转制度,及时、全面、准确记载有关情况。

(1) 加强合同文本及相关文书档案管理

一方面要加强合同文本管理。在合同签订时,除了要明确合同的主要内容、彼此的权利和义务外,还要明确具体的操作细节;对于难以确定的内容,应当在合同中载明以双方代表临时确认的签字为依据。另一方面,在合同的执行过程中,要注意保存与业务相关的往来信函、文书、会议记录、签字等直接证据,同时对合同变更的内容加以完善保存,对单位的公章、法定代表人名章和合同专用章等加强管理,不得随便授之于人。

(2) 加强财务收支票据管理

对于每一项收支必须要有完整的账目记录,详细记载资金来源及使用目的、资金去向及用途,并附之以有关票据,特别是对于暂付、暂借等款项,必须开收据或欠据。

(3) 加强施工中的记录及签证工作

对于施工的进度情况、停工原因、租赁设备的使用情况,应当坚持施工日志记录制度,而且每一项日志记录都应坚持甲、乙双方代表签字。对施工中发现的质量问题应当及时进行现场拍照,必要时可及时聘请有关技术监督部门迅速作出技术鉴定和勘验检查笔录,或将有关情况详细记录在日志中,并由甲、乙双方签字。特别是隐蔽工程和变更工程,在隐蔽前做好验收工作,变更工程做好签证。

3. 工程建设主体在收集和保全证据时需要注意的几个问题

对重要的文件、书证,要注意留有备份,以防止遗失;对遗失的有关文件、书证要根据情况分别处理;对可能涉及对方不承认情况时,要注意保密,防止对方篡改有关证据或否认事实而侵犯自身的权利;在可能的情况下,应从对方重新复制、索取有关文件,或找到有关知情人及时回忆,形成书面证言予以保留;对涉及隐蔽工程,现场已遭破坏等情况,应及时聘请有关专业人员重新勘验,确定原因。对涉及的重要知情人,要记载清楚其下落、联系方式,以便随时请其出证。在开始诉讼时,对于那些对自己有利而对方不愿意提供的证据,要及时请求法院采取强制性证据保全措施。

六、民事诉讼时效

(一) 诉讼时效的概念

诉讼时效,是指权利人在法定期间内不行使权利,诉讼时效期间届满后,义务人可以提出不履行义务抗辩的法律制度。

(二) 不适用于诉讼时效的情形

(1)《最高人民法院关于审理民事案件适用诉讼时效制度若干问题的规定》(法释〔2020〕17号)第一条规定,当事人可以对债权请求权提出诉讼时效抗辩,但对下列债权请求权提出诉讼时效抗辩的,人民法院不予支持:

①支付存款本金及利息请求权;

②兑付国债、金融债券以及向不特定对象发行的企业债券本息请求权;

③基于投资关系产生的缴付出资请求权;

④其他依法不适用诉讼时效规定的债权请求权。

(2)《民法典》第一百九十六条规定,下列请求权不适用诉讼时效的规定:

①请求停止侵害、排除妨碍、消除危险；
②不动产物权和登记的动产物权的权利人请求返还财产；
③请求支付抚养费、赡养费或者扶养费；
④依法不适用诉讼时效的其他请求权。

(3)《民法典》第九百九十五条规定，人格权受到侵害的，受害人有权依照本法和其他法律的规定请求行为人承担民事责任。受害人的停止侵害、排除妨碍、消除危险、消除影响、恢复名誉、赔礼道歉请求权，不适用诉讼时效的规定。

（三）诉讼时效期间的种类

根据我国《民法典》第一百八十八条及有关法律的规定，诉讼时效期间通常可划分为三类：

(1)普通诉讼时效，即向人民法院请求保护民事权利的期间。普通诉讼时效期间通常为3年。

(2)特殊诉讼时效。因国际货物买卖合同和技术进出口合同争议的时效期间为4年；1992年11月颁布的《海商法》规定，就海上货物运输向承运人要求赔偿的请求权，时效期间为1年。

(3)权利的最长保护期限。诉讼时效期间自权利人知道或应当知道权利受到损害以及义务人之日起计算。但是，从权利被侵害之日起超过20年的，法院不予保护；有特殊情况的，人民法院可以根据权利人的申请决定延长。

（四）诉讼时效期间的起算

《民法典》第一百八十八条规定，诉讼时效期间自权利人知道或者应当知道权利受到损害以及义务人之日起计算。第一百八十九条规定，当事人约定同一债务分期履行的，诉讼时效期间自最后一期履行期限届满之日起计算。

（五）诉讼时效中止和中断

1. 诉讼时效中止

《民法典》第一百九十四条规定，在诉讼时效期间的最后6个月内，因下列障碍，不能行使请求权的，诉讼时效中止：(1)不可抗力；(2)无民事行为能力人或者限制民事行为能力人没有法定代理人，或者法定代理人死亡、丧失民事行为能力、丧失代理权；(3)继承开始后未确定继承人或者遗产管理人；(4)权利人被义务人或者其他人控制；(5)其他导致权利人不能行使请求权的障碍。自中止时效的原因消除之日起满6个月，诉讼时效期间届满。

诉讼时效中止，即诉讼时效期间暂时停止计算。在导致诉讼时效中止的原因消除后，也就是权利人开始可以行使请求权时起，诉讼时效期间继续计算。

2. 诉讼时效中断

《民法典》第一百九十五条规定，有下列情形之一的，诉讼时效中断，从中断、有关程序终结时起，诉讼时效期间重新计算：(1)权利人向义务人提出履行请求；(2)义务人同意履行义务；(3)权利人提起诉讼或者申请仲裁；(4)与提起诉讼或者申请仲裁具有同等效力的其他情形。

六、民事诉讼的审判

审判程序是人民法院审理案件适用的程序，常见的审判程序可以分为一审程序、二审程序和审判监督程序。

（一）一审程序

一审程序包括普通程序和简易程序。普通程序是《民事诉讼法》规定的民事诉讼当事人进行第一审民事诉讼和人民法院审理第一审民事案件所通常适用的诉讼程序。简易程序是基层人民法院和它的派出法庭审理事实清楚、权利义务关系明确、争议不大的简单民事案件适用的程序。基层人民法院和它派出的法庭审理上述规定以外的民事案件,当事人双方也可以约定适用简易程序。

适用普通程序审理的案件,根据《民事诉讼法》第一百五十二条的规定,人民法院适用普通程序审理的案件,应当在立案之日起6个月内审结。有特殊情况需要延长的,经本院院长批准,可以延长6个月;还需要延长的,报请上级人民法院批准。

(二)第二审程序

第二审程序,是指由于民事诉讼当事人不服地方各级人民法院尚未生效的第一审判决或裁定,在法定上诉期间内,向上一级人民法院提起上诉而引起的诉讼程序。由于我国实行两审终审制,上诉案件经二审法院审理后作出的判决、裁定为终审的判决、裁定,诉讼程序即告终结。

根据《民事诉讼法》规定,第二审人民法院审理对判决的上诉案件,审限为3个月;审理对裁定的上诉案件,审限为30日。

(三)审判监督程序

1. 审判监督程序的概念

审判监督程序即再审程序,是指由有审判监督权的法定机关和人员提起,或由当事人申请,由人民法院对已经发生法律效力的判决、裁定、调解书再次审理的程序。

2. 审判监督程序的提起

(1)人民法院提起再审的程序

①《民事诉讼法》第二百零九条规定,各级人民法院院长对本院已经发生法律效力的判决、裁定、调解书,发现确有错误,认为需要再审的,应当提交审判委员会讨论决定。

②最高人民法院对地方各级人民法院已经发生法律效力的判决、裁定、调解书,上级人民法院对下级人民法院已经发生法律效力的判决、裁定、调解书,发现确有错误的,有权提审或者指令下级人民法院再审。

按照审判监督程序决定再审的案件,裁定中止原判决的执行。

(2)当事人申请再审的程序

《民事诉讼法》第二百一十条规定,当事人对已经发生法律效力的判决、裁定,认为有错误的,可以向上一级人民法院申请再审;当事人一方人数众多或者当事人双方为公民的案件,也可以向原审人民法院申请再审。当事人申请再审的,不停止判决、裁定的执行。

(3)当事人可以申请再审的时间

《民事诉讼法》第二百一十六条规定,当事人申请再审,应当在判决、裁定发生法律效力后6个月内提出。

(4)人民检察院的抗诉

抗诉是指人民检察院对人民法院发生法律效力的判决、裁定、调解书,发现有提起抗诉的法定情形,提请人民法院对案件重新审理。

《民事诉讼法》第二百二十条规定,有下列情形之一的,当事人可以向人民检察院申请检察建议或者抗诉:

①人民法院驳回再审申请的;

②人民法院逾期未对再审申请作出裁定的;

③再审判决、裁定有明显错误的。

人民检察院对当事人的申请应当在3个月内进行审查,作出提出或者不予提出检察建议或者抗诉的决定。当事人不得再次向人民检察院申请检察建议或者抗诉。

七、民事诉讼的执行

审判程序与执行程序是并列的独立程序。审判程序是产生裁判书的过程,执行程序是实现裁判书内容的过程。

（一）执行程序的概念

执行程序,是指人民法院的执行机构依照法定的程序,对发生法律效力并具有给付内容的法律文书,以国家强制力为后盾,依法采取强制措施,迫使具有给付义务的当事人履行其给付义务的行为。执行应具备的条件：

（1）以生效法律文书为依据；

（2）执行根据必须具备给付内容；

（3）必须以负有义务的一方当事人无故拒不履行义务为前提。

（二）执行案件的管辖

《民事诉讼法》第二百三十五条规定,发生法律效力的民事判决、裁定,以及刑事判决、裁定中的财产部分,由第一审人民法院或者与第一审人民法院同级的被执行的财产所在地人民法院执行。

法律规定由人民法院执行的其他法律文书,由被执行人住所地或者被执行的财产所在地人民法院执行。

（三）执行申请

《民事诉讼法》规定,下列文书当事人必须履行。一方拒绝履行的,对方当事人可以向人民法院申请执行。

（1）人民法院制作的发生法律效力的民事判决书、裁定书以及生效的调解书等；

（2）人民法院作出的具有财产给付内容的发生法律效力的刑事判决书、裁定书；

（3）仲裁机构制作的依法由人民法院执行的生效仲裁裁决书、仲裁调解书；

（4）公证机关依法作出的赋予强制执行效力的公证债权文书；

（5）人民法院作出的先予执行的裁定、执行回转的裁定以及承认并协助执行外国判决、裁定或裁决的裁定；

（6）我国行政机关作出的法律明确规定由人民法院执行的行政决定；

（7）人民法院依督促程序发布的支付令等。

《民事诉讼法》第二百五十条规定,申请执行的期间为二年。申请执行时效的中止、中断,适用法律有关诉讼时效中止、中断的规定。执行的期间,从法律文书规定履行期间的最后一日起计算；法律文书规定分期履行的,从最后一期履行期限届满之日起计算；法律文书未规定履行期间的,从法律文书生效之日起计算。

1.2.5 仲裁

一、仲裁的概念和原则

(一)仲裁的概念

仲裁是指发生争议的当事人根据其达成的仲裁协议,自愿将该争议提交中立的第三方(仲裁机构)进行裁判的争议解决制度。此处的仲裁机构为非司法机构,因此仲裁在性质上是兼具契约性、自治性、民间性和准司法性的一种争议解决方式。

(二)仲裁的基本制度

1. 协议仲裁制度

仲裁协议是当事人自愿原则的体现,当事人申请仲裁、仲裁委员会受理仲裁以及仲裁庭对仲裁案件的审理和裁决,都必须以当事人依法订立的仲裁协议为前提。《中华人民共和国仲裁法》(以下简称《仲裁法》)第四条规定,当事人采用仲裁方式解决纠纷,应当双方自愿,达成仲裁协议。没有仲裁协议,一方申请仲裁的,仲裁委员会不予受理。

2. 或裁或审制度

仲裁和诉讼是两种并行的争议解决方式,当事人只能选用其中的一种。《仲裁法》第五条规定,当事人达成仲裁协议,一方向人民法院起诉的,人民法院不予受理,但仲裁协议无效的除外。因此,有效的仲裁协议可以排除法院对案件的司法管辖权,只有在没有仲裁协议或者仲裁协议无效的情况下,法院才可以对当事人的纠纷予以受理。

3. 一裁终局制度

《仲裁法》第九条规定仲裁实行一裁终局的制度。裁决作出后,当事人就同一纠纷再申请仲裁或者向人民法院起诉的,仲裁委员会或者人民法院不予受理。但是,裁决被人民法院依法撤销或者不予执行的,当事人就该纠纷可以根据双方重新达成的仲裁协议申请仲裁,或者向人民法院起诉。

(三)仲裁的范围

《仲裁法》第二条规定,平等主体的公民、法人和其他组织之间发生的合同纠纷和其他财产权益纠纷,可以仲裁。这里明确了三条原则:一是发生纠纷的双方当事人必须是民事主体,包括国内外法人、自然人和其他合法的具有独立主体资格的组织;二是仲裁的争议事项应当是当事人有权处分的;三是仲裁范围必须是合同纠纷和其他财产权益纠纷。

《仲裁法》第三条规定,下列纠纷不能仲裁:

(1)婚姻、收养、监护、扶养、继承纠纷;

(2)依法应当由行政机关处理的行政争议。

二、仲裁协议

(一)仲裁协议的形式

仲裁协议是指当事人自愿将已经发生或者可能发生的争议提交仲裁解决的书面协议。

《仲裁法》第十六条规定,仲裁协议包括合同中订立的仲裁条款和其他以书面形式在纠纷发生前或者纠纷发生后达成的请求仲裁的协议。

(二)仲裁协议的内容

《仲裁法》第十六条规定,仲裁协议应当具有请求仲裁的意思表示、仲裁事项、仲裁委员会三项内容。上述三项内容不同时具备或约定不明确的,当事人可以协议补充。《仲裁法》第十八条规定,仲裁协议对仲裁事项或者仲裁委员会没有约定或者约定不明确的,当事人可以补充协议;达不成补充协议的,仲裁协议无效。

《仲裁法》第十九条规定,仲裁协议独立存在,合同的变更、解除、终止或者无效,不影响仲裁协议的效力。

三、仲裁案件的申请和受理

(一)申请仲裁的条件

《仲裁法》第二十一条规定,当事人申请仲裁应当符合下列条件:
(1)有仲裁协议;
(2)有具体的仲裁请求和事实、理由;
(3)属于仲裁委员会的受理范围。

《仲裁法》第二十二条规定,当事人申请仲裁,应当向仲裁委员会递交仲裁协议、仲裁申请书及副本。

(二)审查与受理

《仲裁法》第二十四条规定,仲裁委员会收到仲裁申请书之日起五日内,认为符合受理条件的,应当受理,并通知当事人;认为不符合受理条件的,应当书面通知当事人不予受理,并说明理由。

被申请人收到仲裁申请书副本后,应当在仲裁规则规定的期限内向仲裁委员会提交答辩书。仲裁委员会收到答辩书后,应当在仲裁规则规定的期限内将答辩书副本送达申请人。被申请人未提交答辩书的,不影响仲裁程序的进行。《仲裁法》第二十七条规定,申请人可以放弃或者变更仲裁请求。被申请人可以承认或者反驳仲裁请求,有权提出反请求。

(三)财产保全

为保证仲裁程序顺利进行、仲裁案件公正审理以及仲裁裁决有效执行,根据《仲裁法》第二十八条规定,当事人有权申请财产保全。当事人提起财产保全的申请,可以在仲裁程序开始前,也可以在仲裁程序进行中。当事人要求采取保全措施的,应向仲裁委员会提出书面申请,由仲裁委员会将保全申请转交被申请人住所地或其财产所在地或证据所在地有管辖权的人民法院作出裁定;当事人也可以直接向有管辖权的人民法院提出保全申请。

申请人在人民法院采取保全措施后30日内不依法申请仲裁的,人民法院应当解除保全。

(四)仲裁代理

《仲裁法》第二十九条规定,当事人、法定代理人可以委托律师和其他代理人进行仲裁活动。委托律师和其他代理人进行仲裁活动的,应当向仲裁委员会提交授权委托书。

四、仲裁审理程序

仲裁案件采用普通程序或者简易程序来审理。采用普通程序审理仲裁案件，由三名仲裁员组成合议仲裁庭；采用简易程序审理仲裁案件，由一名仲裁员组成独任仲裁庭。

（一）合议仲裁庭

《仲裁法》第三十一条规定，当事人约定由三名仲裁员组成仲裁庭的，应当各自选定或者各自委托仲裁委员会主任指定一名仲裁员，第三名仲裁员由当事人共同选定或者共同委托仲裁委员会主任指定。第三名仲裁员是首席仲裁员。

（二）独任仲裁庭

《仲裁法》第三十一条规定，当事人约定由一名仲裁员成立仲裁庭的，应当由当事人共同选定或者共同委托仲裁委员会主任指定仲裁员。

《仲裁法》第三十二条规定，当事人没有在仲裁规则规定的期限内约定仲裁庭的组成方式或者选定仲裁员的，由仲裁委员会主任指定。

（三）开庭和裁决

1. 开庭审理为主

仲裁审理的方式分为开庭审理和书面审理两种。仲裁应当开庭审理作出裁决，这是仲裁审理的主要方式。《仲裁法》第三十九条规定，仲裁应当开庭进行。当事人协议不开庭的，仲裁庭可以根据仲裁申请书、答辩书以及其他材料作出裁决。

2. 不公开为原则

《仲裁法》第四十条规定，仲裁不公开进行。当事人协议公开的，可以公开进行，但涉及国家秘密的除外。

3. 证据与质证

《仲裁法》第四十三条规定，当事人应当对自己的主张提供证据。仲裁庭认为有必要收集的证据，可以自行收集。

《仲裁法》第四十五条规定，证据应当在开庭时出示，当事人可以质证。

《仲裁法》第四十六条规定，在证据可能灭失或者以后难以取得的情况下，当事人可以申请证据保全。当事人申请证据保全的，仲裁委员会应当将当事人的申请提交证据所在地的基层人民法院。

4. 有权辩论

《仲裁法》第四十七条规定，当事人在仲裁过程中有权进行辩论。辩论终结时，首席仲裁员或者独任仲裁员应当征询当事人的最后意见。

5. 仲裁笔录

《仲裁法》第四十八条规定，仲裁庭应当将开庭情况记入笔录。当事人和其他仲裁参与人认为对自己陈述的记录有遗漏或者差错的，有权申请补正。如果不予补正，应当记录该申请。笔录由仲裁员、记录人员、当事人和其他仲裁参与人签名或者盖章。

6. 缺席裁决

《仲裁法》第四十二条规定，申请人经书面通知，无正当理由不到庭或者未经仲裁庭许可中途退庭的，可以视为撤回仲裁申请。被申请人经书面通知，无正当理由不到庭或者未经仲裁庭许可中途退庭的,可以缺席裁决。

7. 仲裁和解与调解

《仲裁法》第四十九条规定,当事人申请仲裁后,可以自行和解。达成和解协议的,可以请求仲裁庭根据和解协议作出裁决书,也可以撤回仲裁申请。

《仲裁法》第五十条规定,当事人达成和解协议,撤回仲裁申请后反悔的,可以根据仲裁协议申请仲裁。

《仲裁法》第五十一条规定,仲裁庭在作出裁决前,可以先行调解。当事人自愿调解的,仲裁庭应当调解。调解不成的,应当及时作出裁决。调解达成协议的,仲裁庭应当制作调解书或者根据协议的结果制作裁决书。调解书与裁决书具有同等法律效力。

《仲裁法》第五十二条规定,调解书应当写明仲裁请求和当事人协议的结果。调解书由仲裁员签名,加盖仲裁委员会印章,送达双方当事人。调解书经双方当事人签收后,即发生法律效力。在调解书签收前当事人反悔的,仲裁庭应当及时作出裁决。

8. 仲裁裁决

仲裁裁决是由仲裁庭作出的具有强制执行效力的法律文书。独任仲裁庭审理的案件由独任仲裁员作出仲裁裁决,合议仲裁庭审理的案件由三名仲裁员集体作出仲裁裁决。《仲裁法》第五十三条规定,裁决应当按照多数仲裁员的意见作出,少数仲裁员的不同意见可以记入笔录。仲裁庭不能形成多数意见时,裁决应当按照首席仲裁员的意见作出。

裁决书自作出之日起发生法律效力。仲裁实行一裁终局制度,当事人不得就已经裁决的事项再行申请仲裁,也不得就此提起诉讼,但可以补正。当事人自收到裁决书之日起30日内,可以请求仲裁庭补正。

9. 申请撤销裁决

《仲裁法》第五十八条规定,当事人提出证据证明裁决有下列情形之一的,可以向仲裁委员会所在地的中级人民法院申请撤销裁决:

(1) 没有仲裁协议的;
(2) 裁决的事项不属于仲裁协议的范围或者仲裁委员会无权仲裁的;
(3) 仲裁庭的组成或者仲裁的程序违反法定程序的;
(4) 裁决所根据的证据是伪造的;
(5) 对方当事人隐瞒了足以影响公正裁决的证据的;
(6) 仲裁员在仲裁该案时有索贿受贿,徇私舞弊,枉法裁决行为的。

人民法院经组成合议庭审查核实裁决上述规定情形之一的,应当裁定撤销。

人民法院认定该裁决违背社会公共利益的,应当裁定撤销。

《仲裁法》第五十九条规定,当事人申请撤销裁决的,应当自收到裁决书之日起六个月内提出。

(四) 仲裁裁决的执行

《仲裁法》第六十二条规定,当事人应当履行裁决。一方当事人不履行的,另一方当事人可以依照民事诉讼法的有关规定向人民法院申请执行。申请仲裁裁决强制执行必须在法律规定的期限内提出。《民事诉讼法》第二百五十条规定,申请执行的期间为二年。

(五) 仲裁裁决的不予执行和撤销

《民事诉讼法》第二百四十八条规定,被申请人提出证据证明仲裁裁决有下列情形之一的,经人民法院组成合议庭审查核实,裁定不予执行：

(1) 当事人在合同中没有订有仲裁条款或者事后没有达成书面仲裁协议的；
(2) 裁决的事项不属于仲裁协议的范围或者仲裁机构无权仲裁的；
(3) 仲裁庭的组成或者仲裁的程序违反法定程序的；
(4) 裁决所根据的证据是伪造的；
(5) 对方当事人向仲裁机构隐瞒了足以影响公正裁决的证据的；
(6) 仲裁员在仲裁该案时有贪污受贿,徇私舞弊,枉法裁决行为的。

五、仲裁的特点

(一) 自愿性

当事人的自愿性是仲裁最突出的特点。仲裁是最能充分体现当事人意思自治原则的争议解决方式。仲裁以当事人的自愿为前提,即是否将纠纷提交仲裁,向哪个仲裁委员会申请仲裁,仲裁庭如何组成,仲裁员的选择,以及仲裁的审理方式、开庭形式等,都是在当事人自愿的基础上,由当事人协商确定的。

(二) 专业性

专家裁案,是民商事仲裁的重要特点之一。
《仲裁法》第十二条规定,仲裁委员会的主任、副主任和委员由法律、经济贸易专家和有实际工作经验的人员担任。

(三) 灵活性

由于仲裁充分体现当事人的意思自治,仲裁中的诸多具体程序都是由当事人协商确定与选择的,因此,与诉讼相比,仲裁程序更加灵活,更具有弹性。

(四) 独立性

《仲裁法》第十四条规定,仲裁委员会独立于行政机关,与行政机关没有隶属关系。仲裁委员会之间也没有隶属关系。《仲裁法》第八条规定,仲裁依法独立进行,不受行政机关、社会团体和个人的干涉。

(五) 保密性

仲裁以不公开审理为原则。同时,当事人及其代理人、证人、翻译、仲裁员、仲裁庭咨询的专家和指定的鉴定人、仲裁委员会有关工作人员也要遵守保密义务,不得对外界透露案件实体和程序的有关情况。因此,可以有效地保护当事人的商业秘密和商业信誉。

(六) 快捷性

仲裁实行一裁终局制度,仲裁裁决一经作出即发生法律效力。仲裁裁决不能上诉,这使得当事人之间的纠纷能够迅速得以解决。

(七) 裁决在国际上得到承认和执行

根据《承认及执行外国仲裁裁决公约》(也简称《纽约公约》),仲裁裁决可以在其缔约国得到承认和执行。

1.2.5 行政复议和行政诉讼

一、行政复议

行政复议和行政诉讼都是解决行政争议,对行政机关的行政管理进行监督,对行政相对人遭到违法和不当行政行为侵害给予救济的法律制度。行政复议与行政诉讼是两种不同的权利救济手段。

(一)行政复议的概念

行政复议是指公民、法人或者其他组织不服行政主体作出的行政行为,认为行政主体的行政行为侵犯了其合法权益,依法向法定的行政复议机关提出复议申请,行政复议机关依法对该具体行政行为进行合法性、适当性审查,作出行政复议决定的行政行为。行政复议的基本法律依据是《中华人民共和国行政复议法》(以下简称《行政复议法》)。

(二)行政复议的范围

1. 可以申请行政复议的情况

《行政复议法》第十一条规定,有下列情形之一的,公民、法人或者其他组织可以依照本法申请行政复议:

(1)对行政机关作出的行政处罚决定不服;

(2)对行政机关作出的行政强制措施、行政强制执行决定不服;

(3)申请行政许可,行政机关拒绝或者在法定期限内不予答复,或者对行政机关作出的有关行政许可的其他决定不服;

(4)对行政机关作出的确认自然资源的所有权或者使用权的决定不服;

(5)对行政机关作出的征收征用决定及其补偿决定不服;

(6)对行政机关作出的赔偿决定或者不予赔偿决定不服;

(7)对行政机关作出的不予受理工伤认定申请的决定或者工伤认定结论不服;

(8)认为行政机关侵犯其经营自主权或者农村土地承包经营权、农村土地经营权;

(9)认为行政机关滥用行政权力排除或者限制竞争;

(10)认为行政机关违法集资、摊派费用或者违法要求履行其他义务;

(11)申请行政机关履行保护人身权利、财产权利、受教育权利等合法权益的法定职责,行政机关拒绝履行、未依法履行或者不予答复;

(12)申请行政机关依法给付抚恤金、社会保险待遇或者最低生活保障等社会保障,行政机关没有依法给付;

(13)认为行政机关不依法订立、不依法履行、未按照约定履行或者违法变更、解除政府特许经营协议、土地房屋征收补偿协议等行政协议;

(14)认为行政机关在政府信息公开工作中侵犯其合法权益;

(15)认为行政机关的其他行政行为侵犯其合法权益。

2. 一并行政复议的情况

《行政复议法》第十三条规定,公民、法人或者其他组织认为行政机关的行政行为所依据的

下列规范性文件不合法,在对行政行为申请行政复议时,可以一并向行政复议机关提出对该规范性文件的附带审查申请:

(1)国务院部门的规范性文件;

(2)县级以上地方各级人民政府及其工作部门的规范性文件;

(3)乡、镇人民政府的规范性文件。

(4)法律法规、规章授权的组织的规范性文件。

但以上规范性文件不含规章。规章的审查依照法律、行政法规办理。

3. 不能提起行政复议的情况

《行政复议法》第十二条规定,下列事项不属于行政复议范围:

(1)国防、外交等国家行为;

(2)行政法规、规章或者行政机关制定、发布的具有普遍约束力的决定、命令等规范性文件;

(3)行政机关对行政机关工作人员的奖惩、任免等决定;

(4)行政机关对民事纠纷作出的调解。

(三)行政复议申请

1. 行政复议申请时限

《行政复议法》第二十条规定,公民、法人或者其他组织认为行政行为侵犯其合法权益的,可以自知道或者应当知道该行政行为之日起六十日内提出行政复议申请;但是法律规定的申请期限超过六十日的除外。因不可抗力或者其他正当理由耽误法定申请期限的,申请期限自障碍消除之日起继续计算。

2. 行政复议申请形式

《行政复议法》第二十二条规定,申请人申请行政复议,可以书面申请;书面申请有困难的,也可以口头申请。书面申请的,可以通过邮寄或者行政复议机关指定的互联网渠道等方式提交行政复议申请书,也可以当面提交行政复议申请书。行政机关通过互联网渠道送达行政行为决定书的,应当同时提供提交行政复议申请书的互联网渠道。口头申请的,行政复议机关应当当场记录申请人的基本情况、行政复议请求、申请行政复议的主要事实、理由和时间。

3. 行政复议机关

《行政复议法》第四条规定,县级以上各级人民政府以及其他依照本法履行行政复议职责的行政机关是行政复议机关。行政复议机关办理行政复议事项的机构是行政复议机构。行政复议机关应当加强行政复议工作,支持和保障行政复议机构依法履行职责。上级行政复议机构对下级行政复议机构的行政复议工作进行指导、监督。

4. 行政复议不得与诉讼同时申请

《行政复议法》第二十九条规定,公民、法人或者其他组织申请行政复议,行政复议机关已经依法受理的,在行政复议期间不得向人民法院提起行政诉讼。

公民、法人或者其他组织向人民法院提起行政诉讼,人民法院已经依法受理的,不得申请行政复议。

(四)行政复议受理

《行政复议法》第三十条规定,行政复议机关收到行政复议申请后,应当在五日内进行审

查。对符合下列规定的,行政复议机关应当予以受理:

(1)有明确的申请人和符合本法规定的被申请人;

(2)申请人与被申请行政复议的行政行为有利害关系;

(3)有具体的行政复议请求和理由;

(4)在法定申请期限内提出;

(5)属于本法规定的行政复议范围;

(6)属于本机关的管辖范围;

(7)行政复议机关未受理过该申请人就同一行政行为提出的行政复议申请,并且人民法院未受理过该申请人就同一行政行为提起的行政诉讼。

对不符合前款规定的行政复议申请,行政复议机关应当在审查期限内决定不予受理并说明理由;不属于本机关管辖的,还应当在不予受理决定中告知申请人有管辖权的行政复议机关。行政复议申请的审查期限届满,行政复议机关未作出不予受理决定的,审查期限届满之日起视为受理。

(五)行政复议审理

《行政复议法》第三十六条规定,行政复议机关受理行政复议申请后,依照本法适用普通程序或者简易程序进行审理。

行政复议普通程序是指在行政复议过程中,对于较为复杂或者重要的案件,行政复议机构按照一定的步骤和方法进行审理的程序。行政复议简易程序是指在行政复议过程中,对于事实清楚、权利义务关系明确、争议不大的案件,采取较为简便的程序进行审理。《行政复议法》第五十三条规定,下列行政复议案件,可以适用简易程序:

(1)被申请行政复议的行政行为是当场作出;

(2)被申请行政复议的行政行为是警告或者通报批评;

(3)案件涉及款额三千元以下;

(4)属于政府信息公开案件。

此外,当事人各方同意适用简易程序的,可以适用简易程序。

《行政复议法》第三十八条规定,上级行政复议机关根据需要,可以审理下级行政复议机关管辖的行政复议案件。下级行政复议机关对其管辖的行政复议案件,认为需要由上级行政复议机关审理的,可以报请上级行政复议机关决定。

行政复议期间,行政复议机关无正当理由中止行政复议的,上级行政机关应当责令其恢复审理。

《行政复议法》第四十二条规定,行政复议期间行政行为不停止执行;但是有下列情形之一的,应当停止执行:

(1)被申请人认为需要停止执行;

(2)行政复议机关认为需要停止执行;

(3)申请人、第三人申请停止执行,行政复议机关认为其要求合理,决定停止执行;

(4)法律、法规、规章规定停止执行的其他情形。

(六)行政复议决定

1. 行政复议决定的作出

《行政复议法》第六十一条规定,行政复议机关依照本法审理行政复议案件,由行政复议机构对行政行为进行审查,提出意见,经行政复议机关的负责人同意或者集体讨论通过后,以行政复议机关的名义作出行政复议决定。经过听证的行政复议案件,行政复议机关应当根据听证笔录、审查认定的事实和证据,依照本法作出行政复议决定。提请行政复议委员会提出咨询意见的行政复议案件,行政复议机关应当将咨询意见作为作出行政复议决定的重要参考依据。

2. 行政复议期限

《行政复议法》第六十二条规定,适用普通程序审理的行政复议案件,行政复议机关应当自受理申请之日起六十日内作出行政复议决定;但是法律规定的行政复议期限少于六十日的除外。情况复杂,不能在规定期限内作出行政复议决定的,经行政复议机关的负责人批准,可以适当延长,并书面告知当事人;但是延长期限最多不得超过三十日。适用简易程序审理的行政复议案件,行政复议机关应当自受理申请之日起三十日内作出行政复议决定。

3. 行政复议决定书

《行政复议法》第七十五条规定,行政复议机关作出行政复议决定,应当制作行政复议决定书,并加盖行政复议机关印章。行政复议决定书一经送达,即发生法律效力。

二、行政诉讼

(一)行政诉讼的概念

行政诉讼,是指人民法院应当事人的请求,通过审查行政行为合法性的方式,解决特定范围内行政争议的活动。行政诉讼的基本法律依据是《行政诉讼法》。行政诉讼和民事诉讼、刑事诉讼构成我国的基本诉讼制度。

(二)行政诉讼的管辖

《行政诉讼法》第十八条规定,行政案件由最初作出行政行为的行政机关所在地人民法院管辖。经复议的案件,也可以由复议机关所在地人民法院管辖。经最高人民法院批准,高级人民法院可以根据审判工作的实际情况,确定若干人民法院跨行政区域管辖行政案件。

第十九条规定,对限制人身自由的行政强制措施不服提起的诉讼,由被告所在地或者原告所在地人民法院管辖。

第二十条规定,因不动产提起的行政诉讼,由不动产所在地人民法院管辖。

第二十一条规定,两个以上人民法院都有管辖权的案件,原告可以选择其中一个人民法院提起诉讼。原告向两个以上有管辖权的人民法院提起诉讼的,由最先立案的人民法院管辖。

(三)行政诉讼的举证

1. 行政行为纠纷举证

《行政诉讼法》第三十四条规定,被告对作出的行政行为负有举证责任,应当提供作出该行政行为的证据和所依据的规范性文件。被告不提供或者无正当理由逾期提供证据,视为没有相应证据。但是,被诉行政行为涉及第三人合法权益,第三人提供证据的除外。

第三十七条规定,原告可以提供证明行政行为违法的证据。原告提供的证据不成立的,不免除被告的举证责任。

第三十八条规定,在起诉被告不履行法定职责的案件中,原告应当提供其向被告提出申请的证据。但有下列情形之一的除外:

(1)被告应当依职权主动履行法定职责的;

（2）原告因正当理由不能提供证据的。

在行政赔偿、补偿的案件中，原告应当对行政行为造成的损害提供证据。因被告的原因导致原告无法举证的，由被告承担举证责任。

2. 行政协议纠纷举证

《最高人民法院关于审理行政协议案件若干问题的规定》（法释〔2019〕17号）第十条规定，被告对于自己具有法定职权、履行法定程序、履行相应法定职责以及订立、履行、变更、解除行政协议等行为的合法性承担举证责任。

原告主张撤销、解除行政协议的，对撤销、解除行政协议的事由承担举证责任。

对行政协议是否履行发生争议的，由负有履行义务的当事人承担举证责任。

（四）起诉与受理

1. 复议后起诉与直接起诉

《行政诉讼法》第四十四条规定，对属于人民法院受案范围的行政案件，公民、法人或者其他组织可以先向行政机关申请复议，对复议决定不服的，再向人民法院提起诉讼；也可以直接向人民法院提起诉讼。

第四十七条规定，公民、法人或者其他组织申请行政机关履行保护其人身权、财产权等合法权益的法定职责，行政机关在接到申请之日起两个月内不履行的，公民、法人或者其他组织可以向人民法院提起诉讼。法律、法规对行政机关履行职责的期限另有规定的，从其规定。公民、法人或者其他组织在紧急情况下请求行政机关履行保护其人身权、财产权等合法权益的法定职责，行政机关不履行的，提起诉讼不受前款规定期限的限制。

2. 起诉时限

《行政诉讼法》第四十五条规定，公民、法人或者其他组织不服复议决定的，可以在收到复议决定书之日起十五日内向人民法院提起诉讼。复议机关逾期不作决定的，申请人可以在复议期满之日起十五日内向人民法院提起诉讼。法律另有规定的除外。

《行政诉讼法》第四十六条规定，公民、法人或者其他组织直接向人民法院提起诉讼的，应当自知道或者应当知道作出行政行为之日起六个月内提出。法律另有规定的除外。因不动产提起诉讼的案件自行政行为作出之日起超过二十年，其他案件自行政行为作出之日起超过五年提起诉讼的，人民法院不予受理。

3. 起诉形式

《行政诉讼法》第五十条规定，起诉应当向人民法院递交起诉状，并按照被告人数提出副本。书写起诉状确有困难的，可以口头起诉，由人民法院记入笔录，出具注明日期的书面凭证，并告知对方当事人。

4. 向上一级人民法院起诉

《行政诉讼法》第五十二条规定，人民法院既不立案，又不作出不予立案裁定的，当事人可以向上一级人民法院起诉。上一级人民法院认为符合起诉条件的，应当立案、审理，也可以指定其他下级人民法院立案、审理。

5. 一并起诉

《行政诉讼法》第五十三条规定，公民、法人或者其他组织认为行政行为所依据的国务院部门和地方人民政府及其部门制定的规范性文件（不含规章）不合法，在对行政行为提起诉讼时，可以一并请求对该规范性文件进行审查。

6. 登记立案

《行政诉讼法》第四十九条规定,提起诉讼应当符合下列条件:

(1)原告是符合本法第二十五条规定的公民、法人或者其他组织;

(2)有明确的被告;

(3)有具体的诉讼请求和事实根据;

(4)属于人民法院受案范围和受诉人民法院管辖。

《行政诉讼法》第五十一条规定,人民法院在接到起诉状时对符合本法规定的起诉条件的,应当登记立案。

对当场不能判定是否符合本法规定的起诉条件的,应当接收起诉状,出具注明收到日期的书面凭证,并在七日内决定是否立案。不符合起诉条件的,作出不予立案的裁定。裁定书应当载明不予立案的理由。原告对裁定不服的,可以提起上诉。

(五)审理

行政诉讼与民事诉讼均表现为法院作为中立的第三方对纠纷双方进行制裁,两者审理的基本原则大体相同,都是以事实为依据,以法律为准绳,实行回避、公开审理和两审终审制度,法官独立行使审判权,其他任何单位和个人均不能干涉。审判组织和审判程序也大体相同,都可进行合议和独任审理,都可缺席审判,都有简易程序。

(六)判决

法院经过审理,根据不同情况,分别就行政案件作出如下判决:判决驳回;判决撤销或者部分撤销;判决限期履行;判决履行给付义务;判决确认违法;判决确认无效;判决责令继续履行、采取补救措施与承担赔偿责任;判决变更。

(七)执行

1. 公民、法人或者其他组织拒绝履行的强制执行

《行政诉讼法》第九十四条规定,当事人必须履行人民法院发生法律效力的判决、裁定、调解书。

《行政诉讼法》第九十五条规定,公民、法人或者其他组织拒绝履行判决、裁定、调解书的,行政机关或者第三人可以向第一审人民法院申请强制执行,或者由行政机关依法强制执行。

2. 行政机关拒绝履行的强制执行

《行政诉讼法》第九十六条规定,行政机关拒绝履行判决、裁定、调解书的,第一审人民法院可以采取下列措施:

(1)对应当归还的罚款或者应当给付的款额,通知银行从该行政机关的账户内划拨。

(2)在规定期限内不履行的,从期满之日起,对该行政机关负责人按日处五十元至一百元的罚款。

(3)将行政机关拒绝履行的情况予以公告。

(4)向监察机关或者该行政机关的上一级行政机关提出司法建议。接受司法建议的机关,根据有关规定进行处理,并将处理情况告知人民法院。

(5)拒不履行判决、裁定、调解书,社会影响恶劣的,可以对该行政机关直接负责的主管人员和其他直接责任人员予以拘留;情节严重,构成犯罪的,依法追究刑事责任。

1.2.6 法律责任制度

法律责任是指行为人由于违法行为、违约行为或者由于法律规定而应承受的某种不利的法律后果。法律责任不同于其他社会责任,法律责任的范围、性质、大小、期限等均在法律上有明确规定。法律责任主要包括民事责任、行政责任和刑事责任。法律责任具有国家强制性,法律责任的设定能够保证法律规定的权利和义务的实现。

建筑工程法律责任,是指建筑法律关系中的主体由于违反建筑法律规范的行为而依法应当承担的法律后果。建筑不适当的工程建设行为的后果可能涉及民事责任、行政责任和刑事责任这三种责任中的一种或几种。因此,建设工程从业人员必须很好地掌握建设工程法律责任的内容,以便能预见自己的建设行为所产生的后果,进而规范自己的建设行为。

一、法律责任的特征

1. 它是与违法行为相联系的

没有违法行为,就谈不上法律责任。由于违法行为的性质和危害程度不同,因而违法行为所应承担的法律责任也不相同。

2. 它的内容是法律规范明确加以具体规定的

法律责任是一种强制性法律措施,必须由有立法权的机关根据职权依照法定程序制定的有关法律、行政法规、地方性法规、部委规章或者地方政府规章来加以明文规定,否则就不构成法律责任。

3. 它具有国家强制性

追究法律责任以国家强制力作保证,是法律得以贯彻实施的关键。

4. 它是由国家授权机关依法实施的

主要是指国家司法机关和有关的国家行政机关依法进行。其他任何组织和个人均无权进行。

二、建设工程中的民事责任

民事法律责任,简称民事责任,是指民事主体违反民事法律上的约定或规范规定的义务所应承担的对其不利的法律后果,即由《民法典》规定的对民事违法行为人依法采取的以恢复被损害的权利为目的,并与一定的民事制裁措施相联系的国家强制形式。民事责任的功能主要是一种民事救济手段,使受害人被侵犯的权益得以恢复。

民事责任主要是财产责任,如损害赔偿、支付违约金等;但也不限于财产责任,此外还有恢复名誉、赔礼道歉等非财产责任。

(一)民事责任的一般构成要件

民事法律责任的一般构成要件包括以下方面。

1. 有违法行为的存在

违法行为又称加害行为,是指行为人做出的导致他人的民事权利受到损害的行为。加害行为可以是作为,也可以是不作为,以不作为构成加害行为的,一般以行为人负有特定的义务为前提。

2. 损害结果的发生

损害事实,是指因一定的行为或事件对他人的财产或人身造成的不利影响。作为侵权行为构成要件的损害事实须具备以下特点:损害是侵害合法权益的结果;损害具有可补救性;损害是已经发生的确定的事实。依侵权损害的性质和内容,损害结果大致可分为财产损失、人身伤害和精神损害三种。

3. 损害行为与损害结果之间有因果关系

因果关系,即一种现象在一定条件下必然引起另一种现象的发生,则该种现象为原因,后一种现象为结果,这两种现象之间的联系,就称为因果关系。理论上认定因果关系具体有三种方法:根据事件发生的先后顺序来认定,根据事件的客观性来认定,根据原因现象是结果现象的必要条件规则来认定。加害行为与损害事实之间有因果关系,是构成一般侵权行为的必要要件。

4. 行为人具有法律规定的过错或无过错

根据民法原理,过错分为故意、重大过失和一般过失。行为人明知自己的行为会发生损害他人民事权利的结果而实施行为的,为故意。行为人根据一般人的见识应当预见自己的行为可能损害他人的民事权利但因为疏忽大意而没有预见导致损害结果发生的,为过失。一般认为一个专业人士违反了普通预见的水平的即构成重大过失。

《民法典》第一千一百六十六条规定,行为人造成他人民事权益损害,不论行为人有无过错,法律规定应当承担侵权责任的,依照其规定。

(二)民事责任的种类

民事责任可以分为违约责任和侵权责任两类。

违约责任是指合同当事人违反法律规定或合同约定的义务而应承担的责任。侵权责任是指行为人因过错侵害他人的财产权和人身权而依法应当承担的责任,以及虽没有过错但造成了损害而依法应当承担的责任。

侵权行为可分为一般侵权行为与特殊侵权行为。

一般侵权行为是指行为人基于主观过错实施的,应适用侵权责任一般构成要件和一般责任条款的致人损害的行为。如故意侵占、毁损他人财物,诽谤他人名誉等。特殊侵权行为是指由法律直接规定,在侵权责任的主体、主观构成要件、举证责任的分配等方面不同于一般侵权行为,应适用民法上特别责任条款的致人损害的行为。

《民法典》规定了特殊侵权责任,是指损害结果发生后,按照法律的直接规定所确定的侵权责任。特殊侵权责任,不以过错的存在判断行为人是否应承担民事法律责任,或采用推定过错原则。其中,与工程建设密切相关的有以下几条:

(1)违反国家保护环境防止污染的规定,污染环境造成他人损害的特殊侵权行为,行为人应当依法承担民事责任。

(2)在公共场所、道旁或者通道上挖坑、修缮安装地下设施等,没有设置明显标志和采取安全措施造成他人损害的特殊侵权行为,施工人应当承担民事责任。

(3)建筑物或者其他设施及建筑物上的搁置物、悬挂物发生倒塌、脱落、坠落造成他人损害的特殊侵权行为,它的所有人或者管理人应当承担民事责任,但能够证明自己没有过错的除外。

(三)承担民事责任的方式

《民法典》第一百七十九条规定,承担民事责任的方式主要有:

(1)停止侵害,主要用于对知识产权和人身权的侵害。

(2)排除妨害,主要用于对财产所有权、经营权、承包权、使用权、相邻权的保护。

(3)消除危险,主要用于自己的财产和人身可能由于其他人的经营活动或财产管理不善而带来的危险。

(4)返还财产,广泛适用于财产被他人非法占有的情况。

(5)恢复原状,这主要是用于侵占他人财产时的一种责任形式。

(6)修理、重作、更换,这主要是用于债务人履行合同时,当标的物的质量不合格时采取的民事责任形式。

(7)继续履行。

(8)赔偿损失,这种形式是在民法中最普遍使用的一种。

(9)支付违约金,这种责任形式只适用于违约责任。

(10)消除影响、恢复名誉,主要适用于对名誉权、其他人身权利的侵犯和对知识产权的侵犯。

(11)赔礼道歉,适用于对人身权和知识产权的各种侵犯。

以上承担民事责任的方式,可以单独适用,也可以合并适用。

(四)建设工程民事责任的主要承担方式

1. 返还财产

当建设工程施工合同无效、被撤销后,应当返还财产。执行返还财产的方式是折价返还,即承包人已经施工完成的工程,发包人按照"折价返还"的规则支付工程价款。主要是两种方式:一是参照无效合同中的约定价款;二是按当地市场价据实结算。

2. 修理

施工合同的承包人对施工中出现质量问题的建设工程或者竣工验收不合格的建设工程,应当负责返修。

3. 赔偿损失

赔偿损失,是指合同当事人由于不履行合同义务或者履行合同义务不符合约定,给对方造成财产上的损失时,由违约方依法或依照合同约定应承担的损害赔偿责任。

4. 支付违约金

违约金是指按照当事人的约定或者法律规定,一方当事人违约的,应向另一方支付的金钱。

三、建设工程中的行政责任

行政责任,是指违反有关行政管理的法律规范的规定,但尚未构成犯罪的行为依法应当受到的法律制裁。行政责任主要包括行政处罚和行政处分。

(一)行政处罚

行政处罚,是指行政主体依据法定权限和程序,对违反行政法规的行政相对人给予的法律制裁。在我国工程建设领域,对于建设单位、勘察、设计单位、施工单位、工程监理单位等参建单位而言,行政处罚是很常见的行政责任形式。《中华人民共和国行政处罚法》是规范和调整行政处罚的设定和实施的法律依据。

在建设工程领域,法律、行政法规所设定的行政处罚主要有:警告、通报批评、罚款、没收违法所得、责令限期改正、责令停业整顿、取消一定期限内参加依法必须进行招标的项目的投标资格、责令停止施工、降低资质等级、吊销资质证书(同时吊销营业执照)、责令停止执业、吊销执业资格证书或其他许可证等。

(二)行政处分

行政处分是指国家机关、企事业单位对所属的国家工作人员违法失职行为尚不构成犯罪,依据法律法规所规定的权限而给予的一种惩戒。根据《行政机关公务员处分条例》第六条规定,行政处分种类有:警告、记过、记大过、降级、撤职、开除。如《建设工程质量管理条例》第七十六条规定,国家机关工作人员在建设工程质量监督管理工作中玩忽职守、滥用职权、徇私舞弊,构成犯罪的,依法追究刑事责任;尚不构成犯罪的,依法给予行政处分。

四、建设工程中的刑事责任

刑事责任,是指犯罪主体因违反刑法,实施了犯罪行为所应承担的法律责任。刑罚是最严厉的法律强制方法,其承担方式主要是刑罚,也包括一些非刑罚的处罚方法。

(一)刑事责任特点

(1)产生刑事责任的原因在于行为人行为的严重社会危害性,只有行为人的行为具有严重的社会危害性即构成犯罪,才能追究行为人的刑事责任。

(2)与作为刑事责任前提的行为的严重的社会危害性相适应,刑事责任是犯罪人向国家所负的一种法律责任。

(3)刑事法律是追究刑事责任的唯一法律依据,罪刑法定。

(4)刑事责任是一种惩罚性责任,因而是所有法律责任中最严厉的一种。

(5)刑事责任基本上是一种个人责任。同时,刑事责任也包括集体责任,比如"单位犯罪"。

(二)刑事责任的承担方式

刑罚是刑事责任的承担方式,是建筑法规关于法律责任中最严厉的一种处罚。根据《刑法》规定,刑罚分为主刑和附加刑。

1. 主刑

主刑是基本的刑罚,只能独立使用不能附加使用,对一个罪只能使用一个主刑,不能同时适用两个以上主刑。主刑有管制、拘役、有期徒刑、无期徒刑和死刑五种。

2. 附加刑

附加刑是既可以独立适用又可以附加于主刑适用的刑罚方法。对一个罪可以适用一个附加刑,也可以适用多个附加刑。附加刑有罚金、剥夺政治权利和没收财产三种。

(三)建设工程中常见的刑事法律责任

1. 工程重大安全事故罪

《刑法》第一百三十七条规定,建设单位、设计单位、施工单位、工程监理单位违反国家规定,降低工程质量标准,造成重大安全事故的,对直接责任人员,处五年以下有期徒刑或者拘役,并处罚金;后果特别严重的,处五年以上十年以下有期徒刑,并处罚金。

根据2015年12月颁布的《最高人民法院、最高人民检察院关于办理危害生产安全刑事案件适用法律若干问题的解释》第六条,发生安全事故,具有下列情形之一的,应当认定为"造成

重大安全事故",对直接责任人员,处五年以下有期徒刑或者拘役,并处罚金:

(1) 造成死亡一人以上,或者重伤三人以上的;

(2) 造成直接经济损失一百万元以上的;

(3) 其他造成严重后果或者重大安全事故的情形。

2. 重大责任事故罪

《刑法》第一百三十四条规定,在生产、作业中违反有关安全管理的规定,因而发生重大伤亡事故或者造成其他严重后果的,处三年以下有期徒刑或者拘役;情节特别恶劣的,处三年以上七年以下有期徒刑。强令他人违章冒险作业,或者明知存在重大事故隐患而不排除,仍冒险组织作业,因而发生重大伤亡事故或者造成其他严重后果的,处五年以下有期徒刑或者拘役;情节特别恶劣的,处五年以上有期徒刑。

根据《最高人民法院、最高人民检察院关于办理危害生产安全刑事案件适用法律若干问题的解释》第五条规定,明知存在事故隐患、继续作业存在危险,仍然违反有关安全管理的规定,实施下列行为之一的,应当认定为刑法规定的"强令他人违章冒险作业":

(1) 利用组织、指挥、管理职权,强制他人违章作业的;

(2) 采取威逼、胁迫、恐吓等手段,强制他人违章作业的;

(3) 故意掩盖事故隐患,组织他人违章作业的;

(4) 其他强令他人违章作业的行为。

3. 重大劳动安全事故罪

《刑法》第一百三十五条规定,安全生产设施或者安全生产条件不符合国家规定,因而发生重大伤亡事故或者造成其他严重后果的,对直接负责的主管人员和其他直接责任人员,处三年以下有期徒刑或者拘役;情节特别恶劣的,处三年以上七年以下有期徒刑。

4. 串通投标罪

《刑法》第二百二十三条规定,投标人相互串通投标报价,损害招标人或者其他投标人利益,情节严重的,处三年以下有期徒刑或者拘役,并处或者单处罚金。投标人与招标人串通投标,损害国家、集体、公民的合法利益的,依照以上规定处罚。

2 岗位工作任务

2.1 岗位工作任务名称及要求

背景资料1

某地产开发公司投资建设一个综合楼项目,A 建筑公司承接了该项目的施工,并将该工程的部分非主体工程施工分包给了 B 建筑公司。由于某地产开发公司拖欠 A 建筑公司工程款,导致 A 建筑公司也拖欠 B 建筑公司的分包工程款项。为此,B 建筑公司背着 A 建筑公司,以实际施工人名义单独起诉某地产开发公司,要求某地产开发公司直接向其支付工程价款。在法院审理过程中,某地产开发公司与 B 建筑公司双方达成调解协议,约定由某地产开发公司直接向

B建筑公司支付工程款,然后在工程竣工结算时从给A建筑公司的工程价款中扣除。法院根据该调解协议制作了调解书,经双方签字后生效,由于B建筑公司高估冒算工程量,导致某地产开发公司实际确认并支付的工程款远远超过B建筑公司应得款额。后来在工程结算时A建筑公司发现了此事。

一、岗位任务的名称

A建筑公司应如何维护自己的权益?

二、岗位工作任务的总体要求

阅读民事诉讼当事人知识并查阅相关资料,列出原告、被告以及第三人概念的表述,能够运用建筑法律关系的相关知识对背景材料进行归纳、分析。

三、岗位工作任务的具体要求

1. 前期准备。参加任务的同学,课前阅读岗位知识,并做好学习(工作)笔记,找出学习(工作)过程中的重点、难点,有条件的同学可以就该任务深入企业进行访问调查。

2. 过程中。参加任务的同学,以岗位任务为基点,运用岗位知识进行分析、归纳和要点提炼,完成岗位学习(工作)任务。

3. 任务后。参加任务的同学,记录学习(工作)过程中的体会、收获及改进措施、建议。

4. 认真填写岗位工作任务报告并存档保存,作为对该任务完成情况或学习成绩的评价依据。

背景资料2

某工程于2016年6月27日完工后,尚有1500万元工程款没有支付。发包人与承包人约定剩余的工程款分三期支付:第一笔500万元于2016年12月31日前支付;第二笔500万元于2017年6月30日前支付;第三笔500万元于2017年12月31日前支付。发包人依约支付了第一笔和第二笔工程款共1000万元,但第三笔工程款迟迟未支付。承包人由于业务繁忙,至2021年6月30日才发现发包人仍有500万元未支付,于是催告发包人付款。发包人拒绝支付,承包人遂将发包人诉至法院。

一、岗位工作任务的名称

1. 法院是否应受理此案?
2. 法院是否可以直接驳回诉讼请求?
3. 如果施工合同中约定工程价款请求权的诉讼时效为1年,应当如何处理?

二、岗位工作任务的总体要求

阅读岗位知识并查阅相关资料,列出诉讼时效的表述,能够运用建筑法律关系的相关知识对背景材料进行归纳、分析。

三、岗位工作任务的具体要求

1. 前期准备。参加任务的同学，课前阅读岗位知识，并做好学习(工作)笔记，找出学习(工作)过程中的重点、难点，有条件的同学可以就该任务深入企业进行访问调查。

2. 过程中。参加任务的同学，以岗位任务为基点，运用岗位知识进行分析、归纳和要点提炼，完成岗位学习(工作)任务。

3. 任务后。参加任务的同学，记录学习(工作)过程中的体会、收获及改进措施、建议。

4. 认真填写岗位工作任务报告并存档保存，作为对该任务完成情况或学习成绩的评价依据。

2.2 岗位工作任务结果

岗位工作任务完成后，参加任务的每位同学必须认真填写岗位工作任务报告并存档保存，作为该工作任务的结果。任务报告要求语言流畅，文字简练，条理清晰，原则上要求学生当场完成，教师酌情进行点评。具体见表1-1。

表1-1 岗位工作任务报告

姓名： 专业： 班级： 日期： 年 月 日

任务名称		任务目的	
任务内容		任务资料	
任务过程		任务结果或结论	
收获与体会		改进建议	
评价建议			
			年 月 日

2.3 岗位工作任务评价标准

任务完成后,均需要按岗位工作任务评价标准进行工作考核评价,作为学习(工作)的成绩评定依据。具体见表1-2。

表1-2 岗位工作任务评价标准表

类别	内容及标准	分值	自评(40%)	教师评(60%)	权重	小计	备注
出勤	态度端正,主动积极,无迟到早退	15			15%		有迟到或早退现象,每次扣1分,直至扣完本项分为止
准备阶段	1.按规定时间接受线上发布的任务并反馈	5			30%		未接受发布的任务、未完成知识的预习及未完成知识预习的练习,每次扣1分;未列出岗位知识中的重点、难点,并记录在笔记中,每次扣2分;直至扣完本项分为止
	2.按规定时间完成岗位知识的预习	10					
	3.能够列出岗位知识中的重点、难点,并记录在笔记中	10					
	4.及时完成岗位知识预习的练习	5					
实施阶段	1.能针对岗位知识进行分析、归纳和要点提炼	10			35%		能对知识进行要点提炼、积极参与讨论分享、能给出明确的观点或结论,每次加1分,最多加10分
	2.课堂积极参与讨论、模拟、汇报及分享	15					
	3.对任务能给出最终的观点或结论	10					
总结评价阶段	1.能总结任务完成过程的体会、收获	5			20%		有体会及收获、改进措施及建议,每次加1分,最多加5分。没有任务报告的,每次扣2分,直至扣完本项分为止
	2.能针对任务提出改进措施、建议	5					
	3.能高质量完成工作任务报告并提交	10					
总合计		自评人签名		教师签名			

3　工作笔记

3.1　学习(工作)过程中的重点、难点

重点：_____

_____

_____

难点：_____

_____

_____

3.2　学习(工作)过程中的体会、收获

体会、收获：_____

_____

_____

3.3　学习(工作)过程中的改进措施、建议

改进措施、建议：_____

_____

_____

4　实践练习

一、单选题

1．当事人不得在合同中协议选择由(　　)的人民法院管辖。
　　A．原告住所地　　　　　　　　　　B．合同签订地
　　C．仲裁机构所在地　　　　　　　　D．标的物所在地

2．人民法院2月1日作出第一审民事裁决,判决书2月5日送达原告,2月10日送达被告,当事

人双方均未提出上诉,该判决书生效之日是 2 月( )日。
　　A. 1　　　　　　B. 26　　　　　　C. 5　　　　　　D. 10
3. 在民事诉讼中,当事人一方以合同中有仲裁条款为由,对人民法院受理本案提出异议的,应当在( )提出。
　　A. 首次开庭前　　　　　　　　　　B. 收到传票之日起 7 日内
　　C. 举证期满前　　　　　　　　　　D. 庭审结束前
4. 仲裁裁决人民法院裁定不予执行的,当事人可以( )。
　　A. 向人民法院上诉
　　B. 向人民法院申请再审
　　C. 向人民法院执行庭申请复议
　　D. 根据双方达成的书面仲裁协议重新申请仲裁
5. 当事人申请撤销仲裁裁决,应当向( )提出。
　　A. 仲裁委员会的上级主管机关　　　B. 仲裁委员会所在地的中级人民法院
　　C. 仲裁委员会所在地的基层人民法院　D. 被告所在地的基层人民法院
6. 根据《刑法》,下列刑事责任中,属于主刑的是( )。
　　A. 罚金　　　　　　　　　　　　　B. 没收财产
　　C. 拘役　　　　　　　　　　　　　D. 驱除出境
7. 某工程施工中出现重大安全事故,建设主管部门对有关监理公司作出的行政处罚不能包括( )。
　　A. 罚款　　　　　　　　　　　　　B. 吊销资质证书
　　C. 责令停工　　　　　　　　　　　D. 行政处分
8. 施工企业发生的下列事故中,可构成工程重大安全事故罪的是( )。
　　A. 劳务作业人员王某在施工中不慎从楼上坠亡
　　B. 施工企业对裸露地面的钢筋未采取防护和警示措施,造成路人李某摔成重伤
　　C. 施工企业工程施工质量不符合标准,造成建筑物倒塌,砸死砸伤多人
　　D. 劳务作业人员张某在工地食堂下毒,致使劳务作业人员集体中毒
9. 下列责任中,属于行政处罚的有( )。
　　A. 罚金　　　　　　　　　　　　　B. 责令停产停业
　　C. 暂扣或者吊扣执照　　　　　　　D. 治安拘留
　　E. 赔偿损失
10. 某市质量监督站一科长李某因涉嫌制假被公安机关拘留,处以 5000 元罚款,没收其全部违法所得财产。市质量监督站知道此事后将李某开除,李某不服公安机关和质量监督站的做法,就以下事项提出行政复议,其中超出行政复议范围的事项是( )。
　　A. 被拘留　　　　　　　　　　　　B. 被罚款 5000 元
　　C. 被质量监督站开除　　　　　　　D. 被没收违法所得

二、多选题
1. 民事诉讼的基本特点包括( )。
　　A. 公权性　　　　　　　　　　　　B. 自愿性
　　C. 保密性　　　　　　　　　　　　D. 强制性

E. 程序性
2. 下列对仲裁的理解正确的有（　　）。
   A. 仲裁具有商事性特征，只有公司、企业和其他组织才能为仲裁当事人
   B. 仲裁具有保密性特征，仲裁的审理过程和裁决结果，非经当事人同意，不得公开
   C. 仲裁具有独立性特征，仲裁机构的审理活动独立于当地的行政机构和司法机构
   D. 仲裁具有专业性特征，仲裁员都是某个领域的专家
   E. 仲裁具有强制性特征，仲裁实行一裁终局
3. 某工程在订立施工合同过程中，双方协商一致采用仲裁的方式处理合同纠纷，则关于仲裁协议说法错误的是（　　）。
   A. 仲裁协议应当采用书面形式
   B. 仲裁协议可以采用口头形式，只要双方认可
   C. 仲裁协议应当在纠纷发生前达成
   D. 仲裁协议应当是独立于施工合同之外的仲裁协议书
   E. 没有仲裁协议，就不存在有效的仲裁
4. 建设工程民事纠纷的处理方式包括（　　）。
   A. 行政调解　　　　　　　　　　B. 仲裁调解
   C. 行政复议　　　　　　　　　　D. 诉讼
   E. 和解
5. 下列行政责任的承担方式中，属于行政处分的有（　　）。
   A. 记过　　　　　　　　　　　　B. 降职
   　　C. 撤职　　　　　　　　　　D. 留用察看
6. 某施工企业在施工过程中，由于保护措施不当，致使毗邻建筑物开裂和倾斜。受害人将该施工企业诉至法院，提出的下列诉讼请求可以获得支持的有（　　）。
   A. 停止侵害　　　　　　　　　　B. 消除危险
   C. 恢复原状　　　　　　　　　　D. 消除影响
   E. 赔偿损失

三、名词解释
1. 诉讼时效
2. 专属管辖

四、简答题
1. 简述仲裁的特点。
2. 简述承担民事责任的方式。

五、案例分析
　　案例（一）
　　背景：某房地产公司为担保工程价款的支付，将自己的一栋办公楼抵押给承包该工程施工的某建筑公司，双方签订抵押合同并办理了抵押登记。在工程竣工验收合格并签订了结算协议后，房地产公司一直拖延支付工程价款，引发了双方的争议。
　　（1）该建筑公司能否申请人民法院直接拍卖、变卖抵押财产？
　　（2）该建筑公司应当如何实现担保物权？

案例（二）

背景：甲公司乙公司签订的《A项目合作开发合同》中约定：双方合作开发A项目，乙公司在取得市发改委项目建议书批复文件14日内向甲公司支付补偿金500万元。如乙公司不能按时付款，本合同即作废，乙公司应向甲公司支付200万元违约金。合同还约定："因本合同引起的或与本合同有关的任何争议，均提请丙仲裁委员会仲裁。仲裁裁决是终局的，对双方均有约束力。"因乙公司在取得A项目批复文件后未支付补偿金，甲公司通知解除合同并向丙仲裁委员会申请仲裁。乙公司在收到丙仲裁委员会的仲裁通知及相关资料后提出了管辖异议，称合同中虽有仲裁条款，但合同已经解除，丙仲裁委员会没有管辖权。丙仲裁委员会认为乙公司的抗辩理由不能成立，根据合同中的仲裁条款作出了裁决。为此，乙公司以丙仲裁委员会对本案无管辖权为由向人民法院提出撤销该裁决的申请。

本案中的丙仲裁委员会对此案是否具有管辖权？

参考文献

[1] 朱昊. 建设法规案例与评析[M]. 北京:机械工业出版社,2007.

[2] 陈东佐. 建筑法规概论[M]. 北京:中国建筑工业出版社,2005.

[3] 夏芳. 建设法规实务[M]. 北京:人民交通出版社,2008.

[4] 全国二级建造师执业资格考试用书编写委员会. 建设工程法规及相关知识[M]. 北京:中国建筑工业出版社,2020.

[5] 全国二级建造师执业资格考试用书编写委员会. 建设工程法律法规选编[M]. 北京:中国建筑工业出版社,2024.

[6] 建筑施工企业管理人员岗位资格培训教材编委会. 建筑施工企业管理人员相关法规知识[M]. 北京:中国建筑工业出版社,2021.

[7] 徐占发. 建设法规与案例分析[M]. 北京:机械工业出版社,2010.